불교, 과학과 철학을 만나다

김용정 지음
윤용택 엮음

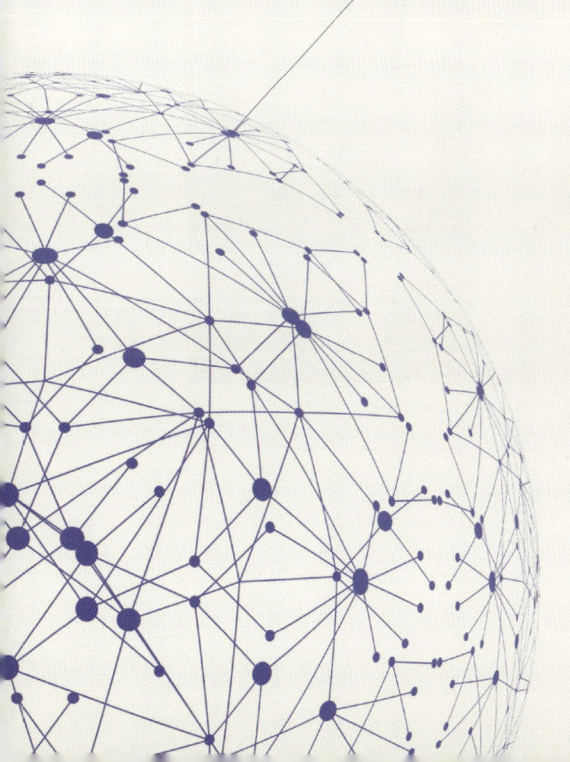

장경각

계간 『과학사상』의 편집인으로 활동하던 60대 후반의 모습.

학문에 몰입하던 20대의 어느 날.

"칸트의 공간·시간론"으로 동국대에서 석사학위를 취득한 30대 초반의 모습(1963년).

이화여자대학교 불교학생회(이하 이불회) 지도법사로 활동하던 시절, 이영자 교수와 함께 봉암사로 하계수련회를 가서 서옹스님을 친견하고 포행길에 소참법문을 듣고 있는 모습(1973년).

이불회 봉암사 하계수련회 때 봉암사 대웅전 앞에서 학생들과 함께.

"칸트에 있어서의 자연과 자유에 관한 연구-과학철학과 연관하여"로 동국대에서 박사학위를 취득하고 제자들과 함께(1976년).

『칸트철학연구』 출판기념회(1978년 7월 6일).

『현대물리학과 동양사상』으로 번역상을 수상하고 공역자 금곡 이성범 회장과 함께(1979년).

독일 마인츠에서 열린 '제5차 국제칸트대회(Internationaler Kant-Kongress)'에 참석(1981년 4월 8일).

독일 프라이부르크(Freiburg) 대학 도서관 철학과 건물 앞에서(1981년).

미국 뉴욕주립대학 스
토니부룩 방문교수 때
(1980년 9월부터 1년간).

미국 아이오와대학 초청
강연 시 주정부건물이
었던 중앙 건물 앞에서
(1981년).

미국 콜롬비아대학 방문교수 시절 송천은 전 원광대 총장과 함께.

볼티모어 성불사 불교 강좌를 만든 범산 최종일 거사와 그 모친과 함께.

박성배(왼쪽) 교수와 범산 거사 모친(오른쪽 두 번째)과 함께.

법안스님(베레모를 쓴 분)이 맨해튼에 세운 원각사를 방문한 직지사 중암 관응 큰스님을 모시고 미국 육군 사관학교에서(1981년).

맨해튼 원각사 큰법당 앞에서 부인 안승신 여사와 함께(1988년).

일본 법륭사에서(1997년).

동국대에서 여러 보직을 수행하던 중 부처님오신날 행사 진행(1988년).

26년간 몸담은 동국대 철학과 교수를 정년퇴임하면서 고별강연과 출판기념회를 갖다(1996년 6월 4일).

한국주역학회를 창립하고 초대 회장을 맡다(1990년).

고희기념 강연 후 선후배 교수, 제자들과 함께. 앞줄 오른쪽 두 번째가 저자의 은사인 정종(鄭瑽) 교수님(2000년 1월 31일).

대한화학회 창립 50주년 기념으로 '비평형 열역학'으로 1977년 노벨 화학상을 탄 일리야 프리고진을 초청, 세미나와 강연회 후 금곡 이성범 회장 자택에서 기념촬영. (앞줄 왼쪽) 박이문, 김용준, 금곡 이성범, 프리고진 부부, (뒷줄 왼쪽) 윤용택, 소광섭, 김두철, 신국조, 김용정, 장회익, 이덕환, 홍욱희, 안승신(1996년).

손수 가꾼 정원의 꽃나무 앞에서(수유리 자택).

숙명여고 제자들과 함께(2014년 5월).

설악산 겨울등반(1994년).

선후배 교수들과 함께(앞줄 왼쪽) 김규영, 정종, 저자 김용정, (뒷줄 왼쪽) 이서행, 송재운, 송석구, 김종옥(2008년 1월).

제자 윤용택과 함께(1993년).

불교,
과학과 철학을
만나다

책을 펴내며

 지해(智海) 김용정(1930~2019) 선생은 동국대학교 철학과에 26년간 (1970~1996) 재직하면서 많은 논저를 발표하였을 뿐만 아니라 대중을 상대로 불교 강의를 많이 했고, 신문과 잡지에도 철학, 과학, 불교와 관련해서 적지 않은 글을 남겼다.
 선생님은 1930년 황해도 해주의 한학자 집안에서 태어나 어린 시절에 사서(四書)를 읽으면서 자연스레 동양사상을 익히고, 청소년기에는 일본에서 물리학을 배워 온 집안 어른이 들려주는 현대과학 이야기에 심취하기도 했다. 하지만 대학에 진학할 시기에 한국전쟁이 발발하는 바람에 학업을 미루고 전쟁에 참전해야 했다. 군복무를 마친 그는 1955년에야 동국대학교 불교대학 철학과에 입학하여 철학과 불교를 습득하고 1959년 졸업한 후 물리학과에 편입하여 현대물리학을 배우고 1961년 졸업하였다. 그는 동국대학교 대학원 철학과에 진학하여 "칸트의 공간·시간론"으로 1963년 석사학위를 취득하고, "칸트에 있어서의 자연과 자유에 관한 연구—과학철학과 연관하여"로 1976년 박사학위를 취득하였으니, 우리나라 1세대 칸트철학을 전공한 과학철학자라 할 수 있다.
 선생님은 1960년대에는 동국대학교, 서강대학교, 인하대학교 등에서 시간강사를 하면서 숙명여고에서 윤리와 독일어를 가르쳤고, 1970년 동국대학교 철학과 전임교수가 된 다음에도 대학생을 대상으로 독서모임을 가지며 동서양 고전과 불교 경전을 강의하면서 철학과 불교의 대중화에 앞장섰다. 그는 학문의 절정기인 1980년 9월부터 1년간 연구년을 얻어서 미국 뉴욕주립대학교 종교학과와 컬럼비아대학교 철학과에서 연구하면서 뉴욕 인근에 사는 교포를 대상으로 불교강좌를 열었고, 서독 마인츠 세계칸트철학대회에 참가하여 세계의 칸트 연구자들과 교류하였다.

지해 김용정 선생은 동국대학교에서 40여 년간 배우고 연구하고 가르쳤던 영원한 동국인으로서 교양과정부장, 문과대학장, 기획실장, 교육대학원장, 부총장 등을 역임했고, 학내 구성원들로부터 두터운 신임을 받아서 학교가 어려운 시기에 초대 교수회장을 맡았다. 또한 우리나라 철학계로부터 학문적 성과를 인정받아서 한국철학회장과 한국주역학회장을 역임하였고, 정년퇴직 후에는 한국선문화학회장과 한국불교발전연구원장을 맡아서 우리나라 불교발전에 기여했으며, (주)범양사에서 발행하던 계간 『과학사상』 편집인을 10여 년 동안 맡으면서 서양 과학기술문명과 동서양 철학사상을 접목하는 데 많은 노력을 기울였다.

이 책은 지해 김용정 선생이 남긴 말씀과 글을 토대로 다듬어 엮은 것으로, 책을 발간하게 된 데는 다음과 같은 사연이 있다. 2023년 초 안승신 사모님으로부터 연락이 왔다. 미국의 범산 최종일 거사로부터 1981년 미국에서 있었던 불교강좌 녹음파일을 받으셨다는 것이다. 사모님과 범산 거사님은 비록 40여 년이 지난 강의이긴 하나 다시 들어보니 아련한 옛 추억으로만 간직하기엔 너무나 아쉬운 마음이 일어서 이것을 녹취하여 책으로 내보자고 하셨다고 한다.

그런데 정리된 녹취록을 받아 보니 이것만으로 단행본을 내기에는 분량이 부족했다. 그래서 선생님이 발표했던 글들을 찾아보니 기존 저서에 들어 있지 않은 불교, 과학, 철학과 관련된 글들이 꽤 있었다. 하지만 그 글들은 각기 다른 청중과 독자를 대상으로 이뤄진 것이어서 단행본으로 묶어내려면 글의 높낮이를 조정해야만 했다. 이 책과 인연이 될 독자들이 불교를 합리적으로 이해하려는 불자, 과학도, 철학도임을 감안하고, 그 글들의 어떤 부분은 보강하고, 어떤 부분은 더러 생략하기도 했다. 그러면서 글들의 성격에 맞춰서 4부로 분류하였다.

1부 〈불교, 과학, 철학의 삼중주〉는 선생님이 1980년 9월부터 1년간 연구년을 얻어 미국 뉴욕주립대학교와 컬럼비아대학교에서 방문교수로 계실 때, 볼티모어 성불사에서 1981년 1월부터 8월까지 교수, 대학원생, 의사들을 대상으로 열었던 불교강좌를 녹취한 강의록이다. 말은 글보다 이해하기가 쉽지만, 그것을 글로 정리하는 것은 어려운 일이다. 하지만 그것이 정리되어 불교, 과학, 철학을 넘나드는 선생님의 아름다운 강의를 생생하게 접할 수 있게 된 것은 참으로 다행한 일이다.

2부 〈『반야바라밀다심경』 강의〉는 월간 『불광』지에 연재했던 내용을 바탕으로 뉴욕 원각사에서 열렸던 강좌 내용 일부를 추가하여 보완한 것이다. 선생님은 『반야심경』 강의를 여러 차례 한 적이 있는데, 대표적으로 1980년 겨울 뉴욕 맨해튼 원각사와 1995년 여름 한국불교발전연구원에서 한 것이다. 후자의 강좌 내용은 월간 『불광』 255호~266호(1996년 1월~12월)에 '궁극의 이상세계로 나아가는 길'이라는 제목으로 정리되어 있다. 여기서는 어째서 『반야심경』이 고통과 어려움에서 벗어날 수 있는 지혜를 가르쳐주는 경전인지 이해하게 될 것이다.

3부 〈철학, 과학과 불교를 만나다〉는 선생님이 한창 열정적이던 40대부터 학문이 무르익은 70대까지의 글이 실려 있다. 이것들은 현대과학과 현대철학, 그리고 선(禪)불교와 관련된 내용들이어서 다소 어려운 감이 없지 않다. 여기서는 불교가 2,500년이 넘은 역사가 오랜 종교이지만, 현대과학과 현대철학에 많은 영감을 주고 있을 뿐만 아니라, 인류가 나아갈 길을 가르쳐줄 21세기 종교로서 으뜸이라는 것을 잘 보여준다.

4부 〈과학, 불교와 철학을 만나다〉는 (주)범양사에서 발행했던 계간 『과학사상』에 실렸던 글을 다듬은 것이다. 『과학사상』은 "과학은 물질적 풍요에 국한하지 않고 철학과 종교와 함께 인간과 사회의 선(善)을 이루고 생태계 파괴를 막는 데 이바지해야 한다."라는 취지로 1992년 창간하여 총 50호가 발간되었다. 선생님은 1995년부터 2005년까지 편집인을 맡으면서 서양의 과학문명과 동서고금의 철학사상을 접목하려 애를 쓰셨다. 여기서는 현대과학과 환경문제에 대한 그의 성찰을 엿볼 수 있을 것이다.

여기에 실린 글은 3, 40년 전에 쓴 것들이다. 6개월이 멀다 하고 새로운 과학기술이 쏟아지는 상황에서 이 글들이 여전히 의미가 있고 유효한지 확인하지 않을 수 없다. 그러나 오늘날 과학기술이 우리의 삶 속에 스며들고, 철학과 불교가 좀 더 대중 속으로 다가가고 있으며, 과학, 철학, 불교에 관심을 갖는 이들이 늘면서 선생님의 글들이 더욱 설득력을 얻을 것이라는 확신이 서게 되었다.

학문에서 새로운 이론이나 학설이 탄생하여 일반 대중들이 믿고 따르는 세계관으로 정립되기까지는 수십 년, 수백 년이 걸린다. 그리고 그 가운데 대부분은 꽃을 피워보지도 못한 채 사라지기도 한다. 과학에서 상대성이론과 불확정성원리가 나온 지 100여 년이 지났고 지금은 정상과학(normal science)으로 자리 잡았다. 하지만 그것들은 기존의 상식을 뒤집는 이론들이라 대중들이 이해하기가 쉽지 않아서 아직도 우리의 세계관으로 정립되지 못하고 있다.

경제성장으로 물질적 풍요를 누리게 되면서 양극화가 더욱 심해지고, 기후위기가 악화되고, 생태환경이 급속도로 파괴되면서 인류의 지속가능성마저 우려되고 있다. 그러다 보니 탈근대(postmodernism)를 부르짖고 4차 산업혁명이 진행되는 오늘날에도 여전히 쇼펜하우어(A.

Schopenhauer, 1788~1860)와 니체(F. Nietzsche, 1844~1900) 같은 19세기 철학자들이 소환되고 있다. 그리고 과학기술의 발전과 양차 세계대전을 거치면서 탄생한 현상학, 실존철학, 정신분석학 같은 20세기 철학이 오늘날 더욱 주목을 받고 있다.

진실은 언젠가는 밝혀지고, 진리는 시공을 초월하여 늘 진행형이라야 한다. 불교는 세계의 실상을 보여주는 진리이자 깨달음의 종교이기에 불법(佛法)이라 한다. 2,500년 전 부처님이 밝힌 중도(中道)와 공(空) 사상은 시대와 지역을 넘어 우리가 이 세계를 어떻게 이해하고 어떻게 살아갈 것인가에 대한 깊은 통찰과 지혜를 제공해 준다.

지해 김용정 선생은 비교적 이른 시기인 1970년대부터 불교와 과학이 만나는 현장을 목격하고, 문헌을 통해 수많은 선지식, 철학자, 과학자들을 만났다. 그리고 불교적 세계관을 통해서 대중들이 현대과학을 이해할 수 있도록 안내하였으며, 현대과학과 동서고금의 철학을 통해서 불교의 심오한 진리를 드러내 주셨다. 이 책은 불교를 중심에 놓고 동서양의 수많은 철학사상과 현대과학의 내용들이 종횡무진하고 있어서 읽어내기가 만만치 않지만 충분히 도전해 볼 만한 책이다.

선생님은 철저한 합리주의자이면서도 심오한 강의를 할 때는 가끔 신비적인 이야기를 통해 모두를 강의 속으로 빠져들게 하는 능력을 지닌 분이셨다. 독자들도 이 책에서 불교, 과학, 철학이 엮어내는 삼중주를 들으면서 희귀한 소식을 들을 수 있는 행운을 누릴 수 있기를 기대한다.

2024년 어느 무더운 여름날
한라산을 바라보며
엮은이 **윤용택**

목차

- 책을 펴내며 — 19
- 지해(智海) 김용정 선생의 학문세계 — 26

1부_불교, 과학, 철학의 삼중주

머리말 — 36
1강 동서사상의 만남 — 39
2강 불교의 중도사상 — 56
3강 불광과 초능력 — 77
4강 장(場) 개념으로 보는 불성 — 86
5강 현대물리학과 불교 — 100
6강 실체화를 떠난 참된 삶 — 123
발원문 — 138

2부_『반야바라밀다심경』강의

1강 『반야심경』은 어떤 경전인가 — 144
2강 모든 괴로움과 재난에서 벗어나는 길 — 151
3강 오온과 공은 다르지 않다 — 156
4강 모든 존재는 공하여 생멸도 증감도 없다 — 162

5강 공 가운데는 그 어떤 것도 없다 — 172
6강 궁극적 열반에 이르는 길 — 183
7강 완전한 깨달음을 얻는 길 — 189
8강 무엇과도 견줄 수 없는 최고의 주문 — 194

3부_철학, 과학과 불교를 만나다

1강 서양철학과 불교의 만남 — 204
2강 과학철학과 종교의 만남 — 219
3강 과학과 불교의 대화 — 227
4강 과학기술시대의 선(禪)의 의미 — 240
5강 선(禪)의 깨달음과 이성의 자각 — 273

4부_과학, 불교와 철학을 만나다

1강 현대 생명과학과 불교의 생명관 — 310
2강 생명과학기술과 생명윤리 — 343
3강 과학기술문명과 환경윤리 — 368

- 참고문헌 — 385
- 찾아보기 — 396
- 후기_은사님 영전에 바칩니다 — 412

지해(智海) 김용정 선생의 학문세계

—

　지해(智海) 김용정(1930. 12. 28~2019. 12. 24) 선생은 생전에 많은 논저를 남겼다. 그의 주요 저서로는 『과학과 불교』(동국대역경원, 1979; 석림출판사, 1996), 『칸트철학연구』(유림사, 1978; 서광사, 1996), 『제3의 철학』(사사연, 1986), 『과학과 철학』(범양사출판부, 1996) 등이 있고, 주요 번역서로는 스즈키 다이세쓰(鈴木大拙)와 에리히 프롬(E. Fromm)의 『선과 정신분석』(원음사, 1992), 카프라(F. Capra)의 『현대물리학과 동양사상』(범양사출판부, 1979) 및 『생명의 그물』(범양사출판부, 1998), 되에링(W. O. Döring)의 『칸트철학 이해의 길』(새밭출판, 1979), 리프킨(J. Rifkin)의 『엔트로피 1,2』(원음사, 1984), 사다티사(H. Sadhatisa)의 『불교란 무엇인가』(성균관대출판부, 1985) 등이 있으며, 이 외에 과학, 철학, 불교와 관련된 70여 편의 논문이 있다.

　지해선생은 비교적 이른 시기인 1970년대부터 『과학과 불교』에서 불교의 세계관과 현대과학의 사고체계가 유사하다는 것을 밝혔다. 그는 일생 동안 불교의 중도(中道), 공(空), 연기(緣起), 화엄사상(華嚴思想) 등을 통해 아인슈타인의 상대성이론, 닐스 보어의 상보성이론, 하이젠베르크의 불확정성원리, 겔만의 팔정도설, 강입자 상호작용과 같은 현대물리학의 이론들뿐만 아니라 생명과학과 정보과학의 성과들을 명료하게 풀어헤쳤다. 그는 부처님의 가르침이 더없는 진리이자 지혜라는 것을 현대과학과 철학을 통해 입증하고 있고, 정보과학기술이 발전하여 가상현실(Metaverse)과 인공지능(AI)이 일상화된다면 부처님의 가르침이 더욱 공감과 설득력을 얻을 것이라고 예상하였다.

지해선생은 눈 푸른 학자 시절에 자연과 자유의 문제를 치열하게 탐구하였다. 자연의 인과법칙과 인간의 무한한 자유 사이의 괴리를 어떻게 넘어설 것인가를 밝히고 싶었던 것이다. 서양철학사에서 칸트(I. Kant, 1724~1804)만큼 자연과 자유의 문제에 관하여 깊이 심사숙고한 철학자는 없었다. 칸트철학의 근본과제는 자연과 자유에 관한 문제를 철저하게 근본적으로 해명하는 것이었고, 이 둘 사이에 가로놓여 있는 건널 수 없는 깊은 계곡에 다리를 건설하는 것이었다. 그러기에 지해선생은 대학원에서 칸트철학을 토대로 자연과 자유의 통일을 꿈꾸었다.

칸트가 볼 때 인간은 자신의 감성적 자연의 측면과 이성적 자유의 측면을 통일하려는 존재자이다. 여기서 자연과 자유를 통일하고 완성하는 것은 능동적이고 자발적인 지성과 이성이지만 그 통일은 언제나 감성적인 현상계에 발을 딛고 행해진다. 칸트 이후에 비유클리드기하학, 상대성이론, 양자역학, 소립자물리학이 등장하면서 칸트의 인식론은 더욱 철저하게 비판되어야 했다. 지해선생은 이러한 과학사의 변천을 감안하여 칸트의 인식론을 현대과학의 인식과정과 불교의 화엄사상을 곁들여 비교 검토함으로써 칸트철학의 한계를 극복하고 자연과 자유의 통일을 완성하려 하였다.

지해선생은 1979년 카프라(F. Capra)의 *The Tao of Physics*(1975)를 『현대물리학과 동양사상』으로 번역하여 한국의 지성계를 뒤흔들었다. 이 책은 1980년대에 우리 지식인들의 필독서가 되어 우리 사회에 동양사상에 대한 관심을 불러일으키는 데 크게 공헌하였다.

현대물리학은 정치와 경제는 말할 것도 없고, 인간의 사고와 언어의 논리적 구조의 변화를 가져올 만큼 인류사회의 모든 분야에 막대한 영향을 끼치고 있다. 하지만 그것은 복잡한 방정식을 통해서만 인식될 수 있는 난해한 학문이어서 그 분야의 전문가가 아니고서는 이해할 수 없다. 카프라는 현대물리학의 주요 개념과 이론들을 수식이나 전문 기호를 쓰지 않고 일반인들이 이해할 수 있도록 설명하면서 현대물리학이 기존의 이원론적 사유방법을 넘어서 인도철학이나 중국철학의 세계관과 유사하다는 점을 지적하였다.

양자물리학에 따르면, 원자나 전자와 같은 관찰 대상과 실험 장치나 관찰자와 같은 관찰 주체 사이에는 결코 분리할 수 없는 국면이 있다. 이것은 인식 대상으로서의 물질과 인식 주관으로서의 정신이 결코 분리될 수 없다는 것을 암시한다. 이는 불교가 주객을 분리하여 생각하는 분별지(分別智)를 배척하고 비유비무(非有非無)의 중도(中道)의 논리를 내세워 주객 통일의 경지를 나타내는 무분별지(無分別智)를 주장하는 것과 다르지 않다.

카프라는 원자핵의 강입자(强粒子) 상호작용을 중시한다. 여기서 강입자란 주로 원자핵에서 발생하는, 대칭적인 강한 상호작용을 하는 입자(양성자, 중성자, 람다 입자, 크사이 입자, 시그마 입자, 파이 중간자, 케이 중간자 등)를 말한다. 강입자 상호작용 이론에 따르면, 강입자들은 모두 다 복합적 입자 성질을 띠기 때문에 더 이상 나눌 수 없는 기본 구성 요소가 될 수 없다. 이는 불교가 세계를 사물이나 실체로 보지 않고 하나의 연속적 사건으로 보는 것과 유사하다.

지해선생은 칸트와 카프라가 그랬듯이 서로 다른 철학, 과학, 사상을 잘 녹여내는 융섭(融攝)의 기술자요, 그것들을 연결하여 공통의 원리를 찾아내는 통섭(通攝)의 철학자였다. 그는 동양철학과 서양철학, 고대철학과 현대철학, 합리주의와 신비주의, 철학과 신화, 과학과 종교 등이 서로 배척하고 대립하는 게 아니라 오히려 상호의존적이고 상보적이어서 공생하고 상생해야 한다고 보았다. 그는 일찍부터 불교의 공(空) 사상과 중도(中道) 사상을 토대로 동서고금의 철학과 과학을 녹여내었다. 그리고 불교의 공(空), 플라톤의 코라(chora), 실존철학의 무(無), 현대물리학의 장(場, field) 개념 등을 통해 물질과 정신, 삶과 죽음, 있음과 없음이 둘이 아님을 밝히려 하였다.

수천 년 동안 수많은 개별과학[分科學問]을 있게 한 모태였던 철학이 오늘날에는 자신이 탄생시킨 여러 과학에게 오히려 자리를 뺏길 수도 있다고 우려하는 이들도 있다. 하지만 지해선생은 『제3의 철학』(사사연, 1986)에서, 정보과학기술(IT)과 생명공학기술(BT)이 융합되면서 생명, 생태, 환경의 위기가 도래할 것이라는 우려도 있지만, 정신도 물질도 아닌 '정보'라는 제3의 존재를 통해 지금까지와는 전혀 다른 새로운 철학이 나올 수 있다고 기대하였다.

야스퍼스(K. Jaspers)는 기원전 800년경부터 300년까지 약 500년을 추축(樞軸)의 시대라고 한 바 있다. 여기서 추축의 시대란 세계와 인간을 지배하는 고도의 사상과 철학이 탄생한 시대를 일컫는다. 소크라테스(Socrates), 붓다(Buddha), 공자(孔子), 기독교의 선구자인 제2 이사야(Isaiah) 등이 바로 그 시대에 탄생한 철인들이다. 그들은 농업혁명으로 도시가 발전하고 물질적으로 풍요로워지면서 인류가 정신적으로 타락하였을 때 인류가 나아갈 길을 제시하는 철학과 사상을 탄생시킨 것이다. 야스퍼스는 현대를 제2 추축의 시대로 보았다. 현대 학문은 극단적으로 분화하여 고도의 분석적 지식과 기술을 갖추었지만 인간과 세계를 통일적으로 통찰할 수 있는 지혜와 덕이 부족하기 때문에 이를 개선할 새로운 철학이 절실한 상황이다.

지해선생은 오늘날 동시다발적으로 일어나고 있는 첨단과학기술의 발달은 테크노크라시(Technocracy)의 우려를 낳지만, 유기체(organism)와 기계체(mechanism)의 통합을 지향하는 정보이론들은 정신과 의식을 해명해 주는 혁명적인 성과를 가져다줄 가능성도 있다고 보았다. 이원론을 넘어서는 이 시대에 걸맞은 새로운 철학이 나올 때가 됐다는 것이다. 현대과학은 나와 세계, 물질과 정신, 주관과 객관, 유와 무, 생물과 무생물, 의식과 무의식의 이분법적 사고방식을 넘어서면서 불교의 색심불이(色心不二)의 연기(緣起)와 공(空) 사상에 다가오고 있다는 것이다.

현대에 오면서 과학과 불교는 대립적이기는커녕 오히려 가장 잘 조화를 이룰 수 있다는 것이 드러나고 있다. 양자물리학의 거두이며 상보성원리의 발견자인 닐스 보어(N. Bohr, 1885~1962)는 "실재하는 세계의 위대한 드라마에 있어서 관객이면서 연기자로서 우리들의 상황을 조화시키려면, 붓다나 노자(老子) 같은 사상가들이 직면했던 인식론적인 문제로 돌아가지 않으면 안 된다."라고 하였고, 원자탄의 아버지라 불리는 오펜하이머(R. Oppenheimer, 1904~1967)는 "우리가 앞으로 추구해야 할 것은 불교나 힌두교와 같은 옛 지혜를 갈고 다듬는 일이다."라고 하였다.

지해선생은 1970년대에 스즈키 다이세쓰(鈴木大拙)와 에리히 프롬(E. Fromm)의 『선(禪)과 정신분석』을 번역할 때부터 선(禪)에 관심이 많았고, 1981년 뉴욕에 있을 당시엔 현지에 선불교가 한창 융성할 때여서 유엔 본부 대사들과 선수행(禪修行)을 하고, 뉴욕의 정신분석학 전문가들과 세미나를 열기도 했다. 그리고 그는 2003년 10월 한국선문화학회 초대 회장을 맡아서 선(禪)의 대중화에 앞장서기도 하였다. 치열한 경쟁사회에서 살아가는 현대인들이 스트레스를 풀기 위한 방법으로 '명상'을 선택하고 있고, 다른 종교에서도 여러 가지 명상 수행법이 발전하고 있지만, 결국 그것들이 불교의 '선(禪)'으로 귀결되어야 명상의 진수를 체험할 수 있다고 보았던 것이다.

인간은 세계를 이해하려면 과학과 철학이 있어야 하고, 바른 삶을 실천하려면 도덕과 종교가 있어야 한다. 그러므로 독일의 물리학자 플랑크(M. Plank, 1858~1947)는 "과학과 종교는 서로 상보적이어서 양자 사이에는 전혀 아무런 모순도 발견되지 않는다."라고 하였고, 아인슈타인(A. Einstein, 1879~1955)은 "종교 없는 과학은 절름발이요, 과학 없는 종교는 맹인과 같다."라고 하였다. 그리고 물리학자 닐스 보어(N. Bohr)는 "무엇보다 먼저 종교에서 사용하는 언어는 과학에서 사용하는 언어와는 전혀 다르다는 것을 분명하게 알 필요가 있다. 종교의 언어는 과학의 언어보다는 시(詩)의 언어에 가깝다. 사람들은 흔히 과학에서는 객관적인 사실에 대한 정보가 중요하며, 시에서는 주관적인 감정의 환기가 중요하다고 생각하는 경향이 있다. 하지만 종교에서는 객관적인 진리가 문제가 되기 때문에 과학적인 진리 기준을 따라야 한다."라고 말하고 있다.

지해선생은 현대물리학을 통해 '객관적'이라든가 '주관적'이라든가 하는 개념이 얼마나 문제가 많은가를 배우게 된다면 사고의 해방을 느끼게 된다고 하였다. 현대물리학자들은 고전물리학적 의미에서 객관적인 서술이라는 이념으로부터 한발 물러서 있다. 지금까지 물리학에서 사용되어 온 의미로써 객관적인 언어로 전달될 수 있는 것은 사실에 관한 진술에 한정되어 있다. 예를 들면 사진건판이 검다든가, 여기에 안개방울이 형성되었다는 진술은 가능하다. 하지만 원자 그 자체에 대해서는 관념적으로만 말할 수 있을 뿐이다. 그러나 확인을 근거로 미래에 관해서 추론하는 것은 관측자가 자유롭게 결정할 수 있다. 미래 사건에 대한 예언은 관측자나 관측 수단과 관련 없이는 진술될 수 없다는 점에서 모든 물리학적 사실은 객관적인 특징과 주관적인 특징을 동시에 가지고 있다.

그리고 종교의 내용을 하나의 객관적인 언어로만 표현할 수는 없기에, 양자역학에서처럼 상보적 기술(記述) 방식으로 이해할 수 있다. 따라서 과학과 종교는 서로를 배척하는 것처럼 보이지만 그 전체가 상보적인 논리에서 서로 융화되면서 인간의 지식과 행동의 조화를 이루어 세계를 풍요롭게 만들고 있다.

아인슈타인은 물체, 에너지, 그리고 장(場)이론을 다음과 같이 명료하고 대담하게 전개한다.

> 물체는 에너지를 많이 저장하고 있으며, 에너지는 질량을 가지고 있다. 이렇게 하여 질량과 에너지와의 차이는 이미 질적인 것이 아니므로 질적으로 물체와 장을 구별할 수는 없다. 실제로 에너지의 대부분은 물체 속에 저장되어 있다. 그와 동시에 질점(質點)을 둘러싸고 있는 장은 비록 비교적 소량일지라도 역시 에너지를 나타내고 있다. 그러므로 이렇게 말하여도 좋을 것이다. 에너지가 다량으로 축적되고 있는 장소가 물체이고, 에너지의 축적이 적은 장소가 장이다. 만약에 그렇다면 물체와 장의 차이는 질적인 것이 아니라 오히려 양적인 것이 된다. 그러므로 물체와 장을 서로 성질을 달리하는 두 개의 것으로 간주하는 것은 무의미하며, 따라서 장과 물체를 분명히 분리하는 일정한 면을 생각할 수도 없다.

불교에서는 이 우주가 땅, 물, 불, 바람, 공(空)의 오대(五大)로 이루어져 있는데, 공(空)은 앞의 모든 물질의 근본 요소인 사대(四大)를 낳는 근원이며, 그 자체는 불생불멸이라고 한다. 이것을 현대의 물질관에 대입시켜 본다면, 땅, 물, 불, 바람은 물질의 궁극적인 모습이라 할 수 있는 중력, 전자기력, 강한 핵력, 약한 핵력에 비유할 수 있다. 그리고 공(空)은 그 힘들이 존재하고, 또한 소립자에 변화를 주는 '힘의 장(場)'이라 할 수 있다.

불교의 화엄사상은 이 우주를 언제나 계속하여 움직이는 것이고, 우주를 영원히 운동하는 상태에 있는 것, 즉 살아 있는 것이라고 역동적으로 파악한다.『화엄경』에 비로자나불은 일종의 법신불(法身佛)로 전 우주의 본질을 의미하며, 이 세계 모든 현상은 바로 그 비로자나불의 화신에 불과하다. 따라서 법신불인 이 비로자나불은 모든 현상이 서로 서로 상호작용하면서 시시각각으로 유동, 변화하는 연기(緣起)의 주체가 되는 것이다. 비로자나불은 결코 어떤 고정불변의 실체를 의미하는 것이 아니고 모든 존재가 생겨나고 모든 현상이 변화하는 한가운데서 역동적으로 작용하는 원동력을 의미한다. 이 세계는 비로자나불이 무수한 사물들과 현상으로 변모하고 유동하는 살아있는 생생한 드라마의 현장이다.

아인슈타인은 "불교는 우주적 종교성이 가장 강하게 나타나고, 현대 과학의 부족한 점을 메워주는 종교이다."라고 하여 불교가 현대에 가장 적합한 종교라는 것을 암시하고 있다. 그는 "가장 독실한 과학자만이 유일하고 심오한 종교적 인간이다. 그 이유는 자연을 깊이 탐구함으로써 자연법칙의 아름다운 조화성에 접촉했을 때의 자연에 대한 경탄과 외경의 생각은 인간의 왜소한 논리적 사고라든가 현명한 체하는 도덕적 행위가 얼마나 공허하고 무의미한 것인가를 통감케 한다. 이 감정이야말로 과거의 위대한 종교가의 마음을 가득 채웠던 감정과 같기 때문이다."라고 술회하고 있다. 그야말로 위대한 과학적 세계를 체험한 사람만이 할 수 있는 말이다. 이처럼 불교적 세계상이 오늘의 정상급 과학자들에 의하여 과학을 통하여 추체험되고 있다.

지해선생의 학문적 관심 분야는 철학, 과학, 미학, 문학, 불교 등 광범위해서, 고대 그리스철학, 인도철학, 중국철학에서부터 서양 근세철학뿐만 아니라 현상학, 실존철학, 심리철학, 언어철학, 과학철학, 기호논리학 등 현대철학에 이르기까지 동서고금의 철학들을 망라하고 있다. 그리고 그는 고전음악(Classic)에 대한 식견이 전문가 수준이어서 쉬는 시간에는 늘 바흐(J. S. Bach), 모차르트(W. A. Mozart), 베토벤(L. v. Beethoven)의 음악을 즐겨 듣곤 했다.

　지해선생처럼 동서고금의 과학, 철학, 종교, 예술을 광범위하게 연구한 철학자는 우리나라는 물론 세계에서도 드물지 않을까 싶다. 그러기에 그의 학문세계는 쉽게 오를 수 없는 높은 산이요, 닿을 수 없는 깊은 바다에 비유될 수 있다. 넓은 세계를 보기 위해서는 높은 산에 올라야 한다. 불교와 과학과 철학은 어려운 것이 사실이지만, 그것을 한데 아울러 아름답게 연주하는 지해선생의 '불교, 과학, 철학의 삼중주'를 들어본다면, 지금까지 경험하지 못했던 광활하고 무한한 우주와 진리의 세계를 접하는 행운을 얻게 될 것이다.

1부
불교, 과학, 철학의 삼중주

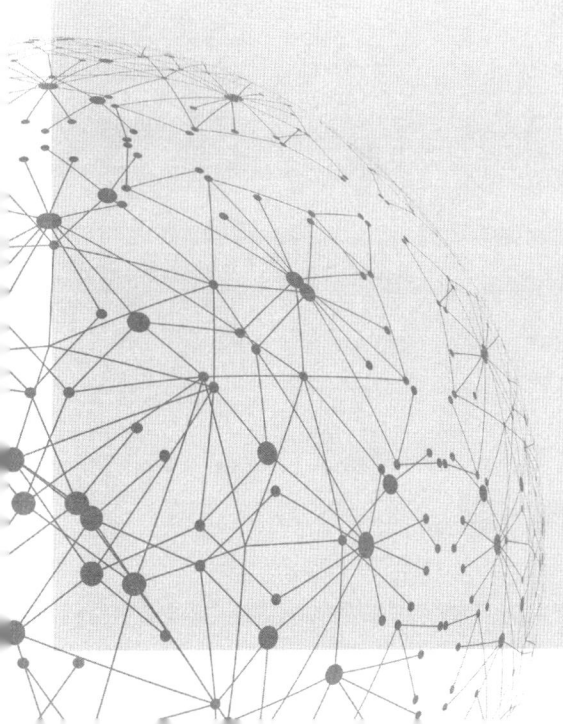

머리말

안승신

여기에 실린 글은 김용정 박사가 동국대학교 재임 중에 연구년을 맞이하여 1981년 뉴욕 컬럼비아대학교 방문교수로 체류하던 시절에 전문인들을 대상으로 강의하셨던 것을 글로 옮긴 것입니다.

김 박사는 뉴욕 맨해튼의 원각사(圓覺寺)에 머물며 정기적으로 법회를 하고 계셨는데, 이때 불교의 인연으로 메릴랜드주 볼티모어의 존스홉킨스대학병원 마취과 의사로 근무하시던 범산 최종일 거사와 인연을 맺게 되었고, 그가 볼티모어에 개원한 성불사(成佛寺)에 초대되어 1월부터 8월까지 매달 한 번씩 강의를 하셨습니다.

2023년 초에 범산 거사가 40여 년 동안 지니고 있던 그때의 녹음테이프를 오디오 파일로 전환하여 보내 주셨습니다. 녹음된 것을 글로 옮기려니 선명하게 들리지 않는 곳도 있고, 내용도 불교, 철학, 과학 등이 어우러져 있어서 작업이 참으로 고되었습니다. 그러나 힘겹고 서툰 작업이었지만 고인을 추모하는 마음으로 세상에 내놓게 되었습니다.

김용정 박사의 제자인 제주대학교 철학과 윤용택 교수가 막힌 부분을 적잖이 도와주셨고, 불교와 물리학에 조예 깊은 양형진 박사가 윤독해 주셨습니다. 무엇보다도 녹취한 글을 손봐 주신 범산 최종일 거사가 있으셨기에 이 작업이 가능했습니다. 평생을 철저하게 수행하는 삶을 사시는 최 거사 부부께 존경과 심심한 감사를 드립니다.

범산(梵山) 최종일

김용정 박사의 성불사 강의록은 현대 지성인들에게 거부감 없이 진리에 접근할 수 있도록 도움을 주리라 믿는다. 비록 사십여 년 전 강의 내용이지만, 오늘날 과학이나 철학의 기준에 비춰 보더라도 놀랄 만큼 그대로 적용될 수 있는 것을 볼 때, 그의 시공을 꿰뚫는 혜안에 놀라움을 금할 수 없다.

당시 그는 법안(法眼) 스님이 뉴욕 맨해튼에 창건한 원각사에서 머물고 계셨다. 불교와 인연으로 볼티모어의 존스홉킨스대학병원 마취과에 근무하던 본인과 친교를 맺게 되어, 불교 불모지였던 메릴랜드에서 신해행증(信解行證)의 순서를 '잠시' 바꾸어서, 먼저 진리의 법을 이해하고 믿으며 수행하고 증득하자는 해신행증(解信行證)을 기치로 삼아, 인근 지역에 거주하는 교수와 전문의들을 대상으로 타우슨대학교에서 정기 불교강좌를 시작하였다.

그 시절 법안 스님을 비롯하여, 송광사 구산 스님께서 오셔서 휘호까지 내려주시고, 관응 스님, 녹원 스님, 당시 총무원장 진경 스님 등 대덕 스님들도 성원하여 주시어 성불사(成佛寺)를 개원하였다. 김 박사는 불교학자 중 처음으로 초대된 분이셨다. 철학과 물리학을 전공하시고, 산스크리트 원전 초기불교를 섭렵하신 김 박사의 가르침에 모두들 도취하여 강의 후에도 밤늦도록 문답 토론했던 기억이 새롭다.

올바른 이해를 바탕으로 믿음을 증장하고, 수행과 증득을 행하는 석가세존의 온전한 수행과정이 정립되기를 기원하면서, 김 박사의 희유한 가르침이 인연 있는 분들과 공유되었으면 한다. 이 강의록은 불교학자나 불자들, 특히 불교학도들이 왜 불교와 더불어 철학, 물리학, 심리학 등 여러 학문을 통섭적으로 공부해야 하는지를 잘 보여준다.

김 박사의 강의를 시공을 뛰어넘어 바로 앞에서 직접 듣는 것처럼 읽을 수 있도록 각주를 달면서 친숙한 일상용어로 정리하여 보았다. 그의 가르침을 온전히 이해하여 제대로 옮겼는지 조심스러울 따름이다.

제자 윤용택

정년퇴임을 앞둔 제자가 돌아가신 은사님의 40여 년 전 생생한 강의를 들을 수 있는 것은 참으로 귀하면서 은혜로운 일입니다. 사모님의 녹취록에 범산 거사님이 각주를 달고 정리하여 보내 주셨습니다. 이를 나머지 다른 글들과 글 높이를 맞추기 위해 다듬고 보완하였습니다.

은사님의 강의를 이렇게 활자화할 수 있었던 것은 전적으로 안승신 사모님과 범산 거사님의 간절한 원(願)과 노력 덕분입니다. 두 분께 깊은 감사를 드립니다.

1강
동서사상의 만남[1]

1. 불교, 철학인가 종교인가

불교는 너무 철학적이고 말들이 너무 어렵다고 하면서 '불교가 종교인가?' 하고 묻는 이들이 많다. 그러나 불국사에 가보면 미륵사상과 아미타사상이 불교의 중심이었음을 알 수 있다. 신라시대의 원효(元曉, 617~686)나 의상(義湘, 625~702)은 우리에게 널리 알려진 고승들이면서 세계적으로 자랑할 만한 유명한 불교학자들이다. 불교의 세계관을 우주론적으로 확대하여 말한 것이 화엄사상인데, 불교학에서 가장 어려운 이론 중 하나로 신라시대 불교학의 기초가 되는 이론이다.

하지만 현실적으로 대중들에게 나타난 불교는 어째서 아미타불교나 미륵불교인가? 이것은 불교가 단지 철학이 아니라 종교임을 말해 주는 것이다. 아무리 불교가 어렵고 이론적이고 체계적이라 할지라도 그것이 철학이 아니라 종교임을 말하려면, 우리는 정토사상(淨土思想)을 말해야

1_ 미국 볼티모어 성불사 강의(1981. 1. 4). 양자역학과 상대성이론을 축으로 하는 현대물리학의 이론적 구조는 1930년 정도에 완성됐기 때문에 상당히 오래전에 이뤄진 강의라 하더라도 이 책에 등장하는 현대물리학의 기본틀에 대한 논의는 지금도 여전히 유효하다고 판단한다.(양형진 주)

한다. 정토사상이란 아미타불과 같은 부처나 미륵보살과 같은 보살들이 거주하는 불국토 혹은 극락에 대해 말하는 대승불교 사상으로서, 일반 재가신도들이 스스로는 불교의 가르침을 이해하기 어려워 부처의 자비로 구원받아 극락정토에 가고 싶다는 종교적 욕구에 응한 사상이다. 그래서 우리나라를 비롯한 중국이나 일본의 현실 불교는 정토사상으로 존재하는 것이다.

흔히들 '불교'라 하면 '나무아미타불 관세음보살'이라 말하고, 오랜 불교 신자 중에도 막상 '나무아미타불'이나 '관세음보살'을 염송하면서도 그게 무슨 뜻인가를 아는 사람은 그리 많지 않은 듯하다. 사실 불교의 대부분 게송(偈頌)들은 해석할 수가 없다. 우리가 독송하는 『반야심경』은 '아제아제 바라아제 바라승아제 모지 사바하(揭諦揭諦 波羅揭諦 波羅僧揭諦 菩提娑婆詞)'로 끝난다. 그런데 이 구절은 본래 산스크리트어 '가테가테 파라가테 파라상가테 보디 스바하(gate gate pāragate pārasaṃgate bodhi svāhā)'이다. 산스크리트어로 된 그 진언의 의미를 새긴다면, '가자 가자 피안으로 가자. 피안으로 완전히 가자. 깨달음에 뿌리를 내려주소서'라는 의미가 된다. 하지만 불교의 모든 게송들은, 그 자체가 하나의 진언이어서 번역하거나 해석할 필요가 없다. 『반야심경』에서 공(空) 사상은 철학이지만, '아제아제 바라아제 바라승아제 모지 사바하'라는 게송은 진언으로서 신비의 세계로 넘어간 언어이다. 마지막에는 우리의 인식의 틀을 갖고 판단하는 것이 아니라, 모든 언어가 다 단절되고 우리의 인식이나 판단이 모두 소멸한 경지에 들어가는 것이기 때문이다.

2. 불교의 종교성과 철학성

불교에서 철학이 배제된 신앙만을 이야기할 수는 없다. 만일 그렇게 된다면 불교가 다른 종교와 다를 바 없다. 서양에서도 중세 기독교 교리가 성립할 때 "나는 알기 위하여 믿는다."라고 하는 말이 있었다. 믿는 게 먼저냐 아는 게 먼저냐? 라고 할 때 믿는 것마저도 알기 위해서 믿는다고 할 정도로 앎을 앞세웠다. 사실 알지 못하면서 믿을 수 있을까? 앎과 믿음의 문제는 참으로 어려운 문제이다. 기독교에서는 지금까지 두 파가 갈리어 다투고 있다. 그러나 불교에서는 앎과 믿음을 대립적으로 보지 않는다. 불교는 철학 즉 종교, 종교 즉 철학이라고 할 수 있다. 불교는 종교적 함축성을 가진 철학이요, 철학적 함축성을 갖는 종교인 셈이다. 사실 불교에서 철학과 종교는 상호 밀접한 연관성 속에서 성장했고, 그래서 결국 불교는 진언처럼 마지막 단계에서는 언어가 단절되는 경지로 가야 한다고 하면서도 불교만큼 경전이 많은 종교도 없다. 이를테면 해인사의 팔만대장경을 보면 알 수 있다. 일본의 대정신수대장경은 우리나라 팔만대장경을 기본으로 한 것이다. 일본이나 대만에 유학하여 불교 공부를 한 사람들은 고려의 팔만대장경이 엄청난 것임을 알게 된다. 팔만대장경은 세계에서 가장 오자(誤字)가 없는 것으로도 유명하다. 왜 불교는 언어를 단절해야 한다고 하면서도 그렇게 가장 많은 경전을 가지고 있고, 그렇게 많은 철학체계를 세워서 말하는가?

여기서 아미타사상과 정토사상을 다시 살펴볼 필요가 있다. 그러기 위해서는 산스크리트어의 분석이 필요하다. 아미타불(阿彌陀佛)에서 '아미타'는 산스크리트어의 '아미타유수(Amitāyus)' 또는 '아파리미타유수(Aparimitāyus)'를 음사한 것이다. 여기서 '아(a)'는 '부정'을 의미하며, '파리

(*pari*)'는 '완전히'를 의미하며, '미타(*mitā*)'는 '계량하다'를 의미하고, '유수(*yus*)'는 '목숨(생명)'을 의미한다. 곧 '아파리미타유수'란 '완전하게 계량할 수 없는 목숨[無量壽]'이란 의미가 된다. 그러니 '아파리미타유수불'은 곧 '계량의 한계를 벗어난 끝없는 하나의 생명을 가진 부처' 즉 무량수불(無量壽佛)을 의미한다. 이 무량수불이 곧 아미타 부처님, 즉 아미타불이다. '나무아미타불'은 '귀의하다'란 의미의 '나무(南無, *Namo*)'가 붙여진 것으로서 '아미타불에 귀의한다', 즉 아미타 부처님께 돌아가 의지하여 구원을 청한다는 의미가 된다.

그런데 아미타불은 따로 한 분만 있는 것이 아니다. 이 세계 모든 생명체의 존재는 우리의 개념으로 계량하거나 측량할 수 없는 존재이다. 즉 모든 생명체는 우리의 계량의 한계를 벗어난 시공을 초월한 신비로운 무한세계의 존재이다. 심지어 여기 분필도 우리의 인식으로 측량할 수 없는 무한의 존재이기 때문에 아미타불이라 할 수 있다. 소립자(素粒子) 물리학에서 물질의 기초 입자가 무엇인가 알기 위하여 분석해 보면 분자에서 원자로, 원자에서 원자핵과 전자로, 원자핵은 다시 양성자와 중성자로, 그리고 그것들을 분석하면 할수록 더 복잡해지고 결국 그 끝이 무엇인지 모르는 경지로 간다. 즉, 존재란 무한한 것이다. 뭐라고 단정지을 수 없다. 작은 먼지알 같은 한 존재도 계량의 한계를 벗어나 있다.

불교에서는 이러한 까닭으로 이 세상에 부처 아닌 것이 없다고 한다. 이 세계의 한 알의 먼지도 우리가 측량할 수 없는 그런 무한의 존재이다. 그 점에서 본다면 한 알의 먼지도 부처라 할 수 있다. 중생들이 그 뜻을 잘 모르고 '나무아미타불'이라고 하지만, 철학적으로 그것을 분석해 보면 이 세계의 한 알의 먼지도 우리가 측량할 수 없는 그런 무한의 존재일진대, 우리가 그런 무한의 세계로 귀의한다는 의미이다.

일체 모든 것이 곧 부처이다. 부처의 원어인 '붓다(buddha, 佛陀)'란 '깨치다, 알다'를 뜻하는 산스크리트어 '붓(budh)'과 과거분사 어미인 '하(ha)'가 붙어서 된 말로 '깨달은 자', 즉 부처님을 뜻한다. 이처럼 아미타 사상은 그러한 무한의 세계를 열어 놓는 데에 기초하고 있다. 경주 토함산의 석굴암 부처님은 아미타불이다. 신라인들은 철저하게 아미타 사상에 기초해서 정토사상을 세웠고, 그 최고의 상징이 바로 석굴암 부처님이라 할 수 있다.

아미타사상은 또 하나의 특징을 갖는다. 기독교에서 하나님이 직접 이 세상에 오신 것이 아니라 예수님으로 육화(肉化)해 오셨듯이, 불교에서도 아미타 부처님이 직접 오시는 것이 아니라 관세음보살로 의인화하여 이 세상에 나타나신다. 『천수경(千手經)』의 천수는 1,000개의 손을 뜻한다. 관세음보살은 이 세상 구석구석 어디에도 손을 뻗치지 않은 곳이 없도록 수많은 손을 갖고 있다. 따라서 우주 안에 관세음보살의 구원의 손길이 미치지 않는 곳이 없다는 의미이다.

아미타불을 모신 무량수전(無量壽殿)은 가운데 아미타불을 중심으로 양측에는 관세음보살과 대세지보살을 모신다. 관세음보살은 실천의 보살이고 대세지보살은 지혜의 보살을 뜻한다. 대웅전을 보면 가운데 석가모니불을 중심으로 하고, 양측에는 보현보살과 문수보살이 계신다. 보현보살은 실천의 보살이고 문수보살은 이론과 철학의 보살이다. 이것은 기독교의 삼위일체와 유사하다. 이처럼 종교에서는 이론과 실천이 상징적으로 표시되듯, 과학에서는 이론과 실험이 중요하다. 과학에서도 이론은 실험으로 입증되어야 한다. 아마도 이것이 인류가 생각하는 기본적 패턴이 아닌가 하는 생각이 든다.

3. 극락정토 가는 길

'나무아미타불 관세음보살'은 아미타불과 관세음보살께 귀의한다는 뜻이다. 이렇게 보통 함께 등장하는데, 이것은 다음과 같은 의미가 있다. 아미타불은 앞에서 알아보았듯이 시간, 공간을 초월하여 한량없는 수명을 지닌 부처님으로 서방정토에 머무시며 중생을 극락으로 이끄는 부처님이다. 관세음보살은 아미타불의 화신으로서 대자대비의 마음으로 온 중생의 고통 소리를 들으며 아미타불이 계시는 서방정토로 인도하는 분이다.

이렇게 아미타불과 관세음보살은 중생을 정토로 이끄시는 분이다. 두 분은 중생을 구제하는 일을 함께 목표로 하고 계신다. 종교의 목표가 이것이 아니겠는가?

정토(淨土)는 산스크리트어로 '수카바티(sukhavati)'이고 '수카(sukha)'는 '즐거운', '바티(vati)'는 '소유하다'를 의미한다. 중국어로는 보통 '극락(極樂)'이라 번역하지만, 여기서 극락은 반드시 내세를 의미하는 것만은 아니다. 어원 그대로를 분석하면 극락정토란 '즐거움을 소유한다'는 의미이다. 따라서 정토란 살아서나 죽어서나 내가 가장 즐겁게 있는 것, 가장 잘 있는 것을 뜻한다. 그렇다면 무엇을 즐거워하는가? 그리고 그 수카바티를 어떻게 성취할 수 있는가?

이것과 관련하여 정토삼부경(淨土三部經)이 있는데, 그것은 『대무량수경(大無量壽經)』, 『관무량수경(觀無量壽經)』, 『아미타경(阿彌陀經)』이다. 이 가운데 『대무량수경』에 산스크리트어로 '푸라니다남 카르타비얌(pranidhanam kartavyam)'이란 말이 있다. 한문으로는 '응당발원 원생피국(應當發願 願生彼國)', 즉 마땅히 서원을 세워 극락세계에 태어나기를 발원하는 것을 뜻하며, 영국의 뮐러(F. M. Müller, 1823~1900)[2]는 "붓다나라에 태어나기를 원하는 강렬한 기도를 해야 한다."라는 뜻으로 번역하였다. 이것은 불국정토에 태어나기 위해서는 마땅히 발원해야 하는데, 간절하게 기도하지 않으면 안 된다는 의미이다. 즉 간절한 기도가 원(願)이라는 것이다. 즐거움이란 모든 인류가 다 같이 잘 사는 것을 의미한다. 이런 큰 원을 까맣게 잊고 사는 것을 불교에서는 무명(無明)이라고 한다. 무명이란 즉 원이 없다는 말과 같다. 불교에서는 모든 인류가 다 같이 잘 살아야 한다는 원을 세우는 것이 중요하다.

서양철학에서 당위 윤리가 형상화된 것이 법인데, 칸트(I. Kant, 1724~1804)의 윤리학에 정언명법(定言命法)이란 말이 있다. 이것은 아무 조건 없이, 즉 이유를 묻지 않고 무조건 따라야 하는 지상명령을 의미한다. 이를테면 가령 '사람을 죽여서는 안 된다'와 같은 것이다. 사람이 제일 즐거울 때는 무조건적으로 누구를 도와주었을 때이다. 불교에서는 조건이 함축되어 있으면 오염되는 것으로 본다. 따라서 보시를 베풀 때도 보시를 베푼다는 마음조차 내지 않고 베푸는 무주상보시(無住相布施)라야 한다. 친구, 부부, 형제, 사제지간 사이에서 사랑에 조건이 붙지 않아야 하듯이 모든 도덕명령은 무조건적인 정언명법이어야 한다.

2_ 독일 출신의 영국 철학자이자 동양학자, 산스크리트어 학자, 문헌학자, 비교언어학, 비교신화학 및 비교종교 분야의 개척자, 근대 종교학의 창시자이다. 그는 1881년에 『동방성서』 제10권으로 출판된 『법구경』, 『금강경』, 『대품 반야심경』, 『소품 반야심경』, 『아미타경』, 『무량수경』 등 산스크리트 대승경전을 번역하였다.

4. 동서양의 믿음의 의미

믿음을 의미하는 말로 산스크리트어 '프라사다(prasāda)'가 있다. 이 믿음은 은총, 은혜, 친절, 자비, 연민, 불교의 광명, 청정, 적정(寂靜) 등을 함축하는 그런 의미의 믿음이다. 사실 우리를 둘러싸고 있는 주변을 보면 우리가 존재하기 위해서 은혜가 되는 것이 너무도 많다. 우리가 공기, 물, 태양 등을 의식하지 못하지만 그것들이 도와줘서 내가 존재한다. 자연이 그렇고 우정이 그렇고 …, 그 모든 것들 하나하나가 은총과 은혜가 아닌 것이 없다. 이것이 불교의 적정이요 자비이다. 전부가 벗이요 사랑이요 연민이다. 지나가는 사람끼리 "안녕하세요."라는 인사말은 상대가 평안하기를 바라는 마음이 있어서 그렇고 또 그래야 내가 평안하고 행복하다.

그리고 믿음이란 또 다른 의미로서 산스크리트어에 '스라다(śraddhā)'란 말이 있다. 이것은 신뢰, 신앙, 친밀, 친화, 존경, 열망 같은 것을 의미하며 불교의 제법실상(諸法實相)을 함축한다. '프라사다'가 수동적(passive) 믿음인 데 반하여, '스라다'는 능동적(active)으로 자신이 판단하는 믿음을 뜻한다. 그래서 스라다는 자칫 오염되기가 쉽다. 이것이 스라다의 큰 문제이다. 종교에는 신앙(faith)과 믿음(belief)이 있다. 가령 기독교 신자가 자기 신앙이 전체인 것처럼 그것을 무조건 강요한다거나 불교도가 자기 나름의 믿음이 부처님이고 전 불교의 내용인 양 믿는다면 그것은 진정한 믿음이 될 수 없다. '프라사다'의 믿음만이 진정한 믿음이다. '프라사다'의 어원을 보면 '프라(pra)'는 '~로 향하다'를 '사야(saya)'는 '숙면(熟眠)'을 의미한다. 즉 어디로 향하는 마음이 깊이 숙면하는 것을 의미하는데, 이때 숙면은 실제의 잠을 의미하는 것이 아니라 절대적인 믿음을 의미한다.

갓난아기의 숙면은 한 점의 오염도 없이 절대적으로 부모에게 의존된 상태에서 가능하다. 이러한 믿음은 수동적이고 절대적 편안함을 가져온다. 그래서 나의 믿음은 나를 그런 절대적 편안함을 주는 상태로 이끌려야 한다. 기독교에서도 믿음은 하나님께 절대적으로 맡기고 자기 생각이나 의지가 들어가지 않은 믿음을 의미한다. 이렇게 보면 기독교나 불교나 진정한 믿음의 상태는 동일하다. 다른 말로 티끌만 한 잡념이나 의심이 있어서는 안 된다. 갓난아이의 수동적인 믿음이 절대적인 평안을 가져오는 것이다. 이런 어린 아이가 보호를 받아야 하는 권리는 선험적이다. 선험적이란 필연적인 것으로 경험 이전의 명제를 말한다. 이처럼 불교의 믿음도 한 점의 의심도 없을 때 저편의 아미타불과 대화가 되는 것이다.

산스크리트 어원에서 살펴본 이러한 언어의 기술(記述)은 어디까지나 진정한 저편 세계에 도달하기 위한 위탁된 도구에 불과하다. 나중에는 소용이 없어서 버려야 한다. 언어에는 언어 기술이 있어야 하지만 그 목적이 달성된 기술은 버려야 한다. 가령 강을 건너기 위하여 뗏목을 만들어 그것으로 강을 건넜는데 마지막에 가서 뗏목에 연연하여 한 발을 육지에 대고 다른 한 발을 뗏목에서 떼지 못하고 있다면 이 사람은 강을 건넌 것도 아니고 안 건넌 것도 아닌 상태가 된다. 뗏목에서 발을 떼어 내어야 강을 완전하게 건너게 된다. 부처님 말씀도 이러한 뗏목에 비유되어 인류가 모두 잘 사는 구원의 경지에 이르면 그 말씀은 버려야 한다.

불교의 경전은 항상 '여시아문(如是我聞)'으로 시작한다. 이때 여시아문은 '내가 이와 같이 들었노라'가 아니라, '나에게는 이와 같이 들렸노라'로 번역되어야 한다. 즉 능동적이 아니라 수동적 의미로 번역되어야 한다는 말이다. 내가 능동적으로 듣는 것이 아니라, 내 주관이나 판단이 들어가지 않고 부처님으로부터 들려오는, 즉 자기 주관이 섞이지 않은 말로 들어야 한다는 것이다. 흔히 무당에게 신이 내릴 때도 제일 먼저 어떤 소리가 들리는 환청이 앞서고 뒤에 환영이 뒤따른다고 한다. 청각이 먼저이고 다음에 시각이 뒤따르는 하나의 예이다.(의학 연구에 따르면, 청각이 깊은 수면이나 무의식 상태로부터 의식이 돌아올 때 가장 먼저 활성화되고, 사라질 때도 제일 나중까지 존재하는 것으로 잘 알려져 있다: 범산 최종일 주)

5. 서양사상의 삼위일체 논리

분석심리학자 융(C. G. Jung)과 양자물리학자 파울리(W. Pauli)는 동시성(Synchronicity)에 관한 연구를 함께했다. 나중에 융은 자기가 연구한 것만을 따로 『동시성』이라는 책으로 발표하였다. 그 연구에 의하면 공간, 시간, 인과 외에 동시성이라는 네 개의 크로스 네트, 즉 십자를 연결하여 세계를 본다. 보통 우리는 공간, 시간, 그리고 인과율의 세 가지 범주를 가지고 일상생활이나 우리 판단의 근거로 삼는다. 그러나 이런 현상의 법칙 이외에 또 하나의 법칙이 있는데, 그것이 바로 동시성의 법칙이다. 즉 우리를 제한하는 공간, 시간, 인과에 이것을 합친 동시성을 더하면 넷이 된다.

그런데 먼저 이것은 동서남북 네 방향을 가리키는 4라는 수와 관계가 있어서 4는 신비의 수로 되어 있다. 그리스어로 3은 트리아드(Triad), 4는 테트라드(Tetrad)라 하는데, 이들 사이에는 묘한 관계가 있다. 3에다 그것들의 통합을 뜻하는 하나를 더하면, 3+1=4, 즉 테트랙티스

(*Tetractys*)[3]가 생기게 된다. 이처럼 3과 4는 중요한 관련을 맺는다. 기독교에서 삼위일체도 성부, 성자, 성신의 셋 이외에 그것들을 하나로 묶어주는 또 하나의 통합, 즉 성부, 성자, 성신에 이들 셋이 합친 '일체'를 더하여서 4가 된다.

슈뢰딩거(E. Schrödinger, 1887~1961)도 공간, 시간, 인과를 넘어선 또 하나의 질서가 있다고 주장했다. 현상적으로 이 세상에는 음과 양, 남과 여 둘로 나뉜다. 그러나 그것들만으로는 안 된다. 그것들은 형이하학적 존재일 뿐이다. 그 존재를 넘어서 '관계'를 말하는 형이상학이 있어야 한다. 그리고 현상적으로 남, 여, 사랑의 셋에 이것이 합쳐진 또 하나를 더하여 4를 이루게 된다. 이처럼 트리아드(3)와 테트라드(4)는 상하로 뗄 수 없는 관계를 이루게 된다.

그럼 관찰 대상인 물질과 관찰자 정신 간의 괴리나 양극적 대립을 벗어날 수 있는 길이 무엇일까? 마음과 세계가 하나인 말하자면 우리가 파악할 수 없고, 또 공간, 시간의 개념을 포함하지 않은 존재의 질서와 형식이 있을 가능성을 발견해야 한다. 슈뢰딩거(E. Schrödinger)나 아인슈타인(A. Einstein, 1879~1955)이 공간, 시간, 인과를 넘어선 또 하나의 질서가 있다고 말한 데에 큰 공헌이 있다. 실제의 세계는 진리를 증명하거나 거짓을 입증하는 것 같은 세계가 아니다. 슈뢰딩거가 "만일 증명되고 안 되는 것이 문제라면 그것은 하찮은 것이 될 것이다."라고 말한

―――――

3_ 테트락티스(*Tetractys*)는 피타고라스(B.C.570~495)에 의하여 설계되었고, 네 개 행에 정렬된 열 개 점으로 이루어진 등변삼각형 모양의 도형으로 우주 생성의 순서를 나타낸다. 각 행에 1(0차원), 2(1차원), 3(2차원), 4(3차원) 개의 점이 있으며, 테트라드는 네 번째 삼각형 수의 기하학적 표현이다. 피타고라스학파에 따르면, 테트락티스는 전체 우주가 건축된 기하학적, 산술적 및 음악적 비율을 나타낸다.

바 있다. 과학자들이 뭘 증명해 보이지 않으면, 즉 어떠한 주장이 확실히 증명되지 않으면 과학적 성과로 이어질 수 없다. 증명된 많은 과학적 결과가 인류에게 여러 가지 많은 이익을 주고 있다. 그러나 만약 증명된 것만으로 인간을 규정한다면 우리는 이 세상에 살아남지 못할 것이다. 오늘 하루 우리가 살아낸 일들이 모두 증명할 수 있는 것이 아니기 때문이다. 공간, 시간, 인과의 범주를 넘어선 또 하나의 질서가 우리의 삶에는 존재한다.

동시 발생, 즉 동시성(同時性)의 다른 말로서 우연한 기회(chance)란 말이 있다. 가령 길을 가다 우연히 옛 친구를 만났다면 이것은 우연한 기회가 발생한 것이다. 꿈에서 어머니를 만났는데 실제로 그날 어머니가 시골에서 오실 수 있다. 꿈의 사건이 실제 현실로 일어났을 때 우리는 이것을 동기성(同期性)이라고 한다. 시간상으로 앞서거나 뒤서서 어떤 사건이 일어났을 때 동시라고는 할 수 없지만 단지 어떤 기간이 같은 것이다. 하지만 동기성도 차원을 달리해서 본다면 넓은 의미의 동시성에 포함시킬 수도 있다.

앞서 살펴보았던 믿음이란 말도 공간, 시간적인 범주에서 생각되는 그런 의지를 나타낸다면 우리에게 불안을 가져다준다. 가령 내가 죽을 것이냐 살 것이냐 하는 걱정은 시간 의식에서 비롯되는 것으로서 시간상으로 종말이 있다고 생각하는 데서 온다. 내가 죽으면 어떡하지 하는 생각이 전혀 없는 갓난아이에게는 공간, 시간이라는 의식이 없다. 그래서 갓난아이는 평화로운 것이다. 그렇다고 해서 완전히 무(無)를 의미하는 것은 아니지만 세상에는 갓난아이 상태와 같이 시간, 공간을 넘어서서 실재하는 존재의 세계가 있다.

시간, 공간을 넘어서서 실재하는 세계가 있다는 것을 입증하는 다른 예를 다음과 같은 것으로 들 수 있다. 눈이 오는 날 어린아이를 통해 우리는 공간, 시간을 넘어서서 존재를 나타내는 세계가 있음을 알 수 있다. 어린아이가 눈이 오는 날 "눈 온다!"라고 외칠 때, 이것을 '장(場)'의 묘사라고 한다. 이것은 어떤 장에서 일어나고 있는 사건의 한 진행을 그 순간이라고 하는데, 이 순간이 고립되거나 대상화된 것이 아니라 나와 눈이 내리는 광경이 무의식중에 자기가 눈이 되고 눈이 자기가 되는 상황이라 할 수 있다. 그런 상황에서 찰나적인 즐거움이 온다. 이때 어린아이는 마냥 즐겁다. 그냥 기뻐서 밖으로 뛰어나가는 즐거움이 있다. 이것은 어떤 공간이 있고 그 안에 눈이라는 대상이 있고 하는 설명이 들어가 있지 않은 상태이다. 이것이 순간의 장(場)의 묘사이다.

우리가 항상 시간과 공간 안에 있다고 생각하면, 나는 나와 시간과 공간을 분리해 생각하게 된다. 가령 "이 분필은 희다."라고 말할 때 주어인 분필은 그것이 놓인 공간을 전제로 하는 것이며, 주체와 속성을 나누어 그 속성이 희다는 의미가 된다. 이처럼 시간, 공간은 우리 판단의 전제 조건이 된다. 이것은 우리가 공간, 시간, 인과율에 구속된 것으로서 세계를 보니까 세계가 시작이 있고 끝이 있는 유시유종(有始有終)에 의한 판단을 내리게 된다.

어린아이가 "눈 온다!"라고 즐거워서 외치는 말은 시작과 끝, 원인과 결과 같은 것이 없는 판단이다. 즉 주어가 없는 무주판단(無主判斷)이다. 그러므로 즐거운 것이다. 그러나 어린아이의 순수성이 사라진 세계를 볼 때는 공간과 시간이란 제한 속에서 대상을 보기 때문에 시작이 있고 끝이 있는 유시유종의 의식과 판단을 내리는 것이다. 우리는 이처럼 실세계에서 어떤 판단을 내릴 때 이런 시간, 공간, 인과율을 근거하여 내리는 것이다. 시간, 공간, 인과율에 함축된 그런 제한 속에서의 판단은 우리에게 즐거움이 아니라 불안을 가져다준다. 인류는 지금까지 어떻게 하면 시간, 공간의 제한을 넘어서서 해방될 수 있는가를 연구해 왔다.

종교는 이런 공간, 시간적인 제한을 넘어서는 세계를 추구하는 것이다. 그래서 종교는 시간, 공간을 제거하고 저편의 질서를 찾는다. 불교에서는 공간, 시간, 인과관계에서 보이는 세계를 환상이라고 한다. 그러나 환상이라고 해서 완전히 버려야 하는 허무한 것은 아니다. 환상은 한편으로 아름답기도 하다. 그러나 우리가 환상을 넘어 저편의 세계를 깨달았을 때 우리는 제한하는 시간, 공간, 인과율로부터 비로소 자유스러움을 누릴 수 있다. 깨달은 사람이 볼 때도 우리를 구속하는 시간, 공간, 인과율 등은 필요한 것으로 보인다. 우리가 보는 이런 시간, 공간, 인과율은 세계의 한 부분의 질서이지, 이것이 전 우주의 질서가 아니라는 것을 알게 된다. 우리를 제한하는 질서를 넘어서 이것을 지배하는 전 우주의 질서가 있음을 알아야 한다. 우리는 그것을 깨달을 때 비로소 자유스러움의 즐거움을 누릴 수 있다.

이런 면에서 보면 종교는 우리를 구속하는 시간, 공간, 인과를 넘어서는 역할을 한다. 우리가 사는 세계가 환상과 같다는 것을 느낀 사람과 그렇지 못한 사람이 느끼는 세계는 엄청나게 다르다.

6. 불교의 공가중(空假中) 논리

불교에서 물질은 지(地)·수(水)·화(火)·풍(風)이라는 네 가지 근본 원소[四大種]로 구성된다고 본다. 그리고 이것을 모두 포함하는 것을 공대종(空大種)이라고 한다. 그러한 사대종에 공대종을 합치면 오대종(五大種)이 된다. 지수화풍에서 물질이 생겨난다. 이를테면 분필을 예로 들어보자. 분필을 던지면 땅으로 떨어진다. 분필과 땅은 서로 잡아당기고, 물질 덩어리인 그것들은 질량을 가지고 있어서 그것만큼 에너지를 갖고 있다. 한편 같은 공간에는 전기에너지가 있어서 무엇을 서로 비비면 불이 일어난다. 이처럼 같은 공간에서, 흙에서, 불에서, 핵에서 오는 여러 에너지가 사대종에서 상호작용을 일으켜서 집합해 있다고 본다.

불교에 사성제(四聖諦)와 팔정도(八正道)가 있다. 불교에서는 해탈하지 못한 사람의 삶은 고통일 뿐이라고 본다. 그 고통이 인간에게 어떻게 작용하며 무엇을 통해 그 고통에서 벗어날 수 있는가를 설명해 주는 것이 사성제와 팔정도이다. 네 가지 성스러운 진리를 의미하는 사성제는 고집멸도(苦集滅道)를 말한다. 먼저 고제(苦諦)란 사는 것이 고통이라는 말이며, 집제(集諦)는 그 고통의 원인이 우리의 아집에서 오는 것이고, 멸제(滅諦)는 그 고통을 멸하면 평온함에 이를 수 있다는 말이고, 도제(道諦)란 고통을 멸하기 위한 길, 즉 고통에서 벗어나기 위한 수행법인 팔정도(八正道)를 말한다. 즉 고통을 벗어나 해탈하기 위한 수행법 여덟 가지는 정견(正見)·정사유(正思惟)·정어(正語)·정업(正業)·정명(正命)·정정진(正精進)·정념(正念)·정정(正定)이다. 정견은 바르게 보고, 정사유는 바르게 생각하고, 정어는 바르게 말하고, 정업은 바르게 행동하고, 정명은 바르게 생활하는 것을 말하며, 정정진은 깨달음을 향해 바르게 끊임없이 노력하고, 정념은 바른 의식을 늘 갖는 것이며, 정정은 바른 명상을 통해 마음을 한 곳에 집중하여 마음의 평정을 찾는 것을 말한다. 이처럼 불교는 우리가 세상을 바로 보고 바르게 수행해서 고통이 없는 해탈의 경지에 이르라고 설명하고 있다.

아리스토텔레스 철학에 형상(形相, *Eidos*)과 질료(質料, *Hyle*)라는 개념이 나온다. 형상은 이상이고 질료는 현실이라 할 수 있다. 현실의 질료를 갖고 이상의 형상을 만들려 한다. 물질 속에는 귀재를 기다리는 정신이 있다. 배고픈 아이들이 "어머니!" 하고 달려가듯이, 베다(*Veda*) 경전에도 모든 존재는 거룩한 희생을 기다리고 있다는 말이 나온다. 가령 분필이나 칠판 같은 물질도 일종의 영원히 존재하고 싶은 정신이 있어서 이상의 형상을 만든다. 사람이 물질에 마음을 보내면 물질이 응해 온다고 한다. 이것이 연금술사의 심리적 종교적 사상이고, 이것은 아리스토텔레스의 철학과 부합된다.

오늘날 과학에서 본다면 과거에 생각했던 것처럼 물질은 물질이고 정신은 정신인 것이 아니다. 과학자가 컴퓨터에 고도의 산술을 하도록 설정하면 컴퓨터는 인간이 하지 못하는 고도의 산술을 해낸다. 예를 들어 냉장고는 자동제어장치가 되어 있어서 전기에너지를 주면 모터가 돌아가면서 일정한 온도까지만 냉동시킨다. 그러다 설정 온도에 이르면 자기 스스로가 멈추어서 더 이상 가동하지 않는다. 인간이 이것을 만들 때까지는 기계였는데, 일단 만들어져 가동되면 스스로가 조절한다. 자동제어로 작동한다는 것은 어떤 의미에서 정신적 존재라 할 수 있다. 이것은 불교에서 일체중생에게 다 불성이 있다는 제유불성(諸有佛性)을 떠올리게 한다.

마지막으로 불교에는 공가중(空假中)[4]의 논리가 있는데, 이것을 용수(龍樹, Nāgārjuna, 150~250경)의 『중론(中論)』 사상과 『법화경』의 「방편품」을 참고하여 간단히 설명하고자 한다. 모든 생명체는 형태와 모습, 심성, 신체의 세 가지의 양상으로 구성되어 있고, 여래(如來)도 응신(應身)여래, 보신(報身)여래, 법신(法身)여래로 나뉘듯, 존재들을 가제(假諦), 공제(空諦),

---

[4] 세 가지 진리, 즉 삼제(三諦)라고 한다. 삼라만상은 공무(空無)한 것이어서 한 물건도 실재하는 것이 아니라는 공제(空諦), 모든 현상은 뚜렷이 있다는 가제(假諦), 이처럼 모든 것은 공도 아니고 유도 아니며, 공이면서 유, 유이면서 공인 것을 중제(中諦)라 한다. 중국의 지의(智顗, 538~597)는 진제(眞諦)인 공(空), 속제(俗諦)인 가(假), 비유비공(非有非空)의 진리인 중(中)은 서로 원융한 것임을 천명하였다. 『불교사전』(운허용하, 동국역경원, 1984).

중제(中諦)로 볼 수 있다. 가제란 어떤 존재의 형태와 모습을 말하고, 공제란 그것의 성분을 말하며, 중제란 그것의 기체(基體)를 말한다. 가령 진달래를 예로 들면, 분홍 꽃이 피어 있는 형태와 모습인 가제를 갖고, 그런 꽃을 피우는 진달래 고유의 성질인 공제가 있고, 진달래가 꽃을 피웠거나 시들었거나 진달래임에 변화가 없는 기체로서의 중제를 갖고 있다.

그런데 존재의 이 세 종류는 각각 분리된 것이 아니라 서로서로 상호작용하고 있다. 이것은 물질과 정신을 분리하지 않는 사고에서 비롯된다. 형태와 모습인 가제에도 공제와 중제가 있고, 성분을 의미하는 공제에도 가제와 중제가 있으며, 기체를 의미하는 중제에도 가제와 공제가 들어 있다. 이것이 불교의 제법실상(諸法實相)이다. 제법실상이란 우주의 모든 존재와 사물이 있는 그대로 진실한 면모를 보인다는 말이다. 공(空), 가(假), 중(中) 셋에 이것들을 통합한 제법실상(諸法實相)을 더하면 '4'가 된다.

2강
불교의 중도사상[5]

1. 중도의 개념

여기서는 불교의 근본사상인 중도(中道)에 대하여 논리적으로 설명해보고자 한다. 불교사상에서는 흔히 중도를 말하고 중국 유교에서는 중용(中庸)이란 말을 사용한다. 중도와 중용은 다르지만, 여하튼 동양사상이 중도, 중용, 중론, 중관 등에서 '가운데 중(中)' 자를 많이 쓰고 있다.

『장자(莊子)』「응제왕」 편에 다음과 같은 말이 나온다. 북해 황제와 남해 황제가 중앙 황제인 혼돈(混沌)으로부터 큰 은혜를 입어서 그 은혜를 갚기 위해 둘이 상의한 결과, 중앙제인 혼돈에게 없는 눈·귀·코·혀·몸 오관(五官)을 만들어 주기로 하였다. 그리하여 혼돈이 우리처럼 다섯 가지 감각기관을 갖게 되었고, 그것을 축하하기 위하여 잔치를 벌였는데, 이때 이미 혼돈은 죽어서 없더라는 이야기이다.

어떻게 보면 자연의 실상은 '혼돈(混沌, chaos)'인데, 우리는 감각기관을 통하여 어떤 존재가 개체적으로 있다는 생각이 일어나서 그것에 대한 탐욕이 생기고, 그것을 갖고 싶은 소유욕이 생기게 된다. 원래 자연

---

[5]_ 미국 볼티모어 성불사 강의(1981. 3. 1).

의 참 존재인 혼돈은 이것과 저것, 나와 너, 나와 자연 등으로 구분할 수 없는 것이다. 그런데 우리의 감각기관으로 해서 그것들을 분리하는 분별지가 생겨난다고 본다.

이런 설명은 붓다나 노자(老子)나 장자(莊子)나 다 유사하다. 불교의 『반야심경』은 분별적으로 보는 생각이 어디에서 비롯되는지를 잘 보여준다. 불교 행사에서 우리가 항상 독송하는 『반야심경』에 '무(無) 안이비설신의(眼耳鼻舌身意)'라는 대목이 있다. 원래 자연의 실상은 무분별지 영역인데, 우리의 감각기관에 의한 분별지로 인하여 존재가 따로 있다고 생각하는 가짜 세상이 나타난다. 『장자』 「응제왕」 편의 이야기도 실상의 세계를 말해 주는 좋은 비유이다.

붓다가 정각을 이루신 후 다섯 비구를 만나 최초로 설법하신 내용이 "있는 것도 아니고 없는 것도 아니다[非有非無]. 이것이 있으므로 저것이 있고, 저것이 있으므로 이것이 있다."라는 말씀이셨다. 언어는 보통 '이다/아니다', '있다/없다'와 같이 이분법적 논리로 구성된다. 그러나 불교는 이런 이분법을 사용하지 않고 항상 삼단법(三段法)을 사용한다. 세상을 유/무(有/無)의 두 극단으로 보는 것이 아니라 비유비무(非有非無), 즉 있는 것도 아니고 없는 것도 아닌 두 극단이 부정되는 논리로 본다. 이것이 바로 중도(中道)이다.

2. 제행무상과 장(場)이론

불교의 근본 교리를 이루는 세 가지 진리를 삼법인(三法印)이라고 하는데, 그것은 제행무상(諸行無常), 제법무아(諸法無我), 열반적정(涅槃寂靜)

이다. 이중 제행무상이란 모든 현상은 잠시도 정지하지 않고 변화하므로 상주(常住)하는 것이 없다는 말이다. 제행무상에서 '행(行, saṃskāra)'은 행동이나 업을 의미하기보다 조작한다는 의미에 더 가깝다. 즉 여기서 '행'은 여러 인연이 함께 모여서 만들어진 모든 현상, 또는 그렇게 드러난 우리가 경험하는 모든 현상의 세계를 뜻한다. 그러므로 제행무상은 모든 조작된 것은 영원한 것이 없다는 의미이다. 『장자』에서 혼돈에게 감각기관을 만들어 주었더니 죽고 말았다는 비유처럼 참 실재의 세계는 무분별 영역이다. 그런데 우리의 감각기관으로 인하여 하나의 개체가 실재한다는 지각이 일어나므로 그렇게 본 존재는 감각으로 조작된 것이지 실상은 아니다.

기독교에서는 자연을 태초에 하나님이 창조하였다고 본다. 불교에서는 자연을 누구의 창조가 아니라 끊임없이 만들어지고 소멸하는 변화의 과정으로 본다. 다시 말해서 이 세계는 만들어져 가는 과정의 연속으로서 영어로는 발생(happening), 되어감(becoming), 사건(event)과 같은 용어로 설명된다. 여기서 사건이란 것도 그냥 단순한 사건이 아니라 끊임없이 계속 변화하는 진행 과정으로서의 사건을 말한다.

서양 사람이라고 이런 생각을 전혀 못 한 것은 아니다. 고대 그리스 철학자 플라톤(Platon, B.C.427~347)은 현대 과학철학에서도 많이 읽히는 『티마이오스(Thimaios)』에서 그의 우주론에 관한 생각을 피력하였다. 그리스어로 코라(chora)는 영어로 광경(spectacle)으로 번역되었는데, 이것이 나중에 공간(space), 장소(place), 장(field)으로 번역되었다. 즉 공간의 뜻도 되고, 장소란 뜻도 되며, 장(場)이란 뜻도 된다. 이런 용어로 자연을 설명하는 방법을 한마디로 '장(場)'에 의한 기술 방법이라고 한다.

영어로 비가 온다(It rains), 눈이 온다(It snows)라고 할 때, 영어 동사 rain이나 snow 자체에 주어가 이미 들어가 있으니 주어가 필요 없는

데 왜 주어 It이 들어가는가? 치통(toothache), 두통(headache)과 같은 의미의 영어 낱말을 보면 명사 속에 술어가 포함되어 있다. 보통 우리가 사용하는 언어는 '주어+술어'로 표현되므로 우리의 언어생활에는 술어 없는 주어가 있을 수 없고, 주어 없는 술어가 있을 수 없다. 이런 '주어+술어'의 언어의 특성 때문에 할 수 없이 형식을 갖추기 위하여 날씨를 표현하는 말에 가주어 '그것(it)'이 등장하고, 통증을 표현할 때 동사 '가지다(have)'를 사용하여 "나는 치통(두통)이 있다."를 "I have a toothache(headache)."와 같이 표현한다. 영어의 '시간(hour)'이라는 말이 원래 그리스어로는 '계절'이라는 말이었다. 인도네시아 같은 열대지방에서는 일 년 내내 나무가 하늘 높이 계속 자라기만 해서 나이테가 없기 때문에 원주민들은 보통 나무의 나이를 모른다고 한다.

진실한 실재와의 만남을 어떻게 표현할 것인가? 플라톤은 고민 끝에 '코라'라는 말로 제일 먼저 '장(場)'이라는 개념을 생각해 낸 것으로 보인다. 여기에서 묘한 것이 발견된다. '비가 온다', '눈이 온다', '바람이 분다'와 같은 자연현상을 나타내는 말들은 모두 주어가 없는 무주판단(無主判斷)이다. 주어가 없는 말들이다. 플라톤은 자연의 진실과 만나는 표현을 하기 위하여 어떤 개체를 딱 떼어서 주어화하는 것이 아니라, 한 장면 속에 내가 들어가서 발생하고 있는 어떤 운동을 목격하고 그때의 장면을 묘사해야 말이 되지 어떤 한 개체가 주어가 될 수 없음을 파악했다.

치통, 두통과 같은 낱말은 아프다고 하는 사건이 일어나는 장면이 먼저 지각되므로 주어를 넣기가 애매해지고 그래서 주어를 피하려니 치아라는 장소, 혹은 머리라는 장소에서 지금 아프다는 지각상이 나타나고 있다고 하는 수밖에 없다. 이런 식으로 주어를 내세우기 애매한 표현으로 '장(場)'의 개념을 도입하여 전개했다. 뉴턴의 절대공간이란 개념도 플라톤으로부터 영향을 받았다. 그리고 플라톤의 코라(*chora*), 즉 장 개념은 오늘날의 양자역학이나 상대성이론과 같은 현대물리학에 지대한 영향을 주었다고 한다. 불교에서 실체를 떠나야 함을 계속 강조하는 것처럼 진실한 세계와 만나려고 하니까 이처럼 장이론을 도입하게 된 것이다.

3. 삼법인과 중론

제행무상(諸行無常)에서 행(行)은 어떤 사건이 벌어지고 있는, 그것이 조작되어 가는 과정을 의미한다. 앞에서 얘기한 바와 같이 여기서의 행(行)은 어떤 개체의 물적 실체성을 떠나서 세상에 일어나고 있는, 즉 우리의 지각으로 조작되어 가고 있는 사건들을 의미한다. 발생하고 있는 어떤 사건도 변하지 않는 것이 없으니 무상(無常)할 수밖에 없다. 여기서 무상은 허무하다는 것이 아니라 영원한 것은 없고 계속 끊임없이 변화한다는 뜻이다.

보통 개체라 하면 어떤 존재가 다른 것과 달리 독립적으로 존재하여 구분되는 것을 말하는데 다른 말로 실체(實體, substance)라고 한다. 그런데 우리는 보통 여기 분필이, 칠판이, 내가, 타우슨대학교가 … 등등 모든 개체가 따로 있다고 생각하고, 거기에 각각 명사를 붙여서 그 개체 명사를 주어로 놓고, 즉 분필은 희다는 등 술어를 붙이는 판단을 하며 살아가는 것이 우리의 일상이다. 불교에서는 이러한 판단이 진실한 실상이 아니고, 모든 것은 변화하는 것이므로 제행무상(諸行無常), 자아라는 실체도 없으니 제법무아(諸法無我), 이것을 깨달아야 궁극적인 열반적

정(涅槃寂靜)의 세계에 이른다고 설명한다. 이렇게 되었을 때 우리는 비로소 모든 잡념과 망상에서 벗어나 절대적인 자유의 경지에 이른다는 것이다. 그러므로 제행무상, 제법무아, 열반적정이 불교의 근본 교리인 삼법인(三法印)으로 불리는 까닭이다.

용수(龍樹, Nāgārjuna)의 중론(中論) 사상을 논리적으로 발전시킨 중국의 종파가 삼론종(三論宗)[6]이다. 삼론종의 『삼론현의(三論玄義)』[7]를 보면 다음과 같은 비유가 있다. 개체가 따로 있다고 보는 것이 유(有)인데, 깨달음의 경지에서 보면 개체가 없는 것을 있다고 보니 유(有)에 집착하고 사는 사람은 병든 것이다. 그런데 유(有)를 치료하는 약이 있으니 그 치료약을 공(空)이라고 한다. 공(空)은 용수가 쓴 『중론(中論)』에서 본격적으로 다뤄지고 있다. 용수가 말하는 공의 근거는 사물에 자성(自性)이 없다는 것, 즉 일체는 무자성(無自性)이므로 공하다는 것이다. 공(空)이라는 약을 통해 '있다[有]'라는 생각이 없어졌다면 병이 없어진 것이다. 병이 없어졌다면 약도 더 이상 필요 없다. 이러한 말을 상즉상입(相卽相入)[8]이라 한다. 즉 논리적으로 보면 유(有)를 떠나 공(空)이 있을 수 없고, 공을

|||||||||||

[6] 삼론종(三論宗)은 용수(龍樹)의 『중론(中論)』과 『십이문론(十二門論)』, 제바(提婆, Aryadeva, 170~270)의 『백론(百論)』을 소의경전으로 하는 종파로, 반야공(般若空) 사상을 교리의 근간으로 인도 대승불교의 중관계(中觀系)에서 시작되어 중국에서 크게 번성하였다.

[7] 『삼론현의(三論玄義)』는 삼론종(三論宗)을 대성한 수(隋)나라 가상대사(嘉祥大師) 길장(吉藏, 549~623)이 삼론의 요점을 모아 저술한 책으로, 팔부중도(八不中道)를 강조하는 파사(破邪)와 현정(顯正)이라는 이문(二門)의 구조로 되어 있다.

[8] 화엄교학의 연기사상(緣起思想)으로 상즉(相卽)이란 서로 맞물려 있다는 말로, 하나[一]가 있으면 여럿[多]이 성립되고 여럿[多]에 의해 하나[一]의 가치가 드러날 수 있으므로 하나[一]와 여럿[多]은 뗄 수 없는 관계라는 것이다. 상입(相入)이란 하나[一]의 작용이 전체의 작용에 영향을 주고 전체의 작용에 의해 하나[一]의 작용이 드러날 수 있으므로 이 또한 떼려야 뗄 수 없다. 체(體)의 측면에서 모든 것이 하나라는 것이 상즉(相卽)이요, 용(用)의 측면에서 모든 것이 하나라는 것이 상입(相入)이다. 모든 것이 그물처럼 얽혀 있는 것을 말한다. 『불교사전』(김승동, 민족사, 2011).

떠나 유가 있을 수 없다. 병이 있어 약이 있고 약이 있으니 병이 있다. 이처럼 약과 병은 뗄 수 없는 불가분의 상관관계를 이루고 있다.

용수의 『중론』에는 여러 가지 형태의 상관관계 논리 형식이 전개되고 있다. 다음은 그의 유명한 비유 중의 하나이다: 1) 연료와 불이 같은 것이라면 작용 주체와 작용이 하나로 된다. 2) 연료와 불이 별개의 것이라면 결국은 연료가 없어도 불은 존재한다. 이 말은 연료와 불이 같은 것도 아니고 그렇다고 별개의 것도 아니라는 말이다. 보통 우리는 연료와 불이 따로 있다고 생각한다. 두 개가 별개의 개체로서 각각이 독립된 실체라고 생각한다. 그런데 연료 떠난 불이 어디 있으며, 불 떠난 연료가 어떻게 있을 수 있는가? 불이 없이 어떻게 탈 수 있는가?

이것은 논리 형식을 구체화해서 요소를 집어넣으면 이렇다는 말이다. 여기 분필과 사람의 관계를 보면, 우리에게 일어나고 있는 분필이라는 지각을 떠나서 분필이라는 언어가 어떻게 있을 수 있는가? 이는 곧 우주의 어떤 삼라만상에 대한 어떤 의식현상도 상호관계 때문에 일어난 것이지 따로 떼어서 존재하지 않는다는 말이다. 그럴진대 별개로 존재라 할 수 없다. 이처럼 같은 것도 아니고 다른 것도 아니라는 이런 논리를 불교의 이중부정(二重否定)이라고 한다. 형식논리에서는 만약 p가 ~p이고 ~~p라면 이건 도로 p가 된다. 그런데 불교에서는 불일불이(不一不異), 즉 동일하지도 않지만 그렇다고 다른 것도 아니라는 이중부정 형식을 취한다. 이것도 부정되고 저것도 부정이 되어서 둘이 합이 되는 것이다. 즉 변증법적이다. 그러나 이것은 헤겔(G. W. F. Hegel, 1770~1831)의 정반합(正反合)의 변증법과는 다르다. 헤겔의 경우는 정(正)이 있고 반(反)이 있고 합(合)이 있다. 그런데 불교의 변증법은 부(否)가 두 개가 있어서 합(合)이 되는 변증법이다.

현대 '술어논리'에서는 명제를 주어와 술어로 분리하여 기호로 나타내는데, 주어를 도저히 밝힐 수 없는 경우도 있다. 물론 말이나 글로 표현할 수 없는 세계가 존재한다는 것은 알지만, 기독교에서도 하나님의 실재를 확실하게 증명하는 문제, 즉 신이 실제로 존재하느냐 안 하느냐 하는 문제는 보통 어려운 문제가 아니다. 그래서 주어가 없는 말, 즉 플라톤이 말한 '눈이 온다'라고 할 때 사실은 눈이 주어가 아니고 '눈온다'는 술어만이 있다. 실제는 눈이 오는 광경(spectacle) 즉 '장면'만이 있다. 그래서 플라톤은 '장(場)'의 개념을 도입하여 주어 없는 말들을 설명한다.

사실은 불교에서도 주어가 있을 수 없다. 소립자 물리학자들도 주어를 찾아 원자, 소립자, 양성자, 전자, 중성자 등을 찾아 들어가 보았지만 계속 입자가 쪼개져 나가니까 궁극적인 주어가 되는 요소를 찾을 수 없었다. 물질의 궁극적인 주체(subject)를 찾을 수 없다. 계속 추적해 들어가고 있지만, 양자역학이나 사이버네틱스(cybernetics)에서 이미 주인을 찾을 수 없다는 것을 알아서 이젠 기본 성질이나 최소단위는 존재하지 않고 여러 입자가 상호의존적이며 연관이 있다는 이른바 강입자 구두끈이론(Bootstrap)이 제시되기도 하였다.

우리는 주어가 무엇인지 모르니, "그것을 X라고 할 때, X를 f라고 한다면, 그 X는 g다."라는 식으로 가언명제로 말할 수밖에 없다. 즉 "주어가 X인데, 그 X를 f라고 하면, 그 X는 g이다."라는 것이다. 이 경우에 주어 X는 f나 g가 되어 항상 술어로 내려간다. 우리의 일상생활에서 편리하게 사용하는 언어는 주어를 먼저 아무 가정 없이 정언적으로 놓고 마치 그것이 실재하는 것처럼 말한다. 하지만 논리적으로 보면 그것은 주어가 아닌 술어이다. 그 때문에 이런 문제를 극복하기 위하여 술어논리를 전개하는 사고가 등장해 현대논리학에서 많이 사용되고 있다.

4. 현상과 실재

현대과학에서는 높은 열을 가하여 물질을 태울 때 반짝하고 불빛이 일어나는데, 이 불빛을 사진으로 찍어서 불빛의 파장, 즉 불빛이 진동하는 파의 길이가 동일하면 물질이 같은 것으로 보고, 다르면 물질이 다른 것으로 본다. 가령 파장의 종류가 94개 나왔다면 94개 원소가 있다는 말이다. 계속 새로운 파장의 물질이 나오면 그만큼 원소가 증가하는 것이다. 그래서 빛이 무엇인지를 알게 되면 물질이 뭔가를 알게 된다.

그런데 여기서 문제 하나가 발생한다. 빛을 물질로 환원시킬 경우, 그 둘이 동일한 거냐는 것이다. 물리학의 기본 법칙 중의 하나인 에너지 보존법칙을 예로 들어보자. 에너지에는 운동에너지, 위치에너지, 열에너지, 빛에너지, 소리에너지, 전기에너지, 화학에너지 등 많은 형태의 에너지들이 있고, 이것들은 갑자기 생기지도 않고 사라지지도 않는다는 것이다. 서로 모습을 바꾸어 나타날 뿐이다. 에너지가 다른 에너지로 전환될 때, 전환 이전과 이후의 에너지 총합은 항상 일정하게 보존된다는 것이 바로 '에너지 보존법칙'이다.

그리고 특수상대성이론에 따르면, 질량이 곧 에너지가 되므로 에너지보존은 질량보존을 포함하기도 한다. 이것은 일체 삼라만상을 에너지로 환원시켜 보는 것인데, 그러면 삼라만상과 에너지가 같은 것인가? 이에 대한 답은 그렇지 않다는 것이다. 그런데 환원이 불가능하다면 학문의 성립이 불가능하다. 따라서 과학자들은 물질을 연구할 때 다른 것으로 환원시켜 법칙을 발견한다. 하지만 그들은 현상과 물질이 같을 필요가 없고, 같다고 주장하지도 않는다. 즉 그들은 환원주의를 부정한다.

우리가 어떤 연구를 할 때 사물의 정체성(identity)을 언급하지 않고는 어떤 것도 연구할 수 없다. 그러나 과학에서 밝혀진 분자, 원자, 원자핵, 에너지, 빛, 세포이니 하는 것들은 모두 다 가정에 의한, 즉 조작적 정의에 의한 부분들이지 존재 자체는 아니다. 과학자들은 그러한 전제를 염두에 두고 연구한다.

"에너지가 파동 현상이냐 입자 현상이냐."라는 것도 오랜 논쟁거리였다. 유리는 신비로운 존재이다. 만일 유리가 절대적 고체라면 빛이 유리를 지나갈 수가 없을 것이다. 그러나 빛이 유리를 통과할 수 있는 것은 유리가 절대적 고체가 아니기 때문이다. 우리 몸을 X선으로 찍으면 우리 몸을 통과한다. 우리가 얼핏 볼 때 우리 몸은 연속성을 지닌 고체로 보인다. 그러나 X선으로 보면 우리 몸은 고체가 아니라 구멍이 숭숭 뚫린 입자의 집합체이다. 우리 몸의 입자들 사이를 X선이 지나가는 것이다. 그렇다면 우리 몸은 입자로서 비연속적이라는 것을 알 수 있다. 따라서 우리 몸을 절대적 고체에 가까울 정도로 압축한다면 거의 눈으로 볼 수 없을 만큼 작아질 것이다.

전화 목소리도 연속으로 계속 나가는 것 같지만 한 목소리가 다른 목소리와 구별되어 들리는 것은 목소리 진행 사이에 빈 곳이 있기 때문이다. 한 회선에 수백 사람이 동시에 통화하게 할 수 있는 것은 비연속성을 잘 나타내는 것이다. 연못에 돌을 던지면 물결이 돌 가까운 곳에서부터 멀리 퍼져나가는데, 이것을 보면 물은 파동적이다. 즉 연속적이다. 이처럼 대상을 볼 때 어떤 장치(전제)로 보느냐에 따라서 비연속적으로도 나타나고 연속적으로도 나타난다.

프랑스의 물리학자 드 브로이(L. V. de Broglie)가 처음으로 빛을 파동과 입자 가운데 둘 중 하나(either or)가 아니라 둘 다 동시(and)에 성립하는 것으로 보아야 한다면서 파동과 입자 둘 다를 인정했다. 이분법적 사고로써는 파동이면 입자가 아니고 입자이면 파동이 아니어야 한다. 우리는 '이다/아니다'라는 이분법적 논리에 젖어 살고 있어서 연속성과 비연속성이 한 사물에 동시에 존재할 수 있다고 하는 생각은 논리적으로 맞지 않다고 생각하게 된다. 그러나 드 브로이는 파동으로도 입자로도 볼 수 있다고 주장했다.[9]

단지 파동이라고 보는 순간은 입자의 비연속성을 볼 수 없고, 입자라고 보는 순간은 파동의 연속성을 볼 수 없는 것이 우리 인식의 한계성이다. 그래서 상보적(complementary) 관계를 도입한다. 위치와 운동량, 입자와 파동, 에너지와 시간처럼 서로 배타적인 것들은 서로 보완적이라는 것이다. 그런데 이것을 긍정할 때는 판단중지에 이르게 된다. 왜냐하면 '무엇이다'라는 주장을 폐기해야 하기 때문이다. 파동이라고 주장하는 동안 입자는 침묵 속에 갇혀야 하고, 입자라고 주장하는 동안에는 파동이 침묵 속에 갇혀야 한다. 한마디로 표현하면 사물의 1/2밖에 설명하지 못한다.

그러나 입자도 아니고 파동도 아닌 비유비무(非有非無)의 사고는 서양의 생각으로는 비논리적이기 때문에 오랫동안 이분법적 논리로 생각해 온 서양적 사고로는 중도사상이 이해되기 어렵다. 아인슈타인(A. Einstein)도 덴마크의 물리학자 닐스 보어(N. Bohr), 하이젠베르크(W. K. Heisenberg) 등의 양자역학에 관한 코펜하겐 해석에 반대했다. 이에 닐스 보어는 아인슈타인의 세 차례의 문제 제기에 성공적으로 반박해 냈

---

[9] 양자역학이 나오기 전에는 빛이 파동처럼 행동한다고 생각했다. 그러나 흑체복사(Blackbody radiation)나 광전효과(photoelectric effect), Compton 효과에서는 빛이 입자처럼 행동한다. 플랑크(Max Planck)는 양자가설을 도입하여 흑체복사를 설명했고, 이 양자가설과 함께 양자역학이 시작됐다. 양자가설은 흑체복사, 광전효과, Compton 효과 등에서는 빛이 입자처럼 행동한다는 것이다. 이와 반대로 입자라고 생각했던 전자 등이 파동처럼 행동하는 현상이 있다는 것도 알게 됐다. 드 브로이는 이런 현상을 설명하기 위해 물질파(matter wave)라는 개념을 도입했다.(양형진 주)

고.[10] 하이젠베르크는 『물리학과 철학』에서 아인슈타인까지도 서양의 이원론에 젖어 이해를 못 하고 있다고 이야기한 바 있다.

언어의 형식은 '이 분필은 희다'에서처럼 주어와 술어로 나뉘는 특징이 있다. 그러나 비트겐슈타인(L. Wittgenstein)은 『논리철학논고(Tractatus Logico-Philosophicus)』에서 세계는 사물의 총체가 아니라 사태나 사건의 총체라고 한 바 있다. 세계는 물적 존재들로 이뤄진 것이 아니라 사태나 사건들로 이뤄졌다고 보는 것이다. 그는 일상언어의 한계를 극복하기 위해서 개념과 명제들을 기호화해서 기호논리 내지는 수학적 표현 방식을 창안하였다. 우리는 과학적 사고를 순수 기호만 나열하여 표현하지만, 우리의 감성적 직관으로도 그것을 확인할 수 있다. 이를테면 원자물리학의 방정식을 세울 때는 수학의 언어를 빌려서 쓴다. 하지만 그것이 현상화될 때, 즉 원자탄이 되어 폭발할 때는 다시 우리가 보고 듣고 말하는 감성적 세계로 되돌아가게 된다.

따라서 과학이 아무리 발전하고 수학적으로 아무리 세련되더라도 거기에서 기술한 것은 인간 언어가 세련된 것에 불과하다. 그것은 직관지에 들어간 것이 아니다. 그리고 서양의 실체적 내지는 이분법적 사고로는 그것을 이해하기 어렵다. 하지만 동양적 사고, 즉 비유비무의 중도사

||||||||||||

10_ 닐스 보어-아인슈타인 논쟁(Bohr-Einstein debates)은 아인슈타인이 당시 점차 표준으로 받아들여지던 양자역학의 코펜하겐 해석에 대해 1927년부터 1935년까지 세 차례에 걸쳐 이의를 제기하고, 이에 대해 닐스 보어가 반박한 논쟁을 말한다. 세 번의 논쟁에서 모두 닐스 보어가 양자역학에 대한 해석에 관하여 성공적으로 반박하였다. 아인슈타인은 양자역학의 비결정적 해석에 끝까지 동의하지 않고, 양자역학은 완전한 예측을 하지 못하기 때문에 궁극적인 이론이 될 수 없다는 입장을 취하면서 언젠가 결정론적 해석이 나올 것이라는 인식에서 '숨은 변수 이론'을 옹호했다. 이 논쟁은 여기서 끝나지 않고 이후 거의 한 세기 동안 계속됐으나 실재를 가장 잘 설명하는 이론에 관한 전폭적인 의견 일치에는 이르지 못했다(M. Schlosshauer, 2013).

상에 따르면, 우리는 바로 직관의 세계로 뛰어 들어갈 수 있는 '논리와 그 실천'이 가능하다. 이것이 서양과학과 동양철학의 크나큰 차이이다.

5. 중국의 중관사상

불교에서 공(空)이라는 말은 한마디로 '~아니다'라는 술어이다. 중국어로 번역된 『중론(中論)』에서는 모든 인연으로 생긴 것은 바로 무(無)라고 설한다. 이들은 공(空) 대신 무(無)라고 했는데, 후에 공이 된다. 인도 불교에서 시작된 불교사상의 여러 학파의 발전상을 보면 다음과 같다.

(1) **유부파(有部派)**: '나'라는 개체가 있고 대상의 존재도 따로 있다고 보는 견해이다. '안경은 어떻다'라는 식의 주어+술어의 명제로 판단하는 학파이다.

(2) **경량부파(經量部派)**: 대상은 없고 대상의 표상(idea)만 있다고 보는 견해이다. 가령 분필을 예로 들면, 분필이 있는 것이 아니라 분필이라는 아이디어, 즉 표상만 마음에 있다고 하는 견해이다.

(3) **유식학파(唯識學派)**: 표상도 없다. 분필을 예로 들면 분필이라는 지각상도 없다고 보는 견해이다. 있는 것은 오직 반짝이는 마음만이 있다. 일체유심조(一切有心造)와 관련된다.

(4) **중관파(中觀派)**: 그러한 마음까지도 없다고 보는 견해이다.

이렇게 학파가 발전해 내려오는데, 보통 사람들도 이런 경로를 반드시 거치게 된다. 처음엔 나와 대상이 따로 존재한다고 보다가 살면서 경험을 쌓거나 공부를 좀 하다 보면 결국 "있다고 하는 것이 우리의 지각상인 표상밖에 없구나."라고 생각하게 된다. 그러나 표상도 사실은 마음의 작용에서 일어나는 것이니 그림자와 같은 것이어서 표상도 없고, '있는 것은 오직 마음뿐이구나' 하고 여기게 된다. 그런데 중관파에서는 그 마음도 없다고 하니, 대상도 없고 보는 주관도 없는 것이다. 그리하여 중관파에게서는 유(有)와 무(無)가 동시에 부정된다. 이것이 비유비무(非有非無)이다.

한편 중관(中觀) 사상에서는 '언표 가능한' 절대와 '언표 불가능한' 절대를 나눈다. 즉 '말로 표현할 수 있는' 절대적인 공의 세계와 '말로는 표현할 수 없는' 절대적인 공의 세계로 나눈다. 이것을 불교에서 속제(俗諦)와 진제(眞諦)라고 한다. 속제는 세속제(世俗諦) 또는 세제(世諦)라고도 하며 우리가 쉽게 이해할 수 있는 세간적 진리를 말한다. 진제는 속제를 기본으로 하여 점차로 고차원적인 이치를 이해하는 것으로서 언어를 초월한 세계를 말한다. 언어를 초월한 세계, 즉 말로 표현할 수 없는 공(空)을 말하려니 그 정보를 전달하기 위하여 할 수 없이 말을 빌리게 된다. 이런 언어를 가탁(假託)된 언어, 즉 언어는 실재하는 대상을 지칭하는 것이 아니라 오직 다른 것들의 '배제를 언급할 수 있을 뿐'이라는 것이다.

우리가 무(無)나 공(空)을 설명할 때 "모든 것은 인연(因緣)과 연기(緣起)에 의해 생겨난다."라는 말은 제행무상처럼 실체적 물질(substantial matter)이나 물질적 실체(material substance)를 부정하는 말이다. 상의성(相依性)이나 의존성, 즉 서로서로 의존하여 어떤 사건이나 사태가 계속 일어나고 있는 것이 무(無)나 공(空)이다. 이런 말은 정보를 전달하기 위하여 교육상 공을 가르치기 위해 설명하는 말이다. 정말로 '유(有)'라는 생각이 없어졌다면, 즉 정말로 '물적 실체'라는 생각이 없어졌다면 동시에 이 병을 치료하는 약인 공도 가탁된 것이니 없어져야 한다. 이것을 '공역부공

(空亦復空)'이라고 한다. 다시 말해서 공 역시 공이란 뜻이다. 공을 실체로 착각해 그것을 물고 늘어지면 도로 유(有)에 사로잡히게 된다. 이렇게 가탁된 언어로 일상을 사는 것은 진짜 직관의 세계에 들어간 것이 아니다. 진짜 공의 중도적인 실상을 봤다면, 그것이 바로 모든 것의 실제 모습, 즉 제법실상(諸法實相)이다. 여기서 실상은 실체가 있는 것이 아니란 뜻이고 제법무아(諸法無我)의 무아를 실상으로 바꾼 것이다.

진짜 실상의 세계로 들어가려면 어찌해야 하는가? 이것은 실천과 결단의 문제이다. 여기에서 우리가 보통 딜레마에 빠지게 된다. 나라는 개체와 다른 사람이라는 개체를 분리해서 나누는 것이 잘못되었다는 것은 누구나 알 수 있다. 하지만 우리는 자연현상이 일상에서 주는 은혜나 은총을 까맣게 잊고 돈을 벌거나 출세해야 한다는 고정관념에 사로잡히게 된다. 이것은 나와 다른 사람들을 따로따로 다 분리해 놓고 대립적 관계로 보는 데서 비롯된다. 그래서 '내가 살기 위해서'라는 조건을 내걸게 되고 세상을 투쟁의 마당으로 설정한다. 이런 세계에서 나 홀로 '아무리 공의 세계를 체득하고 실천해 간다 한들 그것이 무슨 소용이 있는가?'라고 반문하며 딜레마에 빠지게 된다.

일본의 선(禪)학자인 스즈키 다이세쓰(鈴木大拙)는 깜깜한 방에 최초의 촛불을 들고 들어간 사람이 있을 때 방안이 환해지는 것만은 틀림없다고 하였다. 우리가 깜깜한 무명이라는 장막에 휩싸여 사는데 누군가 촛불을 켜주면 우리가 비록 직관지에 직접 돌입하여 해탈까지는 못하더라도 적어도 해탈로 향하는 길이 어디인지 그 방향을 알 수는 있다. 이것을 문화사적으로 말하면, 우리가 "역사가 이렇게 되었으니 나도 그렇게 살아야 하겠다."가 아니라, 어두운 세계에 살더라도 거기에서 한 걸음 한 걸음 이탈해 가며 진실한 실재의 세계로 접근할 수 있는 그런 일을 쌓아 올릴 수 있다는 것이다.

불교에 육바라밀이라는 수행법이 있다. 여기서 바라밀이란 바라밀다(波羅蜜多)의 준말로서 피안의 경지에 이르고자 하는 보살 수행의 총칭을 말한다. 보시·지계·인욕·정진·선정·반야라는 육바라밀에서 보시바라밀은 가장 첫 번째로서 지극한 자비심으로 남에게 재물이나 불법(佛法)을 베푸는 것을 의미한다. 보시를 하더라도 자기 명예를 위해서나 자기 만족을 위해 베푸는 것이 아닌 철저한 무주상보시(無住相布施)를 말한다. 이것 하나라도 우리가 제대로 실천한다면 해탈의 경지에 이르지는 못하더라도 이런 선행이 쌓여서 사회가 그만큼 정화되는 데 기여할 수 있을 것이다.

6. 깨달음과 실천

불교의 수행 방법에 돈오점수(頓悟漸修)란 말이 있다. '돈(頓)'은 망념이 홀연히 제거되었다는 것을 의미하고, '오(悟)'는 깨달음이며, '점수(漸修)'는 점진적 수행을 말한다. 그러므로 돈오점수란 문득 깨달음의 경지에 이르기까지 반드시 점진적인 수행 단계가 따른다는 말이다. 이와 달리 선가(禪家)에서는 깨달음과 실천이 '일거에, 동시에' 이루어진다는 돈오돈수(頓悟頓修) 주장도 있다.

깨달음과 수행 과정에 대한 돈점(頓漸)은 부처님 당시부터 있어 왔다. 불교 역사에서 유명한 돈점논쟁이 티베트에서 있었다.[11] 즉 8세기 후반

---

[11] 불교를 적극 장려한 티베트의 티송데짼 왕의 입회 하에 795년 티베트 수도인 라싸의 삼예사(桑耶寺, Samye Monastery)에서 단계적 해탈론[漸悟]을 대표하는 인도의 승려 까말

티베트 티송데짼 왕이 자국 불교의 발전을 위하여 인도의 학승 까말라실라(Kamalaśīla)와 중국의 선승 마하연(摩訶衍)을 초대하였다. 그런데 여기서 두 그룹 간에 싸움이 났다. 중국의 선사는 참선을 통하여 일거에 직관적으로 깨달음에 이른다고 주장하고, 인도 승려는 점진적인 수행과 학습을 반드시 거쳐야 깨달음의 경지에 이른다고 하였다. 이 논쟁에서 중국 선가 그룹이 지는 바람에 이후 티베트 불교는 점진적 수행을 통한 해탈의 길로 나아가게 되었다는 설도 있다.

돈점논쟁에 대해서는 지금도 논란이 많다. 하지만 점진적 수행, 즉 점수(漸修) 과정은 필요하다. 우리나라의 경우 삼국시대와 고려시대에 흥기했던 불교가 조선시대에 박해받게 되면서 '실천과 학습의 문제를 단번에 기대'하는 사조가 싹트게 된 것으로 보인다. 이후에 탁월한 불교학자들을 많이 나오지 못하고 불교가 침체된 데는 그러한 흐름도 한몫했다고 볼 수 있다.

한편 우리보다 200여 년 뒤에 한국 사람들이 심은 일본불교가 성공할 수 있었던 것은 탁월한 불교학자가 많이 나왔기 때문이다. 이는 서양인들이 불교 연구를 할 때 일본을 우선 찾게 되는 데서도 알 수 있다. 일본 동경대학 주변의 수많은 서점을 가보면 무수한 불교 서적이

―――――――――

라실라(Kamalaśīla, 740~795)와 즉각적 해탈론[頓悟]을 대표하는 둔황의 선사인 마하연(摩訶衍, 8세기경) 사이에서 논쟁이 벌어졌다. 마하연은 깨달음을 얻기 위해서는 악업은 물론 선업도 배제하고 어떠한 사고작용도 일으키지 말아야 한다는 입장을 폈고, 까말라실라는 그러한 마하연의 주장은 깨달음의 과정에서 관찰작용, 즉 비파사나(觀)의 유용성에 대한 부정으로 무분별지에 대한 그릇된 파악에서 나온다고 비판하였다. 이러한 비판에 대해 마하연은 어떤 답변도 하지 못한 채 패배를 자인하고 티베트를 떠났다. 까말라실라의 입장은 점문(漸門, Gradualist)에, 마하연의 입장은 돈문(頓門, Subitist)에 각각 상응한다. 그러나 중국불교와 한국불교에서 돈점논쟁은 티베트불교와는 다른 맥락에서 진행되고, 특히 돈문(頓門) 개념의 상이한 이해에 근거하고 있다. 3부 5강 「선(禪)의 깨달음과 이성의 자각」(pp.273~285 참고).

쏟아져 나오는 것을 본다. 일본학계가 그러한 환경에서 서양사상을 연구하고, 과학에서도 동양사상을 토대로 양자역학, 상대성원리, 고에너지 분야에서 전체론적 성향을 보이면서 성공한 것으로 보인다.

소나무와 버드나무는 각자 그 본성을 유지하면서 공존해야 하모니를 이루고 자연을 아름답게 한다. 각각의 개체성을 유지하면서 자연의 아름다움을 표현하는 것처럼 민족의 고유한 문화가 꽃을 피우면서 전 세계와 조화를 이루게 된다. 장미와 백합을 예로 들면, 장미는 철저하게 장미꽃이 되어야지 백합과 혼합될 수 없다. 마찬가지로 우리나라 사람들이 미국에 살더라도 한국인으로서 긍지를 가지고 살아야 한다. 이것을 불교에서는 '평등적 차별, 차별적 평등'의 원리로 이해하며, 평등과 차별의 상호작용이라고 본다.

'유(有)'에 대한 집착을 떠나는 것이 불교의 출발점이다. 나와 대상을 나누어 철저하게 개체로 세상을 본 유부파(有部派)의 단계를 넘어서 적어도 대상은 없고 대상의 표상만이 있다고 주장한 경량부(經量部)의 단계로 나아가야 한다. 그렇게 되면 경량부에서 표상도 없다는 유식(唯識)으로 넘어가지 않을 수 없다. 그리고 여기서 한 발을 더 내디뎌서 마음까지도 없다고 하는 중관파(中觀派)로 나아가는 것이 관건이다.

7. 개체적 언어와 사고에서 벗어나기

서양사상에서 언어를 통하여 설명하는 방식은 반드시 주어를 전제하여야 하는데, 주어는 곧 개체를 전제해야 한다. 이러한 이분법적 설명 방식은 현실적으로 매우 편리하고 유용하며 실용적이긴 하다. 그러나 이 방식은 실제와는 다른 가정일 뿐이다. 그렇기 때문에 가정인 이상 역시 가정으로 끝날 수밖에 없다. 여기서 벗어나려면 플라톤처럼 '장(場)'의 기술 묘사 방법을 써야 한다. 예를 들어 머리가 아플 때 그 지각이 일어나고 있는 것을 이 분필처럼 잡을 수가 없으니, 하나의 비유적인 사태로 보아야 한다. 이렇게 실제와는 다른 가정을 쓰게 되면 현실적으로 편리한 면이 있다는 것은 인정하나 이것은 어디까지나 제한을 두고 한정해서 써야 한다. 그런데 그렇지 못하니까 일상에서 인지(認知)의 오류가 발생하는 것이다. 모든 인지 오류의 근원이 여기에 있다.

과학은 증명하는 것이다. 하지만 오스트리아 물리학자인 슈뢰딩거(E. Schrödinger)는 철학자들이 평생 고통스럽게 연구하는 걸 보면서 세계는 증명이 문제가 아니라는 것을 알게 되었다고 이야기한 바 있다. 왜 많은 사람이 플라톤과 칸트를 그렇게 많이 논하는가? 칸트는 인간이 자연에 투입한 법칙에 따라서 자연은 설명되겠지만, 그것은 시간, 공간 같은 것의 가정된 전제하에서 그렇게 보는 것이라며 시간과 공간을 관념성으로 보았다. 즉 시간, 공간을 경험적으로 보지 않고 마음속에 있는 하나의 관념으로 보았다. 슈뢰딩거는 아인슈타인이 칸트의 시공론을 단순하게 헛된 것으로 배제하지 않고 칸트가 무엇 때문에 시공간을 관념화시켰는지를 철저하게 파고 들어갔다고 말한 바 있다.

우주를 전체적으로 파악하기 위해서는 공간, 시간이라는 초점이 주관화되지 않을 수 없다. 그러한 대전제가 없이는 공간, 시간이란 말도 있을 수 없고, 또 그것을 전제하지 않는 한 우주 전체를 우주론적으로 파악할 수 없다. 왜 그러한가? 만약에 우주의 공간이 밖에 있는 것이라면 우리는 시각이나 감각을 통해서 공간을 말해야 하는데, 우리의 시각이 기껏 어디까지 갈 수 있고 또 볼 수 있는가? 로켓을 타고 간들 우리가 어디까지 갈 수 있겠는가? 물론 부분을 알면 전체를 알 수 있다는 환원주의에서 유물론자들은 우주적으로 공간을 분석한다고 한다. 그렇지만 원자니, 소립자니, 입자니, 파동이니 하는 것들이 전부 과학자들이 구상해 낸 사상체(思想體)인데, 그것들을 집합시켜 총체적으로 방정식을 만들어서 전체적, 통일적으로 인식해 들어가는 방법을 쓰는 것이 바로 곧 시간, 공간을 초월하는 것이다.

플라톤은 '장(場)의 방법'을 기술하려면 기하학을 도입하여야 한다고 주장하였다. 기하학을 도입한다는 것은 우리의 모든 감각적 시각을 떠나서 사상(思想)으로 들어가는 것이다. 사상 속에서 장(場)의 개념을 도입한다. 그러면 기하학적으로 장을 어떻게 표현하는가? 기하학적 표현은 그 자체가 공간을 주관화, 즉 '관념화'한 것이다. 관념화했다는 것은 사실은 외적 공간이 없어졌다는 것이다. 이처럼 사상을 표출한다는 것이 피타고라스나 플라톤의 가장 위대한 공헌 중 하나이다.

자연과학도 사실은 시간과 공간을 초월한 상태로 나를 끌어다 놓고 거기서부터 출발해야 한다. 수학에서 말하는 시간과 공간은 외적인 시간·공간 이전의 주관적인 사태에 직면해서 거기서 밖으로 표출하는 것이지 밖의 외적 시간·공간을 허용해서 거기서부터 귀납된 것이 아니다. 슈뢰딩거가 말한 것처럼 아인슈타인의 상대성이론도 왜 시간·공간을 관념화했는지, 그리고 양자역학자들이 플라톤을 왜 그렇게 집중적으로 보았는지 하는 이유가 모두 이런 관념화와 관련된다. '1+1=2'라는 규칙은 아무리 하나의 가설이라고 하더라도 우리는 이것이 시간·공간을 초월하여 만 년 전 사람이나 지금 사람이나 논리적으로 거부할 수 없는 보편타당성을 갖고 있음을 알고 있다.

이러한 사상체는 시간·공간을 초월해 있다. 유(有)나 개체라고 하는 우리의 생각은 모두 감각기관에서 왔는데 현실을 살아가기 위하여 편리하게 주어진 것이다. 하지만 우리의 감각에 의하여 일어나는 지각이 전부가 아니고 실재의 세계가 아니다. 양자역학에서 연속성이니 비연속성이니 하는 논의를 살펴보았듯이, 우리의 인식은 한계를 가졌고 그 한계를 자각하는 것이 중요하다. 그리고 '물질이 무엇이냐' 하는 것이 문제가 아니라 물질을 말할 때 언어를 사용하는 인간 언어의 한계성을 깨닫고 그 언어를 통해서 우리가 어떻게 인식하는가 하는 것이 중요하다. 이것은 단순한 과학의 문제가 아니라 철학의 문제이며, 상대성이론이나 양자역학의 출발이 바로 여기서 비롯된다.

플라톤의 『티마이오스』, 칸트의 선험적 시공론, 신칸트학파, 그리고 리만(B. Riemann)이 비유클리드기하학에서 말하는 공간은 사상적(思想的) 공간이지 현상적(現象的) 공간이 아니다. 물리학자들은 사상 공간과 현상 공간을 일치시키려고 하는데, 과연 그것이 가능한가라는 문제가 남는다.

그래서 유(有)나 개체라는 상식적인 감각에서 한 발짝 옮겨 서야만 세계의 실상을 알 수 있다. 불교뿐만 아니라, 독일 실존주의자 하이데거(M. Heidegger)의 무(無), 프랑스 실존주의자 사르트르(J. P. Sartre)의 무(無), 양자역학의 상보성이나 불확정성원리, 고에너지물리학 등은 개체적 사고나 그것을 전제로 하는 언어의 틀을 벗어나지 못하면 세계의 실상에 한 발짝도 접근할 수 없다는 것을 보여준다.

3강
불광과 초능력[12]

1. 빛과 에너지

바다에 사는 물고기들은 물속에 살면서도 자기네들이 사는 물을 잘 의식하지 못한다고 한다. 이와 유사하게 우리 인간도 늘 태양 빛 속에 살면서도 빛을 잘 의식하지 못하고 산다. 우리가 무엇을 볼 때 눈이 있어서 혹은 안경이 있어서 사물을 볼 수 있다고 착각하고 산다. 그러나 그 이전에 빛이 없다면 우리 눈에 볼 수 있는 능력을 주더라도 대상을 보는 시각 인식을 할 수 없다. 우리는 늘 근본이 되는 것을 잊고 사는 경우가 많다.

불광(佛光)은 '부처님의 빛'이다. 흔히 부처님을 '대일여래(大日如來)'라고 하는데 대일(大日)은 '큰 태양'이나 '큰 빛'을 의미한다. 불경에 '불광'이란 말이 수도 없이 나오지만,[13] 불광에 대해 별로 얘기하는 것 같지 않아서 불광을 강의 주제로 잡아보았다.

자동차에 시동을 걸면 차가 움직인다. 현대과학에서 이를 설명하면 우주의 기본입자인 전자와 광자(光子, photon)가 상호작용해서 에너지가

12_ 미국 볼티모어 성불사 강의(1981. 4. 3).
13_ '불광(佛光)'이란 말은 대정신수대장경에 1,841건, 정토종전서에 939건이 나온다.

되고 이 에너지가 힘을 내어 차를 움직이게 하는 것이다. 하지만 보통 이처럼 어려운 과학적인 생각은 하기 쉽지 않다. 알고 보면 전자와 광자도 다 에너지이다. 광자가 전자와 원자핵을 묶어주면서 바느질을 계속해 줌으로써 자동차가 에너지를 받아 운동하는 것이다. 하지만 우리는 자동차로 이동할 수 있는 것도 다 빛의 존재로 가능하다는 것을 까맣게 잊고 산다.

빛은 곧 에너지이다. 꽃, 나무 등도 빛을 받기 때문에 생명이 유지된다. 빛을 못 받으면 시들어서 쪼그라들어 죽고 만다. 빛이 없으면 우리의 존재 자체가 불가능하다. 빛을 물리학적 용어인 광자라는 말로 바꾸면, 광자가 전자와 원자핵을 묶어주는데 이것을 원자라 한다. 확대해 보면 눈앞에 있는 책상, 사람, 꽃, 칠판 등도 다 원자의 집합체이면서 에너지의 집합체로서 형태만 달리한 것이다. 생물학에서는 분자라고 해서 입자라고 생각하지만, 이것들도 다 에너지이다. 원자니, 광자니, 입자니, 중간자니, 소립자니 하는 것들도 다 에너지이다.

빛은 진공 상태에서 초속 30만 킬로미터의 엄청난 속도로 달린다. 어떤 것은 100억 분의 1초에 생겼다 사라지기도 하고 영원히 존재하는 것도 있다. 빛의 수명은 여러 종류가 있겠으나 그 중심 역할을 하는 것은 전자와 광자이다. 빛이 없으면 원자들이 흩어져 소멸하게 된다. 광자가 원자핵과 전자를 묶는 바느질 작업을 계속해 줌으로써 꽃이나 나무, 우리의 신체가 부서지지 않고 붙어 있는 것이다. 우주 삼라만상이 빛이 없다면 존재할 수 없다. 빛은 다른 말로 하면 에너지이다.

2. 『화엄경』에 나타난 불광

『화엄경』에서 부처님이 말씀하신 구절을 보면, "인드라 하늘에는 진주 그물이 있고 그 진주 그물 속의 진주 하나를 투시해 보면, 전 우주의 삼라만상이 그 진주알 속에 빛나고 있는 것을 볼 수 있다. 그런데 모든 진주알 하나하나가 다 그러하다. 그리고 진주알 하나에는 무한한 부처님이 들어 있다."라고 한다. 여기에서 '인드라(Indra)'[14]라는 말은 한문으로 제석천(帝釋天)이라 하는데, 힌두교 신화에서는 '번개를 던지는 신'으로 나온다. 인드라는 태양이나 빛의 근본이 되는 용어이다. 결국 "인드라 하늘에 진주 그물이 있다."라는 말은 온 우주가 하나의 빛이라는 이야기이다. 구름 사이로 비치는 태양을 보면 가느다란 빛 묶음이 발사되는 것을 볼 수 있다. 그 빛들이 우주의 그물을 짜고 있는 것이다. 이 빛들은 서로 방해받지 않으며 서로 관통해 지나간다.

화엄사상에 나오는 '융통무애(融通無碍)'란 말도 서로 부딪히지 않고 관통한다는 말이다. 이 말은 녹을 융(融), 관통할 통(通), 없을 무(無), 거리낄 애(碍)가 조합된 말이다. 사람의 마음과 마음이, 의지와 의지가, 사상과 사상이 서로 부딪히지 않고 관통해야 하는데, 조금이라도 부딪히면 융통한 것이 아니다. 빛은 충돌이 없고 서로 관통하는 존재이고 부처님의 말씀 또한 이런 것이다. 부처님이 말씀하시는 인드라 하늘의 진

14_ 고대 힌두신화에서 날씨와 전쟁을 관장하는 신이다. 인도의 원주민을 정복한 아리안족들의 수호신으로서, 천둥과 번개를 관장한다고 한다. 그러한 인드라신이 불교에서는 수호신이 되어 제석천(帝釋天)이라고도 불리며 도리천(忉利天) 33천의 주인으로 전체 우주의 행정을 총괄한다고 한다.

주 그물은 삼라만상이 서로서로 상호 관통하며 융통무애한 우주의 그물이다. 빛은 초속 30만 킬로미터로 달리는 우주선(宇宙線, cosmic ray)이며, 그 광선 하나하나에 전 우주가 반사된다.

불교에서는 진주알 하나하나에 무수한 부처님이 계신다고 한다. 불교가 자연과학보다 한 걸음 더 앞선 것은, 그 빛은 에너지이고 삼라만상이 그 빛으로 구성되지만, 그것이 하나하나 다 정신으로서 곧 불성(佛性)을 가진다는 것이다. 다시 말해 불광이 부처님의 빛이라는 말은 이 우주 안에 부처님의 정신 아닌 것이 없고 이런 정신이 전 우주를 형성한다는 것이다.

『화엄경』의 다른 곳에서 말하듯이 우주를 삼천대천(三千大千) 세계라고 하면, 우주만 한 책 즉 대경권(大經卷)을 깨알만 한 크기의 글씨로 다 채운다고 할 때, 여기에 얼마나 많은 글이 들어가야 할까? 그것은 거의 무한대일 것이다. 그런데 그렇게 많은 글을 작은 먼지 한 알 속에 다 넣을 수 있다고 한다. 그리고 먼지 한 알 한 알마다 그렇게 많은 글이 들어갈 수 있다고 말씀하신다. 인간의 DNA 분자 속에 무려 백과사전 200권에 맞먹는 정보가 들어 있다고 한다. 이것을 보면 부처님 말씀이 그대로 현대과학에서 입증되고 있음을 알 수 있다.

전 우주가 먼지 한 알에 다 들어가고 그 많은 먼지 알마다 모두 이러하니, 이것은 우주의 우주로서, 우주는 무한한 절대 무(無)임을 알 수 있다. 부처님은 그렇게 하나하나의 글씨가 다 들어 있는 것이 삼라만상의 제법실상으로서, 말하자면 부처님의 진리이고 동시에 그 하나하나가 부처님의 빛, 즉 불광이라고 하셨다. 의상(義湘) 대사의 법성게(法性偈)에 나오는 "한 점 작은 티끌 속에 온 우주가 담겨 있다[一微塵中含十方]."라는 말이 바로 이러한 것을 해명하는 것이다.

태양은 물리적으로 보면 단단한 덩어리가 아니고 질량의 약 75%는 수소, 나머지 25%는 대부분 헬륨 같은 원소로 이루어져 있는 일종의 구름 같은 에너지 덩어리이다. 그러한 이유로 태양은 삼라만상의 물질을 구성케 하는 에너지 역할을 하는 힘의 존재이다.

3. 불광의 능력

『화엄경탐현기(華嚴經探玄記)』「세간정안품」을 보면 다음과 같은 구절이 있다.

> 장애가 없다는 것은 곧 지혜의 체(體)이고, 두루 비춘다는 것은 곧 지혜의 용(用)이다. 또 하나의 법을 비출 때 곧 일체를 나타내기 때문에 걸림이 없다고 하고, 걸림이 없이 비추므로 두루 비춘다고 한다. 또 한없이 말을 잘하므로 걸림이 없다 하고, 법을 연설할 때 두루 갖추는 것을 두루 비춘다고 한다. 부처님의 광명이 중생의 근기를 비추어 도(道)의 뜻을 발하게 하는 까닭에 이렇게 말한 것이다. 부처님의 광명이 비춤으로써 중생이 선근을 증장하게 하는 것을 적집(積集)이라 한다. 또 부처님이 여러 겁(劫)에 덕을 쌓았기 때문에 광명이 세간을 비출 수 있다. 이런 까닭에 능히 비춘다고 한다[無礙是智體 普照是智用 又照一法卽現一切故云無礙 無礙卽照名普照 又無盡辯才名無礙 演法周備名普照 佛光照機令發道意故云也 由佛光照令衆生增長善根名積集等 又由佛多劫積德故得光照世間 是故能照].

불광(佛光)은 모든 것에 다 융통하여 거리낄 것이 없는 것을 나타내는 '지혜의 당체'이다. 보현보살(普賢菩薩)의 '보' 자, 조계종의 원조인 보조국사의 '보' 자는 『화엄경』에서 따온 말로서 '두루 보(普)' 자이다. 그리고 두루 비춤을 의미하는 보조(普照)는 지혜의 작용이다. 이렇게 지체(智體)인 불광이 빛을 발사하면 용(用)이 되어, 모든 상호작용을 일으켜 생명도 만들고, 자동차도 가게 만들며, 모든 삼라만상뿐만 아니라 온갖 능력과 지혜가 빛으로 나온다는 뜻이다. 또한 불광으로 하나의 법을 비추면 일체를 나타낸다. 다시 말해서 하나의 법이 전 우주를 비친다. 여기서 하나의 법은 불법(佛法)을 말한다.

불광은 또한 기(機)를 비추어 도(道)를 발하게 한다고 하였다. 여기에서 기(機)는 유기체 즉 생명을 나타낸다. 다시 말하면 불광은 생명에 비추어져 도를 발하게 한다. 즉 불광은 도를 비추어서 사람들에게 도를 닦도록 한다는 것이다. 또한 불광이 비춤으로써 모든 중생이 착한 마음을 일으키게 하고, 그것을 증장(增長)시켜 쌓고 모으게 한다는 것이다. 또한 불성을 통하여 덕을 쌓는 데는 오랜 세월이 걸린다. 불광은 부처님이 다겁(多劫)의 덕을 쌓아 빛의 세계를 초월하여서 능히 비치게 한다. 다시 말해서 모든 부처님이 무한대의 시간 동안 오래도록 덕을 쌓아서, 단순한 빛이 아닌 빛 이전에 빛을 능동적으로 발할 수 있는 원형인 광원(光源)이 된다는 말이다.

부처님은 『대보적경(大寶積經)』, 『대무량수경(大無量壽經)』, 『관무량수경(觀無量壽經)』, 『아미타경(阿彌陀經)』 등에서 태양 빛을 설하고 계신다. 『관무량수경』에는 십육관법이라는 관법(觀法)이 나오는데, 제일 먼저 나오는 일상관(日想觀)[15]은 태양을 마음속에 깊이 명상하여 들어가면 우주

15_ 일상관(日想觀)은 서쪽으로 지는 태양을 전심으로 관찰함으로써 마음을 통일하는 것이다. 태양은 열과 빛의 원천으로서 가시적 세계의 근본이 되고, 상징적으로는 생명 혹은

삼라만상의 근원에 집중할 수 있다는 것이다. 이것이 첫째 관법이다.

불광을 설명하는 말은 경전에 참으로 많다. 예를 들면 광륜(光輪), 광년(光年), 광염(光焰), 광초(光秒), 광약(光藥), 광계(光計), 광음(光陰), 광택(光澤), 광대(光大), 광조(光照), 광훈(光勳) 등과 자광(慈光), 금광(金光), 무애광(無碍光), 지광(智光), 신광(身光), 미광(彌光), 대광(大光), 불가사의광(不可思議光) 등이 있다. 이런 말의 공통성은 빛은 일체의 포섭성, 능동성, 활동성, 초월성, 보편성, 유일성, 실재성, 법칙성, 계시성, 평등성, 집중성, 반조성(反照性) 등을 가진다는 것이다.

옛날 글방 선생님이 생도들한테 밤에 동전 한 푼을 내어놓고 누가 나가서 이 방에 가득 찰 물건을 사 오라고 하니 모두 어쩔 줄 몰라 하는데, 한 학생이 초를 사 와서 켜니 빛이 방안에 꽉 찼다고 한다. 이것은 글방의 작은 이야기가 아니고 우주적인 빛의 능동성, 포섭성에 관한 철학이 들어 있는 이야기이다. 글방 선생님은 지극히 훌륭한 분이었다.

빛은 어두운 방에서 전등을 켜면 한 찰나에 어둠을 밝음으로 변화시키며 차별 없이 누구에게나 삼라만상 무엇에게나 평등하게 빛을 비춘다. 빛은 반조성, 즉 반사하는 성질도 있어서 사람이 자기를 반성하게 하며 자신을 보게 하여 깨달음에 이르게 한다. 이 외에도 빛은 언어성, 생명성, 명암성, 다채성 등 헤아릴 수 없는 많은 능력을 갖고 있다. 만약 탁월한 시적 언어 능력을 가진 이가 있어서 한평생을 빛에 관하여 표현한다 해도 빛보다 찬란하고 위대한 시가 될 수 있는 언어는 없을 것이다. 부처님이 말씀하신 불광은 이러한 위대한 능력을 두루 나타내

우주의 근원을 표현하는 것이다. 석양의 노을과 함께 지평선 너머로 태양이 사라지는 것을 보면서 상념에 잠김으로써 천차만별의 세계가 어둠과 함께 일여평등(一如平等)의 세계로, 즉 우주적 무의식의 밑바탕에 침잠시키려는 정관적(靜觀的) 명상의 방법이다.

는 말이다.

조금 말을 바꿔서 최근 신경생리학 분야를 살펴보면, 아침에 일어나 체조를 하면 엔도르핀(Endorphin)이라는 호르몬이 분비된다고 한다. 엔도르핀은 나쁜 세균을 죽이는 힘을 가졌다. 조금 다른 말로 바꾸면, 우리가 참선하거나 부처님 말씀을 듣고 마음에 환희심이 일어나면 우리에게 초능력이 일어난다고 부처님은 말씀하신다. 그리고 우리가 크게 감동받아서 환희로 가득 차면 엔도르핀보다 훨씬 더 강력한 다이도르핀(Didorphin)이라는 암세포마저 죽일 수 있는 호르몬도 분비된다고도 한다.

이처럼 불광은 무량광(無量光)으로서 잘 공부하여 도를 닦아서 우리가 이 에너지를 받게 되면 불가능이 없는 융통무애의 경지에 이를 수 있다. 우리가 어떻게 불교를 잘 믿고 이런 경지의 도에 이를 수 있을까? 실제로 우리가 세상살이를 하다 보면 심신이 매우 피로하고 괴로울 때가 많다. 이런 상태는 세상살이하는 우리의 운명인 양 벗어나기가 좀처럼 쉽지 않다. 부처님은 이런 우리에게 우리 몸과 마음이 그로부터 완전히 벗어나도록 도를 닦아야 한다고 말씀하신다. 불광의 초능력을 경험하려면 도를 닦고 또 닦아야 한다는 것이다.

세상에 발을 딛고 사는 우리 중생이 결코 세상사에 무관할 수 없을진대 우리가 어떻게 현실을 살아가면서 도를 닦을 수 있을까? 우리에겐 모순이 아닐 수 없다. 도를 닦는다는 것은 하루 이틀에 단숨에 되는 일이 아니다. 끊임없이 몰두하여 두고두고 연속성을 갖고 도를 닦아 나가다 보면 그것이 쌓여서 우리가 모르는 사이에 초능력이 현상적으로 나타날 수 있을 것이다. 이렇게 되었을 때 세상사도 오히려 더 잘 되어 나갈 수 있을 것이다.

불교사찰이 이런 도를 닦는 수행의 센터가 되어 끊임없이 정진하다

보면 전 중생이 구제되고 생명의 빛이 비추는 곳이 될 것이다. 사람이 빛의 원천이며, 우리가 불광의 원천이다. 무한대의 불광이 발현되어 나올 수 있는 존재가 바로 우리이다. 전자와 광자가 끊임없이 상호작용하여 빛을 내며 삼라만상에 에너지를 주듯이, 우리도 불심을 붙들고 열심히 끊임없이 도를 닦다 보면, 불광을 통하여 죽음을 초월하여 영원한 자유를 누릴 수 있는 능력이 나온다. 우리 모두 열심히 정진해 나가기를 기원한다.

4강
장(場) 개념으로 보는 불성[16]

1. 자아와 무아

불교에서 유정(有情), 무정(無情)이란 말이 흔히 쓰인다. 보살(菩薩)은 산스크리트어 보디샷트바(bodhisattva)의 음역인 보리살타(菩提薩埵)에서 온 말이다. 여기서 살타(샷트바)는 '유정(有情)'을 의미한다. 그리고 정(情)을 가지고 있는 인간은 그 정을 어떻게 사용하는가에 따라 아(我)와 무아(無我)의 개념을 만들게 된다.

『정법안장(正法眼藏)』[17]에 나오는 용수(龍樹)의 짧은 말로 강의를 시작하기로 한다. "만일 네가 불성을 보기 원한다면 먼저 반드시 아만을 제거해야 한다[여욕견불성 선수제아만(汝欲見佛性 先須除我慢)]."라는 말이 있다. 여기서 중요한 것이 '선수제아만'이다. 보통 아만(我慢)이란 스스로를 높여서 잘난 체하고 남을 업신여기는 '거만함'을 의미하는데, 여기서는 나를 중심으로 생각하고, 느끼고, 판단하고 하는 것과 같은 모든 마음의 상태를 의미한다.

16_ 미국 볼티모어 성불사 강의(1981. 6. 7).
17_ 『정법안장(正法眼藏)』은 일본의 도겐(道元, 1200~1253)선사가 송나라에서 유학하고 돌아온 후 22년에 걸쳐 선어록(禪語錄)과 선원의 제반 수행방식을 집대성한 저서이다.

불교 용어가 우리 일상에서 사용되는 경우가 꽤 있는데, 이처럼 그 의미가 원래 의미와 달리 사용되는 경우를 많이 본다. 불교의 핵심 교리인 삼법인(三法印)은 제행무상(諸行無常), 제법무아(諸法無我), 일체개고(一切皆苦)로 요약되는데, '무아(無我)'는 불교의 근본사상이다. 대승불교에서는 일체중생이 다 불성을 갖고 있다고 하는데, 무아사상으로 어떻게 불성을 볼 수 있는가? 불교에서 '아집을 버려라' 할 때의 아집은 나를 중심으로 하는, 나에 의존하는 모든 마음의 상태에 관한 말이다. 다시 말해서 아집을 버리라는 말은 '나를 버리라'는 말이 아니라 나를 중심으로 하는, 나에 의존하는 모든 마음을 버리라는 말이다.

이해를 쉽게 하기 위해 현대 실존주의에서 이와 유사한 생각을 찾아보자. 사르트르(J. P. Sartre)의 사상에서 '자아의 초월'이란 말이 나온다. 철학에서 사용하는 '자아'란 물리적 자아를 말한다. 이것은 동양의 '심적 자아'와 유사하다. 흔히 심신이라 할 때는 몸이 있어 나에게 마음이 있다는 의미의 '물리적 자아'를 말한다. '심적 자아'란 마음을 가진 자아인데, 그러나 그 마음은 어디까지나 나라는 신체 속에 들어 있는 마음의 자아를 의미한다. 심신·신심 일심동체(一心同體), 신심동체(身心同體) 등에서 사용되는 의미와 비슷하다. 물리적 자아는 다른 것과 독립하여 실재하는 자아라고 생각하므로 공적(公的)이 아닌 사적(私的)인 '자아'라고 할 수 있다. 보통 우리의 일상은 이 물리적 자아를 토대로 살아가는데, 물리적 자아의 특징은 '실체화'된 자아이다. 즉 고정적인 불변의 실체인 내가 있고 나서야 세계도 있고 내가 있다고 생각한다. 그런데 '실체화'된 내가 과연 있는가?

2. 현상학과 불교의 자아초월

현상학(現象學)과 생철학(生哲學)에서 말하는 '현상(現象, phenomenon)'은 그리스어 파이노메나(Phainómena)에서 유래하는 개념으로 '나타나다(appear)'는 뜻이고, 현현(顯現)이란 의미이다. 데카르트(R. Descartes)는 "나는 생각한다. 그러므로 나는 존재한다."라고 했는데 '생각한다'는 것은 무엇일까? 현상학에서는 데카르트의 명제를 "나는 의식한다. 그러므로 있다."라고 풀어서 해석한다. 즉 중심이 되는 의식이 있어서 존재한다는 의미이다.

유물론의 마르크시즘에서는 '존재'가 먼저이고 그다음에 의식이 일어난다고 하여 존재를 앞세운다. 그런데 일단은 무엇인가를 의식하고 있어서 내가 있는데, 그것을 반성해 보면 사실 내가 있다는 것도 하나의 의식을 하는 것이다. 사르트르 사상에서 의식은 무(無)와 통한다. 내가 바람에 나부끼는 나무를 바라본다고 할 때, 나의 의식은 물리적 자아를 초월하여 나타나는 '현상'을 의식하고 있다. 즉 의식은 무엇인가 '현현'하는 것이어서, 나로부터 나가서 나부끼는 나무에 가 있음으로 해서 나무로 현현하는 것이다.

나의 의식은 언제 어느 장소에서도 신체적 자아에 존재하는 것은 아니다. 하늘에 있는 구름을 볼 때는 구름에 가 있고, 마당에 있는 꽃을 볼 때는 꽃에 흘러가 있다. 어느 때라도 의식을 빼면, 다른 것은 존재할 수가 없다. 화냈다는 의식은 존재론적으로 잡으려면 존재하지 않는다. 즉, 물리적 자아는 없으니 다른 말로 '무'이다. 기쁘다는 의식도 진행되고 있는 하나의 현성(顯性)이지 고립된 의식은 없으니 '무'이다. 불교에서는 '현현'을 '현성'이라고 한다. 다른 말로 '나'라는 것은 '의식이 형성되는 구조'이지 신체가 있고 마음이 있어서 편하게 의식하는 상식적인 의미의 나와는 전혀 무관하다.

보통은 자아와 세계를 나누어서 내가 있고 세계가 있어서 내가 세계를 인식한다고 생각한다. 그런데 사실은 자아도 없고 세계도 없다. 있는 것은 다만 의식뿐이다. 의식이 자아와 세계의 양면으로 나타날 뿐이다. 이것을 소위 '비인칭적(非人稱的) 자아' 또는 '전인칭적(全人稱的) 의식'이라고 한다. 다시 말하면, '나'라는 인칭이 주어지면 이미 물리적 자아가 인정되고 만다. 비인칭적 의식에서 자아와 세계가 현현해 나가는 것이지, 자아가 있고 그 뒤에 세계가 있다거나 세계가 있고 자아가 뒤따른다는 것이 아니라, 오히려 비인칭적, 전인칭적인 의식이 먼저 있고 거기서 자아와 세계가 현현한다. 그렇다고 자아와 세계가 따로 구분되는 것이 아니다.

어떤 의미에서 의식은 통일을 요구한다. 예를 들면, 마당에 피어 있는 장미꽃을 보고 아름답다는 의식이 형성된다거나, 어떤 소년이 아름다운 한 소녀를 바라볼 때 느끼는 사랑을 다른 말로 하면, 한 개체인 장미꽃이나 그 소녀를 통하여 전 우주를 느끼려는 통일적, 총체적 의식을 갖고 본다는 것이다. 즉 아름다운 산, 꽃, 정경 등을 볼 때 우주적 의식을 느끼게 되는데, 대상과는 무관하게 의식 자체가 어떤 '통일적 지향성'[18]을 가진다는 것이다.

하이데거(M. Heidegger)가 '밖에 서 있음'을 의미하는 독일어 'Existenz'

---

[18] '지향성(intentionality)'의 어원은 라틴어 'intendere'로 '무엇을 가리킴 혹은 무엇을 겨냥함'을 의미한다. 의식이 지향성을 가진다는 말은 의식이 무엇을 표상한다는, 무엇에 관한 의식이라는 말이다. 현상학의 창시자인 후설(E. Husserl)은 의식의 지향성을 현상학이 해명해야 할 핵심적인 과제로 보았다.

를 '실존(實存)'이라 번역하는 것도 우리의 의식은 나를 초월해서 밖으로 나간다는 의미이다. 우리의 의식은 항상 무엇인가로 지향하려 한다는 것이다. 예를 들어 딸을 시집보낸 어머니는 항상 딸에게로 마음이 외출하고, 라디오를 만드는 사람은 그것이 기능을 발휘할 수 있도록 통일적 구조를 구성하려 한다. 이처럼 우리는 우리의 의식의 구조를 통일적으로 재구성한다.

우리의 의식은 꽃 한 송이를 보면서 전 우주를 느끼려는 통일을 지향한다. 그런 통일이 되지 않을 때 우리는 불안을 느끼게 된다. 즉 의식의 지향이 무엇인가 하나의 통일된 구조로 나아가지 못하면 불안해진다. 예를 들어 부부가 이혼하게 되는 경우가 바로 이러한 상태이다. 궁극적으로 가족을 이루어 행복하게 잘 살면 의식의 지향이 외출하지 않느냐 하면 그렇지 않다. 의식은 여전히 완전한 통일을 이루었다고 생각하지 않고, 더 영원하고 절대적인 통일이 있을 것으로 생각한다. 재산을 모으고 자녀를 키울 때 작은 행복이 있기는 하지만 온갖 걱정은 늘 증가하기 마련이다. 재산을 많이 모으면 누가 훔쳐갈까 걱정하고, 자식을 여럿 낳으면 누가 잘못되지 않을까 걱정하게 된다. 자기의식이 그렇게 되기를 원하는 것은 아니지만, 자아의 완성이라 하면 자기의식이 통일되어 나아가는 것을 의미하며, 현상학에서 이것을 '실존'이나 '외출' 등으로 번역하는데, 우리의 의식은 항상 밖으로 나를 초월하여 통일된 구조를 지향한다. '내가 있다'라는 것도 사실은 내가 '있다는 의식'이 있는 것이다. 다른 말로 하면 어떤 것에도 통일적으로 지향되어 나가는 의식의 구조만이 현성하고 있는 것이지 '나'라는 것은 없다. 물리적 자아는 없고 나의 의식만이 있다. 그런데 그 의식은 판단중지(epoché) 되어야 한다. 그래도 현성하는 '나'라는 개체는 있지 않느냐고 되돌아보는 것을 그만두어야 한다. 왜냐하면 되돌아가면 최초의 물리적 자아라고 생각했던 데로 돌아가기 때문이다.

내가 물리적 자아로 있다는 것을 초월해서 어떤 현상, 다른 것으로 의식이 지향되어 통일적 구조를 갖게 되는데, 이처럼 통일적, 구조적 구조를 갖는다는 것은 내가 없다는 말이다. 하늘의 달이나 별이나, 또는 물리학이나 기하학에서는 전 우주공간에 걸친 총체적인 구조를 구축하려고 의식이 지향하고 있다. 그것은 내가 단지 물리적 자아가 아니라는 것을 의식하고 있다는 말이다. 자아는 하나의 의식 현상으로서만 있다. 굳이 물리적 자아가 있다고 말한다면, 통일적이고 비인칭적인 의식에서의 자아만 있다. 즉 '무아'인 것이다. 그러니까 "나는 의식한다. 그래서 존재한다."라고 할 때, 나의 존재는 우주적, 통일적, 구조적 의식으로의 지향성을 갖는다. 따라서 물리적 자아를 떠나 있다. 즉 자아의 초월이다. 그런데 이러한 상태를 계속하는 형태로 있어야지, 그것이 물리적 자아로 되돌아와서 나의 물리적 자아를 기초로 하여 일어났다고 생각하면 다시 자기모순에 빠지게 된다.

그래서 현상학에서 사용하는 '판단중지'라든지 '현상학적 환원(還元)'이라는 어려운 말을 쓰게 된다.[19] 의식 자체가 나를 초월하고 있듯이 개별자를 초월하고 있다. '환원'은 어떤 사물에 대한 일상적인 판단을 배제하고 일단 괄호 안에 묶어두는 에포케, 즉 판단중지를 하고 본질적

19_ 에포케(*epoché*)는 고대 그리스철학에서 회의론자들이 주로 사용하던 판단중지(判斷中止)를 뜻하는 말이다. 현상학은 일상적인 관점, 즉 자연적인 태도를 괄호 안에 넣어 멈추도록 함으로써 순수한 체험, 순수한 의식을 획득하는 방법으로, 자연적인 세계로부터 현상학적인 본질 또는 세계에로의 현상학적 환원(reduction)의 한 단계이다. 후설은 이 개념을 개발하면서 현상학에 새로운 방향을 제시했다. 예를 들어, 물리학적 이론이거나 뇌에서 특정한 의식이 일어나는 구조 등을 설명하는 뇌과학 이론 등에서는 괄호가 쳐진다. 즉 내가 있다는 생각, 내가 만들거나 내게 주입된 집착, 분열, 갈등이 일어날 수 있는 관념을 버리라는 말이다. 불교에서 아상(我相)을 버리라는 것과 비슷하다.

인식의 근원으로 되돌아간다는 의미를 나타낸다.

아무튼 학문이란 것도 보편적으로 총체적이고 통일적인 일반적 원리를 지향하는 것임이 틀림없다. 왜 그럴까? 우리의 의식 자체가 이미 보편적이어서 자아를 초월하여 보편성을 띠고 있기 때문이다. 그래서 '선수제아만(先須除我慢)'이라는 것은 구체적으로, 나의 물리적 자아를 기초로 하여 생각하거나 느끼고 판단하는 등의 일체의 만심(慢心)을 없애야 일반적 원리가 찾아진다는 말이다. "불성(佛性)을 보고자 하면 반드시 먼저 아만(我慢)을 제거해야 한다."라는 말은 한마디로 '진리를 보려면 나를 초월해야 한다'는 의미이다. 좀더 쉬운 말로 보자면 사랑이라는 것도 나를 초월했을 때만 가능하다. 부모의 사랑은 부모 자신을 넘어 이미 아이들을 먼저 생각한다. 이것은 삶의 진실이라고 볼 수도 있다. 물리적 자아에 의지해서 자식을 사랑하고 이웃을 사랑한다는 것은 사실은 진실한 것이 아니다. 물리적 자아가 전제된 '아만'이 있는 한 절대 불성을 볼 수 없다는 말이다.

사르트르는 『존재와 무』에서 인간 존재는 의식의 '현현(顯現)'이라고 보았다. '기쁘다' 혹은 '화난다'라는 마음에서 엄격한 의미로 물리적 자아로서의 '자아'는 찾아보면 없는데, 그렇다고 우리의 삶에서 그것을 '없다'고 할 수도 없다. 우리의 삶은 그러한 의식의 계속적인 지향성, 즉 현성(顯性)이다. 그러나 우리는 그것을 까맣게 모르고 물리적 자아를 참존재로 생각하는 삶을 살아가고 있다.

개체가 따로따로 떨어져서 자기 나름대로 자기가 있다고 생각하고, 거기에 기초하여 살아가는 것을 불교에서 '세간(世間)'이라고 한다. 즉 아만에 기초한 삶을 말한다. 따라서 불교가 지향하는 '출세간(出世間)'이라는 말은 세간에서 떠나간다는 말이 아니고 아만의 세계에서 나가는 것을 말한다. 아만은 자기 혼자 잘났다고 건방지게 생각하는 것도 아만이지만, 사실 그보다 더 중요한 것은, 배운 사람일수록 자기를 넘어서는 물리적 자아의 초월을 느껴야 하는데, 자신이 좀 알았다고 자기가 아는 것을 기준으로 생각이나 판단을 계속하여 세상을 보려고 하니까 불성이라는 말을 이해하기 어렵게 된다.

그래서 『정법안장』에 "네가 만일 불성을 보기 원한다면 먼저 반드시 아만을 제거해야 한다."라고 하였다. 아만을 '제거한다'는 것은 곧 무(無)라는 의미이다. 실체화된 고립적인 나를 버리면, 곧 진리인 불성에 다다르게 된다는 말이다. 용수는 이렇게 '제아만'으로 '무아'를 잘 설명하였다. 그저 무아라고 하면 개념이 막연한데, '아만을 버리면' 바로 '무아'가 된다. 그런데 또 무아를 절대화하면 안 되는 것이 절대화가 되면 본래의 물리적 자아로 되돌아가는 것과 같은 상태가 되기 때문이다. 그래서 무아는 계속 연속적으로 나를 버릴 때 가능하다. 즉 무아란 연속 개념이다. '무아의 철학'이란 말을 설명할 때 뗏목의 비유를 든다. 강을 건너는데 필요한 한 수단에 불과한 뗏목을 사용하여 일단 저쪽 피안에 건너갔으면 뗏목을 내려놓고 땅에 올라서야 하는데, 뗏목에 집착하여 발 하나를 뗏목에 걸치고 있는 한, 강을 완전히 건너지 못한다. 뗏목에 불과한 '무아'를 사용하여 진리에 이르렀으면 무아를 버려야 참 진리에 다다르게 되지, 무아라는 뗏목이 아깝다고 계속 무아를 붙들고 있으면 진리에 완전하게 다다르지 못한다.

불교에서 말하는 삼법인, 즉 제행무상, 제법무아, 일체개고 같은 말도 다 '뗏목'이니 그 말을 절대화하여 그 말 자체에 집착하지 말라는 이야기이다. 여기에서 자아의 '실체화' 대신 거꾸로 자아를 '무아화'시켜 나가는 것이다. 불교의 '제법실상'은 원래가 '있는 그대로'요 '여여(如如)'이다. 본래 '이렇게 되어야 한다'라는 말은 우리가 물리적 자아에 고립되어 실체화를 시켜서 그렇게 된 것이지, 사실 본래 실상은 무아이고, 그러한 자아를 초월한 상태의 의식의 현현인데, 우리가 가짜로 나를 구축했던 것이다. 그러니까, 나를 제거하면 본래로 회복된다. 현상학에서 '환원'이란 말이나 실존철학에서 고향으로 '돌아간다'는 것도 원래 그 자리에서 벗어나 잘못되어 있으니까, 본래의 자리로 회복한다는 것이다. 즉, 병이 났었는데 치료가 되면 회복이 된 것이다. 우리가 현재 물리적 자아에 입각한 판단에서 살아가는 입장에서 자기를 '무아로 현성'시켜 나가는 것이 바로 '수행'이고 '구도'이다.

3. 전인적 인간과 견성성불

불교에 "위로는 참다운 지혜를 구하고, 아래로는 고통 받는 일체중생을 교화한다[상구보리 하화중생(上求菩提 下化衆生)]."라는 말이 있다. 하지만 묘하게 동양사상은 '구제(救濟)'에 중심을 두지 않고 전반적으로 '구도(求道)'에 중심을 둔다. 구도란 길을 찾는다는 뜻으로 그 의미가 매우 구상적(具象的)이다. 이에 반하여 서양 학문에서 '자아의 초월'이라는 말은 매우 추상적(抽象的)이다. 바로 그러한 추상성, 즉 추리나 유추하는 논리적 사고가 서양의 과학을 발전시켰다고도 볼 수 있다. 동양은 추상적이기보다 구상적이다. 길을 걷는다는 것은 분명히 구체적이지 추상적이 아니다. 구도자 정신이란 모든 사람을 구제한다는 생각보다는 내 자신이 길을 찾는 구도가 선결 조건이 되어 있다. 그래서 불교는 사회성이 없다고 지적받기도 한다. 하지만 우리는 아만을 버리고 견성성불(見性成佛)하는 본래의 진실성을 드러내는 역할을 해야 한다. 만일 그렇지 않으면, 여타의 발전 즉 경제적, 과학적 발전이 선도하는 이 세상에서 우리의 삶은 진실한 인간의 고향으로부터 오히려 더 멀어지는 결과를 가져올 수도 있다.

　불교는 인간을 중심으로 한 인간학이다. 불교는 어디까지나 인간이 중심이다. 인간이 무아의 존재라는 것을 드러냄으로써 인간과 세계가 '무아로서의 견성(見性)'의 단계로 가야 한다고 주장한다. 이처럼 불교는 인간이 중심이다. 그러나 서양의 문명은 확실히 물질이라든가 물적 대상들을 중심으로 하여 그것을 발전시켜야 한다고 본다. 서양의 실존철학이나 현상학은 물질이 발전하는 것이 아니라 인간을 회복시켜, 인간이 인격을 구축해서 자아를 초월하는 통일적 의식의 현현(顯現)/현성(顯性)을 되찾아서 사회참여를 해야 한다고 주장한다. 그러나 지금은 이런 주장을 하는 사람들도 다 세상을 떠나고 그 후로 이와 관련하여 별로 드러나는 것이 없다. 정신적 지도자들이라 할 수 있는 철인들이 지금은 지극히 드물다. 하이데거(M. Heidegger)는 "현재는 와야 할 신과 아직 오지 않은 신과의 중간 상태에 있다."라고 했으나, 이렇게 말한 사람도 이제 다 떠나가고 지금은 공백 상태에 있다. 전적으로 이런 주장을 받아들이지는 않는다고 하더라도 지금은 인간마저도 '물격화(物格化)'되는 것이 사실이다.

　인격은 의식의 통일이다. 인간은 전인적으로 모든 가치, 즉 진선미(眞善美)가 하모니를 이루면서 이론과 실천이 통합되어서 어떤 사람을 만나거나 어떤 사회에 놓이거나 어떤 상태에 놓이더라도, 그 사람이 항상 진선미가 나타나는 인격(人格)을 목표로 해왔다. 그러나 오늘날은 인간이 물격화(物格化)되어 그렇지 못하다. 예를 들어 각 전문 분야의 의사는 자신의 전문 분야만을 다루고, 철학에서도 분석철학이라 하면 분석철학만을 다룬다면 어찌 되겠는가. 각 전문가가 제한된 기능만을 가지고 일을 하다 보면, 그 기능도 중요하지만 좁은 아만을 가지고 전체를 판단하게 될 것이고, 이렇게 개개인이 물격화되면 본인은 물론 주위 사람까지도 불안이나 초조, 고독, 정신병을 앓게 된다.

서양사상에서 인격을 회복하자는 의미에서 현상학이 등장했다. 그리고 이러한 인격의 회복을 주장하다 보니까, 오늘날 동양사상이 서양인들의 관심을 끌게 되었다. 그리고 현대철학에서 불교는 단순한 인격 회복을 넘어서서 한 차원 더 높은 단계인 인격을 완성하여 궁극적으로는 견성성불에 이르는 사상이라는 것이 드러나게 되었다. 어떤 면에서 보면 서양철학은 현대문명에서 인간의 인격이 몰락하고 있는 과정을 잘 분석하고 있다고 볼 수도 있다.

정리해 보자면, 현상학에서는 우리 이성이 '사상(事象) 자체' 즉, 본질을 직관하기 위해서는 거기에 방해가 되는 역사적 요소, 종래의 철학이나 과학이론, 기타 선입견 등을 배제하고, 모든 실제적인 판단들을 배제해야 한다. 존재와 현현이 의식이라고 한다면 '의식=현상'이다. 그리고 불교에서는 '제아만=견불성', 즉 '견불성=무아'가 된다. 용수의 '아만을 버려야 한다'라는 말은 '무아에 이른다'라는 의미이다.

4. 장(場)과 불성

영미철학자 화이트헤드(A. N. Whitehead)는 서양철학사는 플라톤의 주석사라고 말했다. 플라톤은 『티마이오스(Thimaios)』 대화편에서 과학, 철학, 종교에서 자주 등장하는 우주론을 가장 잘 나타내고 있다. 이것도 통일체의 욕구 또는 통일적 의식의 지향성에서 나온 것으로 보인다. 아인슈타인도 마지막에는 통일장이론을 구상했었다. 『티마이오스』에 나타나는 우주론은 서양사상사에서 개개의 고립된 자아를 설정하고 그것에 의해서 모든 판단을 규정하는 그러한 것과는 아주 다르게 기술되어 있다. 일반적으로 서양사상은 자아와 세계를 나누어 놓은 이원론이라고 생각하는데, 사실은 그렇지 않다.

'코라(chora)'란 말은 영어로는 광경(spectacle), 장소(place), 장(field) 등으로 번역되고, 우리말로는 '장(場)'으로 번역된다. 우리의 의식 현상이 밖의 소나무를 바라보는 동안은 소나무라는 의식이 있고, 그다음 찰나에 하늘의 구름을 바라보는 동안은 구름이라는 의식으로 변한다. 이처럼 의식이 현상되는 것이 찰나찰나 변하고 있다. 이런 의식은 항상 '하나의 장(場)'으로서의 현상이다. 한마디로 의식은 곧 장이라 할 수 있다. 교실이면 교실이라는 장에서 의식이 일어난다. 태양계를 보아도 어느 '장'에서 상호작용(interaction)으로 사태가 일어난다. 인간의 의식 현상도 항상 공간적 '장'에서의 의식으로 일어난다. 여기서 '장'은 보통 의미의 장소가 아니다. 즉 '장'은 장소를 전제하고 그 장소에서 사건이 일어나고 있다는 그런 단순한 의미가 아니다. 플라톤은 '장(場)'을 '영혼'과 관계시켜 설명한다.

여기에 어떠한 물적 세계 유(有)가 있고, 저기에 그것이 아닌 무(無)가 있어서 이 두 관계를 매개시켜 주는 것이 '영혼'이라 하면, 영혼은 장과 같은 매개자가 된다. 한편 현대물리학에서 '장'을 에너지의 '잠재태(潛在態)'라고 하는데, 장(場)은 실은 '있는 것도 아니고 없는 것도 아닌' 상태로서, 어떤 모멘텀이 주어지면 '없는 것이 있게' 되고 '있는 것이 없게' 된다. 에너지가 집중하면 '물체'가 되고, 확산 내지 흩어지면 '공간'이 된다. 그래서 물리학에서 '장'은 '역장(力場)'으로, 공간(진공)과 물체를 이어주는 매개자 역할을 한다. 철학에서도 '장'은 단순히 '장소'라는 말이 아니고, 무(無)의 세계와 유(有)의 세계의 매개자이다. 플라톤은 '코라

(chora)'의 개념을 물리적 세계와 '선(善)의 이데아'의 세계를 매개해 주는 '영혼'과 같은 것으로 설정한다. 다시 말해서 영혼이 물리적 세계로도 나타나고 선의 이데아로도 나타난다는 것이다.

불교에서 "모든 중생은 다 부처의 본성을 갖고 있다[일체중생 실유불성(一切衆生 悉有佛性)]."라는 말이 있다. 보리살타의 산스크리트어 '보디삿트바(Bodhisattva)'에서 '보디'는 지혜를, '삿트바'는 중생을 뜻한다. 여기서 보리살타를 깨달음을 추구하는 사람이라고 하지 않고, 왜 깨달음을 추구하는 중생이라고 하는가? 보살은 깨달음을 구하는 중생을 의미하는데, 이것은 곧 이미 한 개체를 초월하여 '우주화' 되었다는 말이다.

여기서 '일체중생 실유불성'이라고 할 때, 실은 일체 존재가 불성을 가지고 있다는 말이지만, '가지고 있다'는 말이지 깨어났다는 말은 아니다. 모든 존재에도 다 불성은 있지만 잠재되어 있다는 말이다. 그렇다면 깨어난 상태와 잠자는 상태를, 각(覺)의 상태와 무명(無明)의 상태로 본다면 그것의 매개자가 바로 불성(佛性)이다. 즉 불성은 플라톤의 코라와 유사하여서 어디에나 있는 것이다. 내가 깨어났다고 하면 나의 의식은 구름으로, 태양으로, 나무로 가서 나의 의식 자체가 통일적인 의식으로 현현되어 나타난다. 나를 초월하여 나가게 된다. 그것이 나와 나무를 구분하여 생각하니까 나무가 따로 있고 내가 따로 있다고 생각하게 되는 것이지, 실은 나무가 바람에 나부끼는 의식의 현상 밖에 무엇이 있는가? 기쁘다는 마음은 직접 찾으면 없고 의식이라는 현상만 있다. 이러한 의식의 현상이 통일적으로 지향해 나가도록 하는 매개자는 무엇인가? 나를 초월하여 우리의 의식이 통일적으로 지향해 나가도록 하는 매개자는 곧 '불성'이다. 그리고 이 불성은 나뿐만 아니라 타자에게도 있고 모든 것에 다 있다.

보통은 인간만이 정신을 지니고 '나무에는 정신이 없다'고 생각하는

데, 전에 이야기한 대로 정신을 차리면 호랑이한테 물려가도 살아난다고 할 때의 정신은 나를 초월하는 정신을 말한다. 정신이라는 매체에서 보면, 호랑이와 나는 같다고 볼 수 있다. 서커스단에서 호랑이와 서로 정신이 통하면 조련사를 해치지 않는 것은, 정신이 호랑이라는 개체, 인간이라는 개체를 초월해서 있기 때문이다. 이러한 의미로 '장(場)'이라는 개념이 나온 것이다.

이와 같은 형태로 철학에서는 여성의 모태도 하나의 '장(field)'으로 본다. 잠재태인 장(場)에 어떠한 모멘텀을 주면 그 자체가 창조성을 가지고 현성하게 된다. 그와 같이 일체중생이 불성을 가지고 있다는 것은, 인간이 '깨달았다'라고 할 때, 인간이 어떤 고립된 정신을 가지고 있다는 것을 알았다는 것이 아니다. 예를 들어, 물리학에서 "전자는 어디에 있는가?"라고 물으면, 전자는 "어디에도 없고, 어디에도 있다."라고 말할 수 있다. 지금이라도 이 분필을 저쪽 벽으로 세게 던지면 불이 번쩍하고 일어나는 것처럼, 모멘텀을 주었을 때 일어나는 에너지는 어느 장소에나 일어난다. 그렇지만 지금 전자가 '어디에 있는가?'라고 물으면 '없다'고 대답할 수밖에 없다.

이때의 우주공간이란 하나의 에너지 장(field)으로서, 즉 '잠재' 상태의 에너지의 장으로서, 창조될 수 있는 '잠재태'로서 존재한다고 볼 수 있다. 즉, 어떤 모멘텀이 주어지면 없던 것이 있기도 하고, 있던 것이 없어지기도 한다. 물리학에서 반드시 이렇게만 설명하는 것은 아니지만 이해를 돕기 위해서 이렇게 설명한 것이다. 불교에서 말하는 '불성'이나 철학의 '장'이라는 개념은 단순하게 나의 정신을 떠난 다른 물리적 장이 아니고, 영혼이 모든 곳에 두루 퍼져 있다. 그렇지만 영혼을 당장 잡으려면 어디에 따로 있는 것이 아니고, 잠재적으로 우리의 의식이 통일적으로 지향하는 바를 보면 알 수 있다.

5강
현대물리학과 불교[20]

1. 현대물리학과 동양사상

보통 오늘의 시대를 과학의 시대라 한다. 불교나 동양사상은 과학과 동떨어진 고루한 종교나 사상인 것처럼 여기기 쉽지만, 사실은 그것들이 현대과학의 사고방식에 큰 영향을 주고 있다. 그래서 고전과학에 한계를 느낀 사람들이 현대과학과 동양사상 사이에 어떤 관계가 있는지 많은 관심을 두고 있다.

버클리대학교의 카프라(F. Capra)는 물리학자이지만 동양철학도 많이 연구한 학자로, 그의 저서 The Tao of Physics는 『뉴스위크(Newsweek)』에 크게 보도되었으며, 불어, 독일어, 네덜란드어, 이태리어 등으로 번역되기도 하였다. 한국에서도 필자가 1979년 『현대물리학과 동양사상』이란 제목으로 (주)범양사 이성범 회장과 번역 출판하여 번역상을 수상하였고, 초판 5,000부가 몇 달 만에 다 팔리기도 하였다.

현대과학은 어느 경지에 와 있을까? 이것을 일반 언어로 말하기는 어렵지만 그래도 불교나 동양철학이 현대과학과 어떠한 연관성이 있다

20_ 미국 볼티모어 성불사 강의(1981. 8. 23).

는 것을 알아 두면 앞으로 동양사상을 공부할 때 많은 도움이 될 것이다. 그러면 동양사상이 현대물리학과 어떤 관계일까? 현대는 어떤 의미에서는 동양사상의 시대로 접어들어 가고 있다고 말하는 사람들이 많다. 동양 사람들이 말하는 것이 아니라 영국의 역사학자 토인비(A. J. Toynbee)는 20세기 후반부터 동북아 시대로 들어간다고 했다. 과학은 이미 세계적으로 평준화되고 있어서 미래는 종교와 철학의 싸움이 될 것이다. 그래서 동양사상을 모르고서는 현대를 살아갈 수 없게 되어 있다. 다시 말해서 현대를 살아가기 위해서 동양사상을 이해하는 것은 매우 중요한 일이다.

2. 대원(大願)을 성취하는 삶

'진리(眞理)'란 말은 그리스어로 '알레테이아(alētheia)'[21]라고 하는데, 이것은 인도유럽어에서 부정을 의미하는 '아(a)'와 망각을 의미하는 '레테이아(lētheia)'가 합쳐진 말이다. 즉 '알레테이아'란 '망각하지 않음' 곧 '불망각(不忘却)'을 뜻하며, 이것은 '진리'란 말로 번역된다. 인간은 망각의 존재이면서 기억의 존재이다. '진리'라는 것은 망각을 부정하는 것이어

21_ '알레테이아(alētheia)'는 고대 그리스어로 '진실을 드러내다'라는 뜻이다. 즉 '숨어 있지 않음(Unverborgenheit)'으로 해석할 수 있다. 존재란 원래 숨어 있지 않은 것이지만, 인간의 좁은 눈에는 왜곡되고 감춰져서 은폐된다고 본다. 그리스인들은 참된 것은 더 이상 은폐되어 있지 않은 것으로 이해한다. 따라서 알레테이아는 망각했던 것을 상기하고, 각성하여, 관심을 갖는 것이요, 은폐된 것을 드러내는 것이고, 이것은 곧 진리에 다가가는 것이다. 즉 진리를 알게 되는 것은 이미 알고 있던 것을 다시 상기하는 것으로 본다.

서 잊어버리지 않고 기억해 낸다는 말이다. 소크라테스나 플라톤 사상에서는 이것을 추억이나 상기, 기억이라고 한다.

동서양을 막론하고 사람이 죽어서 혼령이 저승에 갈 때 큰 강을 건너간다고 한다. 강가에는 뱃사공이 혼령을 피안으로 실어다 주려고 기다리고 있다. 그런데 강가에는 검은 옷을 입은 망각의 여신 레테(lethe)가 서 있는데, 혼령은 레테가 떠주는 망각의 강물을 마셔야만 뱃사공이 강을 건네준다고 한다. 혼령은 그 물을 마심으로써 지상에서 있었던 모든 것들을 다 망각하게 된다. 윤회적으로 말하면 우리는 전생을 완전히 잊고 있다. 그래서 인간은 망각의 존재이다. 한편 지하의 세계 하데스에는 신전이 있는데, 거기엔 기억의 연못을 관장하는 여신인 므네모시네(Mnemosyne)가 서 있다. 그리고 혼령이 이 세상으로 올 때는 레테가 떠주는 망각의 강물을 마시면 전생을 망각하게 되고, 므네모시네가 떠주는 기억의 연못 물을 마시면 전생을 기억하게 된다고 한다. 그래서 인간은 망각의 존재인 동시에 기억의 존재이기도 하다.

불교에서도 사람이 죽으면 염라대왕의 명령을 받은 염라졸이 와서 혼령을 데려간다고 한다. 불교 사찰 입구에 사천왕문이 있는데, 사천왕은 동서남북의 네 방향을 수호하는 왕들을 일컫는다. 사천왕의 발밑에는 뿔이 달린 염라졸들이 있다. 이것은 수행자의 도량에 염라졸들이 못 들어오도록 사천왕들이 염라졸들을 밟고 있는 것을 나타낸다.

법당에 들어가면, 보통 세 분의 불상이 모셔져 있는데, 가운데는 아미타불이 있고 그의 양쪽에 관세음보살과 대세지보살이 있거나, 또는 가운데 석가모니불이 있고 그의 양쪽에 문수보살과 보현보살이 있다. 문수보살은 철학의 이론 체계를 세우는 이론의 보살이고, 보현보살은 이론을 실천하는 보살이다. 이것은 이론과 실천이 종합되어 석가모니에 의해 실행된다는 의미를 나타낸다. 소위 지행합일(知行合一) 및 지덕합일

(知德合一) 사상과 일치하는 것이다.

한편 법당 좌측에는 불법을 수호하는 신들을 모신 신중단(神衆壇)이 있다. 신중단은 대범천왕, 삼십삼천, 사천왕, 염마왕, 용왕, 십육신장, 이십오부중 등 인도의 토착신들을 불교에서 호법신(護法神)으로 받아들인 데서 연유한다. 신중(神衆)은 여래상이나 보살상과 같이 직접적인 신앙 대상이라기보다는 불법을 수호하고 신앙의 대상과 신앙인을 보호하는 의무를 지닌다. 그래서 신도들은 신중단에 절을 올리지만, 수행자들은 신중단에 절하지 않는다. 수행자는 지상에서 최고의 존재들이고 신중들은 초능력은 가졌지만 단지 심부름꾼에 지나지 않기 때문이다.

법회 때 보통『반야심경』을 독송하는데, 신중들도 부처님의 말씀을 듣고 깨달음을 얻으라는 뜻에서 하는 것이다. 이때 수행자는 신중단에게 절을 하지 않고 경배만 한다. 이것을 불교에서 '고자세'라고 한다. 신들이지만 수행하는 데는 인간보다 못하다는 의미이다. 그러나 진리를 깨달은 분인 붓다에게는 '저자세'를 취한다. 여기서 저자세와 고자세라는 말이 나왔다. 나보다 배움이 높고 인격이 높을 때는 저자세를 취한다. 그래서 수행자는 부처님에게는 저자세를, 신중들에게는 고자세를 취한다. 이것이 위계질서이면서 우주의 질서이다.

우리는 보통 눈앞에 사람이 없어도 사람이라 하면 사람을 어느 정도 이해할 수 있다. 즉 사람은 이러이러하게 생겼고, 정신이 있고, 생각하는 동물이라는 등, 이것이 바로 논리적인 개념이다. 그런데 사람을 직접 감각적으로 보면서 경험적으로 알기도 한다. 이처럼 앎에는 경험하지 않고 아는 것과 경험하고 아는 두 가지가 있다. 불교에서는 경험 없이 개념적으로 아는 것을 공상(共相)이라고 하고, 경험적으로 아는 것을 불공상(不共相)이라고 한다. 공상적인 것과 불공상적인 것이 합쳐진 것이 '보리'이다. '보리'를 '지혜'나 '진리'라는 말로도 표현한다.

앎에는 보통 감각으로 경험하여 아는 것 이외에 망각했던 것을 회상으로 기억해 내는 것이 있는데, 심리학적으로 '표층의식'과 '심층의식'으로 나누는 것과 같다. 우리는 과거 나의 생이 무엇이었나? 앞으로 죽으면 어떻게 될 것인가? 등 이러한 공간·시간에 관한 것이 불분명하고 실제 아무것도 모르고 있다. 이것을 불교에서 무명이라고 한다. 불교가 바탕이 된 인도철학이나 그리스철학 등에서 염라졸, 사천왕, 황천 등 신화적 이야기가 나오는데, 이것을 존재론적으로만 보지 말고, 즉 실제 있느냐 없느냐를 따지지 말고, 근원을 찾아가려는 환본원적(還本源的) 본성으로 보아야 한다. 인간은 회상하고 추억하는 존재이다. 보통 어린이들한테 이야기할 때 '옛날 옛적에'라는 말로 시작하는데, 옛날의 상징을 많이 들려줄수록 어린이들의 관심이 커진다고 한다. 이처럼 추억이 없으면 재미가 없다.

인간을 '욕구의 존재'라고도 하는데 정말 욕구하는 것은 무엇인가? 불자들은 '왜 불교를 믿는가?' 한마디로 답한다면 '소원 성취'이다. 그럼 인간이 원하는 것은 무엇인가? 사막에서 갈증으로 거의 죽음에 이르렀을 때, 오아시스를 만나 물을 떠먹어 갈증을 해소하면 비로소 '소원'을 성취했다고 할 수 있다. 그러나 좀 더 생각하면 물을 마시고 탈이 없어야 진정한 '소원 성취'가 될 것이다. 만약 물을 떠먹은 후에 배탈이 났다면 소원 성취가 되지 않은 것이다. 다른 예를 들어보면, 내가 돈을 벌어야 해서 돈을 벌었다면 일단 소원 성취는 했지만 내가 돈을 벌면서 남에게 피해를 줬다면, 내가 돈을 번 것은 진정한 소원 성취가 아닐 것이다. 이와 같은 이유로, 우리의 진정한 소원 성취는 온 인류가 모두 '온전히 구제'를 받을 때 성립한다.

『무량수경(無量壽經)』에 아미타불이 법장비구(法藏比丘: 아미타불이 전생에 수행할 때 불리던 이름)였을 때, 48가지 큰 서원을 세우고, 그것이 이뤄지지 않으면 결코 부처가 되지 않겠다고 밝히고 수행하였다는 내용이 나온다. 그리고 『지장보살본원경(地藏菩薩本願經)』에도 지장보살이 수억 겁 전 전생에서 몸을 바꾸어 태어날 때마다 "단 한 명의 중생이라도 깨달음을 이루지 아니하면 나는 성불하지 않겠다."라고 거듭 네 번이나 대원(大願)을 세웠다는 내용이 있다. 한 존재라도 구제가 안 되면 전 중생이 구제되었다고 할 수 없기에, 한 사람이라도 지옥에 가면 그를 따라가서 구제하겠다는 것이다.

자식이 다섯 형제인데, 그 가운데 불구가 된 자식이 있으면 부모는 출세해서 잘 사는 자식을 따라가지 않고 어렵게 사는 자식을 따라가서 도와주게 된다. 이것이 인간의 진실한 마음이고 이것이 바로 불성(佛性)이다. 우리가 이런 불성을 이루는 것이 우리의 진정한 소원 성취이다. 그러니까 '망각'과 관련하여 현상적으로 우리가 망각하고 살아가고 있다면, 우리는 소원이 없는 존재이고 결국 무의미한 삶을 살게 되는 것이다. 우리는 이런 대원을 성취해야 하는 존재임을 망각하지 않고 늘 기억하며 살아야 '소원 성취'를 이루며 진정한 삶을 살게 될 것이다.

3. 불교에서 보는 상호작용

불교에서는 우주를 상호작용의 연속으로 보고, 이처럼 상호작용하는 전 우주를 '제석천(帝釋天)'이라 하는데, 영어로는 '인드라 하늘(Heaven of Indra)'이라고 한다. 카프라(F. Capra)는 인드라와 관련하여 다음과 같이 『화엄경』 구절을 인용하고 있다.

인드라 하늘에는 진주 그물이 있고, 그물은 잘 정돈되어 있어 만일 사람이 어떤 하나의 진주를 보면 그 속에 다른 모든 것들이 반영되어 있는 것을 볼 것이다. 마찬가지로 이 세계의 각각의 대상들은 단지 그 자체로서가 아니라 다른 모든 대상을 포함한다. 그러므로 사실상 각각의 대상은 서로 다른 대상이 된다. 한 티끌의 먼지 속에도 무수한 붓다가 존재한다.

『화엄경』을 근본 경전으로 하여 중국의 법장(法藏, 643~712)이 대성한 화엄교학(華嚴敎學)은, 천태지의(天台智顗, 538~597)가 대성한 천태교학(天台敎學)과 더불어 중국 불교의 대표적인 교학 중 하나를 이룬다. 화엄교학은 심원하고 광대한 불교의 세계관을 확립하였는데, 불교의 근본적인 진리인 연기설(緣起說)의 입장에 서서 현상과 차별의 현실세계를 체계적으로 설파한 화엄의 세계관이다. 특히, 법계연기(法界緣起) 중 사사무애법계(事事無礙法界)는 연기론의 극치로서 화엄교학의 특징을 이루는데, 중중무진(重重無盡)의 법계연기라고 불린다.

법계연기에 의하면, 이 현상세계는 법신(法身)으로서 비로자나불(毘盧舍那佛, Vairocana Buddha, 大日如來)이 붓다의 몸을 나타낸 법계(法界)라고 한다. 법계는 한 티끌 속에 온 세계가 반영되어 있으며, 순간 속에 영원히 포함되는 구조로 되어 있다. 즉 하나가 전 우주와 관계되고, 일체가 개개의 사물 속에 포함되며, 무한히 관계되고 융합되며 서로 작용을 주고받는다. 일(一)이 곧 일체(一切)요, 일체가 곧 일이라는 관계에 있다는 것이다.

화엄교학에서는 법계를 사법계(事法界)·이법계(理法界)·이사무애법계(理事無礙法界)·사사무애법계(事事無礙法界)로 나누었는데, 이를 사법계(四法界) 또는 사법계관(四法界觀)이라 한다. 여기서 사법계(事法界)는 현실의

미혹의 세계로, 우주는 차별이 있는 현상세계라는 세계관이다. 이법계(理法界)는 진실에 대한 깨달음의 세계이고, 우주의 모든 사물은 진리가 현현된 것이라는 세계관이다. 이사무애법계(理事無礙法界)는 깨달음의 세계가 미혹의 세계와 떨어져서는 존재할 수 없는, 즉 번뇌가 곧 보리(菩提)이고 현실이 곧 이상의 세계로, 모든 현상과 진리는 일체불이(一體不二)의 관계에 있다는 세계관이다. 사사무애법계(事事無礙法界)는 이 세상은 각 존재가 서로 원융상즉(圓融相卽)한 연기의 세계로, 서로 교류하여 하나와 여럿이 한없이 관계하고 있다는 세계관이다.

　예를 들어 물과 파도를 들어 설명하면, 우주를 물이라고 하고, '김용정'이라는 사람은 파동으로 일어났다가 물로 돌아가는 삼라만상의 한 모습으로 볼 수 있다. 물이 먼저이다. 이법계(理法界)를 물이라고 하면, 파동이 일어난 것을 사법계(事法界), 물이 흔들려서 생긴 파도는 두 가지가 서로 다른 것이 아닌 이사무애법계(理事無礙法界), 현상적으로 보면 사람들은 모두 파도가 일어난 것으로 볼 수 있다. 모든 사람이 다 물이고, 모두가 다 지혜를 가진 중생, 즉 보살이다. 지혜를 가진 중생들은 모두 동격의 존재이므로 서로 걸림 없이 상통하게 되고, 서로 사랑하게 되고, 서로 자비를 베풀고 하는 자리가 바로 사사무애법계(事事無礙法界)이다. 인드라 하늘의 진주 한 알 속에 전 우주가 반영된 모습을 본다고 하는데, 모든 인간에게 전 우주가 다 반영되어 있다는 것을 본다는 말과 같은 말이다. 즉 10개의 전등이 있다면 각 전등에서 나오는 빛이 서로 관통하고 있다는 것이다. 이것이 사사무애(事事無礙)이다.

　버클리대 교수로서 1969년 노벨물리학상을 수상한 겔만(M. Gell-Mann)은 물질을 구성하는 가장 작은 단위의 입자들인 소립자(素粒子)를 연구하면서 불교의 팔정도(八正道)의 숫자 8에 착안하여 소립자들을 정리하였다. 팔정도란 불교에서 깨달음을 얻기 위한 여덟 가지 수행인 정견(正見)·정사유(正思惟)·정어(正語)·정업(正業)·정명(正命)·정정진(正精進)·정념(正念)·정정(正定)을 말한다.

겔만이 제시한 모형으로 육각형 안에 중성자(n)·양성자(p)·시그마입자(∑)·크시입자(Ξ)등이 보이는데, 겔만은 중입자(重粒子)의 여덟 가지 종류를 그대로 기본입자라고 생각하였고, 입자들이 서로 뗄 수 없는 하나의 그물같이 상호작용(interaction)하는 것을 근거로 하여 소립자의 세계를 분류하기 위해서 불교의 팔정도에 착안하여 팔정도설(八正道說, Eightfold Way)을 제창하였다. 즉 겔만은 붓다가 왜 하필 여덟 가지를 말했는가를 생각하다가 입자의 세계도 팔정도의 원리를 따라서 유사성을 가진 여덟 가지 군으로 형식화하여 정리해 본 것이다.

우리의 생명현상은 호흡에서 비롯되는데, 호흡은 숨을 들이마시고 내쉬는 양면성으로 구성되어 있다. 이것은 우주의 근원적 원리로서 중국의 『주역(周易)』에서는 음양(陰陽)으로 표현된다. 하지만 음양이라 하면, 음(陰)과 양(陽)이 서로 떨어진 두 가지인 것으로 오해할 수 있어서, "태극(太極)이 양의(兩儀)를 낳는다."라고 한다. 이처럼 들이쉬고 내쉬는 관계가 우주의 근원적인 원리라고 본다. 이 둘이 있어야 생명현상이 일어나는데, 팔정도에서 정견(正見)은 직관적으로 세계를 바로 보는 것이고, 정정(正定)은 명상을 통해 자신을 바로 들여다보는 것이다. 이것들은 호흡에 비유될 수 있는데, 정견은 밖으로 내쉬는 호흡에, 정정은 안으로 들이마시는 호흡에 비유된다. 이처럼 팔정도의 맨 처음의 정견과 맨 마지막의 정정은 가장 근원적인 것으로서 육각형의 중심을 이루며 이정도(二正道)라 불리고, 그것을 중심으로 나머지 육각형의 각에 표시되는 육정도(六正道)가 상호작용을 하여 깨달음에 이르는 수행이 완성된다는 것이다. 이처럼 이정도와 육정도가 합쳐져서 팔정도가 되는 것이다.

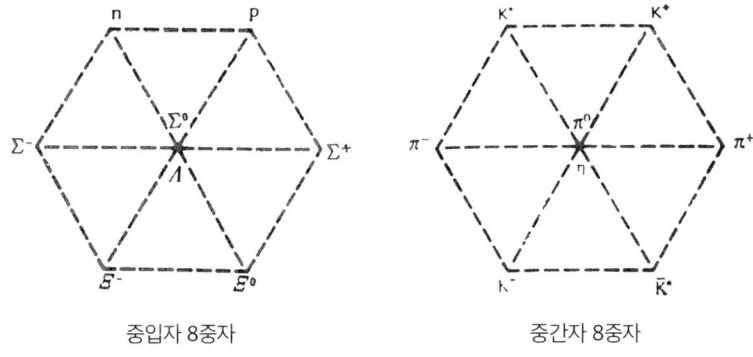

중입자 8중자 　　　　　중간자 8중자

겔만의 팔정도설 모형

4. 현대물리학에서 보는 상호작용

현대물리학에서 원자나 소립자와 같은 기본 물질 개념은 이미 작은 모래알과 같은 물적 존재를 초월하고 있다. 독일의 물리학자 하이젠베르크는 『부분과 전체』에서 다음과 같이 말하였다.

> 원자는 물(物)이 아니다. 원자의 껍질을 이루고 있는 전자는 고전 물리학적 의미의 물(物)이 아니다. 원자의 단계에 이르기까지 자연의 구조를 파고들면 시간과 공간에서 직관적인 세계는 이미 존재하지 않는 상황이며, 이론물리학의 수학적 기호는 사실로서가 아니라 단지 가능성으로서만 존재한다(W. Heisenberg, 1969: 63~64).

또한 롱아일랜드 브루클린의 핵연구소를 지휘하여 원자탄을 만든 오펜하이머(J. R. Oppenheimer)는 다음과 같이 원자의 세계를 암시적으로만 표현하고 있다.

어떤 전자의 위치가 언제나 동일한가 어떤가 하는 질문을 받았다면 우리는 '아니오(no)'라고 대답하지 않으면 안 된다. 그렇다면 그 전자의 위치는 시간에 따라서 변하는가 어떤가 하는 질문을 받았다면 우리는 다시 '아니오(no)'라고 대답해야 한다. 전자는 정지하여 있는가 물으면 역시 '아니오(no)'이며, 그것은 운동하고 있는가 물으면 여기서도 대답은 '아니오(no)'라고 해야 한다(J. R. Oppenheimer, 1954).

위 인용문은 선불교와 똑같은 말이다. 불교나 힌두교 사상에서는 그런 개념들이 가장 중요하고 중심적인 국면을 이루고 있다. 우리가 발견해야 할 것은 고대 지혜의 예증과 격려와 세련성이다. '전자가 운동하고 있느냐 정지하고 있느냐'란 물음 자체가 잘못된 물음이다. 운동과 정지의 '상호작용'이어서 어느 한쪽만을 택하면 설명이 불가하다. 이것은 마치 우리의 호흡이 들이쉼과 내쉼의 상호작용이지 어느 하나일 수 없다는 것과 같다. 이처럼 현대물리학에서는 자연현상을 상호작용으로 본다. '상호작용'이란 물리학에서 물질현상을 설명하는 기본적인 방법의 하나로 물체 상호 간에 힘이 작용하여 서로의 원인과 결과가 되는 현상을 가리킨다. 하지만 데카르트적인 이분법적 사유로는 자연현상을 상호작용으로 보는 것을 설명할 수 없다.

현재 모든 힘은 그것을 매개하는 전자기장이라는 장의 상태변화에 따라 힘이 전달되는 것으로 알려져 있다. 흔히 원자라고 하면 더 이상 나눌 수 없는 최소의 존재라는 뜻에서 데모크리토스(Democritus, B.C.460?~380?)가 원자(Atom)라는 말을 썼다. 물질 구조를 알려면 소립자(素粒子) 단계까지 들어가 보아야 한다. 즉 물질 구조는 분자→원자→원자핵→ … 라는 계층으로 나누어 볼 수 있으며, 소립자는 이 계층에서 원자핵 다음에 오는 입자이다. 소립자의 세계에서는 원자가 더 이상 최소의 단위가 아니라 원자는 원자핵과 전자로 구성되어 있다고 본다. 원자핵은 전기의 작용이 중성인 중성자와 전기의 작용이 양성인 양성자로 구성되어 있는데, 중성자는 약 17분마다 전자를 방출하면서 양성자로 변한다고 한다. 즉 0 상태에서 −와 +가 나오는 셈이다. 전자는 전기의 작용이 −인 음전기이다. 원자핵과 전자를 결합하는 것이 광자이다. 따라서 이 세계를 구성하고 있는 주연 배우는 네 가지, 즉 양성자, 중성자, 전자, 광자라고 볼 수 있다. 광자는 원자핵으로 들어갔다가 다시 전자로 들어갔다가 하는 일종의 호흡 현상을 보인다고 한다. 광속은 초속 30만 킬로미터로 워낙 빠르니까 우리 눈에는 아무 일도 안 일어난 것처럼 보이지만, 이들의 작용을 살펴보면 개체가 홀로 존재하는 것이 아니라 서로서로 상호작용하고 있는 한 판(one set)으로서 양자(量子)가 있는 것이다.

불교에서 '보리(菩提)'라는 함축적인 말도 이와 같아서, 공상(共相)·불공상(不共相)에서처럼 상호작용의 의미를 갖는 말이기 때문에 실은 그렇게 이해하기 어려운 말도 아니다. 호흡이란 둘이 아닌 하나의 명사이지만, 나타나는 것은 양면으로 나타난다. 다시 말하면, 모든 삼라만상이 다 이렇게 '운동과 정지', '들이쉬고 내쉬는 호흡'처럼 상호작용한다. 현실 생활에서는 나와 대상이 분리된 것처럼 보이지만 진리의 세계, 반야(般若)의 세계에서는 모든 것들이 서로서로 상호작용하고 있다. 그런데 현대과학의 이론은 실험을 통하여 증명되어야 비로소 진리가 된다. 불교에서도 역시 이론이 증명되어야 진리가 되는 것은 마찬가지이다. 불교에서는 올바른 지혜로써 진리를 확실히 깨달아 체득하는 것을 '증득(證得, adhigama)'이라고 한다.

여기 보이는 분필과 나도 상호작용을 하고 있다. 하지만 나와 대상을 분리하여 생각하는 이분법은 데카르트적 사고 방법이라 하여 이미 오래전에 지양되었고, 그러한 방법으로는 안 된다는 것이 증명되었다. 여기에서 진리를 증득하여 들어가는 문제를 생각해 보자. '증득'이란, 예를 들어 사막에서 오아시스를 만나서 물을 마셨는데 세균이 들어 있지 않아서 나한테 생명수가 된 물이었다는 증명, 그 후 무사히 목적지에 도착하여 나의 생애에 그 물을 마셨던 사실이 도움이 되었다는 게 증명되었을 때와 같은 그러한 증명된 체험을 말한다. 증득은 체득이니 경험한다는 말과 동의어로서 간절히 소원한 것이 증명되어 성취된다는 의미이다. 현대의학에서도 약리학자가 신약을 만들어서 많은 임상시험을 통하여 효능과 부작용을 검사한 후에 환자한테 약을 투여할 수 있는 것과 같다. 이렇게 증명하여 쓰는 방법과 같이 불교에서도 하나하나 실제로 행동의 여러 과정을 통하여 나타난 이익이 증명되어야 한다. 이처럼 '증득'이란 알고 보면 훌륭한 의미가 함축된 개념이다.

하이젠베르크는 원자란 인간이 상상한 '구상물(構想物)', 즉 구상해 낸 것이라고 한다. 일례로 이 분필을 우주공간에 광속으로 쏘아 올린다면 불꽃이 일어날 것이다. 우주공간은 원자핵과 전자가 결합하는 현상이 일어나도록 전자장이 구성되어 있는데, 이 공간이라는 장(場, field) 자체는 전자기력이 꽉 차 있는 역장(力場)이라고 한다. 가령 여기 있는 분필을 던지면 지구 중력에 의하여 떨어지는 것 같지만 분필도 자기 질량만큼 잡아당기는 힘, 즉 자기 중력을 갖고 있다. 단지 지구의 중력이 분필의 중력보다 크기 때문에 분필이 떨어지는 것이다. 이렇게 모든 물체는 서로 작용하는 힘, 즉 중력, 전자기력, 약한 핵력, 강한 핵력 등 네 가지 힘이 있고, 그것들이 각각 작용하는 장이 있다. 그러니까 하이젠베르크가 "원자를 옛날처럼 조그마한 알맹이라는 식으로 이해하여서는 안 된다."라고 말한 것이다.

앞에서 본 바와 같이 '전자가 운동하고 있는가 혹은 정지하고 있는가'라는 질문은, 사실은 정지와 운동의 상호작용인데 둘을 나누어 다른 것으로 생각하기 때문에 잘못된 질문이다. 그러니까 오펜하이머는 '어떤 전자의 위치가 언제나 동일한가'라는 질문을 받았다면 '아니오'라고 대답해야 한다고 하고, '그 전자의 위치는 시간에 따라서 변하는가'라는 질문을 받았다면 다시 '아니오'라고 대답해야 한다고 한다. '전자는 정지해 있는가'라고 물으면 '아니오'이며, '운동하고 있는가'라고 물으면 역시 '아니오'라고 해야 한다는 것이다. 정지와 운동의 상호작용이지 둘을 분리하여 생각할 수 없으므로 어느 말을 취해도 안 된다. 선문답이 바로 이런 것이다.

하이젠베르크는 플라톤의 이데아의 중요성을 강조하면서, 인간 정신이 이데아를 파악하는 것은 그 이름이 표시하는 바와 같이 '합리적 인식'이라고 하기보다는 '예술적 직관', 말하자면 '무의식적인 예감'과 같은 것이라고 하였다. 그것은 영혼이 지상에 나타나기 그 이전에 심어진 형상의 추억이요, 무의식의 영역에 훨씬 이전부터 존재하여 온 무엇인가가 그 자신에 의하여 표출된 것이다. 중심적 이데아는 그 속에 신적(神的)인 것을 분명히 나타내고 있으며, 거기에 보이는 것이 영혼의 날개가 펼치는 미(美)와 선(善)의 이데아라고 그는 표현하고 있다.

파울리(W. Pauli)는 중성미자(中性微子, *neutrino*)를 예언하였다. 중성미자란 질량이 0에 가깝고, 전기적으로 중성이어서 물질과의 작용이 거의 없으므로 관통력이 큰 소립자이다. 한편 분석심리학의 창시자인 융(C. G. Jung)은 파울리와 공저로『자연의 해석과 정신』을 공저하였으며,『관무량수경(觀無量壽經)』의 십육관법을 자신의 심층심리를 설명하는 데 사용하였다. 십육관법이란 아미타불과 정토의 장엄을 관상(觀想)하는 16가지 수행법을 말한다. 이들의 사유에서 이미 동양 사고의 모형이 많이 반영되어 있음을 알 수 있다.

앞에서 팔정도를 언급했는데 그 가운데 '정정진(正精進)'은 바른 정진을 말한다. 즉, 말도 바르게 해야 하고, 바르게 도덕적인 생활을 해야 하고, 바르게 봐야 하고 등 하나하나의 모든 행동을 노력으로 본다면, 이 모든 노력은 다른 일곱 가지 정도(正道)와 상호작용해야 한다. 불교에서 노력은 돌파를 의미한다, 즉 작위적 노력이 없어야 한다는 말이다. 더 노력할 게 남아 있으면 진정으로 노력한 게 아니다. 불교가 어렵다고 하여 미루고 열심히 하지 않으면 노력 자체를 하지 않는 것으로 볼 수 있다. 불교 공부를 해본 사람은 아시겠지만, 하루에 두어 시간씩 자면서 한 2년 공부하면 자신이 추구하는 것을 각자의 의지와 능력에 따라 충분히 해낼 수 있다고 본다.

5. 양자물리학과 불교에서 보는 상보성

양자역학은 미시적 물질세계를 설명하는 이론이다. 양자(量子, quantum)는 개별 입자가 하나하나 따로 떨어져 있는 알맹이로서의 입자가 아니라 여러 입자들이 서로서로 상호작용(interaction)[22]하는 뭉쳐진 집단을 이룬다. 즉, 얼핏 보아서는 하나처럼 보이지만 실은 수많은 정수개로 하나의 집단을 이루어 떨어져 나가지 않고 모여 있다. 다시 말하면,

---

22_ 이탈리아 이론물리학자 로벨리(C. Rovelli)는 『헬골란트(*Helgoland*)』에서 양자론에 대한 '관계론적 해석'(the relational interpretation of quantum theory)이라고 부르는 새로운 관점을 제시한다. 이 세계 속에 있는 것은 확정된 속성을 지닌 독립된 실체가 아니라, 다른 것과의 관계 속에서만, 더욱이 상호작용할 때만 속성과 특징을 띠는 존재들이라는 것이다(C. Rovelli, 2020: 74~81).

양자역학에서 양자들은 서로의 상호작용을 표시하듯 여러 개가 뭉쳐 있는 것이지 개별자가 따로따로 존재하는 것이 모여 있는 것이 아니다.

그러한 의미에서 이러한 모형은 위에서 이야기한 '보리(菩提)'의 두 가지 형태, 즉 공상(共相)과 불공상(不共相)이 합쳐진 '지혜'가 상호작용하고 있는 것과 같은 맥락이다. 불교의 근본사상인 연기설(緣起說)은 어떤 존재든 단일적, 개별적, 개체적으로 존재하는 것은 없고, 인드라망처럼 상호작용하며 연결되어 있다는 이론이다.

하나의 사물을 파악할 때, 개별자를 전제해 놓고 개체가 따로따로 존재하는 것으로 보는 사유를 '뉴턴 물리학적 사유'라고 한다. 그러나 사물들이 겉으로는 따로따로 존재하는 것으로 보이지만, 보이지 않는 세계에서는 서로서로 연결되어 있다. 마치 여기저기 산재해 있는 우물-1, 우물-2, 우물-3, … 표면적으로는 따로따로 존재하는 것으로 보이지만 깊은 땅에서는 서로서로 수맥을 통해 연결된 것과 같다. 이것은 마치 우리의 혈맥이 몸 안에서 유기적으로 서로 연결되어 생명체를 이루는 것과 같다. 그처럼 서로서로 연결되지 않으면 생명이 될 수도, 진리가 될 수도 없다.

이러한 점에서 불교와 현대물리학은 사물의 속성에 대한 사유 패턴이 같다. 아인슈타인(A. Einstein)이나 하이젠베르크(W. K. Heisenberg) 같은 물리학자는 동양철학이나 불교에 깊은 관심을 두고 있었다. 특히 덴마크의 원자 물리학자이자 코펜하겐 양자역학의 거두였던 닐스 보어(N. Bore)는 1937년 중국을 방문하였을 때 중국철학의 양극 대립자인 음양(陰陽)의 개념에 크나큰 감동을 받고, 덴마크 정부로부터 1947년 훈장을 받을 때 기념 예복에 라틴어로 '*CONTRARIA SUNT COMPLEMENTA*', 즉 '반대되는 것들은 상보적이다'라고 쓰인 태극 문양을 새긴 문장(紋章)을 달고 나갔다. 태극은 우리에게도 친숙한 것이고, 서로 반대되는 것은 상보적이라는 것은 오래된 동양의 지혜이다.

한 가지 주목할 것은 불교를 고대 인도 사상이나 2,500년 전 옛날 종교로서 박물관적 종교라고 생각해서는 안 된다는 것이다. 불교의 교리는 매우 논리적이고 체계적이며, 시공을 초월해서 과학적이기도 하다. 기본적으로 논리를 부정하는 것이 종교이지만, 아무리 종교라 할지라도 체계를 부정하는 것은 옳지 않고, 또한 체계를 떠나서 존재할 수도 없다. 마치 자동차 엔진에 나사가 하나라도 빠지면 문제가 발생하는 것과 같은 논리이다. 이처럼 모든 것은 체계가 중요하다.

동양사상과 불교는 단순히 옛것으로서가 아니라 현대의 새로운 각도에서 더 잘 이해가 될 수 있다. 이러한 의미에서 불교는 과학시대의 종교로서 아주 적합하다. 진리는 상호작용하는 세계, 곧 '연기(緣起)'나 '보리(菩提)'를 망각하지 않고 기억해 내는 것이다. 하지만 보통 세속적인 삶에서는 이러한 것들을 까맣게 망각하며 살아간다. 이것을 하나하나 회상하면 인간 존재는 상상 이상으로 위대한 존재라는 것을 알게 된다. 그 이유는 이 세계는 무한정의 상호작용이 밖으로 표현되어 나타난 것이기 때문이다.

『반야심경』에 의하면 우리의 의식은 눈[眼]·귀[耳]·코[鼻]·혀[舌]·몸[身]·마음[意]이라는 여섯 감각기관에 의하여 일어난다. 불교에서는 이 여섯 가지 주관적인 감각기관을 육근(六根)이라고 한다. 이것은 사람이 무엇을 감각·지각·의식하는 판단의 주관을 말하는 것이다. 이 육근의 대상이 되는 색(色)·성(聲)·향(香)·미(味)·촉(觸)·법(法)을 육경(六境)이라고 한다. 여기서 색(色)은 눈이 보는 대상의 모양과 빛깔을 의미하며, 성(聲)은 귀로 듣는 소리를 말하고, 향(香)은 코로 맡는 냄새를 말하며, 미(味)는 혀로 감각하는 맛을 뜻하며, 촉(觸)은 몸에 닿는 감각을 뜻하고, 법(法)은 생각의 대상을 뜻한다. 나와 경계가 있는 것을 경(境)이라고 한다.

이처럼 육근과 육경이 상호작용하여 인식이 일어난 것을 육식(六識)이라고 한다. 이것들은 각각 안식(眼識)·이식(耳識)·비식(鼻識)·설식(舌識)·신식(身識)·의식(意識)의 여섯 가지 표층의식이다. 이와 같은 육근과 육경을 합친 십이처(十二處)에 육식을 더해서 십팔계(十八界)라고 한다.

육식(六識)에 호(好:좋음), 오(惡:나쁨), 평(平:평등), 고(苦:괴로움), 낙(樂:즐거움), 사(捨:괴롭지도 즐겁지도 않음) 등 여섯 가지 감수작용이 상호작용하여 6×6=36가지의 번뇌가 일어나서 고통이 되고, 이것이 삼세 즉 과거, 현재, 미래에 걸쳐서 일어나면 36×3=108의 번뇌가 일어난다. 이것을 불교에서는 백팔번뇌라 한다. 토함산 석굴암의 돌의 개수가 총 108개인데, 어느 하나도 같은 게 없다고 한다. 여기에 사용된 모든 돌은 이음 재료 없이 순수하게 돌로만 짜 맞춰 축조된 것이다. 108개 돌은 백팔번뇌를 상징한다. 우리가 108배를 하는 것은 백팔번뇌를 참회하기 위해서이다.

여기서 이처럼 논리를 반복하여 부연하는 것은 불교는 적당히 되는 대로 이야기하는 것이 아니고, 한 가지라도 논리적 체계를 떠나서 말하지 않는다는 것이다. 이래서 처음에는 불교가 입문하기 어렵다고 생각하기도 하지만, 불교는 대단히 체계적이고 조직적이다. 그런데도 과거 서양 사람들은 서양사상은 체계적이고 과학적인 데 반해 동양사상은 그렇지 못한 것으로 착각해 왔다.

현대과학에서는 법칙이 먼저 있어서 그것을 발견하는 것이 아니고, 과학자가 고도의 내재화된 상상을 통하여 어떤 가설을 만들고, 그것을 자연에 투입한다. 한편 불교에서는 조직적인 논리와 체계를 바탕으로 자연의 현상을 설명한다. 이것을 일체유심조(一切唯心造), 즉 모든 것은 오로지 의식·마음이 지어내는 것이라 한다. 여기서 강조하고 싶은 것은 동양사상이 서양과학에 비하여 오히려 상위 체계라고 볼 수 있다는 것이다.

6. 철학적 지식과 종교적 믿음

불교에서의 노력은 '돌파'를 의미하며, 이는 더 이상 노력할 것이 남아 있지 않고 완전히 넘어선 경지를 말한다. 이것은 능동적인 것과 수동적인 그것의 상호작용이다. 우리말에서 '보고 싶다'는 수동적 표현이다. 보려고 한다는 것이 아니라 저절로 생기는 그리움이다. 연애할 때 '그립다' 역시 수동적 표현이다. '그리워하려고 한다' 해서 그리워지는 것이 아니라 저절로 그리워지는 것이다. 어머니가 시집간 딸이 보고 싶다고 할 때, 그 그리움은 봐야 한다거나 능동적으로 하고자 해서 생기는 것이 아니라 수동적으로 저절로 그냥 생기는 마음이다.

마찬가지로 종교의 세계도 마지막에는 수동적으로 된다고 한다. 보통 시각과 청각을 비교할 때, 무당한테 신이 내릴 때, 수동적으로 환청이 먼저 생기고 다음에 환상이 떠오른다고 한다. 환청과 망상이 일어나는 정신분열증에서도 흔히 환청이 먼저 들린다고 한다. 소크라테스 철학에서는 환청을 '다이몬(daimon)의 소리'가 들려온다고 하는데, 이것도 수동적 현상이다. 우리가 진리를 '깨닫는' 과정에서도 역시 환청이 먼저 수동적으로 온다고 한다. 관세음보살을 염송할 때, 처음에는 능동적으로 계속 염송하지만, 후에 관세음보살의 소리가 들리고 다음에 붓다의 환상이 나타난다고 한다.

종교나 예술이나 형이상학에서도 어머니 품에 아기가 안기듯이, 또는 애인에게 안기듯이 마지막에는 수동적으로 나타난다. 안기는 것은 능동적이라기보다 수동적이라고 볼 수 있다. 그렇다고 능동적인 면을 배제한다는 것이 아니라, 능동성과 수동성이 상호작용을 이룬다는 말이다. 우리가 노력할 때도, 능동적으로 열심히 돌파하면 역전되어 수동적으로 저절로 공부하게 될 수도 있다. 기독교적으로도 하나님의 은총, 하나님의 전지전능에 의해 구원받는다고 한다. 또한 예술적 직관이나 무의식적인 예감도 수동적이다. 즉 호출되어 나오고, 불러일으켜지는 것이다.

환청이나 환상이 불러일으켜진다면, '어떤 것이 정당한 지식인가'라는 문제를 어떻게 다룰 것인가? 예를 들어, 정신과 의사가 어떤 환상이 있는 환자를 보고, 그것이 환상임을 그에게 말해 주어 그도 그것이 사실이 아니라 환상임을 인지하고 그 환상이 사라졌을 때, 환자는 치료가 된 것으로 본다. 그러나 칸트(I. Kant)는 "환상이 증명된 후에도 여전히 환상은 남는다."라고 주장했다. 예를 들어, 인간이 '생사의 존재'라는 것은 누구나 알고 있다. 즉 생명이 있는 것은 반드시 죽는다. 그런데 나는 안 죽을지도 모른다고 생각하는 사람이 있으면 환상에 빠진 사람이다. 인간은 형이상적적인 믿음에 의해 살아간다. 그래서 인간을 가리켜 형이상학적 존재자라고 하고, 어떻게 보면 이것은 '인간적 운명'이라고 할 수 있다. 생사가 결정되어 있지만, 지식을 넘어서 생사를 넘어가는 것이 종교이다.

그런데 우리 인간은 흔히 사는 것만 생각하면서 살고 있다. 그렇다면, 어떻게 살 것인가? 사람이 죽음에 대하여 준비가 안 된 예로, 사형수가 잠시라도 더 살려고 기를 쓴다거나, 병원에서 곧 죽음이 예견되는 환자가 의사한테 치료를 목메어 애원하는 경우가 있다고 한다. 칸트가 "환상은 여전히 남는다."라고 말한 대로, 인간은 지식의 한계를 넘어서 형이상학적인 종교의 세계가 어떻게 설명되는가를 알아보지 않을 수 없다. 어떤 면에서 인간은 종교적 지향체로 창조되었다

칸트는 『순수이성비판(Kritik der reinen Vernunft)』에서 인식이 성립되는 과정을 다음과 같이 설명한다. 즉 인간 정신에는 직관능력인 감성(感性,

Sinnlikeit)과 사유능력인 지성(知性, *Verstand*)이 있다. 감성에는 시간과 공간이란 틀이 있고, 지성에는 12가지 기본개념이 있다. 그리고 구상력이 있어서 감성적 직관을 통해 얻은 재료를 지성에 가져다가 인식하게 된다. 지성은 경험 이전에 이미 감성을 통해 얻은 재료를 여차여차 '요리하겠다' 하는 법칙을 이미 선험적으로 가지고 있다. 이처럼 우리의 주관의 법칙이 그렇게 되어 있어서 대상을 그렇다고 인식할 따름이지, 대상 자체는 우리가 생각하는 대로 되어 있지 않다는 것이다. 그러니까 지성의 법칙을 그렇게 투입했으니까 자연이 그렇다고 인식될 따름이다. 다시 말하면, 칸트는 어떤 현상의 사물 자체가 우리에게 그렇게 입력된 것이 아니며, 우리의 인지 체계가 그렇게 해석하고 구성하는 것이라고 말한다.

  이 세계는 우리에게 인식된 대로 되어 있지는 않다. 심리학적인 연구에 의하면, 개에게는 이 세계가 모두 회색으로만 보인다고 한다. 우리가 일곱 가지 색을 보는 것도 우리의 주관에 그렇게 볼 수 있는 법칙이 주어져 있어서 일곱 가지 색을 볼 수 있는 것이지, 대상 자체에 일곱 가지 색이 있는 것이 아니다. 개[犬]의 주관은 회색 안경을 쓴 것 같은 주관이다. 원자를 본 사람은 아무도 없다. 원자니 소립자니 하는 것도 모두 법칙의 방정식에 맞추어 구성한 모형일 뿐이다. 그것들은 정신이 구성해 낸 것이다. 그러한 법칙들을 자연에다 적용하면 원자폭탄처럼 터지게 된다. 그것을 정신의 물질화라 한다.

  얼핏 생각하면 우리는 사물의 법칙을 발견했다고 할 것이다. 적어도 뉴턴까지는 그렇게 생각했다. 이것을 반박한 것이 바로 칸트였다. 우리는 주관을 통해서 물질에 대해서 아는 것이지 물질 자체를 아는 것이 아니다. 그렇다면 물질(matter)이란 무엇이냐 묻는다고 해서 물질이 알아지지 않는다. 우리는 인식(knowledge)이란 무엇인가를 물어야 한다. 그래서 양자역학은 과학철학으로 넘어간다.

이것은 불교에서 '일체유심조'와 비슷한 철학이다. 예를 들어, 물을 원형 그릇에 담으면 둥글게 되고, 삼각형에 담으면 삼각형이 되고, 사각형에 담으면 사각형이 된다. 이것을 주관이라고 하면, 둥근 주관의 카테고리에 담기면 둥글게 되고, 네모꼴 주관의 카테고리에 담기면 사각형이 된다. 세모꼴로 법칙을 세우면 세상은 세모로 되고, 네모꼴로 법칙을 세우면 세상은 네모로 된다. 이처럼 어떤 방정식을 세웠느냐에 따라서 자연이 달라진다. 법칙에 관한 한, 우리 주관은 많은 법칙을 구성할 수가 있다.

그렇지만 그러한 법칙은 미리 선제적으로 존재하는가, 혹은 구성되어 가는 것인가? 이에 답하기 위해서 다음과 같은 예를 들어보자. 모태 속에서 태아가 형성될 때, 이미 유전인자가 정해져 있다고 해도 형성되어 가는 과정은 모체의 영양 상태나 모태의 양태에 따라서 구성되어 나가는 것이지 미리 정해진 대로 조직되는 것이 아니다. 인간의 이성, 정신이 그때그때 따라서 구성할 나름이다.

『화엄경』에 "마음의 분별로부터 무수한 상들이 나타난다. 잡다한 것으로 보이는 것은 실은 마음의 표상이요, 모든 것은 단지 마음의 소산에 불과하다."라는 말이 나온다. 슬프게 생각하면 슬프게 되고, 기쁘게 생각하면 기쁘게 된다. 기쁨과 슬픔은 상대적이다. 셰익스피어 4대 비극 중 하나인 『맥베스』에서 "길한 것은 흉하고, 흉한 것은 길하다."라는 말이 나온다. 돈을 많이 벌면 길한 것으로 아는데, 강도를 맞닥뜨리게 되면 길한 것이 아니다. 이 세계가 한쪽으로 치우쳐서 길하기만 하다거나 흉하기만 한 것은 아니다. 주관과 객관을 나누어 생각하는 질서가 아니라 자유의지가 없으면 결정할 수 없는 길흉이 어느 면에서는 상호작용하고 있어서, 그것이 편중되었을 때는 길한 것이 흉한 것이 되기도 하고, 흉한 것이 길한 것이 되기도 한다. 불교와 칸트가 생각하는 것도 같은 맥락이다.

　지식의 근본을 마련해 주고 그 지식이 어떻게 성립하는가를 말해 주기 위해서 철학이 있는 것이 아니다. 철학은 그 지식에 한계가 있다는 것, 따라서 지식이 인간의 문제를 근본적으로 해결해 줄 수 없다는 것을 알게 하는 것이다. 지식을 부정함으로써 믿음의 세계는 열리게 된다. 위에서 말한 대로 그러한 믿음은 수동적으로 오는 것이지 능동적으로 구성하여 그것으로 우리를 해결할 수 있는 것이 아니라는 것이다. 마치 신랑과 신부가 서로 맞으러 가고 맞이하듯이, 무엇인가는 저쪽에서 와야 한다. 지식은 능동적으로 구성되는 것이지만, 믿음은 능동적 구성만으로는 되지 않는다.

　불교에는 능동적이면서 수동적인 측면, 수동적이기만 한 측면, 온전히 능동적인 측면이 모두 존재한다. 석가모니 부처님의 가르침대로 수행하여 스스로 깨닫는 것은 온전한 자력신앙이다. 하지만 불교에도 기독교처럼 의타적인 타력신앙도 있다. 지성으로 열심히 아미타불이나 관세음보살을 염송하면 아미타불이나 관세음보살이 나투시어 구제해 준다는 내용은 기독교와 거의 같은 타력신앙이다. 말하자면 기독교가 타력적 측면만 있다면, 불교는 온전히 자력적 측면과 반(半)자력·반(半)타력, 그리고 온전한 타력 등에 따라 여러 종파가 나누어져 있다.

6강
실체화를 떠난 참된 삶[23]

1. 도(道)란 무엇인가?

　일찍이 노자(老子)는 "알지 못한다는 것을 아는 것이 가장 좋은 것이고, 알지 못하면서 안다고 하는 것이 병이다[知不知上 不知知病]."라고 한 바 있다. 그리고 소크라테스는 "너 자신을 알라."라고 했는데, 이는 '네가 알지 못한다는 사실을 알라'는 뜻이다. 동양의 노자나 서양의 소크라테스의 말은 이처럼 자신이 무지하다는 사실을 아는 것이 중요하다는 말이다. 이처럼 동양철학이나 서양철학은 모두 자신의 무지(無知)를 알라는 것에서 그 출발점이 시작된다. 이때 안다는 것은 수학에서처럼 답이 얻어지는 명료한 확실성이 있는 지식이 아니라 지혜를 의미한다.
　동양이나 서양이나 인간 배후에 깊이 깃들어 있는 지혜를 발굴해 냄으로써 우리의 인격을 구축해 왔다. 자신이 무엇인가에 대하여 무지하다는 것을 알 때, 사람은 지혜를 추구하지 않을 수 없다. 동양인들은 특히 장자(莊子)는 도(道)를 내세워서 궁극적으로 모든 교육과 인격을 수련하는 근본으로 삼았다. 그런데 그는 「지북유(知北遊)」편에서 "누가 도

23_ 미국 볼티모어 성불사 강의(1981. 5. 3).

를 물었을 때 대답하는 사람은 도를 알지 못하는 것이다[有問道而應之者不知道也]."라고 하면서, 도는 무엇이냐고 묻고, 또 무엇이라고 대답하는 방식으로 도를 알려고 하면 도를 오히려 알 수 없다고 하였다.

그럼 어떻게 해야 도를 알 수 있는가? 이에 대하여 동양에서는 대답하지 않는다. 대답하지 않는 것으로써 대답한다. 한마디로 도는 실천의 문제이지 이론으로 묻고 대답해서 얻어지는 게 아니라는 것이다. 선불교에 '교외별전(敎外別傳)·불립문자(不立文字)·직지인심(直指人心)·견성성불(見性成佛)'[24]이란 말이 있다. 이는 선(禪)의 원체험은 교설로써 전해 줄 수 있는 것이 아니라 직접적인 체험을 통해 스스로 깨달아야 하며(교외별전), 경전의 문구나 말씀에 얽매어서가 아니고 문자를 떠나서(불립문자), 직접 마음을 직시해서(직지인심), 내면의 본마음을 곧바로 보아야 부처의 본성을 깨닫게 된다(견성성불)는 것이다.

부처님이 팔만사천법문을 하고서도 나는 한마디도 말하지 않았다고 하신 것은 글자에 얽매어 이론적으로 묻고 다시 이론적으로 대답하는 그런 방식으로는 진리가 설명되지 않는다는 의미를 내포하고 있다. 언어는 학술교육이나 이론교육의 한 방식으로 편의상 사용되는 것이지 그것이 실체는 아니다. 이것은 하나의 방편에 불과한 문구나 말에 집착하지 말고 오직 마음을 다하여 본성을 깨달으라는 선종의 태도를 표방하는 말이기도 하다. 가령 참선을 해보면, 자세를 정좌하고 단전호흡을 할 때 내쉬는 숨과 들이마시는 숨이 각각 끝이 다하는 데까지 해야 한

24_ 중국 송나라 목암선경(睦庵善卿)이 1,100년경에 편찬한 『조정사원(祖庭事苑)』에 나오는 선(禪)의 진면목을 드러내는 구절로 이른바 "가르침 밖에서 따로 가르침을 전하고, 문자에 기대지 않고, 바로 마음을 가리켜, 성품을 보게 하여 깨닫게 한다."는 의미로 선의 종지(宗旨)로 알려졌다. 『간화선』, 조계종 교육원, 2005.

다. 다시 말해서 온 힘을 다해서 숨을 끝까지 들이쉬고 온 힘을 다해서 끝까지 내쉬어야 한다는 것이다. 일본 무사들도 칼싸움할 때 그 시작 전에 호흡으로 몸의 에너지를 총집중한다고 한다. 우리도 몸이 피곤할 때 맑은 공기를 찾아 깊게 숨을 들이마시고 내쉬기를 몇 번 해보면, 몸의 피곤이 풀리며 에너지가 충만하게 됨을 체험할 수 있다. 여하튼 이러한 부단한 실천을 통하여 도가 체득되는 것이지 이론으로 얻어지는 것이 아니다. 이론은 단지 이렇게 하면 된다는 방법을 보이는 '지시'만 할 수 있을 뿐이다.

2. 과학철학의 문제

현대 과학철학에서 제일 큰 문제는 우리가 뭘 관찰하려면 관찰되는 대상과 관찰하는 주체가 전제되어야 과학적인 실험을 하거나 어떠한 지식을 구상할 수 있다는 것이다. 관찰되는 측에서는 가령 물질이 무엇이냐 하면 원자, 원자핵, 양성자, 분자, 중간자, 미립자 … 등과 같이 관측되는 대상이 있어야 한다. 관찰하는 측에서는 가령 망원경, 현미경 등 관찰하기 위한 장치가 필요하고 그 장치를 사용하는 사람이 있어야 한다. 그다음 관측하는 주관은 관측되는 대상을 결국 언어로 구성한다.

이러한 경우에 양자물리학자들이 쓰는 '원자'란 말은 어떤 의미를 가진 말로써 받아들여야 하는가? 우리가 보통 '분필'이라고 말할 때, 우리는 그것을 구성하고 있는 물질이 무엇인지를 원자론적으로 추구하며 하는 말이 아니다. 보통 '분필'이라 할 때, 교육상 필요해서 칠판에 글자를 쓰는 일종의 필기도구를 지시하는 대상의 의미로 사용한다. 보통 일상적인 언어도 편의상 어떤 지시성을 주기 위한 언어이지, 그 물체에 어떤 실체성이 있어서 그것을 받아들이는 것이 아니라는 사실을 알아야 한다. 그처럼 '원자'라는 말도 모래알 같은 알맹이를 나타내는 실체성이 있다거나 어떤 근본적인 요소가 있다는 고전물리학적인 의미로 사용하는 것이 아니라, 대상적으로 지시하는 언어로써 받아들여야 한다. 이것을 깨닫는 것이 우선 매우 중요하다.

도(道)가 무엇이냐고 할 때, 이처럼 우리 눈에 보이는 대상처럼 추구해 들어가서는 전혀 도와 관계없는 상황에 빠지게 된다. 따라서 '불립문자'라고 할 때, '도'를 마치 분필 같은 대상처럼 받아들이는 그러한 문자에 얽매어서는 안 된다는 말이다. 이 말은 문자 자체를 부정하는 말이 아니다. 그런데 어떤 분은 이것을 잘못 이해하여 '경(經)'도 봐서는 안 된다고 하면서 경을 불태워 버리기까지 했다고 한다. 이 경우는 '도'라는 말 그 자체가 원자처럼 실체를 가지고 있는 것으로 잘못 받아들인 경우이다. '도'라는 말도 어떤 의미를 지시하는 '지시적' 의미의 언어로 받아들여야 한다.

현대물리학에서 쓰는 '원자(原子)'란 말도 오직 어떤 '지시성'을 나타내는 언어이지 원자라는 실체가 있어서 그것을 의미하는 것이 아니고, 단지 편의상 물질이 무엇인가를 가리키기 위하여 개념상으로 사용하는 언어에 불과하다. 그런데 고전물리학에서는 '원자'를 물질의 근본적인 요소로 생각했다. 하지만 현대물리학에서는 그와 같은 근본적인 요소는 없다는 것을 말로 표현해야 하는데, 그렇게 하기 위하여서는 고전물리학 용어를 다시 쓰지 않을 수가 없다. 그러니까 관찰되는 대상은 어떤 실체가 있는 존재가 아닌데도 불구하고, 마치 실체를 가진 존재로서 사용되어 온 언어처럼 말을 써야 하니 지시하는 말 자체에 집착해서는 진리가 터득되지 않는다. 언어는 학술교육이나 이론교육의 한 방식으로 편의상 사용되는 것이지 그것이 실체가 아니라는 것이다.

'원자'라 하면 첫째로 공간, 시간이 전제되어야 한다. 삼차원 공간에서 어떤 위치를 점령하고 이것이 작용하는 것이기 때문이다. 원자니 분자니 하는 것들은 우리 감각으로 느낄 수 있는 단순한 물적 대상이 아니고, 그대로는 운동을 안 하는 것 같지만 미시적 세계에서는 엄청난 변화가 일어나고 있다. 즉 원자는 어떤 사건이 진행되고 있다는 것(happening)을 표현하기 위하여 사용하고 있는 말이다.

둘째로 이것이 운동하고 있다면 이것은 어떤 속도로 운동하는 것이다. 물질의 근본 요소가 원자라고 생각하였었는데, 더 분석해 보니 이것이 원자핵과 전자로 구성되어 있다. 원자핵은 중성자와 양성자로 구성되는데, 이 둘 사이에는 강한 핵력이 작용한다. 중성자와 양성자는 서로 파이중간자[25]를 교환함으로써 하나로 묶여 원자핵을 이룬다. 이렇게 중성자와 양성자를 묶어주는 것이 파이중간자이다. 중성자에서 파이중간자가 나가면 이것이 양성자가 되고, 받아들인 양성자는 중성자가 된다. 이처럼 파이중간자를 주고받음으로써 둘 중 하나는 언제나 중성을 띠는 중성자가 되어 원자핵이 균형을 이루게 된다. 중성자가 불안정한 핵에서 나와 바깥으로 나오면 잘 깨지고 그 결과 양성자와 전자가 하나씩 나오게 된다. 원자핵 안의 중성자와 양성자를 묶어주는 파이중간자는 핵력의 매개 역할도 하지만 핵자끼리의 충돌이나 원자핵에 감마선을 쏘면 만들어지기도 한다. 파이중간자가 붕괴할 때는 광자로 변

25_ 파이중간자(pion)는 유사한 성질을 지닌 세 종의 중간자 가운데 가장 가벼운 중간자이며, 핵자 사이의 강한 핵력을 매개한다. 1935년 유카와(湯川秀樹)의 이론에서 처음으로 양성자와 중성자 간의 강한 핵력(핵장)을 매개하는 입자로서 중간자가 이론적으로 예견되었는데, 1947년 우주선(宇宙線) 중에서 발견되었다. 김용정, 『第三의 哲學』, 思社硏, 1986, 294~297쪽.

환되기도 한다. 그 광자는 다시 전자로 원자핵으로 들락날락하며 운동한다.

한편 원자핵과 전자를 묶어주는 것이 광자(光子)이다. 그런데 광자는 마치 숨을 쉬듯이 전자로 들어갔다가 전자가 내쉬면 원자핵으로 들어갔다가 하면서 초속 30만 킬로미터로 들어갔다 나갔다 하는 운동을 하고 있다. 우리 육체가 부서지지 않고 하나로 이렇게 동여 매여 있는 것은 광자가 엄청난 속도로 운동하고 있기 때문이다. 분필이 고정된 것 같지만 광자가 그렇게 빠른 속도로 운동하고 있으니까 지금 속박된 상태를 유지하고 있다. 하지만 언제인가는 다른 운동을 통하여 부서져 나갈 것이다. 이처럼 엄청난 사건이 벌어지고 있다.

이렇게 간략하게 원자 안에서 일어나는 운동을 살펴보았는데, 이럴진대 어떻게 고정된 하나의 실체가 존재할 수 있는가? 그런 운동이 엄청나게 빠른 속도로 진행되고 있기 때문에 어떤 입자도 고정된 실체가 아니고 서로 영향을 주고받으며 변화 중인 것임을 인지하는 것이 중요하다.

3. 현대물리학의 인식론

에너지(질량) 보존법칙은 물체가 에너지이고 힘이라는 전제에서 비롯된다. 가령 떨어지는 돌은 그 질량만큼 중력이 작용하여 낙하하면서 그 힘으로 어떤 일을 하게 된다. 돌의 질량만큼 중력에 의하여 위치에너지로 바뀌면서 못 박는 일을 하게 된다. 즉 어떤 물체의 질량만큼 에너지의 형태가 바뀌면서 일을 하게 된다. 에너지는 거시적으로 보면 돌의 질량이 불변인 것 같아도 다른 힘으로 변하면서 다른 형태로 변해 가는 것이다. 이처럼 에너지(질량) 보존법칙이 성립한다.

　이 과정에서 에너지의 총량은 불변 보존되지만, 에너지(질량) 보존법칙은 어떤 물체의 에너지가 그 속에 언제나 보존된다는 것이 아니라 원자핵에서 중성자가 양성자로 변하면서 전자를 방출하고, 다른 유형의 중성미자라고 하는 극미 에너지로 변하면서 계속 사건이 벌어져 다른 것으로 바뀌는 것이다. 이런 물리학적 현상은 고정된 실체로 이해되어서는 안 된다. 다시 말하면 문자의 실체가 있는 것처럼 받아들여서는 안 된다는 것이다. 양자역학에서의 언어들도 언어 대상물의 실체를 지시하는 것이 아니라, 단지 그 의미나 지시를 전달하기 위한 언어로 이해해야 한다. 인식론적으로 이런 언어들은 구체적인 사물의 상을 떠난 언어이지 고전물리학처럼 구체적인 사물로 인식될 문제가 절대 아니다. 이처럼 철학적인 인식이나 주관 속에서 일어나고 있는 의미를 받아들이고 언어를 담당하는 뇌의 작용을 연구하여 올바른 정립을 하지 않으면 현대과학을 이해하지 못한다. 이것이 바로 과학철학이 중요한 이유이다. 동양사상에는 언어가 실체를 지시하는 것이 아니라 그 의미나 지시를 전달하기 위한 것임이 예로부터 잘 알려져 있었다. 이런 면에서 현대물리학은 동양사상과 상통한다.

　마음을 바로 세운다는 것은 문자에 매달리거나 실제로 그런 실체가 있다는 상식에 매달리지 않는 것이다. 즉 안이비설신의(眼耳鼻舌身意) 감각기관의 감각작용에 따르는 것들을 실체로 여기면서 살면 당장 편리하고 피해가 없는 것 같지만 그것은 많은 폐단을 가져온다. 이를테면 돈을 실체화하게 되면, 모든 사회가 돈을 신처럼 모시는 구조를 형성하게 될 것이다. 많은 사람이 그렇게 생각한다고 다 옳은 것은 아니다. 그런 사람이 많아진 사회는 모두 자가당착에 빠지게 되고, 서로 투쟁적 사회가 되어 우리 자신을 괴롭히게 될 것이다.

　원자론적으로 말하면 전 우주가 전체적인 하나의 '사건의 장(場)'인데, 하나가 여러 가지 변화를 일으키면서 사건이 일어나고 있다. 그런데 나와 남을 다른 사람이라고 생각한다. 단도직입적으로 '내가 너이고 너는 나'인데 선을 그으면서 모든 사물을 '실체'로 받아들이니까 이것이 '내 소유인가 아닌가'가 문제가 되고 서로 쟁취하려는 데서 싸움이 일어난다. 달리 말하면 타자는 나의 다른 '변형체'인데도 적으로 보니 나 자신을 멸망시키는 결과를 가져오고, 타자와 나, 세계와 내가 분리되는 것이 아닌데도 분리하니까 죽을 때까지 싸우게 된다.

4. 실체화를 떠난 참다운 삶

　자연과학에서는 존재 자체를 밝혀내는 데에서 그치지만, 종교나 철학에서는 인생이 근본적으로 무엇이고 어떻게 사는 것이 참다운 것인가를 탐구한다. 그리고 "이 삶이 마지막인가? 그 너머에 다른 세계가 있는가?" 하는 문제를 인생에서 중요한 문제로 생각한다. 자기가 남보다 낫다는 오만한 의식이 가득 차고, 사회는 모순이 모순을 낳게 되면서 점점 삶이 불행해진다. 현대인들은 '어떻게 사는 것이 가치 있는 삶인가?'라는 문제에 대하여 매우 혼란스러워한다. 사회가 무엇이 잘못되었는지는 확실히 몰라도, 뭔가 잘못되었다는 것은 알 수 있다. 지금까지 학교 교육을 통하여 배운 방식으로는 해답이 없다.

　현대사회가 서구적 방식으로 세계화됨으로써 우리 동양인은 동양적인 것을 상실하고 있다. 우리가 서양 것들을 부지런히 받아들이지만,

그들과 민족이 다르고 얼굴이 달라서 서양인들은 우리를 선뜻 인정하지 않는다. 그뿐만 아니라 우리가 본래의 동양적인 것을 잊고 있으니까 서양인들에게 멸시받고 궁극적으로는 동양인으로서 자부심도 갖지 못하게 된다.

한편 유럽에서는 과학이 발달해도 인간은 더 불행한 방향으로 가고 있다는 느낌을 받아서 인간의 실존과 인간성을 되찾아야 한다는 실존주의 운동이 일어났다. 그럼에도 불구하고 사회는 계속 산업사회로 치달았다. 그렇지만 그러한 실존사상가들의 저항만으로도 우리는 어느 정도 희망을 가졌었다. '가진 자가 제일'이고 '물질과 육체가 제일'이라는 사조에 반하여, '그것만이 다는 아니다'라고 주장하는 사상가들이 있어서 우리는 희망이 있었는데, 이제는 그러한 주장을 하는 철인(哲人)들도 다 사라졌고, 현대인이 어떻게 살아가야 가치가 있는가에 대한 지표를 상실하고 있다.

정신분석학에서 프로이드(S. Freud) 이론을 적용해도 안 되고, 융(C. G. Jung)의 이론으로도 안 되고, 새로운 실험심리학이 나왔다 해도 무척 빨리 변해서 뭘 어떻게 해야 하는지 혼란스럽다. 그렇지만 과학적 판단을 기준으로 하여 올바른 사상을 정립해 나간다고 생각해 왔는데, 과학적 판단이라는 전제하에 행해지는 잡다한 실험 결과에 따른 분분한 이론들의 난립으로 궁극적인 초점을 잃고 있다. 물리학계에서도 아인슈타인 같은 훌륭한 과학자가 다시 나타나야 한다고 생각한다.

대부분 사람의 생활도 지표를 잃고 있는 것 같다. 서양학자들이 동양을 받아들이는 것도, 본래 동양사상과는 관계없이 '무엇이 나에게 경제적으로 더 이익이 되는가?' 또는 '내가 불교를 좀 알면 더 이익이 되지 않겠나?'라는 관점에서 받아들이고 있다. 물론 예외가 있기는 하지만, 이러한 이기적인 경향이 사회화되어 공공이익에 도움이 되는 경지에는 이르지 못하고 있다.

  위에서 언급한 대로 보통은 언어를 사용할 때, 개념들이 '실체적' 의미로 사용되고 있다. 하지만 그것들을 실체적인 개념으로 받아들여서는 안 된다. 조그만 깊이 생각해 보면, 일상에서 무의식적으로 쓰는 말들이 정보 전달을 하는 과정에서 실체적 의미로 쓰이고 있다. 하지만 우주에는 어떤 사물도 비연속적인 개체로서의 '실체'로 존재하지는 않는다. '나'라는 개체도 공간·시간 안에서 위치를 차지하면서, 태양과 지수화풍의 상호작용으로 한데 어울리는 '한 사건의 하나의 장면'으로 존재한다는 사실을 알아야 한다. 따라서 상호작용을 떠나서 따로 생각하는 것은 진실을 외면하는 기만이고, 이런 상태에서 만들어진 '실체적' 언어는 다 거짓이다. 이러한 실상을 이해하게 되면, 인간은 진실로 서로 사랑할 수 있게 된다. 따라서 가끔 산에 올라가 우리가 살아가는 곳을 내려다보아야 한다. 높은 산에서 도시를 내려다보고, 전체 속에서 나를 보게 된다면 마음이 넓어지고, 직지인심(直指人心)처럼 마음이 곧바른 상태로 나아갈 수 있게 된다.

  인도에는 불교 이전에 브라만교가 있었다. 브라만교에서 브라만은 하느님과 같은 의미인데, 기독교의 하나님과는 다르다. 브라만(Brahman)의 '브라'는 '성장한다', '활동한다'라는 말에서 유래하고, '카르마(karma)'란 고통을 의미하는데, 이처럼 인도 종교의 언어는 실체적이지 않고 모두 역동적이고 지시적이어서 복잡해지고 경전이 많아지게 되었다.

  육신이 있으면 반드시 생김새인 상(像)이 존재하는데, 이 상은 연기(緣起)에 의해서 늘 변한다. 공가중(空假中)의 논리에서, 가(假)는 모든 변화하는 현상은 여러 인연의 일시적인 화합으로 가상으로 존재한다는 의미이고, 공(空)은 마음의 작용을 의미하며, 중(中)은 본체(本體)를 의미한다. 불교에서 '실체가 없다', '무아다', '공이다'라는 주장을 접하면 근본적으로 모든 일체의 본질을 부정하는 것 같지만 절대 그렇지 않다.

제가 지금 이야기할 때 '다음에는 무슨 말을 하겠다'라는 마음이 작용하면서 말하고 있다. 화가 났다고 할 때, 화가 어디 있는가? 분필처럼 찾을 수는 없지만, 그렇다고 화가 없는 것이 아니다. 마음이 기쁘다고 할 때 기쁨이 어디 있는가? 그렇다고 기쁨이 없는 것은 아니다. 그래서 불교에서는 "있다고 하면 없고, 없다고 하면 있다."라고 말한다. 즉 이러한 마음의 작용은 '있다·없다'라는 말을 초월해 있는 것이다. 인간이라는 존재를 다른 방법으로 설명하면, 어렸을 때 나, 30세 때 나, 지금의 나에는 나라는 '기체(基體)'가 있다. 이처럼 무조건 본체가 없는 것이 아니고, 다만 공가중(空假中)을 설명하기 위해서 나눌 뿐이지 셋이 합해져서 한 존재가 된 것이다.

불교에서 세 가지의 진리, 곧 삼제(三諦)란 공제(空諦), 가제(假諦), 중제(中諦)를 말한다. '제(諦)'란 '원리' 혹은 '분명함'이란 의미를 가지고 있다. '공제'란 모든 존재, 사물은 인연에 의해 생기는 것으로서 자신의 '자성(自性)이 없다'는 진리를 말한다. '가제'란 허구인 가짜의 원리란 의미로 모든 현상은 여러 인연의 일시적인 화합으로 존재한다는 진리를 말한다. 진달래가 봄에 싹이 나고, 꽃이 피고, 가을에는 낙엽이 지고, 그래서 겨울에는 줄기와 가지만 남는다. 이것이 보통 속세의 모습이다. '중제'란 그렇게 변하게 하는 성분의 여러 가지 작용을 가능하게 하는 것이다. 그리고 진달래가 아무리 변하여 꽃이 피고 지고 시들고 하지만 진달래가 가지고 있는 기체(基體)인 본체 그대로가 '중제'이다. 겉모습이 어떻게 변하든 '중제'는 살아 있는 것이다. 이 세 가지 진리가 한 덩어리가 되어 하나의 존재가 유지된다. 이렇게 사물이나 인간을 논리적으로 설명하는 공가중(空假中)의 논리에서는 무조건 '실체가 없다'고 주장하지는 않는다.

유식학(唯識學)에서는 중생이 살다가 죽어서 다음의 어떤 생에 이르는 과정을 사유(四有)로 나누어 설명하고 있다. 생유(生有), 본유(本有), 사유(死有), 중유(中有)이다. 생유(生有)는 어떤 생이 결정되는 순간을, 본유(本有)는 생유부터 죽을 때까지를, 사유(死有)는 죽는 순간, 그리고 중유(中有)는 전생에서 금생, 또는 금생에서 다음 생을 받을 때까지를 의미한다. 그다음 중유는 다시 생유로 돌아간다. 그러면, 무엇이 이런 과정을 돌아다니는가? 그것은 식(識)이다. 식은 무엇인지 알 수 없지만, 존재도 아니고 비존재도 아니다. 그것은 공(空)과 유사한 것으로, 알고 보면 공과 같아진다. 우리의 식(識)은 무시 이래로 사유(四有)의 과정을 되풀이한다.

우리가 사는 본유(本有) 시기에는 모든 활동이 업(業)으로 기록이 된다. 육식(六識)은 안이비설신의 여섯 감각기관이 색성향미촉법 여섯 감각대상에 대하여 갖는 여섯 인식으로서 표층의식에 해당한다. 이 가운데 제6식인 의식(意識)은 선악, 미추, 애증을 총체적으로 구별하는 자의 식이다. 제7식인 마나식(末那識, mano-vijñāna)은 잠재의식으로서, 살아야 한다는 것과 같은 본능적인 무의식적 욕구이다. 잠을 잘 때에는 육식이 잠시 정지되고 마나식이 남는다. 그래서 마나식은 잠을 자도 죽지 않고 살아 있다. 죽으면 육식은 마나식으로 들어가고 마나식에 남는다.

아뢰야식(阿賴耶識, alaya-vijñāna)은 제6식과 제7식의 뿌리와 같은 역할을 하며, 살았을 때의 업이 그대로 여기에 보존된다. 이것이 제8식이고 인간 의식 가운데 가장 심층부에 해당한다. 덕을 쌓은 사람과 그렇지 못한 사람에 따라서 이것이 윤회의 주체가 된다. 이러한 여덟 가지 식이 인간 마음의 기본적 활동이다. 이 외에 제9식이 있는데 이것을 유식학에서는 여래장식(如來藏識)이라고 한다. 우리의 일상적 안목이나 감각적 표상이 아닌 진실한 세계, 즉 진여에 이르는 식을 말한다. 이렇게 의식, 마나식, 아뢰야식, 여래장식이 합해질 때 비로소 완전한 마음 작용이 된다.

업과 관련하여 나쁜 업이 많이 쌓인 사람의 영혼은 재결집의 시간이 너무 걸려서 분열의 현상으로 나타난다고 한다. 이런 경우 모든 식의 집결이 정상적인 순환으로 순조롭게 흘러가지 못하고, 가령 집착이 너무 강할 경우에는 지상에 남거나 사방으로 흩어져서 다른 사람에게 피해를 주어 그 혼령을 달래주기 위하여 제사를 지내는 일이 전설에도 나오기도 한다. 속된 방식으로 이렇게 해석할 수도 있다는 말이다. 좌우간 이러한 식(識)은 무시 이래로 흘러 내려오는 '중제(中諦)'에 속하는 것이다.

반야경에서는 실체가 없다고 한다. 그렇다고 그것만으로 불교를 보면 안 되는 이유는, 그것은 오직 집착력을 벗어나게 하려고 철저한 공(空)의 입장에서 설한 것이기 때문이다. 불교에서는 이처럼 모든 것의 실체가 없다는 것뿐만 아니라 『법화경』이나 유식학에 가면 우리의 모습이 어떻게 변할지라도 본체, 기체인 '중제'는 분명히 살아 있다고 가르친다.

5. 고전을 통한 가르침

힌두교의 대표 성전인 『바가바드기타』에서 크리슈나 신(神)은 다음과 같은 말을 한다.

> 시간의 밤이 다하면 사물들은 나의 본성으로 돌아온다. 그리고 시간의 새로운 낮이 시작되면 그것들을 다시 광명으로 이끈다. 그리하여 나의 본성을 통하여 나는 모든 창조를 낳으며 그리고 이것은 시간의

무한궤도를 따라 굴러간다. 그러나 나는 이 광막한 창조의 작업에 얽매이지 않는다. 나는 자재하여 그 작업의 드라마를 지켜본다. 나는 지켜보며 그 창조의 작업에서 자연을 움직이거나 움직이지 않는 모든 것을 맞는다. 그리하여 세계의 선회(旋回)는 되풀이된다.

이것은 즉 실체적으로 고정된 언어가 없이 계속 흘러가며 사건이 벌어지는 장면으로서의 흐름을 언급한다.

현대 과학철학이나 모든 과학에서도 중요한 것은 이러한 고전이다. 과거에 생각했던 언어와 다른 점을 이해해야 한다. 불교에서는 실체를 가짐으로써 아집을 갖게 되고, 아집을 갖게 되어 사회가 혼란하게 되고, 그럼으로써 내가 불행하게 되고 종국에는 모두가 불행해진다고 본다. 이것으로부터의 구제의 길은 한 사람 한 사람이 본래의 자기를 깨닫고 자기 자신을 회복하는 것이다. 그러려면 언어, 즉 말 자체를 실체적으로 받아들이는 것이 아니라 어디까지나 그 의미를 전달하기 위한 지시적 언어로써 받아들여야 한다. 그래서 불립문자(不立文字)를 말하였듯이, 가령 우리가 원자나 무아를 가리킬 때 우리는 그것을 실체적으로 받아들여서는 안 되고 지시적 의미로 받아들여야 한다.

앞에서 말했듯이 식(識)을 무시이래로 흘러 내려오는 무엇이라고 하면 조금은 이해되는데, '식'이라고 못 박듯이 해놓으면 이것도 역시 무슨 덩어리나 존재로 생각하게 된다. 그래서 불교가 이해하기 어렵다고 한다. 그렇지만 그것은 우리의 일상적 생활이 그렇게 되어서 그런 것이지 원래는 인간 존재가 실제와 만났을 때 더 기쁘고 환희가 있는 것이다. 잘못된 구조 속에서 잘못된 언어를 사용해 오는 그런 습관 때문에 어렵게 보인다. 그래서 교육을 요즘은 쉽게 해야 한다고 하는데, 어떤 의미에서는 그 반대로 어렵게 시킬 필요가 있다. 제 경우는 어려서 말을 겨우 배우기 시작할 때 천자문부터 시작하여 『논어』, 『맹자』를 배우는 도중에 초등학교에 들어갔다. 그래서 지금 한문을 조금은 이해하고 사물이 '무엇인가' 다르게 이해되는 것을 보면 다행히 그때 배운 것임을 알 수 있다.

하나의 예를 들면, 『논어』의 「학이」 편에 '학이시습지 불역열호(學而時習之 不亦說乎)'라는 말이 있다. 여기서 '습(習)' 자는 어릴 때 글방 선생님한테서 배운 바로는 새가 하늘을 나는 모습에서 유래한 글자이다. 강남 갔던 제비가 돌아와서 집을 짓고 새끼를 낳아 새끼가 어느 정도 날 때가 되면, 장마철을 지나 어미가 새끼를 데리고 나가서 가을까지 나르는 훈련을 시키게 된다. 이때 제비 새끼들이 훈련하는 중에 많이 떨어져 죽는다고 한다. 지붕 위에 새끼들을 올려놓고 한 마리씩 날기 연습을 시키는데, 날지 못하는 새끼는 대양을 건널 수 없으므로 죽음을 건 연습을 시킨다고 한다. 습(習) 자를 보면, 깃 우(羽) 자 밑에 흰 백(白) 자가 쓰이는데, 여기서 백(白)은 창공을 뜻한다고 한다. 즉 습(習) 자는 새가 창공을 나는 것을 의미하는데, 이런 비행은 죽음을 건 끊임없는 연습 끝에 얻어지는 것으로, '이렇게 배우는 것이 어찌 기쁘지 않겠는가?'라는 의미가 된다.

제 고향이 해주인데 율곡 이이(李珥, 1536~1584) 선생이 해주 석담에 내려와서 서당을 세워 후학을 가르쳤다고 한다. 제가 어렸을 때는 유치원 어린이에게도 『논어』를 가르칠 정도였는데, 현대교육이 쉬운 교육을 너무 강조하는 것이 잘못되지 않았나 하는 아쉬운 생각이 든다. 『논어』의 첫째 구절은 제비가 '생사'를 걸 정도로 연습하는 것처럼 배움을 익혀야 그때 비로소 기쁨이 있다는 말이다.

발원문[26]

불기 2525년 4월 초파일입니다.

카필라성 룸비니 동산에서 "하늘 위와 하늘 아래 오로지 나 홀로 존귀하다."라고 외치시며 이 땅에 첫발을 내디디신 싯다르타 붓다여!

인연에 의하여 생겼다가 인연에 의하여 멸하는 온 우주 삼라만상의 비롯됨의 진리를 깨달으신 거룩하신 고타마 붓다여!

나와 세계가 하나도 아니고 둘도 아니며, 몸과 마음이 같은 것도 아니고 다른 것도 아니며, 태어나고 죽는 것이 낳는 것도 아니고 죽는 것도 아니며, 또한 낳지 않는 것도 아니고 죽지 않는 것도 아니라고 깨달으신 고타마 붓다여!

이 땅의 살고자 하는 뭇 생명들에게 평화를 주시옵소서!

나고 늙고 병들고 죽는 괴로움, 사랑하는 어버이와 스승과 님과 헤어져야 하는 괴로움, 얻고자 하는 것을 얻지 못하며 얻었다가도 반드시 잃어야 하는 온갖 괴로움이 모두 탐욕과 미워함과 어리석음에 있다고 가르쳐 주신 진리의 성왕 샤카무니 여래 붓다여!

---

[26]_ 1981년 4월, 부처님오신날을 맞으며 김용정 박사가 지은 기도발원문이다.

온갖 괴로움을 끊고, 고요하고 평안한 니르바나에 이르기 위해서는 바르게 보고, 바르게 생각하고, 바르게 말하고, 바르게 생활하고, 바르게 덕을 쌓고, 바르게 노력하고, 바르게 마음을 세우고, 바르게 마음을 집중하여 명상하라고 가르쳐 주신 샤카무니 여래 붓다여!

이 땅의 살고자 하는 뭇 생명들에게 바른 지혜를 주시옵소서, 바른 마음을 주시옵소서, 바른 깨달음을 주시옵소서!

바른 삶과 수행에 있어서 너 자신의 지혜와 진리를 찾아 자기의 섬에 머물고 자기에게 귀의할 것이요, 결코 다른 거짓된 것들을 섬으로 삼아서는 안 된다고 일러주신 거룩하신 진리의 성왕 고타마 붓다여!

참된 삶과 구도의 길은, 오직 현세적인 행복만을 추구하는 물질적이고 육체적인 쾌락주의도 아니요, 또한 오직 내세적인 구제만을 추구하는 금욕적인 고행주의도 아니요, 현세와 내세를 다 함께 잘 살기 위해서는 두 극단을 버리고 중도의 길을 가야 한다고 일러주신 고타마 붓다여!

이 땅의 살고자 하는 뭇 생명들에게 진리의 등불을 비춰 주시고 중도의 길을 열어 주시옵소서!

온갖 세계가 한 티끌 속에 들어가고 한 티끌이 온갖 세계에 들어가며, 온갖 생명이 한 생명에 들어가고 한 생명이 온갖 생명에 들어가며, 영원한 겁(劫)이 한 찰나에 들어가고 한 찰나가 영원한 겁에 들어가며, 일체 삼세가 일세에 들어가고 일세가 일체 삼세에 들어가니, 이것이 진실한 세계의 실상이라고 가르쳐 주신 지혜의 성왕 고타마 붓다여!

인드라 하늘에는 진주 그물이 있고, 어떤 하나의 진주를 보면 다른 모든 진주가 그 속에 빛나고 있다. 이와 마찬가지로 이 우주 안의 모든 사물은 그 스스로 존재하는 것이 아니라, 다른 모든 사물을 서로 동반하고 있다. 그러므로 사실상 각각의 사물들은 서로 다른 모든 것이기도 하다. 하나하나의 모든 티끌 속에도 무수한 붓다들이 현현한다.

오호! 불자여, 붓다의 지혜는 한량없는 지혜요, 무한한 지혜로서 일체의 존재 속에 들어 있다는 사사무애(事事無礙)의 도리를 가르쳐 주신 고타마 붓다여!
 이 땅에 살아가는 뭇 생명들에게 내가 너요 네가 나이며, 동시에 나의 너요 너의 나라는 사사무애의 도리를 깨닫게 하여 주시옵소서!
 암흑으로부터 광명으로 이끌어 주시옵소서!
 서로 사랑하는 자비의 세계로 이끌어 주시옵소서!

만일 이 세계에 한 사람이라도 구제받지 못한 사람이 있다면 나는 사바세계에 팔천 번 오고감[娑婆往來八千度]도 마다하지 않고, 이 세계로 돌아와 그가 '구제될 때까지 그와 함께 머물러 있으리라'라고 설파하신 자비의 성왕 고타마 싯다르타 붓다여!
 일체의 현상은 꿈과 같고 환상과 같고 물거품과 같으며 그림자 같으며 이슬과 같고 또한 번개와도 같다는 것을 알라고 선언하신 거룩한 정각자(正覺者) 고타마 붓다여!

이 땅의 살고자 하는 뭇 생명들에게 최후의 한 사람까지 구제할 수 있는 대자대비의 신심과 능력을 불러일으켜 주시옵소서!
 세속적인 탐욕의 세계가 물거품처럼 무상하다는 것을 깨닫게 하여 주시옵소서!
진리를 보고 환희심을 발하여 해탈을 성취하게 하여 주시옵소서!

이 땅의 수많은 중생은 아직도 덧없는 탐욕과 무지로 인하여 여전히 빼앗고 강탈하고 살인하고 전쟁하는 무수한 죄업을 짓기 때문에, 끊임없는 수난과 고통과 슬픔의 굴레에서 벗어나지 못하고 있습니다. 특히 한국의 남북분단에 의한 동족상잔의 비극은 아직도 대치된 상태에서 화해와 통일의 길은 멀기만 합니다. 모든 지혜 중의 지혜의 소유자이시며, 일체의 능력 중의 능력의 소유자이시며, 모든 자유 중의 자유의 실현자이신 거룩한 정각자 싯다르타 고타마 붓다여!

대한민국 땅에 우리 민족의 숙원인 남북통일을 필연코 이룩하게 하여 주시옵소서!
삼천리강산에 평화를 주시옵소서!
화평을 주시옵소서!
그리고 이 광활하고 풍요한 미국 땅에 또한 평화를 주시옵고, 진리의 나라, 정토의 나라, 세계평화 선봉의 나라가 되게 하여 주시옵소서!
이 세계의 온 인류와 더불어 이 땅의 살고자 하는 뭇 생명들과 돌아가신 모든 혼령들이 영원토록 평안하게 해 주시옵소서!
그리고 모든 승가 사원의 무한한 발전을 기약하여 주시옵고, 중생제도의 횃불이 되게 하여 주시옵소서!

나무 석가모니불
나무 석가모니불
나무 시아본사 석가모니불!

2부
『반야바라밀다심경』 강의

김용정 선생님은 여러 차례 『반야심경』 강의를 한 바 있다. 그 가운데 대표적인 것은 1980년 겨울 뉴욕 맨해튼 원각사에서 했던 것이고, 다른 한 번은 1995년 여름 한국불교발전연구원에서 교사들을 대상으로 한 것이다. 후자의 강좌 내용은 월간 『불광』 255호~266호(1996년 1월~12월)에 총 12회에 걸쳐서 〈반야심경 강의〉 '궁극의 이상세계로 나아가는 길'에 정리되어 있다. 여기에 실린 글은 『불광』지에 연재했던 내용을 바탕으로 뉴욕 원각사에서 열렸던 강좌 내용을 일부 추가하여 보완한 것이다.

1강
『반야심경』은 어떤 경전인가

『반야심경』은 수없이 많은 분들이 수만 번은 더 강의를 하였고 많은 연구가 이뤄지고 있는 260자로 된 자그마한 경이다. 『반야심경』은 비록 분량은 작지만 불교사상의 핵심을 담은 간추린 경이다.

여기서는 『반야심경』이 도대체 왜 그렇게 중요한 경전의 하나가 되며, 또 그 내용이 무엇이건대 그토록 많은 사람들이 애송하며 연구해 왔는가에 대해 나름대로 생각한 바를 말하고자 한다. 우리 인간은 늘 무언가 부족하고 불완전하다 생각하며 보다 완전하고 편안한 우리가 살 만한 어떤 세상, 즉 이상을 갈구한다. 『반야심경』 역시 인간이 궁극적으로 바라는 이상세계를 어떻게 하면 실현할 수 있는가를 가르치는 경전이라고 볼 수 있다.

먼저 불교 경전의 성립과정을 대략 살펴보면, 경전은 석가모니 부처님께서 열반에 드시고 난 뒤 부처님의 설법을 가장 많이 들었던 아난 존자와 오백 비구에 의해 비로소 결집되게 되었다. 그런데 보통 석가모니 부처님이 정각(正覺)을 이루신 뒤에 제일 먼저 『화엄경(華嚴經)』을 설하고, 이어서 아함부(阿含部), 방등부(方等部), 반야부(般若部), 법화부(法華部)의 경전들을 설했다고 한다. 그래서 다섯 시기를 통해서 불교의 전 팔만대장경이라는 경전이 결집되었다.

물론 뒷날 부처님을 따랐던 많은 제자들과 후세 학자들에 의해서 더 정밀하게 경전이 성립되지만, 불교의 근본사상은 부처님께서 네 번째 단계에서 설하신 반야사상, 즉 공(空)사상이라고 한다. 이 다섯 단계 중에서도 반야경 600부를 설하시는 데 21년이 걸렸다. 다른 경전들은 8년, 12년 정도 걸렸는데, 이처럼 오랜 세월 설하신 것만 보더라도 부처님 스스로 반야사상을 가장 중요시했던 것을 엿볼 수 있다.

모든 반야부의 경전 내용을 압축한 것이 지금 『반야심경』이다. 대개 불교경전의 원전은 산스크리트어로 되어 있는데, 산스크리트어는 고대 인도어로서 당시 지식인들이 썼던 말이다. 그런데 영국이 인도를 지배할 때 산스크리트어로 집필된 대부분의 문헌을 영국으로 많이 가져갔다. 그러다 보니까 산스크리트어를 서양 사람들이 많이 연구했다. 『반야심경』을 이해하기 위해서는 먼저 인도의 카스트제도와 산스크리트어를 살펴볼 필요가 있다.

카스트제도는 계급을 브라만, 크샤트리아, 바이샤, 수드라 계급으로 나누기 때문에 사성(四姓)제도라고도 한다. 첫째 브라만 계급은 성직자 계급인데 바로 이들이 서양인의 원조라 할 중앙아시아에서 이동해 간 인도아리안족이다. 역사적으로 볼 때 중앙아시아에서 소위 아리안족의 대이동이 있었다. 아리안족은 일종의 유목민으로 무역을 하면서 남행하여 정착하게 되었는데 그곳이 바로 인도와 이란이다. 이때 아리안족이 인도아리안과 이란아리안으로 갈리게 된다. 이란아리안은 지금 우리가 이라크라고 하는 페르시아만의 유프라테스강과 티그리스강의 줄기를 타고서 이동해 간 민족이다.

어원적으로 볼 때 인도유럽어인 서양 언어의 원천은 인도의 산스크리트어여서 언어학에 깊이 들어가는 분들은 반드시 산스크리트어를 알아야만 서양 언어 기초를 닦을 수 있다. 여기에는 여러 가지 논의가 있겠지만, 아무튼 산스크리트어를 사용했던 사람들이 바로 그 브라만 계급이었다. 인도로 들어간 아리안족은 무력으로 그 지역을 점령했는데,

점령은 쉬워도 통치는 어렵다는 말이 있듯이 인도의 원주민들인 드라비다족을 다스릴 수 없었다. 아리안족은 무력 통치가 먹혀들지 않자 드라비다족이 가지고 있던 종교와 성직을 빼앗았다. 인도아리안족이 성직에 오르게 됨으로써 바로 통치가 가능하게 됐다. 대체로 아리안족은 드라비다족을 지배하면서 다분히 잔인하게 대했다. 이에 비해 인도의 드라비다족은 아주 온화한지라 그들은 언덕에 호를 파고 그 속에 들어가서 하늘을 향해 기도를 하곤 했다.

언젠가 아라비아 관련 영상을 본 일이 있다. 중동의 사막은 바람이 거세게 불어서 낙타를 타고 여행하던 사람도 순식간에 모래 속에 갇혀서 죽게 되는 경우가 있다. 사막에 사는 사람들은 사막을 걷기 어렵기 때문에 기다란 지팡이를 보통 가지고 다닌다. 그들은 막막한 사막에서 지팡이를 꽂아서 붙들고 하늘을 향해 기도한다. 그들은 주로 양을 키우면서 살아간다. 양들은 밤사이에 모래에 돋아난 일종의 플랑크톤을 핥아먹고 살고, 사람들은 그 양들의 젖을 짜서 연명해 나간다. 그러니까 이 사람들이야말로 오늘 죽을지 내일 죽을지 기약 없는 인생을 살고 있다. 사실 그 상태에서 종교가 나올 수 있다. 모래 위에 생겨나는 플랑크톤을 핥아먹고 사는 양으로부터 젖을 얻어먹고 사는 그 사람들에게 무슨 큰 희망이 있을까? 그들에게는 어떤 욕망도 있을 수 없다. 오히려 피안의 세계, 저편의 세계를 바라다보는, 그래서 하늘을 향해서 기도를 올리다가 그대로 사막에 묻혀서 죽는 이들이 아직도 남아 있음을 영상을 통해 볼 수 있었다.

기독교와 유대교는 알고 보면 같은 뿌리이다. 원래 이집트인의 뿌리를 보면 유태인도 다른 종족이 아니었다. 그리고 유태인과 팔레스타인도 원래는 같은 뿌리이다. 그런데 어쩌다 다른 종족처럼 되어서 오늘날까지도 이스라엘과 팔레스타인 사이에 참혹한 전쟁이 벌어지고 있다.

인도도 그렇게 행복한 나라는 아니다. 다양한 자연환경과 문화의 차이는 인간이 현실적으로 사는 데 많은 고통을 가져다준다. 방글라데시와 같은 인도 주변의 나라를 보면 요새도 비가 와서 폭우가 한 번 쏟아지게 되면 전 마을이 다 떠내려가고 살아남는 사람이 얼마 안 되게 된다. 그리고 전염병이 돌게 되면 일시에 온 마을 사람들이 많이 죽는다. 내가 어렸을 때까지만 해도 장티푸스가 한 번 돌면 마을 사람 상당수가 죽었다. 마을에 장티푸스가 들어오면 사람들이 죽어 나가는데, 작은아버지 댁이 이쪽에 있고 큰아버지 댁이 저쪽에 있으면 모이질 못하고 언덕에 올라가서 아이가 "아빠 돌아가셨어요!" 하고 소리를 지르면, 그 소리를 들은 상대 쪽 동네는 새끼줄을 쳐놓고 아무도 못 들어오게 했다. 전염병이 도는 동네에 사는 사람들은 앓다가 거의 다 죽고 살아남는 사람만 살곤 했다. 대책이라는 것이 없었다. 지금은 의학이 발전해서 질병으로부터 어느 정도 보호를 받고 있지만, 불교에는 일체개고(一切皆苦)라는 말이 있듯이 모든 것이 다 괴로움이었다.

요즘도 살기 좋아진 시대라고는 하지만 대형사고가 빈번하다. 사람들은 돈에 눈이 멀어 바로 다음 순간에 대형사고로 수백 명의 목숨을 앗아갈 텐데도 눈 하나 깜짝하지 않는다. 이처럼 어리석음에 눈이 먼 세상은 결코 행복하다고 할 수 없다.

『반야심경』의 내용을 보면 최고의 드라마라 할 수 있다. 이 드라마를 누가 이렇게 압축해서 산스크리트 원본을 썼는지는 아무도 모른다. 단지 산스크리트 원본을 중국의 현장(玄奘, 602~664) 삼장법사가 인도에 가서 공부하고 거기서 많은 산스크리트 원본을 가져왔고, 그가 인도 산스크리트어를 직접 배워서 한문으로 번역했다는 것, 그 가운데 하나가 『반야심경』이라는 것을 알 뿐이다. 현장 이전까지는 주로 인도 사람들이 중국어를 배워서 한문으로 번역했다. 예를 들면 그 대표적인 사람이 인도 출신 승려인 구마라지바(Kumārajīva, 344~413)로 중국에서는 구마라집(鳩摩羅什)으로 불리는데, 그는 현장보다 훨씬 전인 412년에 『반야심경』을 번역했다.

　우리나라에서 보통 낭송하는 『반야바라밀다심경(般若波羅蜜多心經)』, 줄여서 『반야심경』(혹은 『심경』)은 현장이 649년에 한자로 번역한 것이다. 원래 산스크리트어 『반야심경』에는 '반야바라밀다심경'이란 명칭이 없다. 이런 명칭이 붙여진 것은 경전의 뒤에 나오는 말을 경전 앞으로 끌어와 붙이게 된 것에서 유래한다. 『반야심경』은 600권에 달하는 대반야경(大般若經)의 핵심을 줄인 것으로 대반야경에 들어가 있다. 412년경 구마라집이 번역한 『반야심경』에는 크다는 의미의 '마하(摩訶, Mahā)'가 들어가 있지만, 원래 현장이 번역한 『반야심경』에는 '마하'가 없다. 그런데도 우리가 '마하반야바라밀다심경'이라 할 때는 구마라집 번역과 현장의 번역을 통칭해서 말하는 것이다.

　현장의 출생 연대는 대개 602년으로 나온다. 그는 629년에 인도를 향해서 구법의 길을 떠났다고 한다. 그때 중국서 인도로 가려면 지금의 신장 위구르 자치지역의 히말라야를 넘어야 하는데, 해발 7,000미터에 달하는 주봉을 건너는 일은 목숨을 거는 일이었다. 해발 7,439미터의 천산의 주봉을 1956년에 와서야 비로소 소련 원정대가 처음으로 등정에 성공했다고 하니, 그 옛날 전쟁과 병, 혹한, 굶주림 등을 감안하면 그런 험산을 넘는 일은 거의 목숨을 건 일이었을 것으로 추정된다.

　현장은 고난을 견디며 인도에 가서 산스크리트어와 불경을 배워 645년에 중국의 장안(長安)으로 귀국했다. 지금 생각해 보면 현장이 중국과 인도를 오가는 과정은 고난 그 자체였을 것이다. 귀국해서 약 4년 후인 649년에 『반야심경』이 번역되어 나왔다. 그 시대에 온 힘을 기울여 번역한 것에 대해 후세 사람들은 그에게 감사드려야 할 일이다.

『반야심경』의 원제목은 '반야바라밀다심경(般若波羅蜜多心經, Prajñāpāramitā hṛdaya sūtram)'이다. 구마라집은 그것을 '마하반야바라밀다심경(摩訶般若波羅蜜多心經)'으로 번역했는데, 여기서 '마하(摩訶, Mahā)'는 '크다'라는 말이므로 이를 그냥 큰 대(大) 자로 하면 대반야바라밀다심경(大般若波羅蜜多心經)이 된다. '반야(般若, Prajñā)'는 지혜, '바라(波羅, Pāra)'는 피안(彼岸), '밀다(蜜多, mitā)'는 도달(到達), '다(多, tā)'는 상태를 뜻하므로, '바라밀다(波羅蜜多, Pāramitā)'는 대체로 '피안에 도달한 상태'라고 해석하고, 한문으로는 '도피안(到彼岸)'으로 번역되어 있다. 하지만 여기에서 우리는 이것이 하나의 문학적인 해석임을 알아야 할 필요가 있다.

피안(彼岸)이라는 말은 우리가 사는 이 세상이 아닌 이 세상의 저쪽을 말한다. 따라서 바라밀다는 생로병사가 있는 이 세상에서 저 언덕 너머, 현실을 넘어선 저편에 도달했다는 과거형으로서 바로 지혜로 가득 찬 저 언덕 너머로 도달했다는 뜻이 함축된 것이다. 따라서 반야바라밀다(般若波羅蜜多)는 지혜를 뜻하는 반야(般若)와 피안에 도달한 상태를 뜻하는 바라밀다(波羅蜜多)를 합친 것이므로, 이 세상이 아니고 지혜로 가득 찬 저쪽 피안에 도착했으므로 완성된 것을 뜻한다. 그래서 학자들은 반야바라밀다를 '지혜의 완성'이라고 번역한다.

그러면 지혜를 완성했는데, 여기에 왜 '심(心)' 자가 나오는가. 여기에 '마음 심(心)' 자는 산스크리트어 흐리다야(hṛdaya)를 번역한 것으로 그냥 마음을 가리키는 말이 아니다. 여기서 심(心)으로 번역된 '흐리다야'는 원래 심장, 또는 정수(精髓)라는 뜻을 가지고 있다. 고대 사람들에게 있어서 심장은 생명 자체를 일컫는 것이다. 사람이 살았다 하는 것은 심장이 뛰고 있다는 것을 의미하고, 사람이 죽었다는 것은 심장이 멈췄다는 것을 의미한다. 그렇다면 심장이라는 것은 생명 중의 생명, 즉 생명의 원천이라고 볼 수 있다. 따라서 『반야심경』(般若心經)에서의 '심(心)'

은 그냥 마음을 가리키는 것이 아니라 심장이나 정수와도 같은 생명의 핵심을 뜻하므로, 심경(心經)은 핵심이 되는 매우 중요한 경이라는 뜻이다.

일본 법륭사에는 세계에서 유일하게 산스크리트 원본의 사본이 현재까지 남아 있어 학계의 주목을 받고 있다. 일본의 나카무라(中村元)가 산스크리트어『반야심경』을 오래 연구해서 번역해 냈는데, 대개 지금까지『반야심경』은 그의『반야심경』의 번역을 모델로 하고 있다. 하지만 우리가 보통 사용하는 현장 삼장법사가 번역한『반야심경』은 일본 나카무라의 번역과는 다소 차이가 있다. 물론 근본적인 사상적 차이는 없지만, 그 당시 사람들이 산스크리트어 공부가 충분하지 않았다는 것을 예상할 수도 있다.

현장의 인도 구법 기간이 햇수로는 16년이 되지만 가고 오는 시간을 3, 4년 잡으면 약 11년이나 12년 정도 인도에서 공부했다고 볼 수 있다. 사실『반야심경』을 포함해서 다른 경전들을 번역한 것을 보면 현장은 천재 중의 천재라고 할 수 있다. 한문이 갖는 문화, 즉 중국은 유교나 도교와 같은 방대한 문화를 갖고 있었다. 따라서 어떤 면에서는 한문 경전이 더 높은 차원의 의미를 함축하기도 한다. 그래서 동아시아 불교가 오히려 더 찬란하다고 하기도 한다. 하지만 거기에는 오역도 있지만 대체적으로 그 사상 내용은 대동소이하다. 참고로『법화경』은 구마라집의 번역판이 더 유명하고,『반야경』은 현장의 번역이 더 유명하다고 한다.

2강
모든 괴로움과 재난에서 벗어나는 길

관자재보살(觀自在菩薩) 행심반야바라밀다시(行深般若波羅蜜多時)
조견오온개공(照見五蘊皆空) 도일체고액(度一切苦厄)

관자재보살이 반야바라밀다를 깊이 행할 때에
오온이 모두 공한 것을 밝히 보아
모든 괴로움과 재난에서 벗어났느니라.

그런데 여기서 관자재보살이 누구인지 궁금할 것이다. 보살(菩薩)은 산스크리트어 보디삿트바(Bhodhisattva)의 음역이다. 보디(Bhodhi)는 '깨달음'이라는 뜻을 갖고 있으며, 삿트바(sattva)는 '중생'이라는 뜻이 있다. 따라서 보살[보디삿트바]은 깨달음을 얻으려는 자, 구도자, 도를 닦는 사람, 도를 구하는 사람이다.

원래 소승불교에서는 수도자만이 해탈을 할 수 있다고 믿었다. 그러나 기원 전후의 대승불교에 와서는 수도자만이 아니라 누구든 불성을 갖고 있고 그러므로 누구든 부처님을 믿고 그 가르침을 따르며 도를 닦으면 해탈하여 구원받을 수 있다고 믿게 되었다. 이런 대승불교의 사상에서 『법화경』, 『반야경』, 『화엄경』, 『대무량수경』 등이 나오게 되었다. 그리고 그런 구도자들을 보살이라고 불렀다. 따라서 보살은 부처가 되기 위해 수행하는 사람, 또는 여러 생을 거치며 선업(善業)을 닦아 높은 깨달음의 경지에 다다른 위대한 사람을 뜻한다. 대승불교는 소승불교와 달리 위로는 부처의 깨달음을 추구하면서[上求菩提], 아래로는 중생을 고통으로부터 구제하는[下化衆生] 역할을 하게 되었다.

『반야심경』의 첫머리에 나오는 관자재보살은 근원적인 예지를 체득하여 중생을 구제하는 데 자유자재한 보살이라는 뜻이다. 그러므로 관자재보살은 많은 수행을 해서 부처님 다음 자리에 속하는 위치까지 올라간 보살이라고 생각된다. 관자재보살은 그 명칭 자체가 묘하다. '관자재보살'은 산스크리트어로 '아바로키테스바라 보디삿트바(Avalokiteśvara Bodhisattva)'이다. 여기서 아바로키테(Avalokite)는 '지켜본다', 스바라(śvara)는 '자재하다'이니 '자유자재로 지켜본다'는 뜻이다. 아바로키테(Avalokite)나 '볼 관(觀)' 자 같은 언어 자체가 최고도의 지혜를 가진 부처님이 아니고서는 이러한 말을 할 수가 없다.

구마라집은 관자재보살이 아니라 관세음보살(觀世音菩薩) 내지 관음보살(觀音菩薩)로 번역하였다. 관세음보살은 『법화경』「관세음보살보문품」에 나오는 보살이다. 흔히 '관음경'이라고도 하는 이 경에 의하면, 관세음보살을 일심으로 부르면 관세음보살이 그 소리를 듣자마자 소원을 성취하게 해주고 자유롭게 해준다고 한다. 말하자면 구마라집은 관자재보살을 관세음보살로 좀 더 예술적으로 아름답게 번역하였다고 할 수 있다. 일부 학자들은 관세음보살은 여성성과 대자대비(大慈大悲)의 의미가 강하며, 관자재보살은 남성성과 지혜가 강한 명칭으로 사용한다고 주장하기도 한다. 하지만 관세음보살, 관음보살, 그리고 관자재보살은 같은 보살을 지칭한다. 한자로 보면 관세음(觀世音)/관음(觀音)보살은 세상의 소리나 중생의 소리를 관찰하는 보살, 관자재보살은 이 세상이나 피안의 세계를 자유자재로 보시는 분이다. 그리하여 실상에 스스로 자유롭게 거하시는 보살이다.

여기서 우리가 알아야 할 것은 부처님은 『반야심경』에서 자기 자신을 절대 드러내지 않는다는 사실이다. 왜 부처님께서는 사리불(舍利佛, Śāriputra), 즉 사리자(舍利子)에게 직접 말하지 않고 관자재보살을 통해서 말하게 하신 것일까. 부처님은 반야바라밀다의 연출자이기 때문이다. 무대에는 배우들이 나가지 연출자가 직접 나가지 않는다. 그렇게 『반야심경』을 하나의 드라마로 보면 부처님은 배후에서 관자재보살과 십대제자의 한 사람인 사리자를 등장시켜 이야기하고 있다. 즉 두 배우를 등장시켜 이 드라마를 엮어가는 것이다. 그러나 여기서 사리자는 한마디도 안 하고 단지 질문만 하고, 모든 말은 관자재보살이 하고 있다.

결론부터 말하면 부처님의 경지는 주관과 객관을 넘어선, 소승과 대승을 넘어선 최고의 경계이다. 그러한 부처님의 경지에서 관자재보살이라는 보살의 입을 통해 그 최고의 경지를 사리자라는 구도자에게 이야기하는 것으로 『반야심경』은 구성되어 있다.

오온(五蘊)은 물질현상인 색(色)과 정신작용인 수상행식(受想行識)을 합쳐서 이르는 말이다. 여기서 정신작용인 수상행식(受想行識)에서 수(受)는 감각작용을, 상(想)은 지각을 통한 표상작용을, 행(行)은 본능적 맹목적 의지작용을, 식(識)은 분별지에 의한 판단작용을 뜻한다. 요즘 심층심리학적으로 말하면 표면의식을 말한다. 오온은 육체와 정신작용을 의미하는 것으로, 결국 인간 존재 자체가 오온으로 구성되어 있음을 뜻한다. 오온은 우리의 고통을 만드는 원인이 된다.

불교에서 말하는 고통에는 팔고(八苦)가 있다. 팔고란 생(生), 노(老), 병(病), 사(死), 애별리고(愛別離苦), 원증회고(怨憎會苦), 구부득고(求不得苦), 오음성고(五陰盛苦)이다. 즉 낳고, 늙고, 병들고, 죽는 생로병사 고통 외에 사랑하는 사람이나 물건과 이별하는 고통, 미워하거나 싫어하는 사람이나 물건과 만나는 고통, 원하는 것을 구하려 하나 구하지 못하는 데서 오는 고통, 오온으로 말미암아 물질적 집착과 탐욕에서 생기는 고통을 말한다.

조견오온개공(照見五蘊皆空)이라 함은 관자재보살이 모든 물질작용이나 정신작용이 다 공(空)하다는 것을 밝게 보았다는 뜻이다. 우리를 구성하는 오온, 즉 육체적·정신적 작용들이 모두 실체가 없는 공임을 알게 된다면 모든 고통에서 벗어날 수 있다.

도일체고액(度一切苦厄)은 산스크리트 원본에는 없었다고 한다. 그런데 현장의 번역은 물론이고 구마라집의 번역에도 이 말이 나온다. 여기에는 그만한 이유가 있다. 불교는 처음부터 고(苦)에서 출발한 종교로서 불교의 근본 가르침은 이 괴로움의 해결에 있다. 다시 말해서 도대체 그 깊은 반야바라밀다를 실천하는 목적이 무엇인가라는 질문에 대한 답변이 바로 그 고(苦)를 넘어서기 위함이라고 할 수 있다. 그러한 까닭에 '도일체고액'이라는 말을 새겨 넣은 것이다. 오온이 모두 실체가 없는 공(空)임을 깨닫게 되면, 일체의 고통으로부터 해방될 수 있다는 것을 구마라집과 현장이 철저히 깨달아서 그런 것으로 보인다.

좀 더 자세히 살펴보면, '도(度)' 자는 앞서 도피안(到彼岸)에서 예를 들었듯이 '다다를 도(度)' 자로 쓰이면서 완성이라는 의미를 항상 함축적으로 갖고 있다. 또한 일체고액이라는 것은 모든 괴로움과 재난과 액운을 말한다. 이를테면 대형 건물이나 다리가 무너진다든지, 여객선이 침몰하거나 항공기가 추락하는 참사야말로 재액인데, 도일체고액이라 함은 이러한 모든 괴로움과 모든 천재지변의 재앙과 액난을 넘어선다는 것이다. 다시 직역하면, 관자재보살이 반야바라밀다의 깊은 지혜 완성을 행할 때 우리 육신과 정신작용이 모두 공하다는 것을 밝히 보고 모든 괴로움과 재액을 넘어섰다는 것이다.

그런데 여기서 짚고 넘어가야 할 것이 있다. '고(苦)'라는 말에 대한 오해를 풀고자 함이다. 고(苦)는 원래 산스크리트어 '두카(duhka)'의 번역어이다. 그런데 흔히 고를 '괴로울 고(苦)'라 하여 비관적으로 해석하는 것은 물론이고, 불교마저도 염세적인 종교로 오해하는 사람들이 많다. 하지만 사실 두카의 원뜻은 '뜻대로 되지 않는다'라는 것이다. 세상을 살다 보면 바라는 것은 많은데 뜻대로 되는 것은 거의 없다. 거의 없는 것이 아니라 완전히 없다고 해도 과언이 아니다.

예를 들면 네 가지 근본적인 고통인 생로병사만 해도 그렇다. 그런데 혹자는 궁금해할 것이다. 늙고 병들고 죽는 것은 괴롭다고 할 수 있지만 사는 것은 재미있기도 하고 행복할 수도 있는 건데 왜 생(生)을 고(苦)라 하느냐는 것이다. 실존철학자들이 말하듯이, 우리의 삶은 누구든 이 세상에 태어날 때 자신의 뜻으로 온 게 아니다. 말하자면 자기 뜻대로 생겨난 것이 아니다. 마찬가지로 병이 나고 죽고 늙고 하는 것도 자기 뜻에 의한 것이 아니다. 바로 이 뜻대로 되지 않는 것, 이것이 바로 이 세상이다.

『반야심경』에서는 뜻대로 되지 않는 이런 세상을 보면서, 동시에 그것을 넘어설 수 있는 피안의 세계에 도달하는 지혜를 완성하는 것이, 바로 깊은 반야바라밀다를 행하는 것이라고 말하고 있다.

3강
오온과 공은 다르지 않다

> 사리자(舍利子)
> 색불이공(色不異空) 공불이색(空不異色)
> 색즉시공(色卽是空) 공즉시색(空卽是色)
> 수상행식(受想行識) 역부여시(亦復如是)
>
> 사리자여,
> 색이 공과 다르지 않고 공이 색과 다르지 않으며,
> 색이 곧 공이요 공이 곧 색이다.
> 수상행식도 역시 그러하니라.

여기서 비록 문장은 한 단어이지만 '사리자여'에서 끊어 읽어야 한다. 관자재보살이 마치 명령문처럼 잘 알아들으라는 식으로 말하고 있다.

색불이공(色不異空) 공불이색(空不異色) 색즉시공(色卽是空) 공즉시색(空卽是色). 동양 사람치고 『반야심경』의 이 구절을 모르는 사람은 거의 없을 것이다. 사람들은 『반야심경』하면 으레 '색즉시공 공즉시색'을 연상할 정도로, 이 부분은 반야경의 모든 것을 나타낸다. 그러나 그것의 좀 더 명확한 의미를 알 필요가 있다.

색(色)은 '루빠(rupa)'라는 산스크리트어를 번역한 말로, 생겼다가 파괴되고 없어지는 것을 일컫는 말, 곧 물질을 일컫는 것이다. 다시 말하면 색즉시공이라 함은, 물질은 계속 변화하는 것이기 때문에 물질은 곧 공이요, 공은 곧 물질이라는 것이다. 공(空)은 불교의 전 사상을 대표하는 것이라고 볼 수 있을 정도로 불교에서 아주 중요한 사상이다. 공(空)은 산스크리트어로 '수냐(sunya)' 또는 '수냐타(sunyta)'라고 하는데, 원래 허공을 나타내는 데에서 나온 것이다. 불교의 공은 유(有)도 아니고 무(無)도 아닌 진공묘유(眞空妙有)다. 한마디로 공(空)은 독자적 실체성이 없다는 것이다. 그래서 공을 연기(緣起)라고 하기도 하고, 무아(無我)라는 말로 함축해서 표현하기도 한다. 공(空), 즉 '비어 있다'는 말은 참으로 묘한 말이다. 그릇, 병, 항아리 따위에 아무것도 담겨져 있지 않을 때 '비어 있다'고 표현한다. 바로 그 비어 있는 것을 '수냐'라 한다. 그런데 비어 있는 것은 분명히 무(無)는 아니다. 비어 있는 것도 '있는' 것이다.

고고학자들이 어느 묘를 팠다고 하자. 팠는데 아무것도 나오지 않았을 때 사람들은 "괜히 팠잖아, 아무것도 안 나오는데 무엇 때문에 팠어."라고 하는 경우가 있다. 그런데 그게 아니다. 그것은 아무것도 없다는 것을 알았기 때문에 굉장히 중요한 발견이다. 비어 있다는 것, 여기 책상이 있고, 마이크가 있고, 물컵 안에 물이 있고, 여러분이 계시고 또 제가 있고 … 등등. 하여간 그 '있다'는 생각이 우리를 지배하고 있는데, 그 '있다'라는 것을 바로 색(色)이라고 볼 수 있다. 그런데 사실 시시때때로 변화하는, 있다가 없어지는 그 물질이 사실은 실제로 있는 것이 아니다. 그것은 일종의 비어 있는 것과 같은 것인데 무명 때문에 집착심을 일으켜서 '있다'는 생각을 가지게 된다. 이것을 분별지(分別智)라고 한다.

현대물리학자인 아인슈타인(A. Einstein)은 상대성이론에서 에너지장론을 도입하였다. 이 우주공간에는 어떤 에너지가 존재한다. 그리고 종이를 떨어뜨리면 위에서 아래로 떨어진다. 여기서 서로 잡아당기는 힘이 만유인력이다. 그런데 이 힘을 볼 수는 없다. 그렇다고 해서 이 힘이 없는가 하면 어느 누구도 없다고 할 수 없다. 공간이라는 것은 아무것도 없는 절대공간이 아니고, 어떤 힘이 곧 공간이라는 것이요, 그것이 바로 에너지의 장이다. 그러고 보면 공간 자체가 어떤 에너지이다. 말하자면 물리학적으로는 에너지가 희미하게 있는 것이 공간이고, 그 에너지가 응축되어 집합되면 물체가 되는 것이다. 즉 에너지가 응축된 것이 물질이고 에너지가 흩어진 것이 공간이다. 한마디로 공간과 물질은 동일한 것인데, 희박하게 흩어져 있는 것과 응축된 것의 차이밖에 없다. 그래서 아인슈타인의 상대성이론에 와서는 물질과 장(場), 또는 물질과 공간은 양적 차이만 있고 질적 차이는 없다는 것이다. 그런데 그 에너지는 간접적으로 관찰할 수는 있어도 직접적으로 볼 수는 없다. 말하자면 없는 게 있는 것으로 되는 것이고, 또 있는 게 없는 것으로 되는 것이다.

그러니까 현대물리학적인 세계관은 『반야심경』의 색불이공(色不異空) 공불이색(空不異色), 즉 색이 공과 다르지 않고 공이 색과 다르지 않다는 말과 비교해 생각할 수 있다. 이 구절은 아인슈타인의 상대성이론과 똑같은 말이라고 해도 지나친 말이 아니다. 단지 여기서 차이를 말한다면, 불교에서 말하는 공(空)은 그냥 '비어 있음'에서 한 단계 더 나아가 그 '비어 있음'과 '있음'이 서로 다르지 않음을 말하는 것이다. 공(空)을 다른 말로 바꾸면 연기(緣起)라고 하는데, 연기는 서로서로 의지해 있음을 말하는 것이다. 즉 있는 것과 비어 있는 것이 서로서로 의지하여 존재하는 관계로 공과 색은 둘이 아니고 그렇다고 해서 하나도 아닌 것이다. 그 때문에 색(色)과 공(空)은 불일불이(不一不二)라고 한다.

이에 대한 적절한 예로써 항아리의 비유가 있다. 여기 항아리가 있다. 돌로 항아리를 쳐서 박살을 냈는데 항아리가 있는가? 이미 항아리는 깨져서 없다. 그런데 어디 따로 항아리가 있었던가? 다만 공간을 흙으로 막았던 것이 항아리라 불렸던 것이다. 이는 일종의 아인슈타인이 말하는 에너지장이 응축됐던 것이라고도 볼 수 있다. 그러니까 우리의 신체도 이 항아리와 같아 죽어서 흩어지면 다시 공(空)으로 돌아간다. 이처럼 색(色)과 공(空)은 서로서로 의존되어 있는 것이오, 공을 가장 이해하기 쉽게 표현하자면 실체가 없다는 것이다.

실체는 영원히 변하지 않고 상주하는 존재이다. 서양철학에서는 신(神)을 영원한 실체로 전제하지만, 과연 신은 존재하는가에 대해서는 여러 가지 논란의 대상이 되고 있다. 그런데 불교에서는 어떠한 실체도 인정하지 않는다. 예를 한 가지 들면, 여기 이 공간에서 우리는 산소를 들이마시고 이산화탄소를 내뱉는다. 식물은 반대로 이산화탄소를 흡수하고 산소를 내뿜는다. 이산화탄소가 많아지면 동물들이 살아갈 수 없는데, 다행히 식물이 그것을 저장해 주어서 생태계가 잘 유지되고 있다. 동물들은 식물이 이산화탄소를 저장해 주고 산소를 내뱉어 주기에 숨을 쉬면서 살아갈 수 있다. 만약 식물이 산소를 뱉어내지 않으면 숨이 막혀서 우리는 살 수 없을 것이다. 지금도 산소량이 부족하다고들 야단이다. 그렇다면 식물과 내가 별개의 존재인가? 식물이 공급해 주는 산소를 먹고 내가 이렇게 존재하고 있는데, 어디 '나'라는 존재가 따로 있겠는가?

불교에서 색(色), 즉 물질은 지·수·화·풍이라는 사대(四大)로 구성된다. 색은 물질이다. 그런데 그것은 한마디로 공(空)이다. 과연 내가 따로 있고, 주관이 따로 있고, 객관이 따로 있다고 할 수 있겠는가? 있다는 것도 따로 있을 수 없고, 없다는 것도 따로 있을 수 없다. 그래서 인식론적으로는 주관과 객관이 따로 없고, 존재론적으로는 유(有)와 무(無)가 따로 없으며, 바로 그 둘을 초월한 경지가 공(空)이다.

관자재보살은 이처럼 유(有)에도 걸리지 않고 무(無)에도 걸리지 않고, 주관과 객관에도 걸리지 않으며, 색과 공에도 걸리지 않고, 완전히 자유자재한 진리의 실상을 이야기한다. 관자재보살은 그 모든 것을 초월한 바라밀다, 즉 저 언덕 너머 피안(실상)의 세계를 제시하고 있다. 다시 말하면 반야바라밀다는 주관과 객관을 초월하고, 소승과 대승을 초월하고, 공과 색을 초월하고, 행과 불행을 초월한 진리 그 자체로서 일체의 고액을 벗어난 지혜의 저 언덕인 것이다.

세상에 종교가 필요하고 공부가 필요한 것은 갖가지 괴로움, 그 가운데서도 실존적인 운명을 극복하기 위해서다. 실존철학자들은 뜻대로 되지 않는 현상세계와 실존세계를 극복하기 위해서 미리 불안이라든가 죽음이라든가 하는 운명을 받아들여서 초극(超克)해야 한다고 주장한다. 실존철학은 불교의 가르침에서 그리 먼 것이 아니지만 그 정도로는 죽음과 운명을 극복할 수 없다.

우리는 앞에서 오온(五蘊)은 색(色)·수(受)·상(想)·행(行)·식(識)인데, 색(色)은 물질작용을, 수상행식(受想行識)은 정신작용을 나타낸다고 하였다. 그리고 대표적으로 색즉시공(色卽是空), 즉 색(色)이 곧 공(空)이라고 하였다. 그러나 오온 중에 물질현상인 색(色)만 공한 게 하니라 정신현상인 수상행식(受想行識)도 역시 그러하다. 즉 수즉시공(受卽是空), 상즉시공(想卽是空), 행즉시공(行卽是空), 식즉시공(識卽是空)이다. 그러니까 감수작용도 결국은 실체가 없고, 표상작용, 의지작용, 지식작용, 의식작용도 실체가 없다. 물질만 변화하고 무상한 게 아니라 우리의 정신작용도 변화무쌍함을 강조하고 있다. 한마디로 오온불이공(五蘊不異空) 공불이오온(空不異五蘊) 오온즉시공(五蘊卽是空) 공즉시오온(空卽是五蘊)이다. 오온이 공과 다르지 않고, 공이 오온과 다르지 않으며, 오온이 곧 공이요, 공이 곧 오온이라는 것이다. 『반야심경』 앞머리에 관자재보살이 오온이 다 공함을 밝게 보았다고 했는데, 그것을 재차 설명하고 있는 것이다.

4강
모든 존재는 공하여 생멸도 증감도 없다

사리자(舍利子)
시제법공상(是諸法空相)
불생불멸(不生不滅) 불구부정(不垢不淨) 부증불감(不增不減)

사리자여,
이 모든 법의 공한 상이
나는 것도 없고 멸하는 것도 없고,
더러운 것도 없고 깨끗한 것도 없고,
늘어나는 것도 없고 줄어드는 것도 없느니라.

관자재보살은 사리자에게 시제법공상(是諸法空相), 즉 이 모든 법(法, dharma)은 공하다는 것을 밝히고 있다. 이를 이해하려면 인도 사상 전반을 살펴볼 필요가 있다. 인도는 수천 년의 종교와 철학의 역사를 가지고 있고 언어가 다양하게 발전하면서 사용되어 왔다. 여기서 법(法)이라는 말 역시 진리라는 뜻과 아울러 존재라는 뜻을 갖고 있다. 그런데 여기서 제법(諸法)이라는 말은 모든 존재라고 생각하면 된다. 따라서 다시 해석해 보면 모든 존재의 공(空)한 상(相)은 생겨나는 것도 아니고 멸하는 것도 아니라고 해석할 수 있다.

불생불멸(不生不滅), 불구부정(不垢不淨), 부증불감(不增不減)을 육불(六

不)이라고 한다. 그리고 중도사상에서는 불생불멸(不生不滅), 불상부단(不常不斷), 불일불이(不一不二), 불래불거(不來不去)라고 하여 이것을 팔불(八不)이라고 한다. 그러므로 『반야심경』의 육불(六不)이나 중도사상의 팔불(八不)은 모두 공(空)을 나타내는 논리적인 설명 방법인데, 이것을 풀어서 말하면 낳는 것도 없고 멸하는 것도 없고, 더러운 것도 없고 깨끗한 것도 없고, 늘어나는 것도 없고 줄어드는 것도 없다는 것이다. 그러나 여기서 불생불멸이란 나고 죽음을 함축하면서 그것을 초월하는 것이다. 그러므로 바르게 보고 바르게 생각하는 것은 곧 그 중도사상에 근거해야 하며, 따라서 고집멸도(苦集滅道)라는 사성제(四聖諦)에서 도제(道諦)는 팔정도(八正道)라 할 수 있다. 사성제 중에서 제일 중요한 것은 도제인 팔정도를 실천하여 비로소 괴로움의 세계로부터 해방이 되어 열반의 세계에 드는 것이다.

여기서 잠시 인도 사상을 살펴보면, 인도는 아리안족이 대이동을 하면서 펀잡 지방에 정착하고 나서부터 본격적으로 발전하게 된다. 아리안족은 본래 인도에 정착하고 있던 드라비다족을 무력으로 통치하기가 힘들게 되자 그들이 차지했던 성직을 대신해서 브라만 계급이라는 성직을 만들어서 드라비다족을 통치하게 된다. 이러한 아리안족이 토착신앙을 종합하여 형성시킨 철학이 바로 베다 사상과 우파니샤드 사상이다. 그러나 사실 이 베다와 우파니샤드 철학은 너무 넓고 복잡하여 몇 마디로 말하기는 어려우나 상식적으로나마 이것을 이해하는 것이 불교를 이해하는 데 큰 도움을 줄 수 있다. 기원전 1,500년경 아리안족들이 펀잡 지방에 정착하고 제일 먼저 형성한 것이 리그베다이다. 베다는 물의 신, 불의 신, 달의 신, 땅의 신 등 여러 신들을 이야기하고 있는 다신교적 종교이다. 한마디로 자연적 존재들에 신의 명칭을 붙여서 우주와 인간의 길흉화복을 설명하는 철학이 바로 리그베다 철학이다.

베다는 약 3,500년 전부터 형성된 것인데 그때의 신앙형태와 오늘날 그것과는 큰 차이가 없다. 몇십 년 전까지만 해도 새벽에 어머니들이 우물가에 가서 정안수를 떠놓고 손을 비비면서 기도하는 것을 볼 수 있었다. 자기 가족의 안녕을 빌고 모든 원하는 일이 성취되기를 바라는 마음은 예나 지금이나 형태만 조금씩 달라졌을 뿐 동일하다고 할 수 있다. 왜냐하면 우리 인생살이라는 것이 실존적으로 생로병사의 운명을 갖고 있기 때문이다. 누구든 영원히 살고 싶고 건강하게 불로장생하기를 바라지만 그게 뜻대로 되지 않는 것이 인생살이다. 또 그렇게 뜻대로 되지 않는 인생이기에 무엇엔가 의지하고 도움을 청하기 위해 종교가 생겨난 것이다.

베다 역시 그런 데서부터 출발한 것이다. 그래서 베다를 찬가라고 한다. 신의 이름을 부르고 찬가를 부르면 자기의 어려운 일이 다 해결되고 소원 성취할 수 있다고 믿었다. 그런데 아무리 열심히 찬가를 부르고 신의 이름을 불러도 소원대로 되지 않으면 자연스레 의심하게 된다. 그래서 베다 사상은 리그베다에서 형태를 조금씩 바꾸어 쌈마베다, 아주르베다, 아타르베다 등으로 발전하게 된다. 특히 아타르바베다에 이르면 찬가로만 해서는 소원 성취를 못 이루므로 주문을 외워야 한다고 주장한다. 실제로 베다에 나오는 것은 거의 다 주문에 가까운 것들이다.

이것은 『반야심경』에서도 찾을 수 있다. 우리가 『반야심경』을 독송하는데, 이 독송 자체를 만약 찬가의 형태로 보면 찬가가 되는 것이고, 주문으로 생각하면 주문으로서의 만트라(mantra)의 성격을 갖게 되는 것이다. 만트라는 진언(眞言)이라는 말인데, 일종의 주문(呪文)으로서 그 자체에는 일정한 의미를 부여하지 않으면서 어떤 초월적인 신통력과 같은 것을 기대하는 것이다. 그러나 『반야심경』은 끝부분에 진언의 형식을 취하고 있지만 결코 통속적인 주문은 아니다. 『반야심경』은 공(空)의 논리적인 체계를 가진 압축된 지혜의 소우주이다.

　최근 서양의 언어철학은 언어를 구조적으로 이해하고 있다. 예를 들어 영어에서 알파벳 m이나 a나 n은 개별적으로는 아무 의미가 없다. 그러나 이 글자들을 합해서 'man'이라고 정하면 '사람'이라는 의미가 생긴다. 마찬가지로 몇 개의 단어를 모아서 주어 술어의 문장 형식을 갖추면 새로운 의미가 나타난다. 따라서 단어와 단어, 문장과 문장의 조직을 잘하면 잘 할수록 보다 광범위한 정보를 낳게 할 수 있는 것이다. 오늘날 컴퓨터에 사용되는 손톱 크기의 반도체 칩에 수백 권의 백과사전의 모든 정보를 삽입할 수 있다. 첨단과학도 알고 보면 말의 조직을 그만큼 잘함으로써 보다 많은 정보(지식)를 얻어내려는 데 목적이 있다. 그러나 그것이 아무리 첨단 정보조직체라 하더라도 거기에서 생명력이나 신비력, 창조력이 나오지는 않는다.

　1953년에 크릭(F. H. Crick)과 왓슨(J. D. Watson)은 생물의 근원인 DNA 분자를 발견하였다. 모든 생명체가 바로 이러한 분자들과 세포로 구성되어 있다는 것을 알게 되었다. 생명은 그 자체가 전체적인 유기체로서 부분의 집합이 아니지만 분석해 보면 분명히 분자의 집합체이다. 따라서 생명의 원리도 앞의 언어철학의 경우에서와 같이 분자들이 개별적으로 흩어져 있는 상태에서는 무생물과 같은 것이다. 그러나 이 분자들이 일정한 질서로 결집이 되면 하나의 생명현상이 일어난다. 그러나 여기서 주의해야 할 것은, 생명은 처음부터 그 자신이 유기적으로 자체 조화에 의하여 그렇게 전체자로서 조직되어 있다는 점이다. 그러므로 앞에서 말한 언어철학은 생명을 분석적으로 이해하여 그것을 언어이론에 원용한 것이다.

　물론 이러한 생명현상이나 언어의 이론이 완전히 같은 것도 아니고 더구나 『반야심경』과 일치한다는 것도 아니다. 단지 비유적으로 『반야심경』을 이해하는 데 도움을 주기 위해서 우회적으로 설명하는 것이다. 아무튼 오늘날 과학의 이론을 통하여 불교의 교리를 설명하는 것은 매우 유용한 일이다. 지금 우리가 여러 곳에 사용하는 레이저 광선만 하더라도 원자들이 따로따로 흩어져 있을 때는 별다른 힘이 발생하지 않는데, 원자들을 교묘하게 집합시키면 초강력 에너지가 나온다. 태풍의 경우도 마찬가지다. 필리핀 쪽에서 태풍이 발생하면 우리나라까지 영향을 주는데, 그 방대한 힘은 분자들이 일제히 집단화할 때 일어나는 현상이다.

『반야심경』은 인간과 우주의 모든 정보를 함축하고 있지만, 그것은 동시에 생명력과 창조력, 신비력을 갖고 있어 누구든지 일념으로『반야심경』의 한 구절만 독송해도 진리를 깨달아 해탈을 성취할 수 있는 초월적 힘을 갖고 있다. 하지만 그것은 내가 주체적으로 절대적인 마음의 통일에 전력하여 상구보리(上求菩提) 하화중생(下化衆生)의 구도적 원력을 세워 실천할 때 가능한 것이다.『반야심경』의 만트라적 성격을 인정하는 것은 바로 이러한 데서 연유하는 것이지 단순한 세간적인 주문의 성격을 의미하는 것은 아니다.

이러한 차원에서『반야심경』은 물론 모든 불교 경전들은 고도로 언어들을 교묘하게 짜 맞춘 우주적 생명체로 이해할 수 있고, 경전들은 새로운 생명력과 창조력을 발현하는 생명의 보고라 할 수 있다. 그러나 우리는 아무리 정교하게 조직한 언어체계라 하더라도, 그것이 갖는 해석상의 다의성과 애매성으로 인하여 오히려 진리의 직관에 방해를 받을 수도 있다. 그리고 또한 언어는 존재 자체가 아니라 존재를 지시하는 수단이기 때문에 언어에 매이게 되면 오히려 참 실재에 돌입할 수 없게 된다. 그러므로 선종(禪宗)에서 언어도단(言語道斷)이니 불립문자(不立文字)니 하는 것은 여기에서 연유하는 것이다. 따라서 불교에서는 정혜쌍수(定慧雙修)라 하여 경전을 통한 가르침과 참선을 통한 선정을 동시에 수행해야 하는 것이다.

이쯤에서 공(空)에 대해서 다시 짚고 넘어가자. 공은 독자적 실체성이 없다는 말인데, 사람들은 이 말을 알아듣지 못하고 불교를 어렵다고만 한다. 인도철학에서는 브라만(최고신)을 하나의 우주적인 실체로서 영원히 존재한다고 주장하는데, 부처님은 영원한 실체를 인정하지 않는다. 이것이 바로 전통적인 인도 사상과 부처님 사상의 가장 큰 차이점이다.

여기서 짚고 넘어가야 할 점이 있다. 여기 이 책상과 마이크와 내가 따로따로 실재하는 것을 누가 부인할 수 있겠는가? 이처럼 따로따로 존재하는 것이 없다고 한다면 우리의 언어, 의식, 생활 자체도 다 불가능하게 될 것이다. 여기서 오해하면 안 되는데, 불교는 결코 현상적 실재를 부정하지는 않는다. 다시 말하면 프라즈냐(Prajñā)라고 하는 반야(般若)의 지혜세계와 비즈냐나(vijñāna)라고 하는 분별지의 세계를 이야기할 때, 분별지를 넘어서 무분별지의 세계로 가야 한다고 할 때, 분별지를 절대로 부정하는 것은 아니다. 분별지는 일시적인 가화합(假和合)으로 있을 뿐이다.

앞에서 약간 언급했듯이, 공은 독자적 실체성이 없음을 말하는 것인데, '나'라는 존재 자체도 독자성이 없는 것이다. 태양과 땅과 물과 공기, 한마디로 지수화풍이 있어서 그것이 상호작용을 하면서 내가 존재하는 것이다. 그러니까 일시적으로 개별화된 것을 실체로 인정하지 않는다는 말이다. 개별화된 것을 생활의 편의상 인정하더라도 그것이 진짜 영원한 존재는 아니라는 것이다. 그것을 서양철학에서는 현상이라고 한다.

그러나 그보다 더 중요한 것은 공(空)을 그냥 공이라고 하지 않고 공성(空性)이라 해서 성품 성(性) 자를 붙이는 것이다. 그리고 그 공성을 개방성이라고 표현하여 이해시키기도 한다. 예를 들면 우주의 법칙 중에 두 가지의 큰 법칙이 있다. 그중에 열역학 제1법칙을 먼저 이야기하면, 우주의 총에너지가 불변이라는 것이다. 이것은 『반야심경』의 부증불감, 즉 늘지도 않고 줄지도 않는다는 경구와 딱 맞아떨어지는 말이다.

한편 열역학 제2법칙은 엔트로피 법칙이라고도 하는데, 아인슈타인은 자연과학에서 다른 것은 다 믿을 수 없어도 엔트로피 법칙 하나만은 아무도 부정할 수 없다고 말한 바 있다. 생자필멸(生者必滅), 한 번 세상에 나온 것은 반드시 멸하게 되어 있다는 그 법칙은 지금까지 역사상 어겨진 일이 없다. 열에너지는 높은 데서 낮은 데로 흘러가지 거꾸로 흘러가지 않는다. 이것을 불가역과정이라 하는데, 다시 말하면 거꾸로 되돌릴 수 없다는 것이다. 예를 들면 방문을 모두 닫아 밀폐시켜 놓고 바깥으로부터 열에너지가 차단된 고립계에서는, 열이 절대로 높은 데서 낮은 데로 흐르지 낮은 데서 높은 데로 흐르지는 않는다. 즉 열은 항상 죽음의 상태로만 향한다.

우리가 죽었다고 하는 것은 열이 낮아졌다가 다시 올라가지 않는 것을 뜻한다. 그러나 이 세계는 태양이 계속 열에너지를 공급하기 때문에 항상 일정한 온도를 유지한다. 그러니까 결국 우리는 엔트로피 법칙에 의해 죽게 되는데, 살아 있는 동안의 우리 몸은 개방계라 할 수 있다. 즉 음식을 먹고 위장이 소화를 시켜 열량을 계속 내주기 때문에 우리는 살 수 있는 것이다. 우리가 보름 동안 아무것도 먹지 않고 목숨을 부지할 수 있는 것은 그동안 적어도 몸속에 축적되었던 에너지가 남아서 계속 열을 내어 주기 때문이다.

부처님은 조건에 의해서 태어나는 것은 진정으로 태어나는 것이 아니라고 하였다. 그것은 독립적 존재로서 일어나는 것이 아니다. 조건에 의해 일어나는 모든 것은 독립적 존재가 아니라는 것이다. 여기서 우리는 공을 존재의 결여라고 해석할 수 있다. 이러한 설명은 모든 사물의 실체를 부정하는 것이요, 동시에 모든 현상들의 상호의존적인 연기(緣起)를 주장하는 것이다.

그러나 그것은 또한 사람들에게 연기와 공을 실체로 생각하게 할 우려가 있다. 따라서 우리는 공을 실체로 규정짓게 하는 언어의 절대성을 부정해야 한다. 결과적으로 실체를 부정하는 것은 연기가 긍정되고, 언어의 절대성을 부정하는 것은 잠정적 언어가 긍정된다. 그래서 우리는 유(有)를 너무 극단적으로 분리하지 않고 또한 무(無)를 역시 너무 극단적으로 분리하지 않는다. 따라서 붓다께서 정각(正覺) 후 최초로 만난 다섯 비구에게 비유비무(非有非無)라고 설법한 바와 같이, 우리는 유와 무라는 양극단을 버리기 때문에 이것을 중도(中道)라고 부른다.

중도(中道)는 한마디로 유와 무의 상보성이다. 그러나 그것의 내용은 이중성을 띤다. 왜냐하면 첫 번째 의미로 볼 때, 그것은 유를 부정하고 연기(緣起)를 긍정하기 때문이고, 두 번째 의미로 볼 때, 그것은 언어의 절대성을 부정하고 잠정적인 이름을 긍정하기 때문이다. 한마디로 불교의 변증법은 어떠한 본질(실체)주의도 거부하는 데 목적이 있다. 다시 말하면 불교의 변증법은 "만일 우리가 실체라는 가정을 긍정한다면 모순적인 결론에 이르게 되며, 따라서 이러한 모순을 없애려면 우리는 그 가정을 부정하는 수밖에 없다."라는 것을 보여준다. 그래서 공도 또한 공이라는 '공역부공(空亦復空)'에 이르게 된다.

우리가 현대물리학의 장(場)이론을 다시 생각하면서 공(空)을 이해해 보자. 물질에 관한 장이론에 따르면, 전자와 같은 입자는 매우 작은 공간에 응축되어 있으며, 상당한 정도의 힘을 가진 전기장 속의 작은 영역에 지나지 않는다. 나머지의 장과 명백히 구분될 수 없는 그런 에너지의 덩어리는 호수의 표면을 가로지르는 물결처럼 빈 공간을 퍼져나간다. 따라서 전자를 이루는 실체가 언제나 동일한 것일 수는 없다. 물과 물결이 구분될 수 없는 것처럼.

현대물리학에서 장이론은 양자나 전자 같은 아원자적(亞原子的)인 입자뿐만 아니라 이러한 입자들 사이의 힘에 대한 우리의 생각을 수정하게 하였다. 장(場)은 공간적인 측면에서 보면 어디에나 존재하는 연속체이고, 입자적인 측면에서 보면 불연속적인 '알맹이 모양'의 구조를 지닌다. 겉으로 보기에 모순되는 두 개념은 결국 동일한 실재를 서로 다른 측면에서 바라본 하나의 실재에 지나지 않는다. 상대성이론에 따르면 정반대되는 두 개념은 언제나 역동적인 방법으로 일어난다. 현대물리학은 물질의 본질에 대해서 우리로 하여금 다른 맥락에서 생각하게 하였다. 즉 볼 수 있는 입자에서 숨겨진 실체라고 할 수 있는 장으로 눈을 돌리게 된 것이다. 물질이 현존한다는 것은 그 장소에서 완전한 장의 상태가 흐트러진 것에 지나지 않는 것이다.

양자론은 입자들이 한 알맹이의 분리된 물질이 아니라 분리할 수 없는 우주 그물 속에서 상호연결 내지는 기능적 형태들이라는 것을 보여준다. 아원자적인 세계에서의 입자들은 단지 매우 빨리 돌며 움직인다는 점에서 역동적일 뿐만 아니라, 그 입자들 자체가 하나의 과정들이라고 볼 수 있다. 물질의 존재와 그것의 활동성은 서로 분리될 수 없다. 그것들은 다만 동일한 시공적(時空的) 실재의 다른 측면에 지나지 않는다. 그러므로 현대물리학에서 물질적 대상과 그것이 놓인 환경, 즉 시공(時空) 사이의 상호연관에 대한 새로운 개념은 양자장이론에서 근본적인 원리가 되었다. 그러나 그러한 세계관은 본래 불교의 세계관에 있어서 더욱 근본적인 원리였다. 물론 불교 사상가들의 직관적인 세계관이 현대물리학의 양자장이론과 동일한 것은 아니다.

그런데도 현대물리학자들이 양자장이론을 통해서 아원자적인 세계를 설명하는 가운데 내재해 있는 상보적 세계관은 암묵리에 인간과 세계, 물질과 정신을 동일한 실재의 양면으로 보려는 불교의 직관적 세계관과 유사한 논리에 기초하고 있는 것만은 분명하다. 불교의 모든 존재의 공상(空相)은 불생불멸이요, 불구부정이라는 말은 이와 같은 차원에서 이해될 수 있다.

5강
공 가운데는 그 어떤 것도 없다

시고(是故) 공중무색(空中無色) 무수상행식(無受想行識)
무안이비설신의(無眼耳鼻舌身意) 무색성향미촉법(無色聲香味觸法)
무안계(無眼界) 내지(乃至) 무의식계(無意識界)
무무명(無無明) 역무무명진(亦無無明盡) 내지(乃至)
무노사(無老死) 역무노사진(亦無老死盡)
무고집멸도(無苦集滅道) 무지역무득(無智亦無得)

이런 고로 공 가운데는 색도 없고 수상행식도 없으며,
안이비설신의도 없고 색성향미촉법도 없으며,
안식계도 없고 의식계도 없다.
무명도 없고 또한 무명이 다함도 없다.
고집멸도도 없고 지혜도 없고 또한 얻음도 없다.

공중무색(空中無色) 무수상행식(無受想行識)은 공(空) 가운데는 물질현상인 색(色)도 없고 정신현상인 수상행식(受想行識)도 없다는 말이다. 즉 실체성이 없는 공(空)에는 감수성도 없고, 표상도 없고, 의지도 없고, 분별적 지식도 없다. 한마디로 공중무오온(空中無五蘊), 즉 공(空) 가운데는 오온(五蘊)이 없다는 말이다.

원래 공(空)의 산스크리트어 '수냐(sunya)', '수냐타(sunyta)'는 '공간 그 자체'를 뜻하는 말이었는데, 『반야심경』의 색즉시공(色卽是空) 공즉시색(空卽是色)이라 할 때의 공(空)은 그런 뜻이 아니고 고정된 독자성을 가진 실체는 존재하지 않는다는 뜻이다. 왜냐하면 공(空)은 지수화풍과의 상호작용에 의해서 일어나고 있는 다양한 사건 현장만 있고, 그 공간 자체가 실체로 있는 것은 아니기 때문이다. 이러한 것을 20세기 미국의 철학자 화이트헤드는 '과정'이라고 하였다. 불교의 공사상도 실체가 있는 것이 아니라 어떤 과정으로서 일어나고 있는 사건들의 연속적 진행밖에 없다는 입장이다. 거듭 말하지만 그러한 개방적인 의미에 있어서 공(空)은 고립된 개별적 존재가 아니고, 만물이 일시적으로 서로서로 상호작용에 의해서, 즉 연기(緣起)에 의해서 형성되고 있는 한 과정에 지나지 않는다. 홀로 떨어져 다른 것과 온전히 독자성을 가진 존재는 없다.

 무안이비설신의(無眼耳鼻舌身意) 무색성향미촉법(無色聲香味觸法) 무안계(無眼界) 내지 무의식계(無意識界)는 감각기관 내지는 인식주관이 없고, 감각대상과 인식대상도 없으며, 감각과 인식도 없다는 뜻이다. 심리학에서는 보통 시각·청각·후각·미각·촉각 오감을 이야기한다. 하지만 불교에서는 그것을 느끼는 감각기관인 안·이·비·설·신뿐만 아니라 마음의 작용인 의(意)까지 포함하여 인식주관을 이루는 여섯 뿌리라 하여 육근(六根)이라 한다. 육근의 인식대상인 색·성·향·미·촉·법을 여섯 경계라는 의미로 육경(六境)이라 한다. 그리고 육근과 육경을 합쳐서 십이처(十二處)라 하고, 육근과 육경이 만나서 생기는 육식(六識), 즉 안식(眼識)·이식(耳識)·비식(鼻識)·설식(舌識)·신식(身識)·의식(意識)을 모두 합쳐서 십팔계(十八界)라 한다. 하지만 『반야심경』에서는 공(空) 가운데는 인식주관인 눈·귀·코·혀·몸·마음도 없고, 인식대상인 색·소리·냄새·맛·촉감·관념도 없으며, 여섯 인식인 안식·이식·비식·설식·신식·의식도 없다고 한다.

여기서 육근에서도 눈·귀·코·혀·몸·마음이라 하여 '눈 안(眼)' 자가 제일 먼저 나오고, 무안계(無眼界) 내지 무의식계(無意識界)라 하는데, 이 순서도 불교 의학적으로 보면, 우리의 감각작용에서 가장 먼저 나타나는 것이 눈이다. 그다음이 귀이고 코이다. 대개 수면상태로 들어갈 때 졸릴 때는 눈이 먼저 감긴다. 다른 기관은 자지 않는데 눈은 가물가물 한다. 그다음에는 귀가 들리지 않고, 조금 있으면 코를 곤다. 또 그다음에는 입을 떡 벌린다. 그리고 마지막으로 발과 손, 몸 전체가 수면상태에 들어간다. 보통 이러한 순서가 지켜지는 사람은 건강한 사람이다. 그런데 꿈자리가 사납다는 말은, 마음속에 번거로운 미망의 생각들이 얽혀 아직도 의식세계는 깊이 잠이 들지 않은 것을 의미한다. 눈·귀·코·혀·몸·마음의 순서대로 해서 맨 나중에 마음까지 잠이 들어야 하는데, 그렇지 못할 때 꿈자리가 사나운 것이다. 그런데 부처님 말씀이 얼마나 과학적이고 뛰어난가 하면 잠에서 깨어날 때도 이 순서대로 깨어나는 사람이 건강한 사람이라는 것이다. 생리학적인 면에서도 전혀 어긋남 없이 말씀해 주신 것이다.

『반야심경』에서는 이러한 안계(眼界)에서 의식계(意識界)까지도 없다고 하였다. 하지만 이 말은 안계에서 의식계까지 무작정 없다는 것이 아니라, 이 모든 것이 각각 따로 존재하는 것이 아님을 설파한 것이다. 여기 눈이 있는데 눈만 가지고는 시각이 일어날 수 없다. 마이크가 있는 것을 보고 마이크라는 대상과 대응해서 시각이라는 인식이 일어난다. 눈, 마이크, 시각 셋이 있어야 비로소 보는 시각이 성립한다. 이는 귀에도 마찬가지로 해당된다. 귀와 듣는 소리와 합해서 청각이라는 의식이 일어난다. 그러니까 육근과 육경이 대응해서 십이처가 되고 거기에 여섯 가지 인식현상, 즉 육식이 일어나기 때문에 십팔계(十八界)라고 한다. 이처럼 무안계 내지 무의식계라는 말은 육근, 육경, 육식, 십팔계를 다 함축하는 의미가 들어 있다.

　무무명(無無明) 역무무명진(亦無無明盡) 내지(乃至) 무노사(無老死), 즉 무명도 없고, 무명이 다함도 없고, 내지 노사도 없고, 노사가 다함도 없다는 의미는 무엇일까? 무명(無明)은 십이연기(十二緣起)의 순관(順觀)이나 역관(逆觀)에 있어서 첫 번째에 속한다. 무명을 설명하기 전에 소크라테스의 무지(無知)의 지(知)를 원용해 설명하면 무명을 이해하는 데 많은 도움이 될 것이다. 소크라테스 철학의 출발점은 자기가 모른다는 것을 아는 것이다. 즉 무지의 지가 철학의 출발점이다. 사실 공부를 많이 하면 할수록 점점 모르는 것밖에 없다는 것을 알게 된다. 우리가 태어나서 지금도 이렇게 앉아 있지만, 어디서부터 와서 언제 내가 어디로 갈지, 정말 무엇을 하는 존재인지에 대해서 아무것도 아는 것이 없음을 절감하곤 한다. 바로 이 모르는 것을 안다는 것이 소크라테스 철학의 출발점이다.

　그런데 이는 불교에 있어서도 마찬가지이다. 부처님의 생각 역시 무명에서 출발하였다. 무명은 바로 이러한 점에 있어서 무지(無知)라는 말과 상통한다. 하지만 불교는 무지에서 한 발 더 나아가 도대체 무지가 어디에서부터 연유되어 왔는가를 추구한다. 불교에서는 과거세 이야기를 하고 있다. 과거세는 곧 전생을 말하는 것이지만 전생은 지금 이 세상에 나오기 전의 세계만을 의미하는 것이 아니다. 많은 과거세로부터 지금까지 집착심을 가져온 업(業)과 잘못된 억측으로 해서 이루어진 업을 무명이라 한다. 그러니까 과거세부터 습관적으로 생긴 집착심, 잘못된 미망 때문에 그릇된 판단을 한다는 것이다.

　자기 딴에는 눈으로 보고 "이것은 뭐고, 저것은 뭐다."라고 판단하고 있지만, 실은 그것이 다 억측에서 비롯된 잘못된 인식이다. 그러니까 사실 무지라는 말은 아무것도 모른다는 뜻이라기보다는 잘못 알고 있다는 의미를 함축하고 있다. 그 때문에 무명도 없고 무명이 다함도 없다는 말은 십이연기, 즉 무명(無明)·행(行)·식(識)·명색(名色)·육입(六入)·촉(觸)·수(受)·애(愛)·취(取)·유(有)·생(生)·노사(老死)를 다 포함하고 있다.

인간의 수태 과정에서 이미 인간이 맥박 소리를 듣는다는 과학적 사실에서 엿볼 수 있듯이, 수태하는 그 순간에 벌써 신체와 마음이 형성되는 것이다. 바로 이처럼 전생에서부터 이어온 무지가 그대로 연속성을 가지고 일어나는 것이다. 수태 과정에서부터 십이연기는 시작되고 있다. 수태 과정 자체, 그때의 의식현상 자체가 이미 과거세 인연에 의해서 일어나고 있는 행업(行業)을 의미하는 것이다.

십이연기에서 세 번째에 나오는 식(識)이라는 것도 어떤 의식의 단초라고 볼 수 있다. 기독교, 특히 가톨릭에서는 태아가 생길 때 하나님이 이성을 집어넣어 준다고 설명하는데, 엄마 태내에서 아기가 생기는 순간 하나님이 자기의 닮은꼴인 이성 또는 영혼을 집어넣어 준다고 한다. 이러한 말이 상당히 우스꽝스러운 소리 같지만 이상한 말이 아니다. 불교식으로 해석하면 전생부터 이어오는 식(識)이 태아 속으로 들어가는 것이라 볼 수 있다. 그렇게 어떤 의식이라는 것이 생기는데, 이것은 선천적인 것과 후천적인 것이 복잡하게 얽혀 형성되는 것이기 때문에 간단하게 설명하는 것이 불가능하다. 따라서 여기서는 단지 우리의 의식현상이 과거세와 관계가 있으며 심층적인 잠재의식이 매우 중요하다는 것을 말해 둔다.

그다음 명색(名色)은 마음과 육신으로서, 이는 동시에 생기는 것이다. 앞에서 불교의학에서 수면 상태나 잠에서 깨어나는 것이 안·이·비·설·신·의 순서대로 된다고 한 바 있다. 태아가 생길 때도 마찬가지로 그러하다. 태아가 뱃속에서 생기는 것도 눈이 생기고 귀가 생기고 하는 순서로 육근이 생긴다고 한다. 이러한 육근이 들어오는 것을 육입(六入)이라고 한다.

한편 세상에 처음 태어난 아기는 처음에는 육근이 채 발달되지 않아 오로지 촉각만이 예민하다. 이미 육근은 생겼지만 촉각이 먼저 발동하는 것이다. 이는 다른 무엇보다도 아기가 살기 위해서 젖을 빨기 때문에 촉각이 발달할 수밖에 없는 만큼 원초적인 것이다. 광복 후 애국지사들이 우리나라에 들어올 때, 비행기에서 내리자마자 땅에 입을 맞췄다. 극한상황에서 구사일생으로 살아나온 사람들도 한결같이 부모형제와 만났을 때 서로 부둥켜안는다. 그러니까 태아에게도 촉각이 얼마나 중요한지 그러한 예에서 잘 알 수 있다.

불교의 연기설은 이처럼 인간 존재의 있는 그대로를 여실히 묘사하고 있다. 현대 심리학자들도 촉각이 중요하다는 것을 밝히고 있다. 베토벤(L. van Beethoven)의 교향곡 9번에서 독일 시인 쉴러(F. von Schiller)의 '환희의 송가'에서 "모든 이들이여, 서로서로 포옹하라!(Seid umschlungen, Millionen!)"라는 대목이 나온다. 쉴러는 이 시구를 통해 인류의 평화를 상징적으로 노래하고 있다.

이와 같이 십이연기에서도 육입(六入) 다음에 먼저 촉(觸)이 나오고 그 다음에 수(受)가 나온다. 어린 아이가 눈·귀·코·혀·몸·마음의 순서로 감각기관이 열리면서 수상행식(受想行識)할 때의 수(受), 즉 감수성이 일어나는 것과 같다. 아이가 엄마와 낯을 익히려고 자꾸 바라보면서 감수성이 발달하면, 그다음에는 취(取)하려 하고 집착심이 생긴다. 취(取) 다음에는 사랑 즉 애(愛)가 생긴다. 이렇듯 취애(取愛)는 다 집착에서 비롯되는 것이다. 애(愛)는 나쁘고 더럽고 싫은 것은 버리고 즐거운 것만 취하려는 것이다. 거기서 자기 소유로 만들려는 행동, 즉 유(有)가 생기는 것이다. 다시 말하면 우리의 모든 행업(行業)이 집착에서 비롯된 취애에서 일어나는 것이다. 바로 우리가 스스로 짓고 스스로 받는 자업자득의 인생살이를 살게 되는 것이 유(有)이다. 그리고 결국 무명에서부터 늙고 병들어 죽는 노사(老死)에 이르기까지 열두 가지 연기(緣起)가 일어나게 되는 것이다.

그 때문에 『반야심경』에서 무명(無明)이 없다면 행(行)도 없고, 행이 없다면 식(識)도 없고, 마침내 유(有)도 없고 마지막에 노사(老死)도 없다고 설했고, 그러므로 이것을 일러 무명을 다하는 것이라고 한 것이다. 또 그 무명을 다하는 것도 없다는 것은 처음에 무지하지 않았으면 그렇듯 허망한 세상이 나타나지도 않았을 테고, 허망한 세상에 살다가 깨달아서 허망한 것을 확실히 보니까 무명(無明)이 없어짐으로써 노사(老死)까지 없어졌다는 것이요, 처음부터 무지하지 않았으면 그것을 다 알 필요도 없었을 것이다. 자신이 처음부터 본래 깨달은 상태와 같은 순수한 진여 상태에 있었다면, 굳이 행(行)이 일어나지 않았을 테고 노사(老死)까지도 일어나지 않았을 것이다. 그렇기 때문에 무명이 다함도 없다고 한 것이다.

한마디로 수행을 통해서 진실로는 무명이 없는데, 무명 때문에 어지러운 세상을 살았구나 하는 깨달음과 아울러 노사까지도 없는 진공묘유(眞空妙有)의 세계를 깨달았을 때, 무명이 다함도 없다는 것을 알게 된다는 것이다. 『반야심경』의 역무무명진(亦無無明盡) 내지(乃至) 무노사(無老死) 역무노사진(亦無老死盡)이라는 대목은 십이연기법을 함축적으로 줄여서 말한 것이다.

무고집멸도(無苦集滅道)는 고집멸도(苦集滅道)가 없다는 말이다. 고집멸도는 부처님께서 보리수 아래에서 정각을 이루신 뒤에 녹야원에서 다섯 비구에게 제일 먼저 설하신 사성제(四聖諦)의 내용이다. 네 가지 위대한 진리인 사성제, 즉 고제(苦諦)·집제(集諦)·멸제(滅諦)·도제(道諦)를 차례대로 살펴보자. 고제는 삶 자체가 고(苦)라는 진리이다. 앞서 이미 밝혔듯이 고(苦)의 산스크리트어 두카(duhka)는 한마디로 무엇이든 하기 어렵고 뜻대로 되지 않는 것을 의미한다. 인생살이를 생각해 보면 시작부터 고(苦)라는 것이 가슴에 와 닿는다. 뜻대로 안 되는 세상, 뜻대로 살아가는 것이 쉽지 않은 게 우리네 인생살이다.

그런데 우리가 인과율로 보면 고제(苦諦)는 결과이다. 다시 말하면 인생이 힘들고 괴롭다는 그 현실을 가져온 원인은 바로 집제(集諦), 즉 아집 때문에 일어난 것이다. 전생부터 익혀온 아집 때문에 그 집착심이 결국 괴로움을 낳는 결과를 가져온다는 것이다. 결과가 먼저고 원인이 뒤로 가는 논법이다. 집착 때문에 괴로움이 일어난다면 어떻게 해야만 집착을 없앨 수 있을까? 집착을 없애면 당연히 괴로움도 사라지는 법이다. 그게 바로 멸제(滅諦)이다. 멸제는 열반, 즉 번뇌의 불길이 사그라진 상태, 열반에 도달한 상태를 의미한다. 그렇다면 열반(nirvana)에 이르기 위해서 어떻게 해야 할 것인가?

그 열반에 이르는 방법이 팔정도(八正道)이다. 바르게 보고[正見], 바르게 생각하고[正思惟], 바르게 말하고[正語], 바르게 행동하고[正業], 바른 수단으로 목숨을 유지하고[正命], 바르게 노력하고[正精進], 참 진리를 기억하고[正念], 바르게 마음을 안정시키는[正定] 팔정도는 욕락(慾樂)과 고행(苦行)의 극단을 떠난 중도이며, 열반에 이르기 위한 가장 합리적이며 올바른 방법이다. 팔정도는 중도사상에 입각한 완전한 수행법이므로 성인의 도라 하여 팔성도(八聖道)라고도 한다. 팔정도는 유에도 무에도 집착하지 않는 중도사상에 입각한 수행법으로서 원시불교의 근본교리를 이루고 있다.

그런데 바르게 본다는 것이 쉬운 일은 아니다. 예를 들면, 퀴리 부부가 라듐원자를 통해서 이전까지는 아무도 알지 못했던 세계를 발견했다. 퀴리 부부가 라듐을 발견하기 이전까지는 뉴턴의 고전물리학, 즉 이 우주는 근본적으로 변하지 않는 실체인 원자로 구성되어 있다는 원자론적 세계관이 정설로 인정되고 있었다. 그런데 퀴리 부부가 라듐을 연구하는 가운데 전혀 새로운 사실을 알게 되었다. 라듐 원자가 알파선, 베타선, 짧으면서도 강력한 X선의 세 가지 광선을 갖고 있을 뿐만 아니라, 라듐에 알파선이라는 광선을 쪼였더니 점점 납으로 변하는 것이었다. 이는 라듐이 납 원자가 되어서 안정상태가 되지만 그렇다고 완전히 절대적으로 정지된 것이 아니고 흔히 말하는 안정된 원자상태를 이룬 것이다. 또한 질소 원자에 알파선을 쪼이니까 산소 원자와 수소 원자로 변하는 것을 알았다. 그 연구 결과, 우주가 영구불변의 원자로 구성되어 있다는 그동안의 학설은 잘못된 이론으로서 거짓이라는 것이 밝혀진 것이다. 실로 퀴리 부부의 라듐 발견은 과학의 대혁명이라고 할 수 있다.

사실 오늘날 과학이 만능인 줄 알고 있지만 과학사를 통해서 보면 거의 다 가설이다. 그 때문에 오늘날 과학자들 가운데 자기가 진리를 말하고 있다고 생각하는 과학자는 그리 많지 않다. 다만 일시적 가설로서 동의할 뿐이고, 얼마 지나지 않아 그 가설은 폐기되고 새로운 학설이 나오게 된다. 과학자들이 수많은 세월 동안 그 엄청난 노력을 기울여서 연구했으면서도 일시적인 가설밖에 알지 못했을 정도로 이 우주를 바르게 안다는 것은 어려운 일이다.

불교에서 '없을 무(無)' 자나 '아니 불(不)' 자를 많이 사용하기 때문에 불교는 허무주의가 아닌가 하고 생각하기 쉬운데, 실상은 우주의 원리를 정확하게 꿰뚫은 말이라고 할 수 있다. 예를 들면, 원자폭탄이 폭발해도 공간 자체는 없어지지도 않고 생겨나는 것도 아니다[不生不滅]. 진공실사(眞空實事)의 깨달음에서 보았을 때 수소, 질소, 산소 등의 원자들은 분명 원자이지만, 그렇다고 그것들이 불변의 원자는 아니다. 그것들은 일시적으로 산소이고 일시적으로 수소이지, 영원한 산소와 수소는 아니다. 산소와 수소가 어떠한 반응에 의해서 질소로 변한다는 것, 그것은 부처님께서 이것이 있으므로 저것이 있고, 저것이 있으므로 이것이 있다고 한 연기법에 이미 잘 설명되어 있다. 연기법이야말로 부처님께서 최초로 밝히신 우주의 생성원리라고 할 수 있다.

무지역무득(無智亦無得)이라 함은 '앎도 없고 또한 얻음도 없다'는 말이다. 여기서의 앎[智]은 산스크리트어 비즈냐나(vijñāna)로서 분별지를 말한다. 말하자면 우리의 주관적 인지를 의미한다. 인식주관인 육근(六根)은 우리에게 속하는 것이고, 인식대상인 육경(六境)은 저쪽 대상에 속하는 것이다. 한마디로 인식을 하려면 주관적으로 뭘가 아는 나와 대상이 있어야만 한다. 그래야만 '이다, 아니다'라는 분별을 할 수 있다. 그런데 인식주관과 인식대상 사이에서 성립하는 지식은 참된 지식이 아니라는 것이다. 그다음 득(得)이라는 것은 지(智)가 없으므로 역시 객관적 대상으로부터 얻는 것도 없음을 뜻한다.

한편 무지역무득(無智亦無得)을 '그러한 모든 것을 알 것도 얻을 것도 없다'고 확대해서 해석하기도 한다. 다시 말하면 오온이 다 공하다는 것을 깨닫고 보면, 허망한 미망세계는 깨치지 못한 오온의 분별지에 의해서 나타났다는 것이다. 사실 완전한 깨달음의 상태, 진공실상에 우리가 도달했을 때는 더 이상 얻을 수 있는 것은 따로 없을 것이다. 만일 얻은 게 있다면 진공실사의 경지라고 할 수 있는데, 그것 역시 얻었다고 생각하면 그 자체가 또 다른 실체를 인정하는 집착심이라고 할 수 있다.

예를 들면 이 책을 누구한테 주었다고 할 때, 사실 우주공간에서 볼 때 있던 위치가 바뀌었을 뿐이지 줄 수 있는 것이 어디 있고, 받을 수 있는 것이 어디 있는가? 그런데 그것을 모르고 '나는 주는 사람이다'라고 생각하며 우월감을 갖기도 하고 '나는 받는 사람이다'라고 하며 열등감을 갖는데 그것이 다 어리석은 미망의 소치이다. 주고받는 것도 없거니와 그로부터 완전히 해방되어야 하는 것이다. 하물며 나는 '득도했다'는 마음도 그 자체가 집착심이라 하지 않을 수 없다. 이처럼 사람들이 '얻었다, 해방됐다, 득도했다' 하는 자체도 아직 득도하지 못했다는 큰 집착심이 있는 것이라고 볼 수 있다. 다시 말하면 우리의 주관적인 입장의 앎[智]과 동시에 거기서부터 얻어질 대상이 둘 다 없다는 것을 의미한다.

6강
궁극적 열반에 이르는 길

이무소득고(以無所得故)
보리살타(菩提薩埵) 의반야바라밀다(依般若波羅蜜多)
고심무가애(故心無罣碍) 무가애고(無罣碍故)
무유공포(無有恐怖) 원리전도몽상(遠離顚倒夢想)
구경열반(究竟涅槃)

얻을 바 없으므로
보리살타는 반야바라밀다에 의지하는 고로
마음이 걸림이 없고, 걸림이 없으므로 두려움이 없으며,
뒤바뀐 허망한 생각을 멀리 떠나 구경열반을 얻느니라.

여기서는 아무것도 얻을 것이 따로 없으므로 구경에는 열반에 이른다는 대목이 중요하다. 먼저 우리는 여기서 무소득(無所得)의 의미를 깊이 음미해야 이 절의 근본 뜻을 새길 수 있다. 무소득이란 결코 재산상의 득실을 의미하는 것이 아니다. 그것은 비득(非得), 즉 아프라프티(aprapti)로서 제법을 결합시키지 않는 활동, 다시 말해서 공성(空性)체험을 통해 우리의 마음속에 티끌 하나의 존재도 머무르지 않는 개방된 공성을 암시하는 것이다.

그것은 마치 현재의 직관 속에서 영원을 동시에 체험하는 상태, 부

연해서 말하자면 과거, 현재, 미래라는 선형적인 시간의 속박으로부터 완전히 자유롭게 된 무소득을 의미한다. 그것은 영원 즉 지금, 지금 즉 영원으로서의 현재 속에서 색(色)이 곧 공(空)이요, 공(空)이 곧 색(色)이라는 걸 직관하는 공성체험을 뜻하는 것이다. 마음이 걸림이 없다고 하는 '심무가애(心無罣碍)', 두려움 없다고 하는 '무유공포(無有恐怖)', 그리고 가장 높은 경지의 '구경열반(究竟涅槃)' 등은 모두 물리적 시간을 초월한 지금 즉 영원의 공성체험과 직결되는 것이다.

칸트나 헤겔 같은 철학자들도 이 세상을 전도된 세계라고 하였다. 우리가 보았을 때도 세상은 뭔가 잘못된 것같이 느껴질 때가 많다. 착하게 사는 사람이 어렵게 살고, 오히려 탐욕이 많고 이기적인 사람이 잘 사는 것을 흔히 볼 수 있다. 아무튼 이 세상은 거꾸로 된 무명으로 얼룩진 세상이라 할 수 있다. 또한 그 무명 때문에 서로 서로가 적이 되고 인생이 괴로움의 바다가 되는 것이다. 특히 오늘의 자본주의 사회와 같은 빈부격차가 심화되는 세상은 이러한 갈등과 반목이 심해진다. 어느 정도 잘 사는 사람들이 사회에 환원시키는 노력을 해야 하는데, 욕심이 또 다른 욕심을 불러일으키기 때문에 빈부갈등은 더욱 깊어지게 되는 것이다.

『반야심경(般若心經)』의 심(心)은 산스크리트어 흐리다야(hṛdaya)의 번역으로 마음이 아니라 심장, 생명을 뜻한다. 하지만 여기 심무가애(心無罣碍)에서 심(心)은 시타(citta)라는 산스크리트어의 번역으로 진짜 마음을 뜻한다. 영어의 마인드(mind)에 해당하는 것으로서, 우리가 무엇인가를 인식하는 것, 좋아하고 사랑하고 슬퍼하는 것 등이 모두 마음의 작용이라 할 수 있다. 여기서 보살은 반야바라밀다에 의지하므로 마음에서 일어나는 모든 의식작용, 마음에서 일어나는 심리적인 갈등 등 모든 것에서 걸림이 없는 상태가 바로 '심무가애'이다.

마음에 걸림이 없으므로 공포가 없고 거꾸로 된 몽상의 세계를 멀리 떠나 궁극적으로는 열반에 들어간다. 그런데 구경열반을 구경의 열반이라 번역하는 이도 있고, 열반의 완성이라 번역하는 이도 있다. 『반야심경』 자체가 지혜의 완성을 말하고 있는데, 여태까지는 전부가 부정사인 불(不)이나 무(無)가 붙어 있었다. 그런데 궁극적으로 열반에 들었다고 번역하든 열반의 완성이라고 하든 이 대목에서는 부정사가 없이 바로 긍정에 들어갔다. 그래서 신중한 학자들은 니르바나라는 말 속에도 부정형이 들어 있는 뜻으로 해석해야 옳다고 주장하기도 한다. 어쨌든 이 말은 함축적으로 니르바나(nirvana)에 들어간다, 즉 열반에 들어간다는 말로서 집착이나 괴로움으로부터의 해탈을 의미하는 것이다. 여기서 한 가지 짚고 넘어가야 할 것은 열반이라는 말이 부처님이 처음 하신 말은 아니라는 점이다. 이 말은 이미 인도 우파니샤드 시대나 베다 시대부터 나온 말이다. 그들이 니르바나라는 말을 언제 사용했는가 하면 윤회전생으로부터의 해탈을 뜻할 때 사용했다.

우리는 곤충이나 동물들에게 심하게 시달리지 않아서 내가 죽어 동물이 된다거나 다른 곤충이 된다는 생각을 별로 중하게 생각지 않거나 적어도 하지 않고 살아왔다. 그러나 인도의 상황은 그렇지 않다. 커다란 모기에게 쏘여 말라리아에 걸려 죽는가 하면 곤충과 동물들이 서로 잡아먹고 잡아먹히는 현장에서 살고 있다. 그 때문에 인도에 있어 윤회전생보다 더 무서운 현실은 없다고 할 수 있다. 인도인들에게 있어 니르바나, 즉 열반이라는 말은 괴로움의 세계가 반복되는 무서운 윤회전생으로부터의 해방을 의미한다.

그런데 윤회설은 불교의 독점물도 아니고, 그렇다고 해서 인도만의 것도 아니다. 일찍이 서양 고대철학자들, 소크라테스나 플라톤, 특히 피타고라스학파는 우리의 일생을 일회적인 것으로 보지 않았다. 그들이 말한 파라다이스는 피안의 세계를 의미하는데, 전생의 이데아의 세계에 있었던 사람이 어떤 죄업으로 육신의 옷을 입고 이 세상에 왔지만, 빨리 이 육신으로부터 해방이 되어 다시 고향으로 돌아가야 한다는 것을 주장한다. 플라톤은 『파이돈』에서 철학을 죽음의 연습(practice of dying)이라고 말하고 있다. 죽음을 두려워하지 않는 연습, 다시 말해서 죽음으로부터 해방될 수 있는 훈련이 철학이라는 것이다.

마음이 걸림이 없으므로 두려움이 없으며, 뒤바뀐 허망한 생각을 멀리 떠나 구경열반을 얻는다는 대목에서의 두려움은 대상이 없는 두려움이다. 즉 호랑이가 무섭다든가 개가 무서운 것처럼 대상이 있어서 두렵고 무서운 것은 실상 별문제가 안 된다. 그러한 대상은 얼마든지 피할 수 있기 때문이다. 정작 무서운 것은 그냥 이유 없이 불안한 것이다. 아니 사실은 이유가 없는 게 아니다. 우리가 평소에는 의식하지 않아 잘 모르는데, 무의식중에 항상 죽음을 의식하기 때문에 근심걱정이 떠날 날이 없는 것이다.

집안에서도 가족들은 서로 무슨 사고가 없기를 기원하면서 누군가가 잘못되지 않나 하고 불안해할 때가 많다. 특히 오늘날과 같이 복잡다단한 세상에서 아무 사고 없이 산다는 것은 쉬운 일이 아니므로 그러한 불안과 공포를 느끼게 되는 것이다. 그렇듯이 알고 보면 불안이나 두려움은 궁극적으로 죽음으로부터 오는 것이다. 그런데 죽음이라는 것은 물적인 대상이 아니다. 프로이드(S. S. Freud)와 같은 심층심리학자들은 생의 본능을 죽음의 본능이라고 하여 인간 심리의 양면성, 즉 이중성을 주장하기도 했다.

인간은 심층의식 속에 파괴의 본능을 갖고 있기 때문에 사람들은 잠시라도 가만히 있으면 권태감을 느껴 어떤 일을 저지르는 경우가 많다. 그래서 역사적으로 만인의 만인에 대한 투쟁은 계속되어 왔고 끊임없이 전쟁을 일삼아왔으며, 지금까지도 국지적인 전쟁은 계속되고 있다. 그처럼 프로이드에 의하면, 인간은 남을 쓰러뜨리고 파괴하려고 하는 좋지 못한 본능을 갖고 있다는 것이다.

각설하고, 부처님께서는 인간의 근본적인 두려움의 대상인 죽음을 극복하는 일이 중생제도의 길임을 깨닫고, 죽음을 극복하게 위해 왕자의 자리를 버리고 출가의 길을 떠났다. 부처님이 정각하신 후 녹야원에서 다섯 비구에게 최초의 설법을 하신 내용이 비유비무(非有非無)의 중도사상과 고집멸도(苦集滅道)의 사성제에 대한 것임을 보아도, 부처님과 당시 수행자들의 한결같은 고민이 죽음에 대한 괴로움의 극복이었음을 잘 엿볼 수 있다.

모든 인간의 실존적 고통인 죽음은 운명적인 생의 집착에서 오는 것이다. 물론 이것은 예나 지금이나 다를 바 없다. 부처님께서는 "비구들이여, 고(苦)가 생기는 성제(聖諦)란 이것이다. 쾌락과 탐욕을 일으켜 후유(後有), 즉 재생에로 이끄는 갈애가 그것이다. 그것은 욕(欲)의 갈애, 유(有)의 갈애, 무유(無有)의 갈애이다."라고 하셨다. 이것은 인간이 자기의 존재를 계속하고자 하는 갈애 때문에 괴로움이 일어난다는 말씀을 역설한 것이다. 태어나고 늙고 병들고 죽는 네 가지 근본 괴로움에다 구하는 것을 얻지 못하는 괴로움, 사랑하는 사람과 헤어질 수밖에 없는 괴로움, 미워하는 사람과 만나는 괴로움, 이 몸이 있기 때문에 일어나는 괴로움 등 여덟 가지 괴로움이 생기는 원인은 바로 자기 자신을 영원한 실체라고 믿는 집착심에서 오는 것이다.

부처님께서는 "비구들이여, 고(苦)를 멸하는 성제란 이런 것이다. 즉 갈애를 남김없이 버리고 단멸하고 떠나 이미 아무것에도 집착하지 않는 것에 이르는 것이다. 이것이 멸제(滅諦)이다. 비구들이여, 고의 멸진에 이르는 도(道)의 성제란 바로 이 거룩한 팔정도이다."라고 하신 초전법륜은 한마디로 고(苦)에서 해탈하는 길이요, 열반적정에 도달하는 길이다.

그런데 여기서 한 번 더 짚고 넘어가야 할 것은, 쾌락주의와 고행주의라는 양 극단을 버리고 중도를 취해야 한다는 점이다. 이 말은 곧 극단적인 현세주의도 극단적인 현세 부정주의도 다 떠난 중도로써 팔정도를 행해야 갈애의 불을 끄고 진정한 열반에 이를 수 있다는 말이다. 이것은 결코 허무주의를 말하는 것이 아니다. 일반적으로 사람들은 살아야 한다는 생각을 극대화하여 극단적인 탐욕과 집착으로 가득 찬 삶 아닌 삶, 즉 왜곡된 삶을 살고 있기 때문에 괴로움을 생산하고 있다. 사람은 두 극단을 버리고 그러나 그 양쪽의 좋은 점은 살려 평상심으로 돌아가 무상무아의 마음으로 살 때, 진정한 삶, 더 나은 삶을 영위할 수 있다는 것을 자각해야 할 것이다.

7강
완전한 깨달음을 얻는 길

삼세제불(三世諸佛) 의반야바라밀다(依般若波羅蜜多)
고득아뇩다라삼막삼보리(故得阿耨多羅三藐三菩提)

삼세의 모든 부처님께서도 반야바라밀다에 의지한 고로
절대적인 완전한 깨달음을 얻었느니라.

삼세(과거·현재·미래)의 모든 부처님도 반야바라밀다에 의지함으로써 아뇩다라삼먁삼보리(阿耨多羅三藐三菩提, ānuttarā samyaksambodhi), 즉 더 이상 위가 없는 진리인 완전한 깨달음에 이르렀다는 말을 이해하기 위해서는 먼저 삼세에 대해 알아야 한다.

불교에는 과거라는 시간, 현재라는 시간, 그리고 미래라는 시간이 따로 있다는 방식의 시간관을 갖고 있지 않다. 우리가 흔히 생각하는 과거라는 것이 사실 어디에 따로 있다는 말인가? 다만 과거는 현재에 있어서 우리의 기억 속에 있을 뿐이다. 그렇기 때문에 불교에서는 영원의 지금이라는 말을 쓴다. 과거가 따로 있고 미래가 따로 있고 현재가 따로 있는 것이 아니라, 지금이라는 현재 속에 기억과 직관과 기대가 있을 뿐인데, 사람들이 시간을 마치 자로 재듯이 과거·현재·미래로 나누고 있다. 이것은 찰나 즉 영원이라는 말이다. 삼세라는 개념은 역사적 흐름 속에서 수치적으로 파악되는 시간 개념이 아니라 무한을 지향하는 독특한 인도적 사유에서 파악되어야 한다. 만일 그렇지 않고 시간을 과거·현재·미래로 나눈다면 불교의 교리는 다 무너지게 된다. 따라서 삼세제불은 현재와 과거와 미래가 모두 다 영원한 지금에 공존하고 있다는 사상으로 이해되어야 한다.

우리는 앞에서 무소득의 경우도 시공관이 중요하다고 했는데, 잠시 아인슈타인의 견해에 귀 기울여보자. 뉴턴의 고전물리학을 뛰어넘어 현대물리학에 일종의 혁명을 불러일으킨 아인슈타인의 특수상대성여론과 일반상대성이론은 결국 공간·시간론이다. 과학자 중에서 시간과 공간에 대해 가장 많은 연구를 했다고 할 수 있는 아인슈타인은, 마치 불교 교리를 깨달은 것처럼 과거·현재·미래라 구분 지어 부르는 시간은 매우 고집스러운 환상에 불과하다고 주장하였다.[27] 그러기에 그는 현대과학시대에 걸맞은 종교는 불교라고 말하였다.

그리고 아인슈타인에 관한 이야기를 한 가지 더 하자면, 그는 모차르트(W. A. Mozart) 음악을 열광적으로 좋아했고 또한 인간 모차르트를 상당히 좋아했다고 한다. 아인슈타인이 모차르트를 좋아한 이유는 모차르트가 생에 탐욕적으로 매달리지 않고 초연했고, 그의 음악사에 유례가 없는 직관적 생동감을 줌으로써 무아의 경지로 인도하였기 때문이다. 실제로 모차르트의 어느 음악을 들어보아도 자유자재함이 느껴진다. 그의 음악 속에는 어떤 매달림이라든가 집착이 전혀 느껴지지 않는다. 모차르트는 18세기에 살았고, 아인슈타인은 20세기를 산 사람이지만, 그들은 인생 자체를 절대로 어떤 실체적인 것으로 여기지 않고 살았음이 엿보인다.

---

[27]_ 선종의 3조 승찬스님은 『신심명(信心銘)』에서 "언어의 길이 끊어지니 과거·현재·미래가 아니다[言語道斷 非去來今]."라고 했다.(양현진 주)

아인슈타인이 과거·현재·미래가 환상에 지나지 않는다고 말한 것처럼, 모차르트 역시 그의 짧은 생애가 말해 주듯이 인생이란 긴 시간 동안 자기 아집에 의해서 지속되는 것이 아니라고 여겼다. 그 때문에 모차르트는 대부분의 다른 사람들과는 달랐다. 그는 '나라는 것을 고집스럽게 유지하려고 노력하면서 가능한 한 장수하려고 하는 보통 사람과는 달랐다는 이야기이다. 모차르트는 35세에 생을 마감하였다. 그러나 그는 600여 개의 주옥과 같은 신성하면서도 우아한 예술작품을 남겼다. 성년기를 10여 년으로 본다면 일주일에 한 곡씩을 작곡한 셈이다. 그는 35년을 하루같이 산 사람이다.

아무튼 아인슈타인과 모차르트는 그 삶에서도 상당히 비슷한 점이 많았다. 그 두 사람의 생애를 보면 둘 다 영원한 소년과 같이 살았다. 어떤 아집을 고정시켜 놓고 거기에 매달려 집념 속에 살지 않았다는 말이다. 이처럼 아인슈타인이나 모차르트같이 서양의 과학자나 예술가 중에는 우리 동양인처럼 아니 오히려 동양인 이상으로 무아의 경지에서 자유로운 일생을 보낸 이가 적지 않다. 요컨대 참나[眞我] 속에서 영원을 산 사람들이다.

일찍이 인도철학에서는 브라만을 우주적 진동, 우주적 맥동, 우주적 대기, 우주적 호흡이라고도 하였다. 한 개인의 맥동치는 심장의 진동현상을 확대한 것이 우주라고 보는 시각은, 현대 양자역학에서 진동파를 에너지의 진동파로 보고, 진동하는 덩어리를 양자라고 하는 견해와 그 맥락을 같이 한다. 그러니까 고정된 실체로서 원자라는 개체적 존재가 있는 것이 아니고, 서로서로가 영향을 주면서 진동하고 있는 현상만 있는 것이다. 이를테면 바닷물이 넘실거릴 때, 어느 물의 입자 하나를 잡을 수 있는 것이 아니라 서로 모여 서로 진동할 뿐이다. 그래서 높이 올라가면 높은 파도가 되고, 낮게 내려가면 낮은 파도가 되는 바닷물의 파동처럼 에너지가 임시로 생기는 것이다. 그리고 얼마 안 가서 다시 사라진다.

동서를 불문하고 시간관에 있어서 시간의 길고 짧음이 있다고 생각하는 그러한 물리적 시간의 생각 때문에, 순간에 물거품처럼 사라지는 연속적인 사건의 흐름을 고정된 개체가 있는 것처럼 착각하는 것이다. 사실 천 년이나 만 년과 같이 우리 기준으로 보아서 긴 시간도 우주적인 시간으로 볼 때는 찰나와 같은 것이다.

그렇게 실체가 없고 고정된 독자적 존재가 없다는 것이 공이다. 그런데 문제는 지금 이렇게 있는 것처럼 보이는 나라는 것에 대한 집착심에 있다. 이 집착하는 마음 때문에 많은 환상을 일으켜서 고집스럽게 자기라는 것을 실체화시켜 그것을 유지하려고 애쓰다 보니, 왜곡된 무명의 인간으로 변해 있는 상태가 되는 것이다. 그것이 바로 본디 불성을 간직한 인간이 무명에 의해서 육도를 윤회하는 중생의 모습으로 살아간다는 것이다.

이렇듯 현대물리학의 연구 성과는 이미 불교에 언급되어 있고, 점차 나아갈수록, 그리고 인간이 점점 진보할수록 불교의 이치를 깨닫는 이들이 많아질 것이다. 한마디로 무아 즉, 자기 자신의 아집을 버리고 우주는 서로서로 연관된 것이라는 연기법을 깨달을 때, 인간 세계에는 더 이상 다툼과 반목이 없어질 것이요, 불교에서 흔히 말하는 세계일화(世界一花), 즉 세계는 한 송이 꽃이 될 것이다.

산스크리트어인 아뇩다라삼먁삼보리(anuttarā samyaksambodhi)는 한문 경전에는 무상정등각(無上正等覺)으로 주로 번역되는데, 정변지(正遍知)라고도 한다. 정등각이 '바를 정(正)' '깨달을 각(覺)' 자로 되어 있으니까 바른 깨달음이라고 오역하는 경우가 있는데, 이는 그 뜻만이 아니다. 정등각은 더할 바 없는, 더 이상 위 없는, 그래서 원만하고 동등한, 절대적으로 완전한 깨달음을 의미한다.

실상 깨달음이라는 말을 생각해 보면 여러 가지의 뜻이 있다. 우리가 모르는 것을 조금 알게 된 것도 깨달았다고 할 수 있으며, 또 잘못된 일을 스스로 반성하는 것도 깨닫는 것이다. 그러나 정등각에서의 깨달음, 즉 과거·현재·미래의 모든 부처님의 깨달음은 부처임을 증명하는 깨달음이기 때문에 절대적으로 완전한 깨달음을 의미한다.

8강
무엇과도 견줄 수 없는 최고의 주문

고지(故知) 반야바라밀다(般若波羅蜜多)
시대신주(是大神呪) 시대명주(是大明呪)
시무상주(是無上呪) 시무등등주(是無等等呪)
능제일체고(能除一切苦) 진실불허(眞實不虛) 고설(故說)
반야바라밀다주(般若波羅蜜多呪) 즉설주왈(卽說呪曰)
아제아제 바라아제 바라승아제 모지 사바하(揭諦揭諦 波羅揭諦 波羅僧揭諦 菩提娑婆訶)

그러므로 알아라. 반야바라밀다,
이것은 거대한 주문이고, 위대한 밝은 주문이며,
위없는 주문이고, 그 무엇과도 견줄 바 없는 주문이다.
능히 모든 괴로움을 없애고 진실하여 헛되지 않는
반야바라밀다 주문을 설하노라.
곧 주문을 '아제아제 바라아제 바라승아제 모지 사바하'라고 설하셨다.

이 대목부터는 『반야심경』의 대단원 내지는 총결 부분이라 할 수 있다. 한마디로 『반야심경』의 결론 부분이다. 여기서 '그러므로 알아라[故知]'라는 말은, 그 말 자체에 큰 의미가 있다. 즉 이 말 속에는 두 가지

의미가 있는데, 하나는 공(空)의 철학이요, 다른 하나는 만트라(mantra: 신성한 말)의 신비적 직관이다. 만트라는 진언(眞言)을 말하는데 일종의 주문(呪文)으로서 어떤 초월적인 신통력과 같은 것을 기대하는 것이다.

반야바라밀다의 힘이 무진장 크고 엄청나게 대단한 주문이라는 것에게 비유한 말이다. 왜 부처님은 반야바라밀다를 주문에 비유하였는가? 그만큼 반야바라밀다가 최고 중에 최고요 보물 중에 보물이기 때문이다. 그러면 왜 반야바라밀다가 그토록 위대한 주문인가? 그것은 중생에게 위대한 지혜로 저 언덕(열반)에 이르는 길을 설해 주기 때문이다. 그리고 보면 고지(故知) 이전까지는 공을 말하고, 그 이후는 만트라를 표현하고 있다. 결국 반야바라밀다는 주관과 객관을 초월한 최고의 진실한 세계요, 반야바라밀다의 지혜는 곧 공의 철학과 진언의 신비적 세계를 동시에 깨달을 수 있는 지혜이다. 그러므로 이처럼 반야바라밀다는 공의 사상과 최상의 주문임을 차례차례로 밝혀나가고 있다.

1995년 일본 고베 대지진이 났을 때, 그 지진의 상처가 남은 현장에서 『반야심경』을 독송하고 있는 모습이 텔레비전 화면으로 방영된 적이 있다. 그처럼 『반야심경』은 우리나라뿐만 아니라 일본, 중국 등 모든 불교국가에서 독송하는 중요한 경전이다. 그런데 우리는 부처님을 향해서 『반야심경』을 독송하지만, 일본 사람들은 그것은 절대 부당한 일이라 하여 부처님 앞에서는 독송하지 않는다. 그 이유는 부처님 앞에서 『반야심경』을 독송하는 것은 수행자 혹은 불제자가 부처님에게 설법하는 것과 같으므로 부처님을 향해서는 『반야심경』을 독송하지 않는다는 것이다.

그러나 부처님을 향해서 할 때는 『반야심경』을 하나의 만트라, 즉 진언으로써 독송하는 것이다. 사실 『반야심경』 원문에는 경(經)이라는 말이 없었다. 그리고 엄격하게 보면 제일 뒤에 나오는 '아제아제 바라아제'

가 만트라이므로 '반야심경'이 아니라 '반야심경 만트라'라고 했어야 한다는 설이 나올 정도로 이 대목은 『반야심경』에 있어서 요체라고 할 수 있다. 꼭 그렇다고 할 수는 없지만, 『반야심경』은 일종의 만트라로서 비밀불교라고 할 수 있다.

부처님께서는 반야부를 설법하시는 데 21년이라는 긴 시간이 걸리셨다. 여러 경 가운데 가장 오랫동안 반야부를 설하신 것이다. 이 말은 곧 반야부가 제일 어려우면서도 가장 중요한 불교의 핵심이 들어 있다는 것을 추정할 수 있다. 그런데 『반야심경』을 보면 처음 '관자재보살 행심반야바라밀다시 조견오온개공 도일체고액 사리자여'까지 전문에 해당되는 부분과, 지금 이야기할 총결 부분인 '고지 반야바라밀다…'를 **빼면** 모두 『대반야경』에 나오는 말씀이다. 한마디로 『반야심경』은 『대반야경』의 핵심만 간추린 다음에 만트라를 덧붙인 것이다.

그런데 『반야심경』에서 유별나게 강조하고 있는 만트라는 실상 부처님께서 처음에는 부정한 것이다. 베다철학이나 그 이전의 인도 사상이 갖고 있던 만트라는 일종의 미신적인 경향이 있음을 부인할 수 없고, 그 때문에 부처님께서도 만트라를 부정했다. 그럼에도 불구하고 『반야심경』은 만트라를 받아들인 대표적인 경전이라 할 수 있다. 그에 대해 약간의 부연 설명이 필요하다.

흔히 인간 존재는 몸[身]과 입[口]과 마음[意]이 짓는 세 가지 업으로 구성되어 있다고 한다. 그런데 우리 몸을 경전에서는 법신(法身)이라고 표현하기도 한다. 법신의 법(法)이란 존재라는 뜻도 되지만 부처님 말씀, 진리라는 뜻도 있다. 그러나 법신이라는 말은 궁극적으로 이 몸 자체가 진리의 당체(當體), 즉 진리의 본체임을 뜻한다. 우리의 몸 자체가 전 우주의 진리의 축소판이라고 본다는 것이다.

서양철학에서는 인간을 소우주(micro cosmos), 우주를 대우주(macro

cosmos)라고 한다. 인도철학에서도 일찍이 아트만[我]과 브라만[梵]의 경우를 들어 소우주와 대우주의 일치사상인 범아일여(梵我一如) 사상을 정립하기에 이르렀다. 불교에서도 우리 몸을 전 우주의 축소판으로 보아서, 전 우주의 진리가 우리 인간의 법신 속에 다 들어 있다고 본다. 그렇지만 여기에서 법신은 눈앞에 드러난 신체를 일컫기보다는 이 신체가 진리를 내포한다는 내재적 의미가 강하다. 우리 인간이 모두 불성을 가지고 있고, 진리의 본체임을 비밀리에 간직하고 있으며, 그 비밀이 드러나면 우리 몸 자체가 부처님이 될 수 있는 몸이라는 것이다.

이어서 입에 관하여 살펴보면, 우리의 입을 통해서 언어가 나온다. 사실 언어만큼 신비로운 것이 없다. 언어를 통해서 사람들은 대화를 나누고 서로 정보를 교환하며, 지식을 주고받으면서 인간생활이 영위되어 나간다. 문화를 창조하는 것도 넓은 의미에서는 언어가 있기에 가능한 일이고, 종교 역시 문화의 한 분야로서 언어가 없다면 널리 전파될 수 없을 것이다. 결국은 진리라는 것도 언어를 통해 표현되고 그 의미가 밝혀지는 것이 사실이다.

그러나 일찍이 선불교에서는 불립문자(不立文字) 직지인심(直指人心)이라 하여 언어를 배척한 듯 보이지만, 조사스님들 역시 조사어록을 남겨 깨달음의 길을 보여주었다. 그러므로 선어(禪語)의 힘은 그만큼 큰 것이다. 그런데 진실과 허위, 참말과 거짓말을 나누는 것 자체는 이분법적인 분별지라고 볼 수 있다. 아무튼 언어에는 주관과 객관을 나누는 분별지의 언어가 있고, 선어와 같이 무분별지의 언어가 있다. 따라서 선어는 주객 분리를 초월한 직관지로서 신비로운 힘을 갖고 있다.

그러고 보면 언어뿐만 아니라 이 세상 모든 것이 다 비밀스러운 것이다. 서양의 철학자 헤라클레이토스는 일찍이 "자연은 숨기를 좋아한다." 라고 설파하였다. 자연은 무엇인가 손에 잡힐 듯하면서도 숨은 비밀의 세계를 함축하고 있다. 과학자들은 자연은 원자로 이루어졌다고 말하지만, 우리는 원자를 볼 수 없다. 부처님께서 설파하신 제행무상(諸行無常), 제법무아(諸法無我)의 진리는 그러한 자연의 신비를 표현하고 있다.

마지막으로 마음[意]을 살펴보면, 이 마음이라는 것은 알 수도 없고 헤아릴 수도 없는 것이다. 심지어 마음을 일으키는 당체인 자기 자신도 자기의 마음을 알 수가 없다. 내 신체가 법신(法身)인 것도 모르고, 내가 말하는 언어가 위대한 진리의 지시체인 줄도 모르고, 또 내 마음 자체가 여전히 진리의 당체인 줄도 모르는 것이다.

『반야심경』은 결국 몸과 입과 마음으로 지은 삼업의 존재인 우리에게 내재한 비밀한 진리를 드러내어 모든 괴로움으로부터 해탈하는 길을 설하고 있는 것이다. "그러므로 반야바라밀다, 이것은 큰 신비로운 주문이며, 큰 밝은 주문이며, 위 없는 주문이며, 무엇에도 견줄 수 없는 주문이므로 능히 모든 괴로움을 없애느니라."라는 구절도 주문의 비밀스러운 직관적인 힘을 설파하고 있는 것이다.

주문이란 본래 입을 통하여 소리를 발함으로써 우주의 근원 에너지를 빨아들인다는 뜻이다. 신성한 말인 주문은 예로부터 경이와 미스테리의 근원이었다. 베다철학의 만트라 사상부터 불교에 이르기까지 소리와 그 신비의 영원성에 대한 사상이 있어 왔다. 인류가 가장 위기에 처했을 때, 가령 난치병에 걸렸다거나 몇 분 내로 죽는 독사에 물렸을 때, 사람들은 주문으로 그 상황을 모면하려 했다. 포탄이 터지고 총알이 비 오듯 하는 전쟁터에서 '부처님!', '관세음보살!', '어머니!'라고 외치는 소리는 말 그대로 진짜 진언이다. 그런 위기를 체험해 본 사람만이 진실이 무엇이고 간절한 믿음이 무엇인지를 알 수 있다.

불국사 석가탑 속에 비밀리에 다라니경을 넣어 비밀스럽게 숨겨둠으로써 전 신라 국민이 구제를 받는다고 믿었던 것도 모두 주문의 상징적 의미에서 비롯된 것이다. 불교에서 말하는 염불을 생각해 보자. 관세음보살, 또는 석가모니불을 염불할 때, 그것은 곧 일종의 다라니로써 비밀스런 믿음을 가지고 염송을 계속함으로써 염력을 얻어 소원을 성취하게 되는 것이다. 그렇게 염력이 집중되면 마음에 모든 번민이나 스트레스나 번거로운 마음이 다 사라지면서 오로지 관세음보살, 부처님에게로 마음이 하나로 모아져 신비로운 초능력과 같은 것을 일으키게 되는 것이다. 그 때문에 어머니의 염력이 전쟁터의 아들에게까지 미치고 그 힘으로 아들이 전쟁터에서 살아서 돌아왔다고 하는 이야기가 종종 전해지고 있다.

이 얘기는 단순히 미신이라고 단정해서는 안 된다. 왜냐하면 물질적 에너지도 실제로 볼 수 없는 것이기 때문이다. 우리가 요즘 말하는 전자도 실제로 보았다는 과학자는 없다. 그러나 우리는 전자의 상호작용에 의해서 텔레비전을 보고 오디오를 듣는다. 그러므로 전자는 없으면서도 있고 있으면서도 없는 것이다. 『반야심경』에서 말하는 진언의 세계도 이와 비교해 볼 수 있다. 염력이라는 것도 뭔가 구체적으로 제시할 수는 없지만, 열심히 기도하고 염불하면 스스로 체험할 수 있다. 하지만 자칫 잘못하면 미신적 요소가 개입될 수도 있기 때문에 경계를 해야 되는 것이다.

한편 일부 학자들은 대신주(大神呪)라는 말은 소승인 성문(聲聞)의 진언이고, 대명주(大明呪)라는 말은 중승인 연각(緣覺)의 진언이라고도 설명한다. 그러므로 성문의 진언인 대신주보다 연각의 진언인 대명주가 더 높은 진언이라 할 수 있다. 또한 이 대신주와 대명주는 성문과 연각의 진언이라 하여 소승의 주문(呪文)이라고도 한다. 이에 비해 무상주(無上呪)와 무등등주(無等等呪)는 대승의 단계라고 하여 대승의 진언이라 하고 비장(秘藏)의 진언, 말하자면 비밀의 진언을 뜻한다. 반야바라밀다(般

若波羅蜜多)는 소승의 주문과 대승의 주문을 초월한 그 무엇에도 견줄 수 없는 주문이기에, 능히 일체의 모든 고통을 소멸시킨다고 거듭 강조하고 있다.

진실불허(眞實不虛), 즉 진실하여 헛되지 않다는 것은 무슨 뜻인가? 여기서 진실이라는 말은 허위와 진실의 그런 이분법적인 진실을 의미하는 것이 아니다. 불교에서는 참과 거짓, 선과 악, 미와 추를 구분하는 것을 분별지라 하며, 동시에 그 분별지는 또 다른 하나의 허위라고 보는 것이다. 우리가 말하는 선악과 미추는 우주적인 차원에서 보았을 때는 인간의 주관적인 상대적 가치밖에 안 될 뿐이다. 그래서 『반야심경』에서는 상대적 가치를 초월한 경지인 공(空), 즉 중도(中道)에 의해서 분별지가 무분별지인 프라즈나(Prajñā), 즉 반야지(般若知)에 섭수(攝受)되는 것을 밝히고 있다. 그리하여 진정으로 진실하여 헛되지 않은 반야바라밀다를 설하는 것이다.

'아제아제 바라아제 바라승아제 모지 사바하'는 불교를 잘 모르는 사람도 들어본 주문일 것이다. 반야바라밀다의 주문인 '아제아제 바라아제 바라승아제 모지 사바하'는 산스크리트어 발음으로는 '가테 가테 파라가테 파라상가테 보디 스바하(gate gate pāragate pārasaṃgate bodhi svāhā)'이다. 이는 언어 자체가 의미를 갖지 않는 완전한 주문, 기원을 의미하는 것이다. 일반적으로 진언이나 주문은 주로 번역을 하지 않지만 가끔 이 문장은 번역을 하기도 한다. '아제(gate)'는 '가자'를 의미한다. 괴로움에서 해탈로 가고, 혼란스러움에서 고요한 명상으로 가는 것이다. '아제아제(gate gate)'는 '가고 또 가자'를 의미한다. '바라아제(pragate)'는 '저 너머, 피안으로 가다'를 의미한다. '바라승아제(pārasaṃgate)'는 '완전히 피안에 가다'를 말한다. 보리(bodhi)는 '깨달음'을, 사바하(svāhā)는 '이룸'을 의미한다. "일체의 소원을 이루게 해주십시오."란 말로서 기독교의 아멘과 같은 말이다. 이 진언을 굳이 번역하자면 "가자 가자 피안으로, 피안으로 아주 가자, 깨달음을 이루기를"을 의미한다.

그런데 일본의 불교학자 나카무라(中村元, 1912~1999)는 '가테 가테'를 '주하는 자여 주하는 자여'라고 상징적으로 번역하기도 했다. 한편 '가테'라는 말을 '도달했을 때'라고 하여 지혜의 완성이라는 의미로 함축적으로 해석하기도 한다. 이기영(李箕永) 박사는 산스크리트어 원문『반야심경』을 번역하면서 이 부분을 "가신 분이여, 가신 분이여, 깨달음이여, 행운 있으라. 여기 지혜완성의 마음을 끝낸다."라고 번역하였다.

『반야심경』은 반드시 산스크리트어 원문을 참조할 필요가 있다. 내용상으로는 큰 차이가 없지만 언어마다 뉘앙스의 차이가 있기 때문이다. '가테'라는 말에는 '가다'라는 의미가 함축되어 있다. '가다'라는 말은 여러 가지로 깊은 뜻을 갖고 있다. 세상을 살아간다는 것이 결국 우리가 인생길을 걸어가는 것이 아닌가? 궁극적으로 우리가 가고자 하는 곳이 지혜의 완성 곧 성불해서 완전히 번뇌로부터 해방되고 붓다가 되는 경지가 아니겠는가? 그런데 여기서 주의할 것이 있다. '가신 분이여'라고 번역할 때 우리가 어디로 가겠는가? 지혜를 완성해서 저편 피안에 도달하는 것처럼 보이지만 실상 피안은 우리 자신에게 이미 깃들어 있다. 우리의 법신 속에 불성이 들어 있고, 우리가 입을 가지고 있는 이상 그러한 위대한 언어를 가지고 있으며, 우리가 마음을 가지고 있는 이상 위대한 자비심을 갖고 있는 본래 완전한 존재이다.

결국 여행을 떠난 벗이나 사랑하는 애인이나 사랑하는 어머니가 '무사히 도착하기'를 기원하는 마음을 확대해서 일체중생이 다 궁극적인 반야바라밀다에 이르는 것을 말하고 있다. 다시 말하면 피안은 이 세상이 아닌 또 다른 세상을 말함이 아니다. 사실은 미망 때문에 차안(此岸, 이 세상)과 피안(彼岸, 저 세상)을 나누어 생각하는 것이며, 반야바라밀다의 세계는 범인들의 차안과 피안을 초월한 절대적인 자유의 세계를 의미한다. 결국 우리가 "위로 깨달음을 추구하고 아래로 중생을 교화한다."라는 것은 모든 중생이 다 구제되기를 기원하는 것이다. 따라서 『반야심경』은 그러한 궁극의 이상세계로 나아가는 길을 밝혀주는 경전이다.

『반야심경』은 무명인 중생에게 위대한 지혜로 이르는 길을 안내해 주는 구원자 역할을 한다. 『반야심경』은 모든 것이 공하다는 진리를 깨닫게 되면 분별과 집착에서 벗어나 완전한 깨달음에 이를 수 있다는 것을 가르쳐준다. 260자로 된 가장 짧은 불교경전인 『반야심경』은 마치 주문처럼 괴로움과 수렁에 빠진 중생을 구제하는 신령스러운 초능력의 힘을 갖고 있다.

3부
철학, 과학과 불교를 만나다

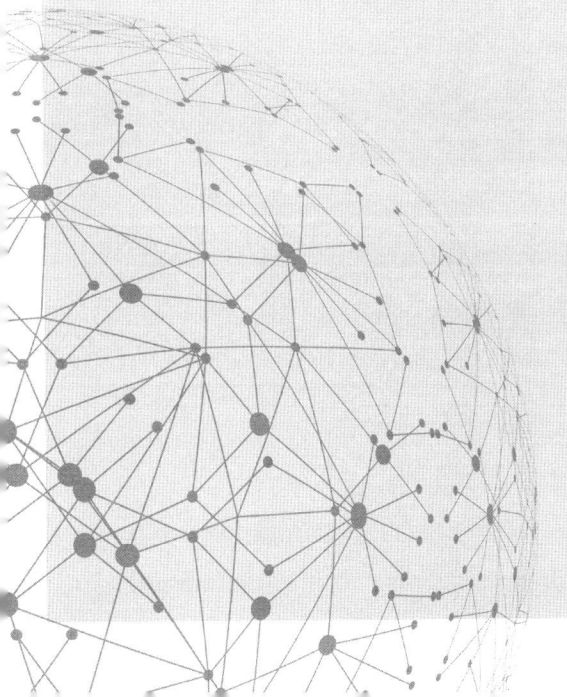

1강
서양철학과 불교의 만남[28]

1. 현대철학과 불교의 만남

　현대 과학문명에 힘입어 우리는 막대한 물질적 풍요를 누리고 있다. 하지만 경제적 풍요를 나타내는 국민총생산과 국민소득은 애초부터 인간다운 삶의 질을 위해 내포된 질적 개념을 누락시킨 외연의 양적 개념에 불과하였다. 따라서 몇몇 지성들은 현대인들이 물질을 극단적으로 숭배하게 되면서 마침내 인간 주체까지도 물량적 객체로 편입시킴으로써 인격적 가치가 몰락당한 채 인간은 양화된 제3인칭, 대중이라는 집단으로 퇴락하기에 이르렀다고 탄식하기 시작하였다. 이로부터 인간의 질적 내포의 세계로 눈을 돌린 것이 이른바 반주지주의(反主知主義)로 불리는 인간학, 심층심리학, 현상학, 실존철학 등이다. 이것은 인간 귀환의 운동이다. 그러나 이것은 상실된 인간 주체를 회복하려는 서유럽의 전통적인 합리주의의 아들들이라는 것을 잊어서는 안 된다.

　동양에서는 일찍이 2,500여 년 전 인도의 카필라 왕국의 태자였던 고타마 싯다르타 붓다가 인간의 전 우주적 생명의 근원을 파헤쳐 전 중

28_ 「서양철학과 불교」, 〈동대신문〉 1973년 5월 8일 자 기고문을 다듬었다.

생의 구제를 위한 대진리와 대지혜를 인류에게 남겨주셨다. 오늘날 유럽 철학자들은 불교의 진리와 지혜가 인간 회복의 시도와 일치함을 깨닫기 시작하였고, 그에 따라 서구인들도 동양의 정신문화를 사랑하기 시작하였다. 그 때문에 현대는 '동서의 만남의 시대'라고도 한다. 이제 이들의 대화를 알아보기로 한다.

2. 쇼펜하우어와 불교

인간은 황량한 땅 위를 가야 하는 일도 있고 문화의 꽃이 피는 생활을 보낼 수도 있다. 그러나 어느 길도 인간에게 있어서 안전하거나 충분하다고 할 만한 경지는 아니다. "기쁨이 없는 어두컴컴한 속에 얼마나 많은 위험에 퇴색되어 가며 인간은 그 짧은 순간의 생을 지내고 있단 말인가?(T. Lucretius)", "대다수 사람의 생활은 자신의 생존이 결국 상실되고 말 것을 알고 있으면서도 보존하려고 끊임없는 투쟁을 하는 것에 불과하다. 그들은 무엇 때문에 이와 같은 괴로운 싸움을 계속하면서 생존을 지속하려 하는가?(A. Schopenhauer)"

쇼펜하우어는 전통적인 근대의 합리적 정신에 반대하면서, 인간을 움직이고 있는 것이 '이성'이 아니라 살려는 생존의 추구, 곧 '생의 맹목적 의지'라고 선언하고, 이 맹목적 의지야말로 인간을 고뇌의 바다로 침몰시키는 근원이며, 그 때문에 마침내 인간은 고난으로 가득 찬 항해의 최종 목표인 죽음에 이른다고 한다. 그가 이 고통의 바다로부터 인생을 구출해 낼 수 있는 길은 생존의 쾌락과 고뇌로부터 탈출하는 것이며, 생의 맹목적 의지를 부정하는 일이었다.

삶의 아름다운 부분, 가장 순수한 기쁨이라고 말할 수 있는 것은 우리를 현실의 생존으로부터 초월시켜 욕망 없이 사물을 보게 하는 것이다. 여기에 욕망 없는 인식, 미의 향수, 예술의 참된 감상이 존재한다. 이에 쇼펜하우어는 만일 우리의 인생 항로를 사나운 폭풍우의 소용돌이에 비유한다면, 그에게 예술은 그 무서운 뇌우와 폭풍을 꿰뚫고 전파되어 오는 태양광선에 비견할 만한 것이라고 토로한다. 그러나 이러한 미적 경험도 꿈결과 같이 일시적 해방에 불과하며 영원한 해탈은 되지 못한다.

쇼펜하우어는 일찍이 인도철학과 불교의 무아사상을 체득한 서양 철학자 가운데 최초의 사람이다. 그는 자신의 '의지부정(意志否定)'의 철학과 불교의 '무아사상'이 일치하는 것에 놀랐으며, '고통에 의한 해탈'이라는 글에서 다음과 같이 이야기한다.

> 모든 사람에 대하여 애정을 품고, 최후에는 세상의 모든 고난을 자기의 고뇌라고 인정하고 의지부정(意志否定)의 경지에 도달해야 한다. … 나의 모든 본질을 변화시켜 자기 자신뿐만 아니라 모든 고난을 초월하여, 말하자면 고통에 의하여 정화되고 신성화되어 아무것에도 집착하지 않는 평정(平靜), 지복(至福), 그리고 숭고한 경지에 들어가 종래에는 이 이상은 없다고 할 만큼 격렬하게 구하여 왔던 일체의 것을 기꺼이 버리고, 죽음을 기쁨으로 받아들일 수 있는 모습이 나타나게 된다. 이 경지는 괴로움의 염증으로부터 돌연히 발생한 삶에 대한 의지부정의 은빛 눈결, 곧 해탈(解脫)이다.

이제 의지를 부정한 사람은 공포도, 시기도, 질투도, 노여움도 느끼지 않는다. 그리고 다시는 그의 조그마한 욕망 때문에 이리저리 방황하지 않을 뿐더러 개별자의 맹목적 의지 때문에 그를 괴롭히던 현상세계의 환영(幻影)들에 매혹당하지 않으며, 의지가 완전히 부정됨에 따라 인식도 소멸하고, 자아와 타자의 세계도 무(無) 속으로 사라지며, 그곳에는 이미 주관적 세계도 없고 객관적 세계도 없다. 오직 영원한 정적(靜寂)의 열반(涅槃)이 있을 뿐이다.

이처럼 근세 유럽은 쇼펜하우어(A. Schopenhauer)의 의지부정의 철학을 통해서 처음으로 불교를 발견하게 된다.『의지와 표상으로서의 세계』에 나타나는 해탈사상은 도이센(P. Deussen)에게 계승되었고, 뒤에 니체(F. W. Nietzsche)와 베르그송(H. L. Bergson)에게도 심대한 영향을 미치게 되며, 뒤따라서 심층심리학의 '무의식(無意識)'의 발견자 프로이드(S. S. Freud)를 탄생케 한다.

3. 정신분석학과 불교

프로이드(S. S. Freud)는 쇼펜하우어와 마찬가지로 데카르트 이후의 전통적인 합리적 사고에 반대하고, 마음의 심층부에는 그가 그것에 대하여 아무것도 알지 못하는 비의도적 목적, 곧 '무의식적 사고'라고 불리는 것이 존재한다고 하였다. 정신분석학은 억압 이론에 근거하며, 정신생활 속의 무의식을 발견하는 것 외의 다른 것이 아니다. 사회의 본질은 개인의 억압에 있고, 개인의 본질은 그 자신의 억압에 있다.

'억압'이란 정신착란자의 광기의 증상, 꿈과 일상생활의 착오와 같은 신경증의 증상에서 오는 정신적 착란이나 이상을 말한다. 모든 인간은 적어도 어느 정도는 정신 이상을 노출시키고 있다. 인간은 자기 자신을 억압하는 동물이며, 자기 자신의 억압을 위하여 문화와 사회를 조직하는 동물이라는 것이다. 요컨대 사회적 동물인 인간은 신경증적 동물이라는 것이다. 이 점에서는 니체의 이른바 '인간이라는 이름의 질병'과 동일한 결론에 이른다. 프로이드는 또한 인간 생명의 저류에는 모순되는 두 개의 본능(Id), 즉 삶의 본능인 에로스(Eros)와 죽음의 본능인 타나토스(Thanatos)라는 이원성을 갖고 있다는 결론에 이른다. 생물학적 단계에서는 '삶의 본능'은 결국 죽음의 본능에 연유하며, 죽음의 본능은 죽음을 긍정하는 동시에 삶을 긍정한다고 한다. 그러나 인간의 단계에서는 억압이 유아기의 무의식을 고착시켜 삶과 죽음의 본능의 통합은 파괴되고, 양자는 서로 억압되어 삶의 본능은 죽음을, 죽음의 본능은 삶을 서로 긍정할 수 없게 된다고 한다. 죽음은 생을 끊임없이 부정하는 힘으로 전환할 때만 그 자체와 생을 긍정한다는 것이다.

그리고 그는 삶의 본능과 성의 본능을 동일시하여 어린아이는 모친의 가슴속에서 세상의 최초기의 상태를 경험할 때, '대상 리비도와 자아 리비도가 구별되지 않는' 세계로서 영원히 이상화된다고 말한다. 파우스트는 우리들의 초조와 불만의 화신인데, 파우스트적 인간의 끊임없는 노력으로 종국적인 최후의 구제는 처녀이고 여왕이며 모친인 '영광의 성모'에 의하여 안내되어, 모친의 모습을 한 구름 속의 영원한 여성과 재결합할 때에 획득된다. 그러므로 "에로스는 지배한다. 모든 것은 거기에서 일어났으므로"라고 옮기고 있다.

결국 프로이드는 생과 사가 억압에 의하여 분리되었을 때 모든 것은 대립의 양극을 이루게 되며, 인류가 이 모든 양극의 이원성(이율배반)을 융합할 때까지는 질병과 불만을 그칠 사이가 없다는 것을 시사하고 있다. 그는 후기의 저서에서 "인간의 자아의 기본적 경향은 인간을 둘러싸고 있는 이원론과 모순을 화해시키고 총합하고 통일하는 데에 공헌

할 것이다."라고 쓰고 있다. 이것은 불교의 색심불이(色心不二)의 사상을 지향하고 있는 것이라고 해도 과언이 아니다.

정신분석가인 프롬(E. Fromm)과 융(C. G. Jung)은 프로이드의 사상을 계승하면서 한편 더 나아가 종교와 도덕의 문제에 관심을 기울였다. 프롬은 정신분석의 여러 유파를, 사회적 적응을 목적으로 한 분석과 혼(魂)의 치료 즉 인간 형성을 목적으로 한 분석으로 구별했다. 여기서 전자는 신경증적인 증상의 해소를 목적으로 하는 분석이고, 후자는 신경증적인 성격의 개조, 즉 인간 내부에 있는 가능성과 개성을 신장하는 것을 목표로 한다. 프롬은 무의식의 심층을 프로이드보다 더 깊이 파고 들어가 무의식에 깔려 있는 성충동의 동물적 본능뿐만 아니라 그 심층에는 여러 가지의 다양한 가능성을 가진 개성적인 자아가 있으며, 불교에서 말하는 '참나[眞我]'나 '불성(佛性)'과 같은 것이 근저를 이루고 있다고 제언한다.

보통 일반인의 의식은 주로 허구와 환상으로부터 성립한 '허위의식'을 하고 있는 것에 불과하며, 무의식은 우주적 인간의 풍요한 전인적 자아이다. 전자는 억압된 상태의 자아요, 우연적인 사회적 자아로서 넓은 영역에 숨어 있는 우주적 무의식의 자아로부터 분리되어 나간 인간의 작은 단편에 불과하다. 나는 나 자신에 대하여 타인이며, 마찬가지로 모든 사람은 자기 자신에 대하여 타인이다. 즉 갈애(渴愛)에 의하여 고정되어 버린 가짜 나[假我]에 지나지 않는다. 그러나 프롬은 우주적 무의식의 자각을 선불교에 결부시킨다면, 정신분석의 목적이 '억압 이전의 상태에로의 복귀', 혹은 '깨어남'에 있는 것처럼 불교의 본질인 '개오(開悟)'의 경험은 '전인격(全人格)이 실재에 대하여 전폭적으로 깨어나 있음'을 의미한다고 설파한다.

불교의 선(禪)은 우리를 되돌아가게 하는 어떤 무엇을 지니고 있다.

스즈키 다이세쓰(鈴木大拙)는 "선의 목적은 광인이 되고 불구자가 된 우리 자신을 구제하는 데 있다. 이것만이 내가 말하는 자유의 의미이며 본래 우리들의 마음속에 구비된 창조적이고 자비로운 충동의 모든 것이 자유롭게 활동할 수 있게 하는 것이다."라고 한다. 프롬은 이를 인용하면서 결국 정신분석이나 선의 목적을 위해서는 의식의 측면에 특별한 훈련이 필요하다고 말한다. 우리 일상인에게는 불성(佛性)이나, 법신(法身)이나, 진여연기(眞如緣起)와 같은 것은 심부에 덮여 있는 채 조금도 의식되지 않고 있으며 말 그대로 무명이다. 그러기에 이 불성은 피나는 수도 정진을 통해서 볼 수 있다.

    융(C. G. Jung)은 고대 동양인의 예지에 의한 독자적인 직관적 인식을 생명활동의 전체를 관통하여 움직이고 있는 파토스(pathos)의 충일한 전체적 파악이라고 찬양한다. 그는 심층심리학의 입장에서 불교의 만다라(mandala)의 상징적 표현에 시선을 집중시키고 있다. 융은 프로이드의 개인적 무의식을 넘어서서 초개인적인 '집단적 무의식'을 제창하고, 모든 종족과 어떤 교의에 의하여 고정화된 종파적 종교를 초월하여 그 밑바탕에 공통적으로 같이하고 있는 유형, 즉 그가 말하는 이른바 '원형(元型, Archetype)'을 통한 종교적 체험에 주안점을 두고 있다. 즉 자기의 종교만이 유일한 진리를 포함하고 있다는 교의에서가 아니라, 불교는 물론 기독교, 이슬람교 기타의 여러 종교를 총망라한 종교 일반에 관한 인간의 심리현상과 종교체험에 중심점을 두고 있다.

    그는 특히 인도의 '요가', 즉 오감의 작용을 제어하여 마음의 혼란을 떠나 정관(靜觀)을 위주로 하는 명상의 수행을 통하여 무질서한 번뇌망상을 통제하고 심연에 펼쳐있는 통일적인 무의식의 세계가 현현되어 나오는 점을 강조하고 있다. 그 하나의 예로써 불교의 『관무량수불경』에 있는 십육관법을 들고 있다. 융은 여기에 나오는 일상관(日想觀), 수상관

(水想觀), 지상관(地想觀) 등에서 태양, 물, 대지와 같은 것을 상징의 언어라고 말하고 있다. '상징'은 단순한 기호와는 구별되는 것으로, 알려지지 않은 신비적이고 초월적인 사실을 드러내는 가장 적절한 표현이다. 일상관의 예를 들면, 태양은 빛과 열의 원천으로서 가시적인 세계의 근본이 된다. 따라서 그것은 상징적으로는 생명 혹은 절대자를 표현한다. 이러한 태양을 마음속에 명상함으로써 명상의 배후에 깔려 있는 무의식의 통일적인 세계, 즉 전술한 산스크리트어로 '원'을 뜻하는 '만다라'의 세계로 유도되어 들어간다는 것이다. 물이 만물의 근원으로 그러하고, 대지가 만물의 모태이며 동시에 만물의 무덤을 상징하듯이, 이것은 생사를 초월한 절대적 경지를 표현한다. 이리하여 무한한 광명과 생명인 붓다가 명상자의 마음속에 나타난다. 이때 이것은 단순한 개인적 무의식이 아니고 그 배후에 있는 집단적 무의식이라는 것이다. 이처럼 융은 초월성의 영역, 즉 무의식적 통일의 세계를 『관무량수불경』을 통하여 설명한다. 이것은 불교의 여래장(如來藏) 사상과 일치하는 것이며, 진여인 무아의 세계를 설명하는 것과 같은 것이다.

그리고 융은 마음의 심층세계에는 개인적 의식과 무의식의 영역을 넘어 '선험적 의미의 질서'가 있다고 말하고, 그 의미는 자연현상과 인간 마음의 '동시동의성(同時同意性)'에서 나타난다고 설명하고 있다. 요컨대 이것은 시공간적인 물리적 인과율에 구속되지 않는 일종의 '직관지의 세계'를 표현하는 것으로 보인다. 불교의 '아뇩다라삼먁삼보리', 즉 더 이상 위 없는 절대적으로 완전한 깨달음인 무상정등각(無上正等覺)의 주객을 포괄한 근원적 절대생명의 자성(自性)과 여실상(如實相)의 경애(境涯)에서 본다면 쉽게 이해될 것이다.

결국 2,500년 전에 붓다께서 깨우치신 무아의 진리가 유럽에서는 오늘에 와서 충분히 알려지기 시작하는 것이다.

4. 현상학과 불교

  현상학(現象學)은 독일 철학자 후설(E. G. A. Husserl)이 창시한 철학이다. 후설의 제자인 하이데거(M. Heidegger)는 '현상학'이라는 말의 어원은 '있는 그대로 자기 자신을 개시(開示)하는 것'이라는 그리스어에 연유하여 생긴 것이라고 설명한다. "의식(意識)이란 지향성(志向性)이다. 지향성이란 하나의 의미를 부여하는 것이다."라는 명제에서 볼 때, 의식은 초월론적 주관성으로서 그것의 보편적 기능에 있어서 고찰되어야 한다고 한다. '순수현상학 및 현상학적 철학에의 구상'에 있어서 후설의 사색은 먼저 다양한 사물에 대한 자연적 태도에 '스톱'을 거는 '현상학적 판단중지(Epoché)'로부터 시작한다. 일단 우리가 우리 자신의 자연적 태도에 반성의 눈을 돌린다면, 우리들에게 있어서 다양한 사물이 사물이게끔 되는 까닭은, 단지 그것들의 생생한 사물성(事物性)에 있는 것이 아니라 그것의 유의미성(有意味性) 즉 형상적(形相的) 본질에 있다는 것을 알게 된다. 이 사실을 의미 내지 본질로써 파악해 내는 작업을 '형상적 환원'이라고 부른다.

  예를 들면 삼각형의 각의 크기나 선분의 길이를 자유로이 변경하여도 삼각형의 내각의 합이 180도라는 본질 자체는 변하지 않는 것과 같이, 자유롭게 조작 변경하여도 변하지 않은 것을 본질로 파악하는 것을 '본질직관' 혹은 '형상적 환원'이라 한다. 그리고 의식에서 떠나 객관적으로 세계가 있다고 하는 입장, 즉 사실과학을 괄호에 넣어 현상학적 판단중지를 해야 한다. 즉 의식에 내재화시켜 의식현상만의 작용에 눈을 돌려 모든 초월적 존재를 초월론적 주관성과 상관적인 의미형성으로서 파악해 내는 것이다.

우리 의식의 내면에는 작용적 요소와 대상적 요소, 즉 감성적으로 받아들인 질료에 의미를 부여하는 의식작용인 '노에시스(noesis)'와 그 결과 의미적으로 구성된 의미형성체인 '노에마(noema)'가 있다. 이처럼 상식이나 과학이 우리 바깥에 초월하여 있다고 이해하는 존재를 순수의식으로 환원하여 파악하려는 것을 '초월론적 환원' 혹은 '현상학적 환원'이라 한다. 말하자면 우리들의 시선에 나타난 대상이 물리적으로 실재한다고 생각되는 것을 유보 즉 판단중지하고 그 대상에 우리의 지향성이 빛을 발하여 조명할 때, '있는 그대로의 세계'가 우리의 의식의 흐름과 함께 동시에 긍정된다는 것이다.

나에게 나타난 현상 즉 순수한 진동, 그 체험한 인상(印象)과 유동성으로서의 대상은, 나의 의식에 내재화되어 '파지(把持, 계속 붙듦)' 즉 원시회상(原始回想)에 의하여 의식의 흐름의 '지금'을 직관하고, '지금·지금·지금'의 오직 현재의 지향성을 갖는 원시생산으로서, 그리고 원시창조로서의 영원한 지금으로서 직관되는 것이다. 한마디로 말하면, 찰나 속에 새로 창조되는 영원이다. 파지의 무한 계속성, 의식의 '부단한 흐름'은 '선행하는 지금'과 '후속하는 지금'과 '현전하는 지금'의 연속적 통일이요, '끊임없는 귀환'으로서의 '불가분의 순간'이다. 이것이 순수한 그리고 구체적으로 살아 있는 '생존시간'이요, 나와 세계와의 부단한 만남이다.

요컨대 후설의 현상학은 인간의 실재를 삼인칭의 인과관계의 그물에 얽어매어 놓은 '과학의 월권에 대한 고발'이며, 살아 있는 실재의 세계를 원상태 있는 그대로 회복하려는 것이요, '전지향(全志向)을 탈환'하려는 단호한 결의이다. 그리고 사르트르(J. P. Sartre)는 『문학이란 무엇인가』에서 "이 세계를 있는 그대로, 그러나 그 기원이 인간의 자유에 있는 것과 같이 표현함으로써 이 세계를 되찾는 것이 바로 예술의 목적이다."라고 술회하고 있다. 이것은 종래의 관념론과 실재론의 초월이다.

　이미 2,500년 전 붓다가 가르치신 '공(空)'과 '무아(無我)'의 진리는, 분별지에 의한 주객 분리와 무명에 의한 자아와 우주적 대상이 서로 떨어져 멀어지는 데서 오는 아집과 번뇌를 단멸하고, 일시에 생사의 흔적이 사라지고 시비득실(是非得失)을 한순간에 놓아 버리는 절대 청정한 생명의 원천인 '평상심이 곧 도(道)'라는 것을 깨우쳐준다. 북송의 시인 황정견(黃庭堅, 1045~1105)은 일찍이 "가을 들판에 단풍든 수목 풍경을 보라, 모래 기슭에서 노을 지는 저녁에 울려오는 종소리를 들어라[平原秋樹之色 砂麓暮鐘之聲]."라고 노래했다. 정편(正偏)과 주객(主客)의 분별지[妄念]가 순식간에 광풍에 날려가듯 사라지고 서풍에 하늘의 구름이 쓸어간 듯이 거치는 이 '언어도단(言語道斷)'과 '심행처멸(心行處滅)'의 생명의 원천을 고다마 싯다르타 붓다께서 우리 중생들에게 보시하셨다.

　불교에서 말하는 반야바라밀(般若波羅蜜)의 무이지(無二智)·삼륜청정(三輪淸淨)·연기(緣起)·여래(如來)·진여(眞如) 등의 사상은 모두가 모든 존재의 '여여(如如)한 모습 있는 그대로'를 직관하고 견성하는 데 있는 것이요, 한순간의 마음의 움직임 속에 모든 현상세계가 현현(顯現)함을 자각하는 것이다. '나무아미타불 관세음보살'의 연속적인 염불은 미오(迷悟)를 단절하고 연기에 의하여 나타나는 진실한 '실상계(實相界)'로 '들어옴'이며, 거울의 반사되는 빛과 같이 끊임없이 현재로 귀환하는 '왕생(往生)'이다. 지금의 염불은 현실세계로 붓다의 자비의 귀환이요, 역사적 시간의 통일이다. 오직 현재에 과거와 미래가 원융(圓融)되는 삼매(三昧, Samadhi)의 경지다. 법당에서 불상에 경배하고 반복하여 절하는 것은, 바로 현상학이나 실존철학에서의 의식의 현전과 지향성이요, 음악이나 종소리의 진동처럼 인간의 '진동'으로, 곧 진여(眞如)에의 귀환과 유사성을 가진 것이 아닐까?

당나라 영가(永嘉)대사 현각(玄覺, 665~713)은 『선종영가집(禪宗永嘉集)』에서 "새롭게 일어남을 일러 생이라 하고, 생각과 생각이 떨어져 나감을 일러 멸이라 한다."라고 설한다. 그리고 그는 이어서 "앞생각이 없어져 뒤의 앎을 끌고, 뒷생각이 생겨나서 앞의 없어짐을 이으니 생멸이 끊어지지 않는다[前念滅而引後知 後念生而續前滅 生滅不斷]."라고 설한다. 그리고 우리나라 보조지눌(普照知訥, 1158~1210)은 『권수정혜결사문(勸修定慧結社文)』에서 "번뇌가 다한 때에 생사가 곧 끊어지고, 생멸이 멸하고 나면 고요히 비치는 적조가 앞에 나타난다[煩惱盡時 生死卽絶 生滅滅已 寂照現前]."라고 설하고 있다.

그렇다면 새롭게 생겨나는 지금의 순간적 의식이 곧 부단히 과거지향과 미래지향으로 변용하는 후설의 파지(把持)와 일치하는 것이 아닐까? 결국 오늘날 서양철학의 현상학도 역시 불교와 유사성을 갖고 있으며 우리에게로 접근해 오고 있다.

5. 실존철학과 불교

실존철학자 야스퍼스(K. T. Jaspers)는 『위대한 철학자』에서 언어도단(言語道斷)과 불립문자(不立文字)의 경지를 다음과 같이 말하고 있다.

생존의 모든 현실이 공(空)이라고 하는 것은, 그것들이 세간의 전변(轉變) 속으로 퇴락함으로써 거기에서 화(禍)와 고(苦)가 생기며, 그리고 거기로 돌아가지 않으면 안 되는 것이 분명히 존재한다는 것을 표시한다. 모든 사유된 존재는 퇴락한다. 참된 사유의 의미는 사유의 전변으로부터 비사유(非思惟)로 되돌아오는 곳에 있다. 사유의 전개에 의하여 일어난 것은 보다 높은 고차적 사유에 의하여, 사유의 해체를 통하여 해소된다. 이것은 결국 모든 기호존재(記號存在), 즉 모든 언어가 진실하지 않음을 통찰할 때 이루어진다. 신호로써의 언어는 단지 부여된 것이라고 하는 것, 그러므로 진정한 의미를 결여하고 있다는 것을 통찰할 때 언어 자체는 소멸한다. 이것이 즉 해탈이다.

니체(F. W. Nietzsche)는 불교도처럼 일체의 모든 범주를 해소하려고 하였다. 그는 통일, 인과율, 실체, 주관 등의 범주들을 부정한다. 그리고 야스퍼스는 "그것들은 모두가 유용하지만 오직 삶을 제약하는 허구이다."라고 말하고 있다. 실존주의와 불교의 유사성을 야스퍼스가 인정하고 있는 것이다.

주관과 객관을 포괄하는 전인격적 이성에서 철학을 전개하는 야스퍼스는 『위대한 철학자』에서 붓다(B.C. 560~480), 용수(150~250경), 공자(B.C. 551~479) 등을 소크라테스(B.C. ?~399), 플라톤(B.C. 428~348)과 동렬에 두고 있다. 우리로서는 다소 불만도 있지만 서양철학사에서 획기적인 일이다. 그는 붓다 편에서 이렇게 진술하고 있다. "붓다와 같은 인생 여로가 가능하였다고 하는 것, 그것이 실제로 실천되었다고 하는 것, 아시아에서 오늘에 이르기까지 그대로 여러 곳에서 불교의 생활이 현존하고 있다는 것, 이것은 하나의 위대한 사실이다."라고. 유신론적 실존철학자가 붓다와 용수에 관하여 상세히 쓸 정도로 불교 공부를 많이 하였다는 것과 붓다에게 위대한 찬사를 보내고 있음은 오늘의 서양철학이 얼마나 붓다의 가르침에 접근하여 오고 있는가를 잘 보여주는 것이다.

야스퍼스는 '암호문자의 해독지점으로서 실존(實存)'에 서서 근원적인 암호문자를 읽음으로써 하나의 새로운 암호문자를 쓰게 될 때, 단순한 현존재(現存在)로부터 어떠한 지식도 도달할 수 없는 영원한 존재의 전환이 가능하다고 말한다. 그는 암호를 해독하는 순간이야말로 '능동적 명상'이 가능한 '사랑, 신앙, 공상(空想)'의 삼위일체의 순간이라고 부연한다. 말하자면 암호는 실존과 초월자의 매개자이며 주관과 객관의 변증법적 통일로서 나와 초월자와의 교통을 가능케 하는 것이다.

붓다의 십이인연과 오온(五蘊) 즉 물질현상인 색(色), 감각인 수(受), 표상인 상(想), 의지인 행(行), 식별인 식(識)의 상호의존성에 의한 '무아(無我)'와 '공(空)'의 진리는 '성자실상(聲字實相)'의 암호적 표현이다. 그것은 언어를 통한 지식으로는 도저히 도달할 수 없고, 오직 크게 한 번 죽을 각오로 수행하면서 팔정도(八正道)를 부단히 실천함으로써만 체험적으로 현현되어 나오는 초월적 근원생명의 해탈의 경지를 신호하는 언어이다.

시공의 제약을 초월하고 전 우주에 편재하는 진여연기(眞如緣起)의 실상(實相)은 일체의 모든 것이 '무아'와 '공'의 암호문자라 할 수 있다. 일본 진언종의 개조(開祖)인 홍법대사(弘法大師) 구카이(空海, 774~835)는 『성자실상의(聲字實相義)』에서 "지·수·화·풍·공의 오대(五大)로 된 전 우주가 소리를 내고 있고, 지옥·아귀·축생·아수라·인간·천상계, 깨달음의 세계(성문·연각·보살·부처)로 된 십계(十界)에 언어를 다 갖추고 있으며, 색깔, 소리, 냄새, 맛, 감촉, 관념 모두가 문자라 할 수 있으니, 이것들이 모든 존재들의 실상이다[五大皆有響 十界具言語 六鹿悉文字 法有是實相]."라고 설한다. '문자반야(文字般若), 관조반야(觀照般若), 실상반야(實相般若)'가 곧 성자실상(聲字實相)이라는 것이다. 하이데거의 '존재(存在)의 소리 없는 소리(침묵)의 반향과 진동', 그리고 '존재의 조명'이 그것이요, 사르트르의 '무(無)'와 '자유'가 그런 것이다.

그러나 붓다의 무아(無我)와 공(空)의 신호는 모든 중생을 고통으로부터 해방하고 구제하는 데 있다. 즉 붓다의 근본사상은 자비(慈悲)에 있다. '자(慈)'는 중생을 사랑하는 마음이요, '비(悲)'는 중생을 불쌍히 여기는 마음이다. 이리하여 '대자(大慈)'는 기쁨과 즐거움을 중생에게 부여하고, '대비(大悲)'는 중생의 고통과 어려움을 구제하는 것이다. 지금으로부터 2,500여 년 전 붓다가 출가한 동기는 오랫동안 무명과 고통의 바다에 침체되어 구원을 기다리며 살아가는 모든 중생을 대자유와 해탈의 길로 안내하기 위한 것이었다. 이제 이 위대하고 영원한 생명의 원천인 붓다의 가르침이 온 세계로 전파되어 나아가고 있다.

헤세(H. Hesse)는 『싯다르타』에서 생생한 삶의 체험을 통하여 해탈을 이루게 된다고 다음과 같이 쓰고 있다.

> 당신은 세계를 완전하며 결코 끊어지지 않는 하나의 사슬로, 인과법칙으로 이루어진 영원한 사슬로 비유하시었습니다. 아무도 그것을 그렇게 분명히 말하지 못했고 그렇게 반대할 수 없게 설명해 주지도 못했습니다. … 당신은 죽음에서 해탈하는 법을 발견했습니다.… 그러나 아무도 해탈은 배워서 할 수 없습니다. … 즉 수십만의 구도자 중에 세존께서 혼자만이 체험하신 비밀이 포함되어 있지 않습니다. 제가 … 안 것은 그 점입니다. 제가 편력의 길을 떠나려는 이유도 거기에 있습니다.

2강
과학철학과 종교의 만남[29]

1. 물질과 정신의 만남

우리는 역사를 통하여 종교와 과학이 반목적이고 대립적인 관계에 있었다는 것을 잘 알고 있다. 그러나 오늘에 와서는 과학과 종교는 어느 의미에 있어서는 서로 상통하고 조화를 이루는 면을 엿볼 수 있다. 오스트리아의 물리학자 파울리(W. E. Pauli)는 일찍이 어떤 편지에서 "신학자, 거기에서 나는 사이 나쁜 형제의 원형적 관계를 본다."라고 고백한 일이 있다. 과학의 합리적 이해와 종교의 대립적 관계가 아니라 과학과 종교의 어느 쪽도 합리적인 면과 신비적인 면을 동시에 가져야 한다는 의미에서 상보적인 것이다.

철학과 과학의 역사에서도 신비주의를 찾아볼 수 있다. 파울리는 철학에서 신비주의는 피타고라스(Pythagoras)와 함께 기원전 6세기에 시작하여 플라톤(Platon)에 와서 발전되어 고대 후기에 신플라톤주의에서 나타났다고 본다. 그러한 흐름은 초기 기독교에 계승되었고 그로부터 그것은 끊임없이 중세 기독교에 흡수되었으며 르네상스기에 새로운 꽃을

29_ 월간 『불광』 28호(1977년 2월)에 실렸던 「과학철학과 종교」를 다듬었다.

피웠다.

그리고 갈릴레이(G. Galilei, 1564~1642)가 플라톤의 인식론에 소급해 올라가고, 부분적으로는 케플러(J. Kepler, 1571~1630)가 피타고라스학파의 요소를 다시 소생시킴으로써, 신비주의적 측면은 17세기 근대 자연과학에도 등장하게 되었다. 지구의 타원궤도 운동과 태양중심설(heliocentrism)을 발견한 케플러는 『우주구조의 신비』에서 "삼위일체의 신의 모상은 구(球)이다. 즉 아버지의 상은 중심에, 아들의 상은 표면에, 그리고 성령의 상은 중심점과 중간 내지 주위 사이의 모든 영역에 있다."라고 기술한 바 있다. 케플러에게 있어서 중심으로부터 표면으로 향하는 운동은 창조의 상징을 표현하는 것이다. 그러나 뉴턴은 근대과학에서 신비적 요소를 분리하여 합리적 요소만 남겨 놓았다.

한편, 중세의 화학이나 연금술 철학에서는 물질과 정신 사이에 하나의 대칭성을 인정한다. 16세기 독일 연금술사이자 신비주의 철학자 쿤라트(H. Khunrath)는 "물질 속에는 구제를 기다리는 정신이 살고 있다."라고 말한 바 있다. 그 때문에 연금술사가 미리 이렇게 하면 어떻게 될 것이라는 생각을 가지고 어떤 광석을 시험관에 넣어서 실험하면, 그 물질은 그 연금술사가 생각한 대로 변화된다는 것이다. 실제적인 화학적 과정이 연금술사 자신의 정신적인 과정과 신비적으로 동일화된다는 것이다. 이는 광석이라는 물질과 연금술사의 생각이 서로 소통했다고도 볼 수 있다. 이는 "모든 존재들은 거룩한 희생을 기다리고 있다."는 베단타(Vedānta) 경전의 말과 흡사하며, 후반부는 인도 철학자 고빈다(L. A. Govinda)가 외적 세계와 내적 세계를 동일한 직물의 양면이라고 보려는 사상과 일맥상통한다.

그러나 이러한 신비주의적 전통은 17세기 후반기에 쇠퇴하였다. 데카르트 이후의 합리주의 철학이 정신 속의 물리적 요소를 배제함으로써 동일자의 양면인 물질과 정신을 분열시킨 것이다.

2. 앎과 체험의 만남

　우리는 솥에 일정량의 쌀과 일정량의 물을 넣어 불 위에 올려놓고 열을 가하면 밥이 지어질 것이라 추측하면서 그대로 실행하여 밥을 얻는다. 이때 밥이 지어지기까지는 정신과 물질이 서로 협력하여 된 것이라는 것을 이해할 수 있다. 이렇게 저렇게 하면 밥이 될 것이라는 마음의 상상이 쌀과 물과 솥과 불 등의 물질에 작용하여 밥이라는 새로운 물질을 생산하게 된 것이다. 이처럼 자연의 어떤 기존 물질들이 존재하고 그것을 우리의 마음이 이렇게 저렇게 하면 이러저러한 것이 될 것이라는 추측이나 상상을 체계 있게 논리적으로 전개한 것이 과학이다. 그렇기 때문에 과학에서는 실험이나 실습이나 연습과 훈련, 그리고 체험과 실천이 대단히 중요하다.

　일정량의 밥을 짓기 위한 쌀의 분량과 물의 분량과 비율, 그리고 불의 열량을 알기 위해서는 여러 번 밥을 지어보는 실습이 필요하다. 그러나 우리가 여기서 보다 더 중요하게 알아야 할 것은 단 한 번의 밥을 지어본 일이 없으면서도 단번에 추측이나 상상으로 물과 쌀의 비율을 알아낼 수도 있다고 하는 것이다. 바로 여기에 인간의 마음의 위대성이 있으며, 그 마음의 무한한 상상력과 직관력과 사고력을 잘만 사용하면, 단 한 번의 상상으로 물질계와 일치되는 법칙을 발견할 수 있는 것이다. 여기에는 소위 인간의 천재성이 필요하다.

　아인슈타인의 상대성이론이나 닐스 보어의 상보성원리나 혹은 하이젠베르크의 불확정성원리의 발견은 여러 과학자의 협력에 의하여 이루어진 것이다. 그러나 그 통일적인 원리를 발견하는 이면에는, 가장 진실한 마음의 깊은 명상을 통한 정서적인 직관력과 상상력이 작용하여 '이럴 것'이라는 추측이 앞선 연후에 개념적인 사고력이 동원되어 논리적으로 체계화되는 인식의 긴 회로가 있는 것이다.

그러므로 오늘날 과학적 인식의 틀은, 모든 객관적 관찰로부터 독립한 물질적 세계라는 극한 표상과 신비적 체험의 최선단의 극한 상태에 있는, 그리고 일체의 객관으로부터 완전히 해방된, 말하자면 불성(佛性)이나 신(神)과 합일된 영혼과 같은 마음의 깊은 심층에 가로놓여 있다고 보는 것이다. 그렇기 때문에 파울리는 다음과 같이 술회하고 있다.

> 인간의 마음에는 언제나 두 개의 것이 살고 있다. 한쪽은 언제나 다른 쪽을 그것의 대립의 맹아로서 포함하고 있다. … 이러한 대립을 상보적인 것으로 인정하지 않을 수 없다. 우리들은 대립의 긴장이 생겨나는 것을 인정하면서도, 인식방법이라든가 해석방법은 우리들의 통제 밖에 있으며, 종교적인 언어로 언제나 은총이라는 말로 불리는 요인에 의존한다는 것을 인정하지 않을 수 없다.

우리가 종교적인 신비를 체험하거나 진리를 깨닫는 순간, '하느님 감사합니다!', '부처님 감사합니다! 하고 은총을 느끼며 감사를 연발하게 된다. 불교신앙을 통하여 진실한 반야지(般若智)를 체험한 사람이라면 삶과 죽음의 상호 부정적인 대립관계가 오히려 상보적인 것으로서 불생불멸의 공(空)에서 오는 은총임을 느꼈을 것이다.

결국 현대과학 이론은 단순한 개념적인 사고력이나 순수한 경험적 해석만으로 이루어지는 것이 아니라, 우리 마음속의 무의식적 영역에 내재하는 어떤 원형, 다시 말하면 명상과 같은 것을 통하여 심상화되는 정서적인 상을 포착해 내어 외적 자연의 세계와 일치시키는 데서 이루어지는 것이다. 따라서 현대과학은 어떤 시각적인 대상을 문제로 삼는 것이 아니라 불가시적이고 무형적인 구성요소를 문제로 삼는다. 이는 가시적이고 형태적인 요소를 모두 배제해야 한다는 것은 결코 아니고, 우리 마음속의 무의식적 영역에 내재하는 어떤 원형을 활용할 수 없다면, 물질계의 근본 원리를 인식할 수 없다는 것이다.

3. 답할 수 없는 물음들

원자탄을 최초로 만든 미국의 물리학자 오펜하이머(J. R. Oppenheimer)는 "과학과 인간지성(Science and Common Understanding)"이라는 글에서 다음과 같은 의미심장한 말을 하고 있다.

> 전자의 위치가 언제나 동일한가 어떤가 하는 질문을 받았다면, 우리들은 노(no)라고 대답하지 않으면 안 된다. 그렇다면 그 전자의 위치는 시간에 따라서 변하는가 어떤가 하는 질문을 받았다면, 우리들은 다시 노(no)라고 대답해야 한다. 전자는 정지하여 있는가라고 물으면 또한 노(no)이며, 그것은 운동하고 있는가라고 물으면 여기서도 대답은 노(no)라고 하지 않으면 안 된다.

현대과학에서의 원자나 전자는 결코 고전물리학적인 의미에서의 물적 존재는 아니다. 그러기에 하이젠베르크는 "원자의 단계에까지 자연의 구조를 파헤쳐 들어가면 시간과 공간 속의 객관적인 세계는 이미 존재하지 않는 상황이며, 이론물리학의 수학적인 기호는 사실로서가 아니라 가능성으로서만 언급하는 것이 된다."라고 말하고 있다. 우리는 현대물리학에 있어서 원자나 소립자를 결코 아주 작은 모래알과 같은 시각적, 촉각적 존재물이라고 생각해서는 안 된다. 그것은 러셀(B. Russell)이 말한 것처럼 "물질이란 그것이 존재하지 않은 장소에서 무엇이 일어나고 있는지를 기술하는 공식"에 불과한 것이다.

앞의 오펜하이머의 진술은 얼마나 불교의 선문답과 흡사한가? "공(空)이란 무엇인가, 붓다란 무엇인가?"라고 묻는다면, 그리고 그것을 우리의 일상적이고 상식적인 지식이나 언어로 대답하려고 한다면, 우리는 언제나 '~아니다'라고 대답하지 않으면 안 된다. 우리가 매일 독송하는 『반야심경』에서 아니 불(不) 자나 없을 무(無) 자의 연속적 병렬은 무엇을 의미하는가? 이것은 우리 속계의 유정의 세계에서 생각하고 느끼는 따위의 그 어떤 것도 아닌 곳에 실상이 존재함을 알리려는 것이다.

불립문자(不立文字)는 단지 '문자를 세우지 말라'를 의미하는 것은 아니다. 오히려 그 부정적인 말의 배후에는 "모든 존재는 진실로 있는 그대로이다."를 언표하고 있는 것이다. 꽃이 피고 지고 새가 울며 날아가는 그대로의 실상을 알리는 것이다. 그러나 그것은 결코 대상적 존재를 주관이 그냥 목격하는 것이 아니다. 꽃이 내가 되고 새가 나로 되며, 동시에 내가 꽃이 되고 새가 되는 것이다. 어떤 의미에 있어서는 나의 속으로부터 창조된 꽃이요 새인 동시에 꽃과 새로부터 창조된 나이다.

4. 과학과 불교의 만남

불교의 모든 경전과 붓다의 모든 가르침이 그러하듯, 과학의 사유방법은 단순한 소박실재론적인 경험론이나 유물론만으로는 절대로 이해할 수 없다. 이런 의미에 있어서 현대과학은 과학철학이 필요하게 되며, 동시에 종교적 세계관이나 사유방법, 특히 불교나 동양철학의 사유방법을 요구하게 된다. 에크하르트(J. Eckhart, 1260~1329)의 신비설은 베단타철학 창시자인 인도의 샹카라(Śankara, 788~820)의 신비설과 비교된다. 이 신비설은 모든 외계에서 이루어지는 단일성 및 인간의 내부와 외부에서 이루어지는 단일성을 탐구하고 있다. 이것은 점진적으로 한 단계 한 단계 탐구하여 들어가 근본실체인 신(神)이나 중국의 도(道)나 인도의 삼매(三昧, Samādhi)나 불교의 열반(涅槃, Nirvana)과 통일을 시도하고 있다.

이러한 시도들은 현대과학이 얼마나 동양의 종교와 접근하고 있는지를 잘 표현하여 주고 있다. 『화엄경』에 심광(心光)이나 불광(佛光)이 일체의 법계를 원조(遠照)하고 삼천대천세계를 비추면 신심일성이 무애하다고 하였거니와, 불교의 일심을 통한 자연현상의 현현(顯現)의 조응은 바로 현대과학이 배워야 할 점이며, 동시에 최고의 과학자들은 그것을 어느 정도 포착하고 있다.

원시불교의 사성제, 팔정도, 십이연기설의 모델은 전술한 융이나 파울리의 원형(元型)과 상통하는 것으로서, 일체의 진리의 근본 원형이라고 생각할 수 있다. 결국 물질과 정신이 분리할 수 없는 동일한 실상의 양면인 것처럼, 물질을 대상으로 하는 과학에 있어서도 마음을 문제 삼지 않고서는 과학 자체가 해결될 수 없게 되었다. 이런 의미에 있어서 과거에는 과학과 종교가 사이 나쁜 형제였으나 오늘에 이르러서는 사이

좋은 형제로 변모하여 간다고 해도 지나친 말은 아니다.

하기는 과학과 기술문명으로 말미암아 종교와 도덕이 몰락하고 있는 면도 부정할 수 없는 사실이다. 그러나 그것은 어디까지나 과학의 이론 자체가 그런 것이 아니라 과학을 이용하고 오도하는 인간의 갈애와 탐욕 때문이다. 과학 자체와 그것을 통하여 한없이 소유하고 향락하려는 인간의 탐욕과는 엄격하게 구분되어야 한다. 물론 자연을 탐구하는 과학자들 자신 또한 과학이 잘못 사용되거나 오도되는 것을 그냥 묵과하거나 거기에 이용되어서는 안 된다. 하여튼 현대에 있어서 과학이론은 종교이론에 접근하여 오고 있다.

3강
과학과 불교의 대화[30]

1. 천문학과 불교

　현대는 과학시대인 동시에 우주시대이다. 우주로켓, 우주정거장, 우주인, 우주무기, 우주전쟁, 우주탐험, 우주정보 등 무수한 '우주'라는 단어가 많이 등장하고 있다. 오늘날 시스템공학은 한마디로 우주 전체를 유기적으로 운동하는 고도의 조직적 역동성을 가진 소우주들의 조직기능에서 비롯되었다고 보는 학문이다. 현대의 모든 학문은 우주의 구조적 유형을 본떠 연구되어야 한다는 이론이 나오고 있다. 사실 사람을 포함한 모든 생물이 외면상으로는 각각 별개의 독립된 개체처럼 보이지만, 실은 모든 존재가 상호작용하면서 운동하고 있거나 생존을 영위하는 것이다.

　달의 주기적 운동에서 볼 때, 둥근 보름달이 뜰 때 사람이 가장 고독을 느낀다는 사실이 기상심리학에 의하여 밝혀져 있다. 달이 만월일 때 그 인력이 우리 지구에 가장 강하게 작용하기 때문에 사람은 무의식 중에 불안과 고독을 느껴 정신의 불안정을 가져온다. 말하자면 인간과

30_ 월간 『불광』 155호(1987년 9월)에 실렸던 「과학과 불교의 만남」을 다듬었다.

동물의 일거수일투족도 우주의 여러 가지 현상과의 연관성에 의해서 서로 작용하고 있다.

우리가 우주의 구조를 말할 때는 공간과 시간의 전체상을 말하지 않으면 안 된다. 우리가 우주를 내다보면 먼저 하늘의 은하들을 관찰하게 된다. 별들의 대집단인 은하는 수천억 개의 별들로 구성되어 있는데, 태양계가 속한 우리 은하(Galaxy)는 약 4,000억 개의 별이 있고, 그 지름은 약 10만 광년이나 된다. 인간의 척도에서 보면 은하는 상상할 수 없으리만큼 크지만 우주의 척도에서 보면 무의미하리만큼 작다. 밤하늘에 보이는 별들은 여러 은하계 중에서 우리에게 가장 가까이 있는 별의 집단이다.

안드로메다은하는 눈이 좋은 사람은 볼 수 있는데, 최신 연구에 따르면 약 1조 개의 별로 구성되고 그 직경은 22만 광년이 된다. 그 거리로 볼 때 안드로메다은하로부터 지구까지 빛의 도달 시간은 무려 약 250만 년이나 걸린다고 한다. 우리가 보는 안드로메다은하는 이미 250만 년 전의 별들이다. 어떤 은하가 수십억 광년이 넘는 거리에 있다면, 1초에 약 30만 킬로미터를 달리는 빛이 그 은하에서 출발하여 지구까지 오는 데 수십억 년이 걸린다.

불교의 여러 경전에서도 현대의 천문학적인 수를 초월하는 거대한 우주론을 찾아볼 수 있다. 천문학적으로 아주 큰 수나 아주 작은 수를 나타낼 때는 불교 경전에 등장하는 용어를 쓴다. 이는 불교를 비롯한 인도 사상이 우리가 사유할 수 있는 궁극적인 지점까지 다다르는 과정에서 비롯된 것이 아닌가 생각된다. 이를테면 오늘날에도 아주 큰 수를 말할 경우, 항하사(恒河沙)는 10^{52}, 아승지(阿僧祇)는 10^{56}, 나유타(那由他)는 10^{60}, 그리고 아주 작은 수의 경우, 순식(瞬息)은 10^{-16}, 찰나(刹那)는 10^{-18}, 허공(虛空)은 10^{-20} 등을 사용한다. 물론 오늘날과 부처님 당시 수의 명칭에는 차이가 있다. 그것을 감안하여 억은 현재의 10만, 백만, 천만 등의 여러 설이 있으나 가령 10만이라 생각하여도 좋다. 나유타도 여러 설이 있으나 현재의 1천억에 해당되는 것으로 생각하고, 아승지도 여러 설이 있으나 『구사론(俱舍論)』에 의하면 51개의 0이 붙는 수로 되어 있다.

『법화경(法華經)』「여래수량품(如來壽量品)」에 다음과 같은 내용이 있다.

> 선남자여, 내가 참으로 성불한 것은 한량없고 그지없는 백천만억나유타 겁(劫) 전 일이니라. 비유하면, 5백천만억나유타아승지삼천대천세계를 어떤 사람이 부수어 가는 티끌을 만들어 가지고 동쪽 5백천만억나유타아승지세계를 지나서 한 티끌을 내려놓고, 또 이렇게 동쪽으로 가면서 그 티끌이 다하도록 하였다면, 선남자들아, 어떻게 생각하느냐. 이 모든 세계를 능히 생각하고 계산하여 그 수효를 알 수 있겠는가 없겠는가.

그렇다면 여기에 나오는 '5백천만억나유타아승지삼천대천세계(五百千萬億那由他阿僧祇三千大天世界)'는 대략 $5 \times 100 \times 1,000 \times 10,000 \times 100,000,000 \times$ 나유타×아승지의 삼천대천세계를 의미한다. 「여래수량품」에 의하면 삼천대천세계란 동서남북과 한 개의 수미산과 여섯 개의 욕범천(다른 행성이나 위성)을 포함하여 14개의 천하를 말한다고 설하여져 있다. 1백억의 수미산과 4주(洲)를 소천(小天)이라 하고, 소천이 1천 개 모여 중천(中天)이 되고, 중천이 다시 1천 개 모여 대천(大天)이 된다. 약간 설명을 가하면, 태양과 달과 네 개의 주(지구) 그리고 여섯 개의 욕범천 등을 포함하는 것을 하나의 세계라 하고, 이것을 1백억(1천만) 곱한 것이 하나의 소천세계이며, 그것을 1천배 한 것을 중천세계라 하고, 또한 이것을 1천배 한 것을 대천세계 또는 삼천대천세계라 한다.

그렇다면 '5백천만억나유타아승지삼천대천세계'란 대체 얼마나 큰 수일까? 여기서 삼천대천세계에 한정하여 현재의 천문학과 비교해 보자. 하나의 항성을 둘러싼 세계가 하나의 소세계이다. 이것이 1백억이 모인 것이 하나의 소천세계라는 것이다. 그 1천배의 1천배가 삼천대천세계이므로 이 삼천대천세계에는 10조 개의 소천세계가 있는 셈이다. 그리고 삼천대천세계의 최초 하나의 소천세계는 하나의 소세계가 1천 개가 모여서 이루어진 것이라고 하는 설도 있다. 이 설에 따르면 이 삼천대천세계에는 1,000,000,000개의 소세계가 모인 셈이다. 그렇게 된다면 불교에서 생각하는 우주는 현대천문학에서 말하는 우주를 훨씬 능가하는 크기이다.

최근 천문학 성과에 의하면 지구가 속하는 은하계는 태양과 같은 항성을 약 4천억 개나 포함하는 은하이며, 이외의 안드로메다은하나 대마젤란은하도 거의 동격의 은하인 것으로 알려져 있다. 그리고 우주 전체에는 이와 같은 은하가 무려 수천억 개나 존재한다. 이것은 미국의 팔로마 천문대의 200인치 망원경으로 볼 수 있는 반지름 20억 광년 내의 수이다. 또한 은하계 우주 속에는 국부 항성군과 같은 것이 많이 있으며, 또 은하계 우주와 같은 성운이 수만 개 모여서 초은하계를 이루어 차례차례로 방대한 집단을 이루고 있는 것으로 확인되고 있다. 이것은 『법화경』「여래수량품」의 내용과 매우 유사하다.

2. 현대물리학과 불교의 화엄사상

현대물리학은 물질을 부동적이고 비활동적인 것으로 보지 않고, 그

율동의 유형이 분자 원자핵의 구조에 따라서 결정되는 연속적인 율동과 진동운동을 하는 것으로 본다.

오늘날 양자물리학이 앎의 문제 즉 인식론의 문제와 결부되었을 때, 몇몇 물리학자들은 종종 동양철학이나 불교의 화엄사상과 같은 것에 관심을 갖기 시작하였다. 불교가 어떠한 개별적 실체도 인정하지 않는 대신에 상호의존적인 연기에 의하여 우주를 설명하고 있는 것과 같이, 일부 물리학자들은 물질의 기본적인 실체로서 입자가 존재할 수 없을 것이라는 가정 아래, 하나의 입자와 다른 입자와의 상호작용에 의해서만 물질 구조가 밝혀질 수 있을 것이라는 이론을 제기하였다.

그리하여 오늘날 물리학은 소립자 세계에 있어서 강한 상호작용, 약한 상호작용, 그리고 전자기적 상호작용, 중력 상호작용 등 상호작용(interaction)이라는 말을 여러 곳에서 쓰고 있다. 우리가 이 물리적 세계를 이해하려면, 먼저 모든 물질의 기본 단위라 할 수 있는 원자핵과 그 속의 소립자가 무엇인가를 알아야 한다. 소립자들은 결코 정지된 공간적 존재가 아니다. 소립자란 일종의 우주선(宇宙線)으로서 거의 광속으로 달리고 있는 광선의 다발들이다. 물론 그것들은 안정입자를 제외하고는 대부분 100억 분의 1초와 같은 짧은 단명의 찰나적 존재들이다.

물론 이미 10억 광년 전보다도 먼 옛날에 멀리 떨어진 별로부터 출발하여 지금 지구에 도달하는 긴 여로의 장수를 하는 광자와 같은 입자도 있다. 그런가 하면 어떠한 장해물에도 제한받지 않는 무서운 관통력을 가진 중성미자와 같은 소립자가 있어, 1억 개의 별을 관통하고 지나갈 정도의 방대한 에너지를 갖는 소립자도 있다. 직경이 1조분의 1(10^{-12}) cm보다도 작을 것으로 예상되는 다종다양한 소립자들의 세계는, 그것이 미시적인 것과는 반대로 상상을 할 수 없을 만큼의 방대한 에너지를 갖고 서로 작용하고 있다.

원자의 세계는 전기적으로 양성인 원자핵과 음성인 전자와의 사이에서 신비로운 광자(photon)가 작용하는 전기력에 의하여 둘이 결합하여 질서정연하게 되어 있다. 그러나 원자핵의 세계는 또다시 중성자와 양성자로 구성된 복합체로 파이중간자(pion)에 의하여 강하게 결합하여 있는 미시적 입자다.

장(場, field)이란 우리의 눈에는 빈 것으로 밖에 보이지 않는 공간에, 장이라는 힘을 전달하는 어떤 것이 잠재해 있다. 이 장은 작용하는 힘에 따라서 전자장·핵장·중력장 등으로 구분된다. 여기서 우리는 양성자와 중성자 간에 작용하는 힘의 장을 곧 핵장이라고 부르는 것이다. 원자핵은 10조분의 1(10^{-13})cm 정도의 좁은 장소에 작용하는 힘의 세계이다. 그러므로 이 핵력은 중력이나 전기력과 같이 멀리서 작용하는 것이 아니라 아주 지극히 가까운 거리에서만 강하게 작용하는 것이다. 따라서 이 우주공간에는 그러한 힘들이 잠재해 있어 만물을 생겨나게 하고 또 본래의 자리로 사라지게 하는 것이다. 결국 현대물리학은 공간 전체가 역장(力場)으로 충만되어 있다고 생각하고, 공간에 여러 가지 힘 즉 전자기력·핵력·중력 등이 잠재해 있다고 보는 것이다.

다시 말하면 자석이나 하전체가 자력선이나 전력선을 만들어 내는 것이 아니라, 본래 모든 종류의 역선이 공간 전체를 채우고 있으며, 하전체나 자석을 갖다 대면 전력선이나 자력선이 상태를 바꾸어 거기에 전기력이나 자기력이 생기게 된다. 이것은 공간 본래의 성질이 자석이나 하전체를 인연으로 하여 전기력이나 자기력으로서 나타난다는 것을 의미한다.

아인슈타인은 이를 더욱 철저하게 하여 모든 물질은 장이 거기에 밀집한 것이라고 하였다. 그는 이렇게 말하고 있다.

물체는 에너지를 많이 저장하고 있으며, 에너지는 질량을 가지고 있다. 따라서 질량과 에너지의 차이는 이미 질적인 것이 아니므로, 물체와 장을 성질로 구별할 수는 없는 것이다. 실제로 에너지의 대부분은 물체 속에 저장되어 있다. 그와 동시에 질점(質點)을 둘러싸고 있는 장은 비록 비교적 소량일지라도 역시 에너지를 나타내고 있다. 그러므로 '에너지가 대량으로 축적되어 있는 장소가 물체이고, 에너지의 축적이 적은 장소가 장'이라고 말하여도 좋을 것이다. 만약에 그렇다면 물체와 장의 차이는 성질적인 것이 아니라 오히려 수량적인 것이 된다. 그러므로 물체와 장을 서로 성질을 달리하는 두 개의 것으로 간주한다는 것은 무의미하며, 따라서 장과 물체를 분명히 분리하는 일정한 표면을 생각할 수도 없다.

불교에서는 이 우주가 지·수·화·풍·공이라는 다섯 근본 요소[五大]로 이루어져 있는데, 여기서 공(空)은 앞의 네 근본 요소[四大]를 낳는 근원이며, 그 자체는 불생불멸이라고 말하고 있다. 『수능엄경(首楞嚴經)』에 의하면 지·수·화·풍의 화합으로 세계의 여러 가지 현상들의 변화가 발견된다고 하였다. 그것은 마치 물이 얼음이 되었다가 얼음이 다시 물이 되는 것과 같다는 뜻이다. 만일 흙의 성질을 보면 큰 것은 대지요 가는 것은 미세한 티끌이며, 허공에 가까운 티끌은 극미한 물질의 가장자리를 일곱 개로 쪼갠 것이니, 그것을 다시 쪼개면 곧 허공이 된다고 하였다. 따라서 미세한 티끌을 쪼개어 허공이 된다면 허공이 물질을 만드는 것임을 알아야 한다는 것이다.

3. 과학과 종교의 상보성

　오늘날 자연과학과 종교가 인간의 감각을 초월하여 대우주를 지배하는 최고의 힘이 존재한다는 것을 인정한다는 점에 있어서 서로 일치한다. 자연을 알기 위해서는 철학과 과학이 필요하며, 행동을 하기 위해서는 도덕과 종교가 필요하다. 그렇기 때문에 독일의 물리학자 플랑크(M. Planck)는 과학과 종교는 서로 상보하고 있으며 둘 사이에는 아무런 모순도 발견되지 않는다고 하였다. 또한 아인슈타인(A. Einstein)은 "종교 없는 과학은 절름발이요, 과학 없는 종교는 맹인과 같다."고 말하고 우주적 종교성이 가장 강하게 나타나 있는 것은 불교라고 하였다. 불확정성원리의 발견자인 하이젠베르크(W. Heisenberg)는 아인슈타인의 입장을 다음과 같이 말하고 있다.

　　아인슈타인은 사물의 중심 질서에 대한 감각을 가지고 있다. 그는 이 질서를 자연법칙들의 단순성에서 감지하고 있다. 그는 이 단순성을 그의 상대성이론의 발견에서 직접적으로 느꼈으리라고 생각된다. 물론 여기서부터 종교의 내용에 이르기까지는 아직도 먼 거리가 있기는 하지만, 아인슈타인은 어떤 종교적 전통에 매여 있지도 않으며, 어떤 인격적인 하느님의 표상과도 전혀 무관한 분이라고 믿고 싶다. 그러나 그에게는 과학과 종교 사이에 어떤 분리도 있을 수 없으며, 그 중심질서는 주관적(관념적)인 동시에 객관적(현실적)인 영역에 속하는 것이라고 보고 있다. 바로 이러한 입장이 나에게는 더 좋은 출발점이라고 생각된다.

물리학자 닐스 보어(N. Bohr)는 또 다음과 같이 말하고 있다.

무엇보다 먼저 종교에서 사용하는 말은 과학에서와는 전연 판이하게 달리 사용되고 있다는 것을 분명하게 알 필요가 있다. 종교의 언어는 과학의 언어보다는 시(詩)의 언어에 가깝다고 말할 수 있다. 사람들은 흔히 과학에서는 현실에 존재하는 객관적인 사실에 대한 정보가 중요하며, 시에서는 마음속에 존재하는 주관적인 감정의 환기가 중요하다고 생각하는 경향이 있다. 그런데 종교에서는 객관적인 진리가 문제되고 있기 때문에 과학적인 진리 기준을 따라야 한다는 말이 된다. 그러나 나에게는 세계를 객관적인 면과 주관적인 면으로 완전히 구분하는 것은 지나친 강제성을 띤 것으로 생각되며, 모든 시대의 종교에서 상징, 비유, 그리고 역설을 말하는 것은, 종교에서 말하고자 하는 진실은 상징언어나 역설로밖에 말할 수 없다는 것을 의미한다. 그렇다고 이것이 객관적 진실성이 없다는 것을 뜻하는 것은 아니다. 따라서 이 진실의 객관적인 면과 주관적인 면을 나누는 일은 실로 쓸모없는 것이 될 것이다. 그렇기 때문에 나는 최근 10년 동안 우리가 물리학의 발달과 더불어 '객관적'이라든가 '주관적'이라는 말이 얼마나 문제성을 지니고 있는가 하는 것을 배움으로써 사고의 해방을 얻게 되었다.

이것은 불교의 불일불이(不一不二)의 중도(中道) 사상을 연상케 한다. 불교에서는 외적인(객관적) 세계와 내적인(주관적) 세계는 같은 구조의 양면일 뿐이다. 그 구조 안에서는 모든 힘과 모든 사건, 그리고 의식의 모든 형식과 그 대상의 맥락 내지 줄기가 분리될 수 없는 하나의 무한한 그물과 상호 조건 지워진 관계들로 짜여 있다고 보는 것이다.

특히 불교의 이러한 사상은 연기(緣起)에 대한 용수(龍樹, Nagarjuna)의 중도 논리로 증명될 수 있다. 지(地)·수(水)·화(火)·풍(風)·공(空)·식(識)은 만물이 생겨나는 여섯 가지 원소[六種]이다. 지·수·화·풍·공의 오대종(五大種)에 식(識)을 더한 것이다. 용수는 『중론』 「관육종품(觀六種品)」에서 다음과 같이 논리를 편다.

어떤 공간적인 형체보다 앞서서 공간은 존재할 수 없다. 만일 그것이 어떤 형체보다 앞서서 존재할 수 있다면, 그것은 형체 없는 공간이라는 오류에 빠지게 된다[空相未有時 則無虛空法 若先有虛空 即爲是無相].[31]

다시 말해서 어떤 물질에 앞서서 공간은 존재할 수 없고, 동시에 어떤 물질도 공간에 앞서서 존재할 수 없다는 것이다. 그렇기 때문에 용수는 "그러므로 공간은 실재도 아니고 비실재도 아니요, 형체도 아니고 형체화된 것도 아니며, 나머지 다섯 가지 즉 지(地)·수(水)·화(火)·풍(風)·식(識)도 같은 방식으로 다루어질 수 있다[是故知虛空 非有亦非無 非相非可相 餘五同虛空]."[32]라고 하였다.

이처럼 정반대되는 개념들이 하나의 단일한 것으로 용해된다는 것이 『반야바라밀다심경』의 유명한 구절에 나타나 있다.

---

[31]_ 직역: "허공(虛空)의 상(相)이 아직 존재하지 않을 때는 허공법(虛空法)은 있을 수 없다. 만일 미리 허공이 존재하는 것이라면, 그것은 상이 없이 존재하는 꼴이 된다."(김성철 역주, 2021, 99).
[32]_ 직역: "그러므로 허공은 유(有)도 아니고 무(無)도 아니요, 능상(能相)도 아니고 소상(所相)도 아님을 알아라, 나머지 다섯 가지 즉 지(地)·수(水)·화(火)·풍(風)·식(識)도 허공과 마찬가지이다."(김성철 역주, 2021, 105).

형상(form)은 빈 것(emptiness)과 다르지 않고 빈 것은 형상과 다르지 않다. 형상은 빈 것이요, 빈 것은 형상이다[色不異空 空不異色 色卽是空 空卽是色].

『화엄경(華嚴經)』에서도 이르는 곳마다 사물과 사물이 서로 대응하는 사사무애의 도리를 설명하고 있다. 이른바 한 여래(如來)의 몸에 모든 세계의 몸을 충만시키는 신력(神力)은 불가사의하다. 모든 여래가 하나의 여래 속에 들어가고 모든 불국토의 장엄에 들어가는 신력은 불가사의하다. 모든 여래들이 하나의 원자 속에서 일체 법계(法界)의 출현을 현현(顯現)하는 것은 불가사의하다. 모든 여래가 하나의 광선(光線)으로 일체 세계의 원자나 미립자에 이르기까지 조명하는 것은 불가사의하다. 모든 여래가 하나의 털구멍 속에 있어서 일체 세계의 생성과 붕괴의 겁(劫)을 나타내 보이는 것은 불가사의하다. 또 다른 곳에는 한 털끝에 있는 모든 세계의 그 수효가 한량없어 말할 수 없고, 온 허공에 가득한 털끝마다 낱낱 곳에 있는 세계가 다 그러하며, 저 털끝에 있는 모든 세계들의 한량없는 종류가 각각 다르니 말할 수 없이 많은 다른 종류와 말할 수 없이 많은 종류가 있다. 또 다른 곳에는 이렇게 설하고 있다.

인드라 하늘에는 진주 그물이 있고, 그 그물은 잘 정돈되어 있어 만일 사람이 어떤 하나의 진주를 주시한다면 그것 속에 다른 모든 것이 반영되어 있는 것을 볼 것이다. 이와 같이 이 세계 안의 각각의 대상들은 단지 그것 자체로서가 아니라, 다른 모든 대상들을 서로서로 포함한다. 그러므로 사실상 각각의 대상은 서로 다른 대상이 된다. 한 티끌의 먼지 입자에도 무수한 많은 붓다들이 존재한다.

4. 과학과 종교의 만남

현대는 바야흐로 이 우주는 무엇인가를 묻는 과학과 인생이란 무엇인가를 묻는 종교가 서로 만나는 시대로 접어들고 있다. 영국의 물리학자 에딩턴(A. S. Eddington)은 『물리학적 세계의 본질』에서 다음과 같은 그림자의 비유를 통하여 현대물리학의 세계상을 표현해 주고 있다.

> 물리학의 세계에 있어서는 우리들이 일상생활에서 습관적으로 보아 온 그림자의 부분적인 행동을 목격하고 있는 것과 같다. 나는 나의 팔꿈치의 그림자를 그림자의 책상 위에 올려놓고 그림자의 종이 위에 그림자의 잉크로 쓰고 있다. … 물리학이 이와 같은 그림자의 세계에 관계하고 있다는 것을 솔직하게 인정한 것이야말로 최근의 발전 중에서 가장 중요한 것의 하나이다.

에딩턴의 위의 진술은 우리가 일상적으로 실재라고 생각하는 우리의 손이나 책상이나 종이나 잉크와 같은 물체들을 모두 하나의 그림자나 환상에 지나지 않는다고 보는 것이다. 물론 여기서 그림자나 환상이라는 말은 단지 공간적 의미만이 아니라 시간적 의미가 함축된 찰나찰나 변해 가는 제행무상을 나타내는 말이다.

요컨대 물리학자들이 말하고자 하는 것은 두 가지 의미가 있다. 하나는 존재론적으로 볼 때, 원자니 전자니 하는 입자들은 이미 공간·시간의 차원을 초월한 주관적인 개념적 구성물에 지나지 않는다고 하는 것이다. 어떤 과학자도 원자나 전자와 같은 입자를 시각적으로 본 사람은 아무도 없다. 비유적으로 말하면, 어떤 물체를 우리가 일상 경험하는 것과 같은 물적 존재로 인정한다 하더라도, 그것들은 물리학자의 눈으로 볼 때는 물안개가 몰려 구름이 된 것과 같은 거의 허공에 가까운 그림자와 같은 존재들이다. 왜냐하면 물질이란 결국 에너지가 응축된 것에 지나지 않기 때문이다.

또 하나는 인식론적으로 볼 때, 이 세계의 내용물은 정신적 내용물에 지나지 않는다. 물리학자 진즈(J. H. Jeans)가 말한 것처럼, 이 우주는 과거에는 하나의 위대한 기계로 생각되어 왔지만 오늘날에는 오히려 하나의 위대한 사상으로서 생각할 수 있다. 미국의 물리학자 겔만(M. Gell-Mann)은 불교의 팔정도(八正道)를 소립자의 세계에 원용하여 크시입자(Ξ)와 오메가마이너스 입자(Ω-) 등의 소립자를 발견하여, 1969년도 노벨물리학상을 받았다. 이론물리학자들이 생각하는 상상의 세계가 갖는 초월적 종교적 성격에서 보았을 때, 과학자들 자신이 불교의 인생관과 세계관에 대하여 신비와 경탄을 느끼지 않을 수 없는 것이다.

4강
과학기술시대의 선(禪)의 의미[33]

1. 과학문명과 종말적 현상들

과학사학자인 박성래 교수는 「서세동점(西勢東漸) 동도서기(東道西器)」에서 어떻게 서양의 세력이 동양을 점거하게 되며, 동양의 도덕 문화가 서양의 기계문명에 의하여 어떻게 변화하게 되었는가를 자세하게 밝히면서 21세기를 다음과 같이 조망하고 있다.

> 인류는 서기 3,000년을 맞기 전에 멸망하리라고 나는 오래전부터 판단하고 있다. 공룡이 지상에서 사라지듯, 지난 몇 백만 년 또는 몇만 년 동안 지구에 군림했고, 최근 몇백 년 동안 지구를 너무나 절대적인 힘으로 지배해 온 인간은 지상에서 영원히 멸망해 사라질 것이다(박성래, 1998: 24).

이것은 박 교수가 현대인에게 경각심을 불러일으키기 위한 경고문의

---

[33]_ 「현대 과학시대에서의 선(禪)의 의미」(《한국불교와 조사선》, 고불총림 무차선회 조직위원회 주최, 한국 선(禪) 국제학술대회, 백양사, 1998. 8. 19~22.)를 다듬었다.
http://kr.buddhism.org/zen/koan/

성격을 띠고 있지만, 하루아침에 나온 말이 아니고 심사숙고 끝에 개진한 경고성의 발언이라고 생각된다. 그는 현대의 자본주의=자유주의 문명이 인류에게 과연 무엇을 가져다주었는가에 대해 매우 비관적으로 보고 있다. 그는 이렇게 쓰고 있다.

> 21세기는 자본주의=자유주의의 맹위 속에 열려 걷잡을 수 없이 혼란한 시대로 시작될 것이다. 우리는 흔히 '주의(主義)'란 말을 쓸 때 인간의 의지 표현이라 해석하는 경향이 있다. … 하지만 자본주의와 자유주의란 인간사회를 개선하기 위해 의식 있는 인간이 내세운 주의가 아니다. 그것은 인간 본능을 그대로 방치하자는 오히려 인간 의지의 포기에서 자란 사상에 지나지 않는다. 인류 역사에서 지난 천 년 동안에 등장한 여러 가지 이념 가운데 결국 자본주의=자유주의가 승리하여 전진하고 있다는 사실은 사람이 사람의 의지로 인간사회를 개선하려는 노력을 포기했음을 의미한다(앞의 글: 24~25).

사실 인간의 본능적 욕망을 무제한으로 확대하고 그것을 성취하기 위해서 무제한 성장 원칙을 고수하려는 자본주의 문명이 결과적으로 자연환경의 파괴와 본래의 인간성을 몰락시킴으로써 오늘의 위기를 가져오고 있는 사실은 아무도 부정하지 못할 것이다. 물론 이것은 자본주의와 과학 문명이 인류사회에 물질적 번영을 가져다준 위대한 업적을 간과하고 하는 말이 아니다. 물질문명이 비약적으로 번영한 만큼 오히려 정신문화 면에서는 그 반대 현상이 일어나고 있다는 데 문제가 잠복해 있다. 사람들이 자연의 은혜와 진정한 자유를 망각하고 있다.

야스퍼스(K. Jaspers)는 "일찍이 근대 서구 역사가 '거짓된 계몽'의 길로 나아감과 병행하여 근대 유럽 정신은 점차로 조화의 자연관에서 기계적 자연관으로 편중되는 경향을 보이기 시작하였으며, 거기에서 근대의 서구적 정신은 서서히 불성실한 것에 빠지게 되었다(1951: 240~241)."고 하였다. 여기서 '거짓된 계몽'이란 모든 지식과 의욕과 행위를 단순히 지성에 기초한 기계적 자연관에서 생각하는 사고의 불성실을 의미한다. 야스퍼스는 특히 "데카르트는 과학이 갖는 한계성을 보지 못하고 그 순수성을 망각하여 수학적 자연과학에 의해서 보편과학을 구상하려 하였으나 그것은 독단적인 것으로서 일종의 기계관 신화에 지나지 않았다(1966: 97)."고 비판한 바 있다.

말하자면, 서구의 근본정신은 조화의 자연관인 유기적 자연관과 기계적 자연관 사이에 양극성의 균형을 지향했으나, 수학적 자연과학은 결국 기계적 자연관으로 편중되어 기술적 지성 절대화의 풍조에 휘말려 자연을 정복하는 쪽으로 기울게 되었다는 것이다. 따라서 이것은 이른바 '자연의 아들', 즉 '내적 자연인 인간성'이 외적 자연의 파괴와 함께 매몰당하게 되었다는 것을 의미한다. 오늘날 과학의 한계성은 너무도 여러 곳에서 나타나고 있다. 과학문명의 결과로써 일어나고 있는 자연환경의 파괴나 인간성의 몰락은 차치하고라도 자연과학 자체 내에서 일어나고 있는 한계성을 지적하는 말이다. 미국의 과학평론가인 호건(J. Horgan)은 그의 『과학의 종말』 서론에서 과학 자체의 한계성을 다음과 같이 표현하고 있다.

> 과학 그 자체도 그것이 진보함에 따라서 자신의 힘에 제약을 가하게 될 것이다. 아인슈타인의 특수상대성이론은 어떤 물질, 심지어는 정보조차도 빛의 속도 이상으로 달릴 수 없다는 한계를 설정한다. 양자역학은 미시영역에 대한 우리들의 지식이 항상 불확실할 수밖에 없다고 말한다. 카오스이론은 양자적 불확실성을 동원하지 않더라도 많

은 현상이 예견 불가능함을 확인해 주고 있다. 괴델(K. Gödel)의 불완전성의 정리는 실재에 대한 완전하고 모순되지 않는 수학적 기술(記述)의 가능성을 부인하고 있다. 그리고 진화생물학은 우리가 자연의 심오한 비밀을 파헤친다는 고상한 목표를 가진 존재가 아니라 단지 자연선택을 통해서 진화된 동물임을 끊임없이 일깨워주고 있다 (J. Horgan, 1996: 13).

결국 과학 그 자체가 인류에게 항상 부분적인 진리에 만족할 수밖에 없도록 운명짓고 있다는 것이다. 호건은 이 책에서 진보의 종말, 철학의 종말, 물리학의 종말, 우주론의 종말, 진화생물학의 종말, 사회과학의 종말, 신경과학의 종말 등 10개의 종말론을 제시하고 있다. 그는 오늘날의 급격한 진보 그 자체가 과학의 종말을 예고하는 것으로 진단하고 있다. 호건은 미국의 분자생물학자인 스텐트(G. Stent)의 말을 빌려 진보와 종말의 역설을 다음과 같이 서술하고 있다.

> 과학에 어떤 한계가 존재한다면, 즉 더 이상의 진보를 이루지 못하게 가로막는 장벽이 존재한다면, 바로 그런 장애물과의 충돌 직전에 과학은 전례 없이 빠른 속도로 전진할 것이다. 과학이 가장 강건하고 성공적이고 영향력 있는 것처럼 보일 때에는 바로 종말에 가장 가까워졌을 때일 가능성이 있다는 것이다. 스텐트는 자신의 저서 『황금기의 도래(The Coming of the Golden Age)』에서 이렇게 쓰고 있다. "실제로 현기증이 날만큼 빠른 오늘날의 진보 속도는 곧, 어쩌면 우리의 생애 중에, 또 어쩌면 한두 세대 이내에 그 진보가 멎을 수밖에 없을지도 모른다는 생각을 품게 해준다."(위의 책, 1996: 20)

과학의 발전 속도가 빠를수록 과학의 종말이 가까이 오고 있음을 예시하는 말이다. 선악의 양가성(兩價性)을 갖고 있는 과학이 발전한다는 것은, 만일 그것이 나쁘게 사용될 경우, 예를 들면 대규모 핵전쟁으로 지구와 인류의 세계는 파멸을 면치 못하게 된다. 따라서 보다 중요한 문제는 인간의 도덕적 가치 의식의 몰락이다.

사실 현대사회는 과학에 힘입어 풍요로워지고 안락해졌으나 사람들은 겸허하게 도덕적인 삶을 살지 않고 더 큰 쾌락을 추구하는 쪽으로 관심을 돌리게 되었다. 심지어 현실세계를 마약이나 전자 장치를 통해서 얻을 수 있는 환상으로 착각하게 되었다. 스텐트는 얼마 지나지 않아서 진보가 "그 경로의 막다른 벽에 부딪혀 정지할 것이고 … 천 년에 걸친 예술과 과학의 추구가 끝끝내 우리의 삶을 즉흥적인 우발사건으로 변모시키는 결과밖에 낳지 못했다(앞의 책, 1996)."라는 냉소적인 말로써 자신의 저서를 끝맺고 있다.

이상과 같은 주장들을 지나친 기우에 연유한 종말론에 불과하다고 접어두더라도 현대 과학문명이 가져다준 부정적인 상황들은 너무나 크기 때문에, 그대로 묵과할 수 없는 심각한 문제들이라는 것을 주목해야 한다. 결국 현대의 과학기술사회의 근본 문제는 모든 문제를 지성화·정량화·수량화·추상화하고 관료화·물질화·경제화·경영화하여 해결하려고 하는 데 있다. 물론 산업사회가 이러한 것들에 힘입어 발전되어 온 것은 사실이지만, 이러한 것들은 철저하게 인간의 참된 삶의 체계가 아니라 물리적인 역학의 체계에 지나지 않는 것이다. 현대 과학기술의 조직적이고 기계적인 위력은 인간의 내면에서부터 우러나오는 존엄한 생명과 인격을 존중해 주는 대신에, 그것을 무력화시키고 그러한 생의 존엄성에 냉담하도록 무감각화시킨다. 그러므로 화이트헤드는 일찍이 물질은 그 자체로서는 감각이 없는 것, 가치가 없는 것, 목적이 없는 것인데, 그것을 궁극적인 실재로 보는 고전물리학적인 세계관 때문에 기계적 물질관이 나왔다고 말하고, 그는 그것을 과학적 물질주의라고 불렀다(A. N. Whitehead, 1938: 61~63).

따라서 화이트헤드는 이러한 물질적 세계관을 의미상실, 가치상실, 목적상실의 세계관으로 규정하여 배격하고 유기체적 세계관을 확립하였다. 또한 정신분석학의 거두 프롬은 현대 기술문명사회의 역학적 원리의 위력과 우위는 사람들의 내부의 생에 대해서 냉담한 감각을 배양하고 죽음으로 끌어당기는 심정을 키운다고 하였다(E. Fromm, 1968: 59). 물론 이러한 네크로필리아(necrophilia) 증상은 현대문명사회의 환경으로서의 체제, 제도, 기술체계, 정보체계 등이 외압적인 위력이 되어 사람들을 제압하기 때문에 일어나는 현상이다. 심지어 학교교육이나 교육제도마저 무의식중에 여기에 영합하고 있다. 그런데 이러한 악조건의 상황에서 더욱 위기를 더욱 가중하는 것은 정보화사회가 인간을 고립시키고 소외시킴으로써, 정신적 인간을 더욱 기계적 인간으로 변형시키고 있다는 점이다.

현대는 분명히 발전적인 면에서 보았을 때 인류 역사상 유례가 없는 대전환기의 시대이다. 과학기술의 발전은 소위 첨단과학이라는 이름 아래 각종 신소재 개발과 초성능 컴퓨터를 만들어 내고, 위성통신의 혁명으로 정보화시대가 되고 있다. 한편 유전공학과 생명과학의 발전은 새로운 종을 만들고 농축업 및 의약학의 비약적인 발전을 약속하고 있다. 그러나 지금 대중매체의 범람과 컴퓨터게임의 불건전한 영상매체들은 사람들의 말초신경적인 충동을 일으키게 하여 불량한 길로 **빠지게** 하고, 심지어 살인의 극악한 범죄를 유희화하는 사회악의 잠재적 요인이 되고 있다. 정보사회의 문제는 거기에 그치지 않는다. 사이버스페이스의 가상공간의 문제, 컴퓨터 해킹 문제, 무제한의 정보 유출의 문제 등

과거에는 생각조차 못 했던 새로운 윤리의 문제들이 수없이 등장하고 있다.

특히 컴퓨터의 등장으로 인간은 도덕적 사회적 관점에서는 그 기술적 능력에 충분히 대응할 수 없음이 여러 곳에서 확인되고 있다. 예를 들면 장거리포나 미사일의 발사 또는 원폭 투하는 완전히 비인격적인 것이기 때문에, 불구대천의 원수라 해도 감히 자기의 손으로 교살하는 일을 절대로 할 수 없는 정상적인 사람이라도 버튼을 한 번 누름으로써 도시와 수천, 수만의 무죄한 민간인들과 아이들을 가공할 파괴와 죽음으로 몰고 가는 일을 행하게 된다. 사실 현대의 대부분 자동기계는 컴퓨터나 센서가 장착되어 있어 버튼을 누르는 것만으로 일의 수행이 가능하기 때문에, 거기에서 발생하는 결과에 대해서 무의식중에 책임 의식을 망각하게 된다. 이것은 인간이 자기 자신으로부터 소외된다는 것을 의미한다.

2. 정보공학과 인간소외

20세기 후반의 주도적인 기술이 컴퓨터에 의한 정보기술이었다면, 21세기 전반은 생명과학이 주도적 역할을 할 것으로 기대된다. 최근 마이크로머신(micromachine)이라는 첨단 미소 정밀기계를 만들고 있다. 마치 공상과학(SF)에 나오는 유령처럼 인체 속으로 들어가 암이나 기타 내장의 질병들을 치료하는 작업을 해내는 미소(微少)기계가 나오기도 하고, 또한 각종의 인공장기도 출현하고 있다. 그리고 DNA 시뮬레이션 등 생물의 구조와 활동을 컴퓨터 속에서 실현하는 일은 이미 시작되었다. 최근에 복제 양의 성공으로 인간 복제의 문제가 크게 부상하였는데, 이것들도 생물 정보론의 발전에 따른 것이다. 적어도 현시점에서는 농축산학이나 의약학과 같은 생명과학에서 인공생명의 시뮬레이션과 복제기술은 놀랄 만한 새로운 생산 시스템과 치료 기술을 개발하여 인류복지에 크게 기여할 것으로 기대된다. 하지만 생명복제기술을 남용할 경우, 제3의 동식물군과 가공할 만한 세균이 출현할 수도 있다.

그리고 만화적인 가상현실이(假想現實)이 청소년들을 현혹하여 인격을 상실케 하고, 음란물 영상의 범람과 유희적 게임의 폭주로 사회질서를 혼란에 빠뜨릴 역기능의 국면이 이미 나타나고 있다. 이것은 1997년 3월 미국 캘리포니아 랜초 산타페에서 발생한 39명의 20대 전후 젊은 이들의 집단자살에서 잘 드러나고 있다. 그들은 컴퓨터를 능란하게 다룰 줄 아는 컴퓨터 전문가 세대였다. 이들의 자살이 헤일밥(Hale-Bopp) 혜성의 출현과 함께 UFO와 만날 수 있다는 착각에서 비롯되었다는 추측만 있을 뿐, 충분한 이유는 밝혀지지 않고 있다. 이것은 아마도 컴퓨터를 통한 가상현실과 현실 사이의 혼동(混同)에서 비롯된 것이 아닌가 한다.

그리고 당장 다가오고 있는 문제는 정보화의 확산으로 인간이 고립되고 소외현상이 나타나고 있다는 것이다. 컴퓨터가 각 가정에 보급된 이후 청소년들은 컴퓨터게임에 몰두하여 가족 간의 대화가 단절되는 경향마저 일어나고 있다. 사실 컴퓨터는 어떤 면에서는 인간의 고립화를 조장하는 기계라고도 말할 수 있다. 컴퓨터는 어떤 주어진 게임의 한 국면과 같은 것으로서, 사람은 그 고립된 방에 갇히어 컴퓨터 앞에서 열심히 게임을 하는 셈이다.

학교나 회사 혹은 가정에서 컴퓨터 앞에서 하나의 장면을 처리하면 또 다른 장면이 나타난다. 그것은 스스로 선택한 국면이 아니라 주어지는 혹은 다가오는 국면이다. 거기에는 규칙이 주어져 있고 사람은 그 주어진 칸막이로 차단된 공간의 모니터 앞에서 프로그램 규칙에 따라서 게임을 해야 한다. 컴퓨터에 힘입은 정보기술의 발달로 노동은 로봇에 의해 대행되고 공장의 무인화가 촉진되고 있다. 인간의 노동은 자동화 시스템에 구속되고 고립화된다. 인간은 교육 현장이나 생산 현장이나 판매 현장 혹은 유통 현장에서 미리 매겨진 정보와 시시각각 흘러나오는 지령 정보에 따라서 작업을 하게 된다. 물론 그것은 인간을 노동으로부터 해방해 주고 보다 평안하게 살게 하기 위해서 고안된 것들이다. 역설적으로 근대 산업혁명 이후 과학기술이 발전함에 따라 인간은 오히려 불안 속에 놓이게 되었다.

과학의 발전과 더불어 자연과 인간에 대한 합리적인 해명은 오히려 자연과 인간의 신비성 내지 종교적 무한성을 무효화시켜 버렸고, 인간이 나약한 유한적 존재임을 여실하게 밝혀 주었다. 그것은 주지하는 바 1, 2차 세계대전이 과학문명에 따른 무기의 발달에서 비롯된 절망적인 불안이기도 했다. 따라서 인간의 불안은 어떤 특정한 대상에 대한 공포나 불안이 아니라 과학의 위력 앞에 인간의 유한한 실존에 대한 불안이었다. 말하자면 유한하고 왜소한 인간 실존에 대한 자각과 망각 사이에서 일어나는 불안이라고 할 수 있다. 또한 그것은 산업화와 민주화가 진전됨에 따라 인간의 자유가 증대함으로써 오히려 자유에서 오는 불안이기도 하였다. 키르케고르는 불안의 요인으로써 선악과를 따먹지 말라는 신의 금지의 명령을 아담이 들었을 때, 따먹을 수도 있다는 자유의 가능성 때문에 불안을 느끼게 되었다고 하였다(S. A. Kierkegaard, 1844).

또한 사르트르는 인간은 그가 인간인 한 인간을 탈출할 수 없으며, 인류적 주체성을 넘어설 수 없다고 하는 데에 인간 실존이 존재한다고 하였다. 사르트르는 실존은 본질에 앞선다고 하여, 신이 존재하지 않는 이상 어떠한 행동을 해도 좋지만, 그때 인간의 행동은 자기가 자기를 선택함으로써 전 인류를 선택하는 것이 되며, 전 인류의 책임을 져야 하므로 불안이 존재한다고 하였다. 그에게 있어서 불안은 연대적 책임 때문에 일어나는 불안이며, 선택해야 할 행동 때문에 오는 불안이다. 그러나 정보화사회가 진전함에 따라 사람들은 그러한 불안의 감정마저 상실하고 있다. 그것은 하이데거(M. Heidegger)의 존재 망각이나 데리다(J. Derrida)의 인간의 종말과는 또 다른 인간의 망각이다.

사람들은 이것이냐 저것이냐를 선택할 자유를 상실하였다. 주지하는 바와 같이 모든 것은 이미 컴퓨터에 입력된 소프트프로그램과 데이터베이스에 의해 컴퓨터가 지시하고 명령하는 대로 행동하면 그만이다. 모든 일을 컴퓨터에 의지해 수행하는 가운데 인간은 기능 면에서 기계인 컴퓨터에 압도되어 인간의 실존이나 인격적 측면들을 무의식중에 망각하고 있다. 사실 곤충이나 동물들은 불안도 고민도 하지 않는다. 자기가 살아남기 위해 지니는 본능적 기제 즉 자기의 정보 시스템에 따라 행동하면 그만이다. 그런데 지금 사람들도 입력된 프로그램에 따라 행동해야 하고 자동기계나 컴퓨터를 떠난 어떠한 생활도 생각할 수 없는 사회구조 속에 살고 있다. 따라서 인간은 더 이상 실존적 불안이나 죽음의 자각과 같은 것을 느끼거나 생각할 필요가 없으며 또한 그렇게 살려고 하지도 않는다.

정보통신기기의 발달로 인간은 한가하게 된 것이 아니라 더 분주하게 되었다. 핸드폰의 확산으로 전화 통화를 해야 하는 횟수가 몇십 배로 늘어나 시간을 빼앗겨야 하고, 컴퓨터로 메일을 주고받고, 텔레비전을 시청하고, 말 그대로 정보의 홍수 속에서 헤어날 여유가 없다. 멀티미디어의 발달은 인류가 만 가지 정보를 신속하게 공유하게 됨으로써 인간 생활에 엄청나게 이익을 가져다주고 있지만, 인간은 그만큼 많은 대량의 정보 홍수 때문에 정신을 차리지 못하고 있다.

　사이버네틱스의 창시자 위너(N. Wiener)는 인간에게 유용한 목적을 '어떻게 달성할 것인가?' 하는 '기술지(技術知, know how)'만 존중되고 인간의 '삶의 가치와 목적이 무엇인가?' 하는 '목적지(目的知, know what)'를 망각한다면, 인류는 파멸을 면치 못할 것이라고 하였다(1967: 253). 그는 "오늘날 우리는 관청이나 연구소, 군대, 회사 등의 거대한 기계 속에 조립되어 책임 있는 인간 존재가 아니라 톱니바퀴나 연결봉으로 쓰이고 있는 것이 아니냐고 묻고, 때는 이미 늦어지고 있다. 선을 택할 것인가 악을 택할 것인가 하는 소리가 우리의 문을 두들기고 있다(1967: 254)."라고 경고한 바 있다. 그는 또 이렇게 말하고 있다. "우리가 비록 죽음이 결정된 한 행성에 살고 있는 난파선의 승객이지만, 난파에 직면했을 때조차 인간의 체면과 인간의 가치가 완전히 소멸하는 것은 아니다. 우리는 최선을 다하여 살아 나가지 않으면 안 된다. 우리는 죽어갈 것이다. 그러나 우리는 그것을 우리의 존엄에 부합하는 방식으로 기꺼이 맞이해야 할 것이 아닌가?(1967: 244)"라고 정보이론의 창시자인 그가 정보사회를 경고하고 있다.

　아무튼 정보화시대에 있어서 우리는 컴퓨터에 입력된 매뉴얼 속에서 선택할 자유밖에 없게 되었다. 우리가 프로그램으로 조직하는 일이 대부분 현실의 사무적인 일들이기 때문에, 인간의 이상이나 자유와 관계되는 문제는 전적으로 배제될 수밖에 없다. 또한 프로그램하는 일 자체가 많은 시간이 필요하게 되고, 프로그램된 유한한 정보와 컴퓨터와 그 네트워크의 구조적 조직 속에 갇혀서 일을 수행해야 하므로, 이미 거기에서 탈출할 수가 없게 되는 것이다. 한마디로 현대인은 프로그램된 조직 내에 갇혀 사는 인간으로 전락하여 본래의 자기로부터 소외되고 있다. 우리는 이러한 자기로부터의 소외를 어떻게 극복할 것인가? 그것은 한마디로 선(禪)을 통하여 본래면목의 참사람[眞人]을 되찾는 일일 것이다. 선의 수련 이외의 어떤 방법으로도 본래의 참된 인간을 찾을 곳이 어디에도 없기 때문이다.

3. 양자역학의 인식론

지금까지 우리는 현대 과학문명의 부정적인 측면을 주로 비판하였으나, 반대로 현대 과학이론 중에는 긍정적으로 보아야 할 점들도 많이 있다. 필자는 그중에서 인식론적 차원에서 불교의 중도사상과 유사한 20세기 초에 기초를 놓은 양자물리학의 사유 방법을 고찰하고자 한다. 왜냐하면 양자역학의 이론은 전통적인 인과적 결정론과는 전혀 다른 혁명적 사유체계로서 동양과 서양, 종교와 과학을 접목하는 데에 큰 도움을 줄 것이기 때문이다.

20세기 초 양자물리학은 전자나 광자와 같은 미시적 물질이 입자와 파동의 이중적 성질을 동시에 가진다는 사실로부터 양자의 성질을 이해하기 시작하였다. 광자는 회절 및 간섭무늬를 만들며, 이 사실로부터 파동성을 가지고 있음을 알게 되었다. 그러나 이른바 광전효과를 통하여 광자는 금속 표면으로부터 전자를 방출시킨다는 사실을 알았을 때, 이 현상을 설명하기 위해서 광자는 입자여야만 했다. 양자역학에서 입자와 파동의 양립성은 자연을 바라보는 인간의 사고방식에 있어서 일대 충격을 던졌다.

20세기 초에 있어서 상대성이론과 양자역학이라고 불리는 두 개의 혁신적인 물리학의 발전은 종래의 물질관과 세계관에 일대 변혁을 가져왔다. 양자역학이 탄생한 이래 고전물리학에서 뉴턴(I. Newton)과 호이겐스(C. Huygens)가 날카롭게 대립했던 광학의 '입자설'과 '파동설'은 '양자화된 입자'와 '양자화된 파동'이라는 두 개의 새로운 용어에 의하여 통일되었다. 즉 빛의 입자성과 파동성은 각각 별개의 것이 아니라 '동일 실체의 양면성'을 나타내는 데 불과하다는 것이다. 한마디로 '파동입자(wavicle)'라 할 수 있는 것이다. 결국 물질은 파동의 연속성과 입자의 비연속성이 대립하면서 서로 매개하여 대응성을 이루어 미시적 물질현상의 상보적 이중성을 나타내는 것이다.

다시 말하면 광양자 가설에 따라서 빛의 파동이 에너지의 양자적 단위를 갖고 있는 입자와 동반하는 결과, 물질도 에너지도 서로 입자와 파동의 이중성을 갖게 되며, 이 양면이 상호 보완하여 물리현상의 인식을 성립시키는 것이다. 거시적으로는 물질도 빛도 연속적 파동이지만 미시적으로는 비연속적인 입자의 성질을 내포하는 것이다. 이러한 이중성을 모순 없이 파악하려는 것이 이른바 닐스 보어(N. Bohr)의 '상보성원리'이다. 양자역학의 이런 현상은 광자, 전자, 원자와 같은 미시세계에 불확정한 요소가 있다는 사실을 짐작하게 해주었다.

1927년 하이젠베르크(W. K. Heisenberg)는 그의 유명한 불확정성원리 중에서 이 불확정성을 정량화하였다. 불확정성원리의 한 표현 양식은 양자적 입자의 위치와 속도를 동시에 측정하려는 시도에서 나타났다. 이 표현을 빌리면, 만일 전자의 위치를 매우 정확히 측정하려고 하면 우리는 전자의 운동량에 대한 정보를 거의 얻을 수 없게 된다. 반대로 만일 전자의 운동량을 매우 정확하게 측정할 수 있다면, 그 위치는 측정 불가능해진다. 전자의 위치를 어느 특정한 위치에 있도록 고정하려는 노력은 전자의 운동에 큰 영향을 미쳐서 운동에 대한 정보를 끌어

낼 수 없게 만든다. 반대로 전자의 운동을 정확하게 측정하려는 노력은 그 물체의 위치를 뒤흔들어 놓아서 그 위치를 판별할 수 없게 만든다. 더욱이 전자의 운동과 위치에 대한 정보를 얻는 데 수반되는 이러한 제한조건은 완벽하지 못한 기술의 결과라기보다는 차라리 자연이 가지고 있는 고유한 성질이다. 즉, 전자의 위치와 운동량은 동시에 정확히 측정될 수 없다. 결국 이것은 미시적 세계에서는 인과법칙의 결정론이 성립할 수 없다는 것을 반증해 주는 것이다. 우리는 여기서 닐스 보어와 하이젠베르크를 통하여, 모든 물질을 구성하는 원자나 빛이 어떤 실험에서는 입자의 현상으로, 또 다른 실험에서는 파동의 현상으로 나타나 입자의 위치와 운동량을 동시에 결정할 수 없다는 사실을 알 수 있다.

여기서 좀 더 논리적인 해답을 줄 수 있는 것은 무엇일까? 라이헨바흐(H. Reichenbach)는 프랑스의 물리학자인 드 브로이(L. V. de Broglie)의 논리를 통하여 이렇게 설명하고 있다. 즉 고전물리학자들이 빛은 '입자가 아니면 파동'이요, '파동이 아니면 입자'라는 전통적인 이치논리, 즉 진리값이 참(T), 거짓(F) 두 개만 있다는 논리에 입각하여 싸우고 있는 동안에 드 브로이는 감히 빛이 '입자로도 파동으로도' 구성되어 있다고 생각하였다는 것이다. 말하자면 '~이 아니면 ~이다'라는 이치논리는 '~이기도 하고 ~이기도 하다'라는 상보성의 논리로 대치되어야 한다는 것이다. 다시 말하면 세 개의 가능한 진리치, 즉 참(T), 거짓(F), 미결정(I)의 삼치논리, 즉 세 개의 진리값을 인정하는 논리를 세워, 만일 입자의 운동량의 실험이 정확하여 참(T)이라고 한다면, 그때의 입자 위치에 관한 언명은 곧 미결정(I)이어야 한다는 것이다. 여기서 입자의 위치가 미결정적인 이유는 입자의 운동량이 확증되는 동일한 순간에 다른 쪽의 진위를 결정하는 것이 원리상 불가능하기 때문이다. 다시 말하면 어느 한쪽의 언명이 참이라면, 다른 한쪽의 언명은 미결정이라고 하지 않으면 안 되는 상황이 존재하기 때문이다. 그러므로 드 브로이의 '~이기도 하고 ~이기도 하다'의 양면성은 파동과 입자가 동시적인 존재로서 직접적 의미로 해석되어야 한다는 것이 아니라, 인간의 인식능력에서 볼 때 동일한 실재가 두 개의 가능한 해석을 허용하는 간접적 의미를 지녔다고 해석해야 하는 것이다. 즉 양자(입자와 파동)는 어느 쪽도 다른 한쪽과 대등하게 참이다(H. Reichenbach, 1973: 175~184). 이것은 인간 인식능력의 한계성을 폭로하는 것이다. 따라서 이 양면성의 논리는 불교의 중도 논리를 연상케 한다.

닐스 보어(N. Bore)는 전자의 '실재'가 무엇이냐고 묻는 것 그 자체는 의미가 없다고 하였다. 미국의 이론물리학자 데이비스(P. C. Davies)는 닐스 보어의 아이디어가 발전됨에 따라 전체와 부분, 거시세계와 미시세계에 대한 서구 사람들의 철학관이 급격하게 변화했다면서, 닐스 보어의 상보성원리와 관련하여 다음과 같이 서술하고 있다.

> 미시세계의 양자적인 실재는 거시세계의 구조와 매우 복잡하게 뒤얽혀 있다. 즉, 부분은 전체와의 관계를 제외하고는 그 자체로는 의미가 없다. 양자 물리현상의 이러한 신비스러운 성질은 힌두교, 불교, 도교와 같은 동양의 종교사상에서 싹튼 철학을 믿고 있는 사람들에게는 어느 정도 익숙한 느낌을 준다. 양자론이 싹틀 무렵, 사실 슈뢰딩거를 포함한 여러 물리학자는 전체와 부분에 대한 양자론적인 개념과 자연의 조화와 통일성에 대한 전통적인 동양의 개념 사이에 상관관계를 끌어냈다(P. C. Davies, J. R. Brown, 1989: 12).

여기서 '슈뢰딩거 고양이 역설'에 대한 데이비스와 브라운의 해석을 요약함으로써 선불교(禪佛敎)와의 유사성을 제시한다. 실험의 내용은 다음과 같다. 상자 안에는 고양이 한 마리와 청산가리가 든 유리병, 방사성 물질 라듐, 방사능을 검출하는 가이거 계수기, 망치가 들어 있다. 여기서 어떤 시간 내에 방사선이 튀어나오는 확률이 2분의 1이라고 가정한다. 만일 방사선이 나오면 계수기의 튜브가 방전되고, 연결된 끈을 통하여 망치를 움직여 청산가리가 들어 있는 유리병을 부수게 장치되어 있다. 그러면 청산가리가 새어나오게 되고, 고양이는 청산가리를 들이마시고 죽게 된다.

양자론에 따르면, 물질은 방사선을 방출한다고 하는 상태와 방출하지 않는다고 하는 상태가 반반이라고 생각하지 않으면 안 되는 이중적 중첩 상태로 되어 있다. 그렇다면 고양이는 살아 있는 상태와 죽어 있는 상태가 반반이라고 하게 되어 버린다. 한 마리의 고양이의 상태를 양자역학에 따라서 충실히 기술하면 삶이 2분의 1이고, 죽음이 2분의 1인 셈이 된다. 이것은 참으로 기이한 일이다. 과연 이 이중성의 모순을 어떻게 해석해야 하는가 하는 것이 슈뢰딩거의 '고양이의 역설'이라고 일컬어지는 문제이다. 상식적으로 볼 때 고양이는 틀림없이 죽지 않았다면 살아 있을 것이다. 고양이가 살아 있을 확률과 죽어 있을 확률이 각각 2분의 1이라면 고양이는 살았다고도 죽었다고도 할 수 없다. 그러나 그 상태를 우리가 관찰하게 되면, 그 여러 가능한 상태 중 하나가 현실화된다는 것이다. 이를 전문용어로는 파동함수가 붕괴되고 그 상태가 하나의 고유치를 갖게 되었다고 말한다. 이것은 물론 전자와 같은 미시적 세계에서 일어나는 일이지만, 자연을 인식하는 데 있어서 우리 인간의 주관의 개입이 그만큼 중요하다는 것을 의미한다.

이처럼 입자와 인식주관 간의 기묘한 관계는 입자의 스핀에서도 엿볼 수 있다. 중성미자나 전자와 같은 입자는 일종의 내부 회전, 즉 스핀을 갖고 있는데(물론 모든 소립자는 스핀을 갖고 있다), 실험자가 입자의 스핀

방향을 알기 위해서 실험 장치를 만들고 그 좌표가 될 특정 방향을 취하였을 경우, 놀라운 사실은 그 스핀이 장(場)의 방향을 가리키고 있다는 것이다. 즉 입자의 스핀은 실험자가 선정한 기준 방향을 향하고 있다. 다시 말하면, 입자는 실험자와 약속이라도 한 듯이 언제나 실험자가 자유롭게 선정한 기준 방향으로 스핀의 회전 방향이 바뀌어 마치 실험자의 마음을 읽고 있는 것처럼 행동하는 것이다. 미시적인 소립자의 세계는 이처럼 기묘한 주관적 요소가 개입된 것처럼 보인다.

이것은 사람이 무언중에 다른 사람과 직관적으로 공감을 느끼는 순간을 불교에서 '염화미소'니 '이심전심'이니 하는 경우와 일맥상통한다. 단지 양자역학의 특징은 전자와 같은 물질 입자가 마치 정신이 있는 양 인간의 정신과 교감이 되고 있는 것처럼 보이는 점이다. 물론 왜 그런지는 알 수 없다. 데이비스와 브라운은 관측 행위가 양자물리학에서 불가피하게 행하는 중요한 역할은, 정신 및 의식의 본질과 물질과 정신 사이의 관계에 대한 문제를 유발하는 것이라고 말한다. 일단 어떤 양자계를 관측하게 되면, 양자계의 상태, 즉 파동함수가 급격히 변한다는[34] 사실은 마치 '물질 도처에 정신이 존재한다'는 생각과 매우 흡사하다. 이것은 불교의 "모든 중생이 다 불성을 가지고 있다[一切衆生 悉有佛性]."는 것을 연상케 한다.

---

[34] 양자역학에서 측정 전의 상태는 야구 경기에서 타석에 들어선 타자의 상태와 같다. 이는 아웃, 1루타, 2루타, 3루타, 홈런 등의 모든 가능성을 품은 상태다. 측정 후의 양자 상태는 타자가 공을 치고 상대가 수비한 다음과 같다. 공격 전의 여러 가능성이 공격 후에는 어느 한 상태로 실현된다. 야구 경기에서 공격 전후로 상태가 달라지는 것처럼, 양자역학에서는 측정 전후로 양자 상태가 달라진다. 이를 양자상태 붕괴(quantum state collapse) 혹은 양자 도약(quantum jump)이라고 한다.(양형진 주)

단적으로 표현하면, 물리적인 상태는 정신적인 상태를 변화시키도록 행동하고, 정신적인 상태는 물리적인 상태에 다시 영향을 준다. 폰 노이만(von Neumann)은 아무것도 파동함수의 '붕괴'를 일으킬 수 없다고 단언하였다. 의식이 있는 개인이 관여할 때만 비로소 연결되어 있는 사슬이 종말을 맞게 된다. 측정 결과가 어떤 개인의 의식에 들어갈 때만 비로소 양자라는 이해하기 어려운 상태의 피라미드 구조가 이해할 수 있는 뚜렷한 실재로 드러난다는 것이다. 위그너(E. Wigner)라는 물리학자의 의견에 따르면, 정신은 측정의 성격을 결정짓는 양자 상태의 급격하고 비가역적인 변화를 일으키는 기본적이고 중요한 역할을 한다는 것이다. 양자역학의 이러한 의식과 물질과의 상관관계의 설명은 데이비스와 브라운이 말한 것처럼 분명히 동양의 종교적 사유 형태와 일치되는 면이 있다.

그런데 선불교에서 진리는 문자로 표현되지 않으며[不立文字], 깨달음의 비법은 경전 밖에 따로 전한다[敎外別傳]고 말한다. 이는 '법'이라든가 실재 또는 진리는 마음에서 마음으로 '전달' 가능[以心傳心]할 뿐이고, 경전들이란 다만 우리 자신의 진정한 통찰, 즉 자오(自悟)를 자극하고 환기하는 하나의 수단에 불과하다는 것이다. 모든 외적 사물은 우리들의 '본래면목'의 반사에 지나지 않으며, 모든 외적 교리는 우리들 자성의 음악적 메아리에 불과하다. 따라서 우리는 자기 자신을 단순한 반사 혹은 메아리와 동일시해서는 안 된다. 자기가 자신의 자성을 봄으로써만 정말 자신을 본질적으로 알 수 있다.

이러한 선불교의 비전(秘傳)은 잘 알려진 붓다와 가섭존자의 관계에서 잘 표현된다. 가섭존자는 인도 선(禪)의 시조로 알려져 있으나, 본래 인도의 '다냐(禪那, Dhyana)'는 일종의 집중적인 명상을 나타내는 데 대해서, 중국의 선은 참선을 통해 일거에 깨닫는 돈오나 직관지를 나타낸다. 그러므로 선의 가장 고유한 특징은 내심자증(內心自證)하는 데 있다고 선사들은 말한다. 부처님이 침묵 속에 청중들에게 꽃 한 송이를 내보였을 때, 가섭존자만이 이 한 송이 꽃을 보고 미소를 지었다. 이른바 염화미소이다. 이에 여기서 부처님은 다음과 같이 설하고 있다.

> 나는 정법안장과 열반으로 통하는 말할 수 없는 미묘한 통찰력을 가지고 있다. 이 열반은 무형의 모습을 지닌 신비스러운 형상의 관문을 여는 것이며, 문자로써 알 수 있는 것이 아니며, 모든 경전 밖의 방법으로 전달되는 것이다. 이제 나는 이 비전을 마하가섭에게 위촉한다 [吾有正法眼藏, 涅槃妙心, 實相無相, 微妙法門, 不立文字, 敎外別傳, 付囑摩訶迦葉](『지월록(指月錄)』 권1).

스즈키 다이세쓰(鈴木大拙)의 설명에 의하면, 선의 방법은 대상 그 자체로 바로 들어가서 그 내부에서 있는 그대로 사물을 보는 것이다. 어떤 꽃을 안다는 것은 그 꽃이 되어 그 꽃으로 있는 것이고, 그 꽃과 같이 피는 것이며, 꽃과 같이 비를 맞고 햇빛을 받는 것이다. 이렇게 되면 꽃은 나에게 대화를 해오며, 나는 모든 꽃의 일체의 신비와 기쁨과 괴로움 등을 알게 된다. 이것은 꽃 속에서 생생하게 살아 있는 꽃의 생명 전체를 아는 것이다. 그것뿐만이 아니다. 꽃을 알게 된 나의 '깨달음'에 의해서 나는 전 우주의 신비를 알게 되며, 이 우주의 신비를 알게 됨으로써 실로 나 자신의 온갖 신비를 알게 된다(프롬, 스즈키 다이세쓰, 1992: 134).

여기서는 주객 분리의 나와 우주는 이미 해체된 것이다. 아니 나와 우주는 하나가 된 것이다. 하나 속의 둘이고 둘 속의 하나이다. 바로 여기서 선은 양자론과 만나게 된다. 말하자면 양자론의 과학은 선의 경우와 마찬가지로 이분법적 사고를 넘어서고 있기 때문에, 양자론은 과학의 새로운 인식 방법이지만 선의 돈오(頓悟)의 의미가 무엇인가를 간접적으로 알려줄 수 있는 것이다. 선불교에서 '불립문자(不立文字)'란 다만 문자에 집착이 없어야 함을 의미하기 때문에, 경전이나 문자가 진리를 가르치는 방편으로 사용될 수 없다는 뜻은 아니다. 그러므로 필자는 이 문제를 불교의 중도사상과 접목을 시켜 설명하고자 한다.

4. 중도사상의 인식론

중관철학을 주창한 용수(龍樹, Nagarjuna)는 소위 진제(眞諦)와 속제(俗諦)의 이제설(二諦說)에 의하여 그의 중도(中道) 논리를 전개한다. 이 이제(二諦)는 초기 불교의 사제(四諦) 중에 고(苦)·집(集)·도(道)의 삼제(三諦)를 속제(俗諦)로 놓고, 멸제(滅諦)를 진제(眞諦)로 해석한다. 말하자면 진제는 해탈의 경지를 의미하고, 속제는 그 전 단계 또는 수단을 의미한다. 그러므로 용수는 "속제에 의하지 않고서는 제일의제(第一義諦, 진제)를 얻을 수 없다."라고 말하고, 또한 "제일의제를 얻지 않고서는 열반을 얻을 수 없다."라고 하였다(末木剛博, 1970: 120~121). 따라서 속제는 진제의 수단이고 또한 진제는 열반(해탈)의 수단이 된다. 그러므로 진제와 속제는 해탈에 있어서 수단의 구별에 지나지 않으며, 해탈은 이 이제(二諦)를 초월해 있다. 그러나 여기서 주의해야 할 것은 청변(淸辨, Baviveka, 490~570)이 제기한 바와 같이 진제를 말로 나타낼 수 있는 절대와 말로 나타낼 수 없는 절대를 구분하고, 또한 속제를 타당한 속제와 타당하지 않은 속제로 구분해서 생각하여야 한다는 점이다(위의 책).

여기서 말로 표현할 수 없는 절대로서의 진제는 이른바 이(理)의 진제로서 『대승기신론』의 이언진여(離言眞如)에 해당하고, 말로 표현할 수 있는 절대로서의 진제는 언교(言敎)의 진제로서 의언진여(依言眞如)에 해당한다. 따라서 언교의 진제는 말에 의한 표현이기 때문에 해탈의 체험 그 자체가 아니므로 결국 속제의 일부가 된다. 헤겔의 변증법의 이론은 일반적으로 합리성으로 진행해 나가는 방법이므로 이것에 의해서는 합리성으로부터 비합리성으로 전환할 수 없다. 그러나 용수의 부정의 변증법은 합리성을 부정하여 이것을 버린다. 합리성을 부정하기 위해서는 합리성을 사용하지 않으면 안 되기 때문에, 그것은 합리성에 의한 합리성의 부정이며 합리성의 자기부정이다. 합리성이 자기 자신 속의 모순을 찾아내어 불합리성을 발견해서 그것을 버리는 것이다. 이러한 합리성의 자기부정은 전술한 이제설(二諦說)에 의하면 언교의 진제가 이것을 행하는 것이다. 말하자면 언설로 언설을 부정하는 것이다.

그러므로 무르티는 이러한 논리 형식을 귀류법이라고 하였다(T. R. V. Murti, 1974: 132). 여기서 귀류법이란 앞에서 지적한 바와 같이 언설이 아무리 합리적인 것이라 하더라도 그것이 언설인 이상 불합리성을 면할 수 없으므로, 이 불합리성을 폭로하여 이것을 논파함으로써 언설을 초월한 해탈의 세계로 들어갈 수 있는 것이다. 원효(元曉)는 『대승기신론소』에서 대품경(大品經)에 의거하여 "지혜로써 일체의 번뇌를 끊고 무여열반(無餘涅槃)에 든다는 것은 세속법이지 제일의(第一義)가 아니라고 하였다. 왜냐하면 공(空)에는 멸(滅)하는 것도 없고 멸하게 하는 것도 없어, 제법(諸法)은 필경에 공이니 곧 열반(涅槃)이기 때문이다(은정희, 1991: 211)."라는 것이다.

말하자면 진속(眞俗)을 분별하여 진(眞)에만 가치를 부여하는 것이 아니라는 것이다. 즉 진속은 불이(不二)이며 융통무애함을 설한 것이다. 이것은 지관(止觀)이 "새의 두 날개와 같고 수레의 두 바퀴와 같다[如鳥兩翼

似車二輪]."**35**라는 말로 대치될 수 있다. 원효는 중도사상의 일부를 비판하고 있지만 진속의 문제에 관한 한 용수의 중도사상과 일치되는 사상을 갖고 있다. 진속불이(眞俗不二)·진속평등(眞俗平等)은 진과 속을 평등한 것으로 보고 있지만, 이것은 속(俗)은 말할 것도 없고, 진(眞)까지 집착하지 말라는 뜻으로서, 진과 속은 다 같이 버려야 한다는 것을 의미한다. 여기서 우리는 승랑(僧朗)의 이제합명(二諦合明) 중도사상의 제일방언(第一方言)의 한 대목을 통해서 진속이제(眞俗二諦)의 관계를 일별함으로써 그것을 더욱 확실하게 이해할 수 있다. 먼저 제일방언은 일반적으로 다음과 같이 도식화한다.

이제합명중도(二諦合明中道)

1. 생멸(生滅) ——————————— 세제중도(世諦中道)
2. 무생멸(無生滅) ——————————— 진제중도(眞諦中道)
3. 비생멸비무생멸(非生滅非無生滅) ——— 이제합명중도(二諦合明中道)

위에서 생멸(生滅)은 세제(속제)중도로 무생멸(無生滅)은 진제중도로 놓고 있는데, 속인들은 생과 멸이 있다고 보기 때문에, 그것은 그대로 세제(속제)로 놓고, 생과 멸이 없다고 하는 무생멸은 진제로 놓았다. 비교

|||||||||||

35_ 지관(止觀, śamatha-vipaśyanā)은 불교의 수행법인 지(止)와 관(觀)을 통틀어 말하는 것으로, 지(止)는 산스크리트어 사마타(śamatha)를, 관(觀)은 비파사나(vipaśyanā)를 번역한 것이다. 지(止)는 모든 망념(妄念)을 그치게 하여 마음을 하나의 대상에 기울이는 것이며, 관(觀)은 지(止)로써 얻은 명지(明知)에 의해 사물을 올바르게 보는 것을 말한다. 즉, 지관(止觀)은 선정(禪定)과 지혜(智慧)에 해당되며, 지(止)와 관(觀)의 양자는 마치 수레의 두 바퀴 같은 상호의존 관계에 있다.

적 배운 지식인, 즉 붓다의 가르침을 듣고 깨달음을 구하는 성문(聲聞), 가르침에 의존하지 않고 스스로 수행하여 깨달음을 구하는 연각(緣覺)이라면, 적어도 실체적인 생멸이 없다는 것은 충분히 생각할 수 있으므로, 방편상 생멸과 무생멸을 속제와 진제로 대응시킨 것이다. 그러나 생멸을 실체적으로 보는 것이 하나의 극단적 생각이라면 무생멸을 또한 실체적으로 보는 것도 또 하나의 극단적인 생각이 아닐 수 없다. 따라서 그 둘을 부정하여 비생멸비무생멸(非生滅非無生滅)을 이제합명중도(二諦合明中道)로 놓은 것이다. 그러므로 승랑은 이제(二諦)에 대하여 다음과 같이 설하고 있다.

> 이제(二諦)라는 것은 중도(中道)의 교묘한 가르침으로서 문언(文言)을 궁구(窮究)한 극치의 설이다. 도는 유와 무를 밝히는 것이므로 유와 무는 도리에 어긋나지 않는다. 비록 둘(유와 무)을 단절할 것을 요한다고 할지라도 둘로 인해서 이(理)를 얻는다. 이러므로 진(眞)과 속(俗)의 방법으로써 이제법(二諦法)을 설하여 중생을 교화하려는 것이다(김잉석, 1963: 3, 77).

원효는 일찍이 그의 『십문화쟁론』 서문에서 "여래가 재세했을 때는 붓다의 법음에 의하여 다 평정을 느꼈지만, 시간이 흘러 미래세에 이르러서는 내가 옳고 네가 그르니 하는 공론만 분분하여 분쟁만 일으키고 있기 때문에, 말세 중생이 안타까운 업을 면치 못하고 있다."라고 적고 있다. 그러므로 그는 『대승기신론소』에서 "다만 어둠이 없는 지혜의 광명으로 법계를 두루 비춰 평등 무이하다[非唯無闇 有慧光明 遍照法界 平等無二]."라고 말하고 사람들이 분별심을 일으키는 것은 "허공에 새 자취의 차별이니 새의 모양을 따라 허공의 모양이 나타나는 것과 같다. 그러나

이 나타난 모양은 분명히 있지만 그 자취의 모양을 가려낼 수는 없다."라고 하였다. 궁극적으로 "깨달음이란 마음의 본체가 망념을 떠나는 것이니, 이 망념이 떠난 모양이 허공계와 같다는 것이며, 두루 하지 않는 바가 없고, 따라서 이 법계는 한 모습"이라는 것이다. 이와 같은 원효의 깨달음의 설명은 『대승기신론소』와 『십문화쟁론』에 여러 가지로 설명되고 있는데, 그것은 일반적으로 일심(一心)이라는 표현으로 나타나 있다. 원효는 『금강삼매경론』의 서두에서 다음과 같이 말하고 있다.

> 일심의 근원은 유무(有無)를 떠나 홀로 청정하며 삼공(我空, 法空, 俱空)의 바다는 진속(眞俗)을 융합하여 밝고 고요하다. 밝고 고요하므로 둘을 융통하였으나 둘이 아니요, 홀로 청정하므로 양극[邊]을 여의었다 해서 중간도 아니다. 중간이 아니나 양극을 여의었으므로 있지 않는 법이라도 곧 무(無)에 머무르지 않으며, 모양이 없지 않다고 해서 유(有)에 머무르지도 않는다. 하나가 아니면서 둘은 융통하였으니, 진(眞) 아닌 사(事)가 애초에 속(俗)이었던 것이 아니며, 속(俗) 아닌 이(理)가 처음부터 진(眞)이었던 것도 아니다. 둘을 융합하였으되 하나가 아니니 진속(眞俗)의 성(性)이 서지 않는 바 없고 염정(染淨)의 모양이 갖추어지지 않음이 없다. 양극을 여의었으나 중간이 아니므로 유무의 법이 이뤄지지 않는 바 없고, 시비의 뜻이 미치지 않는 바 없다. 그러므로 파함이 없으되 파하지 않음이 없으며, 세움[立]이 없으되 세우지 않음이 없다. 가히 지극한 도리며 당연한 이치다.

이것은 원효의 일심이문(一心二門)의 근원을 나타내 주는 것으로서 진속(眞俗)의 융통무애함을 나타내 주는 것이다. 이상에서 보았을 때 양자이론의 인식 방법과 선은 둘 다 중도적 인식 방법과 어떤 유사성을 갖고 있다. 여기에는 더 세밀한 분석이 있어야 하겠으나 단지 양자론의 과학과 선불교가 상보적 차원에서 서로 만날 수 있다는 점만을 제시하는 것으로 끝맺고자 한다.

5. 현대과학시대의 선의 의미

현대의 과학문명을 기계의 문명, 소유의 문명, 욕망 확대의 문명, 투쟁의 문명이라고 한다면, 선(禪) 문화는 생명의 문화, 무소유의 문화, 욕망으로부터의 해방의 문화, 화합의 문화라고 할 수 있다. 그러나 우리는 앞에서 과학기술문명의 여러 가지 모순을 보았지만, 한편 인식론적으로 볼 때 양자물리학이 불교의 중도 논리와 유사성이 있다는 것을 알았다. 따라서 현대과학은 불교와 배치되는 면과 일치되는 면과의 양면성을 갖고 있다. 그러므로 우리는 현대과학을 수용하면서 이 점을 잘 통찰해야 한다. 문제는 앞에서 누누이 말한 바와 같이 현대 과학문명 시대의 사람들은 복잡다단한 사회구조 속에서 인간 본연의 인간성, 쉽게 말해서 지성과 감성을 통틀어 제정신을 잃고 있다. 과학기술에, 컴퓨터에, 텔레비전에, 핸드폰에, 돈에, 쾌락에, 권력에, 골프에, 도박에 제정신을 빼앗기고 있다. 이러한 상황에서 우리가 제정신을 되찾을 수 있는 길은 오직 선(禪)수련뿐이다.

요가는 황홀경을 희구하지만 선은 깨달음을 추구한다는 말이 있다. 깨달음이란 결국 서옹(西翁) 스님 말씀대로 여기 한 차별 없는 참사람이 있음을 깨달아 자유자재하게 되는 것을 의미한다. 오늘의 과학문명 시대의 위기 상황들은 한마디로 인간 자신의 이분법적 사고와 편파주의적 아집에 기인한다. 극단적 물질만능주의, 극단적 쾌락주의, 극단적 기계주의, 극단적 자기중심주의, 극단적 이기주의가 오늘의 위기상황들을 가져오게 하였다. 여기에는 대립과 투쟁과 분열이 있을 뿐이다. 선은 세계의 어느 국가, 어느 민족, 어느 종교, 어느 사상, 어느 문화적 형식에도 매이지 않는 일종의 절대적 보편성을 갖고 있다. 다시 말해서 선은 모든 종교, 국가, 학문, 사상, 문화, 정치, 경제, 사회생활의 보편적 기반이 될 수 있을망정 그것들에 배치되지 않는다. 필자는 그 증거로서, 그리고 현대과학문명의 위기를 극복하기 위한 방편으로 선(禪)의 오위(五位)의 설명을 통하여 그 비전을 제시하고자 한다. 먼저 조동종(曹洞宗)의 개조(開祖) 동산양개(洞山良价, 807~869)의 오위를 요약적으로 설명하면 다음과 같다(D. T. Suzuki, E. Fromm, 1960: 60).

오위(The five steps)

1. 정중편(正中偏) – 正中의 偏   현상에 의하여 감추어진 본체
2. 편중정(偏中正) – 偏中의 正   본체로 전향하는 현상
3. 정중래(正中來) – 正中에서 옴 의지적으로 현상으로 들어오는 본체
4. 겸중지(兼中至) – 兼中에 이름 본체와 현상이 함께 온다
5. 겸중도(兼中到) – 兼中에 도달함 현상과 본체는 최고 조화를 이룬다

스즈키 다이세쓰(鈴木大拙)는 정(正)과 편(偏)이란 중국의 『주역』의 음(陰)이나 양(陽)과 같은 일종의 양극이라고 말하고, 정(正)은 '올바른', '정직한', '확실한', '평등'을 의미하고, 편(偏)은 '부분의', '편중된', '차별의',

'균형 잡히지 않은' 등을 의미한다고 하였다. 그는 영어의 동의어를 병렬시켜 다음과 같이 표시하였다(앞의 책, 60~61).

정(正)		편(偏)	
절대	the absolute	상대	the relative
무한	the infinite	유한	the finite
하나	the one	여럿	the many
신(神)	God	세계	the world
어둠(미분화)	dark(undifferentiation)	밝음(분화)	light(differentiated)
평등	sameness	차별	difference
공(空)	emptiness	명상(名相)	form and matter
지혜(반야)	wisdom(prajñā)	사랑(자비)	love(karuṇā)
이(理, 보편적)	the universal	사(事, 개별적)	the particular

오위(五位)에 대한 스즈키 다이세쓰(鈴木大拙)의 설명을 참고로 하여 다음과 같이 간단히 정리해 볼 수 있다(위의 책, 61~75).

(1) 정중편(正中偏): 이 의미는 다(多) 가운데 일(一), 유한 속의 무한 등이다. 이성적으로 생각하면 정(正)과 편(偏)은 대립해 있어 결합할 수 없는 것처럼 생각된다. 그러나 사실은 정(正)은 정만으로는 정일 수 없고, 편(偏)은 편만으로는 편일 수 없다. 다(多)를 다이게 하는 것은 다 속에 일(一)이 있기 때문에 가능하다. 만일 일(一)이 다(多) 속에 없다면, 우리는 다(多)를 다라고 말할 수 없을 것이다. 현상 속의 본체를 의미한다.

(2) 편중정(偏中正): 이것은 앞에 있는 것을 뒤집어서 말한 것에 불과

하다. 만일 일(一)이 다(多) 속에 있다면 다(多)는 또한 일(一) 속에 있는 것이 된다. 다(多)는 일(一)을 일이게 하는 것이다. 즉, 양자는 서로 불가불리(不可不離)의 것이다. 본체 속의 현상을 의미한다.

(3) 정중래(正中來): 선자(禪者) 생활의 제3단계를 말한다. 이것은 가장 결정적인 것으로, 앞의 2위(位)의 예지적인 것이 전환하여 의지적인 것으로 된다. 즉, 선자는 진실로 살고 느끼고 의욕을 가진 인격으로 되게 된다. 그전에 선자는 몸으로 말한다면 머리뿐이고 지성적이었다. 그러나 정중래(正中來)에 이르러서 이 머리에 동체가 더해지는 것이다. 그 동체는 물론 오장육부를 구비할 뿐만 아니라 사지를 갖는다(앞의 책, 61~66). 본체로부터 현상세계로의 회향을 의미한다.

스즈키의 설명에 의하면, 임제(臨濟)가 말하는 무위(無位)의 진인(眞人)은 아무것도 변한 것이 없다. 그것은 지금 여기에 그대들의 눈앞에서 뚜렷하게 나의 소리를 듣고 있고, 내가 쓴 문자를 읽고 있는 그 사람이다. 무엇이 '나'로 하여금 나를 존재 중의 유일한 실재로서 선언하게 하는가? '나'는 결코 환각도 아니고, 환상도 아니며, 그것이 더욱 리얼한 실질적일 수 있는 것은 대체 어디인가? 이것이 즉 '여기'이다. 정(正)과 편(偏)이 모순되게 살아 있는 자기 동일로서의 일체(一體)가 된 곳이다. '나'라고 하는 것이 갖는 모든 활동, 모든 힘은 일체가 이 동일한 것으로부터 나오는 것이다.

정중래(正中來)의 정은 정중편(正中偏)의 정이나 편중정(偏中正)의 정과 동일한 의미는 아니다. 정중래의 정(正)은 중(中)과 함께 정즉편(正卽偏), 편즉정(偏卽正)의 복판에서 말하는 것이며, 그것 전체를 한데 묶어 말한다면, 모순의 통일로써의 정편(正偏)의 한복판에서 나온 것이라는 의미가 있다. 정중래(正中來)는 '일묵뇌(一默雷)'와 같은 것이다. 일묵이란 태풍의 눈과 같은 것으로, 맹렬한 폭풍의 중심이며, 그것이 없이는 태풍의 요동은 일어나지 않는다. 눈[目], 즉 중심점(中心點)이 태풍을 가능케 한다. 눈과 태풍은 상호연관에 의하여 전체를 현성한다.

(4) 겸중지(兼中至): 이 단계에 이르면 단번에 태풍의 눈을 떠나 폭풍 속으로 뛰어드는 것이다. 여기서는 정(正)도 편(偏)도 동서남북의 바람에 휘말려 날아가 버린다. 사람은 이미 태풍 그 자체가 되고 만다. 겸(兼)이란 두 개라는 의미로 명과 암, 백과 흑, 애와 증, 선과 악의 이원적인 것을 말한다. 겸중지(兼中至)란 현실의 한복판을 의미하는데, 여기에 선자(禪者)는 명암을 함께 지니고 살고 있는 것이다. 정중래에서는 아직 앞의 2위의 어떤 것인가가 남아 있는 것처럼 보이지만, 이 겸중지에 이르러서는 이러한 것들 일체가 내동댕이쳐져 있다.

왜냐하면 여기에는 살아 있는 생명 그 자체가 있고, 그것은 일체의 지적 모순을 해소하였기 때문이다. 아니 오히려 이렇게 말하는 편이 좋다. 생명은 지적이고, 정의적이고, 의지적인 일체의 것으로, 무분별적이고 무차별적으로 있는 그대로의 세계 그 자체이다. 선자는 급기야 '번뇌(煩惱, kleśa)가 곧 보리(菩提, bodhi)'임을 깨닫는다. 그는 지적으로는 현상과 본체가 본질적으로 하나라는 사실을 이 단계에서 체험하게 된다. 그리고 그는 현상과 본체는 둘 다 절대의 영역이 아니라 상대의 영역에 속하는 것임을 깨닫게 된다(앞의 책, 67~73).

(5) 겸중도(兼中到): 이제 마지막 단계에 이르게 되었다. 겸중도와 겸중지의 차이는 지(至)와 도(到)의 사용 방법에 있다. 전통적 해석에 의하면, '지(至)'는 아직 '도착'의 행위가 완결된 것은 아니다. 여행자는 아직 목적의 길을 걸어가고 있다. 이에 비하여 '도(到)'는 이 행위가 완결된 것

이다. 겸중도에서 선자는 목적을 완수한 셈이 된다. 이제 그는 목적지에 도착하였기 때문이다. 그는 젊은 시절부터 오랜 세월 동안 고전분투하며 노력해 왔으나, 출세간(出世間)에 머무르지 않고 중생들과 함께 지낸다. 그의 일상 행위는 조금도 변함이 없다(앞의 책, 74~75).

앞의 네 번째 단계에는 아직도 우주를 넘어서려는 열망이 있다. 따라서 그 단계는 '초우주(meta-cosmic)' 단계라 부를 수 있다. 반면에 이 다섯 번째 단계는 '초우주에서 귀환(transmeta-cosmic)' 단계이다. 앞 단계에서 초월적 세계로 올라간 사람은 이 단계에서 본체와 현상이 일치하는 세계로 되돌아와야만 한다. 네 번째 단계에서 그는 영웅적이었지만 현 단계에서는 지상에서 낙원을 발견하게 되어 삶에서 가장 평범한 일들조차도 신성하게 여겨지게 된다. 그리하여 자기에게로 향해서는 자기 자신에게 충실하고, 다른 사람들에게 향해서는 다른 사람들을 돕고 그들이 충실하게 살도록 모범을 보인다. 그는 참으로 전인격적인 무위(無爲)의 진인(眞人)이 된 것이다.

우리는 오위(五位)를 크게 둘로 나누어 생각할 수 있다. 하나는 예지적(叡智的)인 것으로, 다른 하나는 정의적(情意的) 또는 의지적(意志的)인 것으로 나눌 수 있다. 처음의 일위로부터 삼위까지는 예지적인 것, 그 뒤의 것들은 의지적인 것이라고 말할 수 있다. 한가운데의 제삼위는 하나의 전위(轉位) 장소로서, 거기에서 예지적인 것이 의지적인 것으로 넘어가 지혜가 생활로 전환되는 것이다. 여기에서 선의 생활의 예지적 파악이 참된 삶이 된다. 추상적인 이론이 살아 있는 하나의 인간으로 전환하고, 그것이 느끼고 의지하고 희망하고 포부에 가득 차고 괴로워하고 모든 일에 종사할 수 있게 되는 것이다. 제사위인 겸중지에서, 선자는 자기가 소원하는 바를 실제의 현실 한복판에서 그 힘을 최고도로 발휘한다. 제일 마지막 오위인 겸중도에서는 선자는 그 목적지에 다다른다. 그러나 목적지라 해도 실은 목적의 그림자조차 남기지 않는 무목적의 경지이다.

미국의 종교철학자 머튼(T. Merton)은 『신비론자와 선사들』에서 다음과 같이 피력한 바 있다.

> 만일 서구가 동양의 정신적 전통을 과소평가하거나 소홀히 하는 것을 계속한다면 그것은 인류문명을 위협하는 비극을 앞당기게 될 것이다. 그러나 만일 서양이 동양사상과 만나 유대 기독교와 그리스로마 문화의 문화적 전통을 새롭게 그 진가를 높일 수 있음을 인식할 수 있다면, 그것은 아시아뿐만 아니라 서양에 있어서, 각자 자신의 전통을 정당하게 옹호하기가 보다 용이할 것이다(T. Merton, 1967).

이제 진실로 동양과 서양, 과학과 종교가 화합해야 할 때가 오고 있다. 그리고 실제로 그런 움직임들이 있다.

최근 세계를 바라보는 눈과 사고가 근본적으로 서로 다른 두 부문 간에 공통분모를 찾고자 하는 또 다른 시도가 있었다. 관련 책자와 워크숍, TV방송 등 매체를 동원한 사상 최대의 규모를 기록한 이 행사는 영국 출신의 사업가인 존 템플턴(J. Templeton)이 설립한 템플턴재단으로부터 1백40만 달러를 지원받아 '신학 및 자연과학센터(CTNS)'가 1998년 6월 미국 캘리포니아주 버클리에서 '과학과 정신세계 탐구'라는 주제로 개최한 전문가 회의였다. 사흘 동안 열린 이 회의에 참석한 과학자들은 대부분 기독교나 유대교 혹은 이슬람교 신자들이었으며, 종교와 과학에 대한 자신들의 갈등을 풀고자 많은 노력을 해

온 사람들이었다. 이들 모두는 우주는 어떤 목적성을 지니고 있으며, 이 때문에 인간은 이 땅에 존재할 만한 가치가 있다는 데 견해를 같이하는 것 같았다(문화일보, 1998년 7월 20일 자).

필자는 오래전부터 현대과학과 동양의 종교나 윤리를 어떻게 조화시킬 것인가 하는 관점에서 동서 비교철학과 과학철학을 연구해 왔다. 서옹(西翁) 스님은 법어에서 인간의 주체성, 즉 인간의 본래면목은 의식은 물론 무의식까지도 투과하고, 원융무애하고 자유자재한 그 자리를 또한 투과하여, 무한히 투과하고 무한히 현성하는 것이 선의 깨달음의 경지라고 하였다. 스님께서는 현대에 사는 우리는 현대 과학문명을 비판하고 이 과학문명과 선과의 관계를 꿰뚫어 보아야 한다고 말하고, 이것을 다시 투찰하면 미래의 세계역사를 어떻게 창조할 것인가 하는 물음이 쉽게 풀리게 된다고 하였다. 스님은 그 근거로써 다음과 같이 설하고 있다.

> 선에서는 일체를 융합하는 보편(普遍)의 일(一)과 다(多) 혹은 특수(特殊)가 불이일체(不二一體)인 존재 원리를 가지고 있다. '다(多)가 없는 일(一)'은 내용이 없는 공허에 빠지게 되고, '일(一)이 없는 다(多)'는 통일이 없는 분열에 빠지게 된다. 그런데 과학문명은 다화(多化) 혹은 특수화가 특징이라고 하겠기에, 과학문명은 '보편의 일(一)'을 상실하게 되어 분열병에 걸리고 있는 것이다. 한마디로 근대문명은 '일(一)'을 상실한 다(多)'만으로 치닫고 있으니 이대로 간다면 결국 분열병으로 멸망할 수밖에 없을 것이다(『서옹선사법어집』, 1998: 196).

그러나 스님은 "시간과 공간을 초월한 무상영원(無相永遠)의 자기가 자각한 선(禪)은 일다(一多) 불이일체(不二一體)가 되므로 이 원리로 과학문명을 다시 창조한다면 세계 역사는 분열하지 않고 화합 발전할 수 있을 것"이라고 진단하고 있다. 서옹 선사의 정확한 지적이다. 오늘날 선의 의미는 한마디로 인류 역사의 일체의 것이 화합과 통일의 기반이 될 수 있다는 데 있다. 선은 어떠한 것에도 제약되지 않는 절대 자유의 경지에 있기 때문이다. 그것은 서옹 스님 말씀대로 자유자재하고 융통무애한 그 자체까지도 투과해야 하는 자유이다. 거기에서만 모든 대립이 사라지고 정(正)과 편(偏), 절대와 상대, 일과 다, 참과 거짓, 선과 악, 미와 추, 나와 남 등이 하나 속의 둘이 되고 둘 속의 하나가 될 수 있을 것이다.

오스트리아의 물리학자이며 로마클럽 창시자의 한 사람인 얀치(E. Jantsch)는 붓다의 사상을 최고의 과정철학이라고 말한 바 있다. 그는 헉슬리(T. H. Huxley)의 말을 빌려, 우리들 한 사람 한 사람은 전체적인 정신(mind at large)이고, 이 포괄적인 정신의 진화에 따라서 그 거룩한 원리와 의미에 동참한다고 하였다(E. Jantsch, 1989: 422~423). 만일 선(禪)의 정신을 우주의 전체적인 정신이라고 한다면, 참선은 우리가 그 거룩한 역동적 정신에 동참하는 것이 될 것이다.

5강
선(禪)의 깨달음과 이성의 자각[36]

1. 선정과 지혜

    선(禪)이란 무엇인가? '선(禪)'은 본래 산스크리트어 '댜나(dhyāna)'의 속어형인 '쟈나(jhāna)' 또는 '쟌(jhān)'을 음역한 것으로 알려져 있다. 그것을 의역한 것이 '정(定)' 또는 '정려(靜慮)'이며, 그 정(定)을 선(禪)과 결합해서 '선정(禪定)'이라고 부르는 경우가 많다. 인도에서는 불교가 성립하기 이전부터 댜나(dhyāna)라는 말이 있었으며, 그와 동의어인 '삼마디(samādhi)', 즉 삼매(三昧)는 우파니샤드 문헌에도 나타나 있다. '댜나'는 본래 숙고하다(vdhyai)라는 동사에서 유래된 명사로서 정신통일, 마음을 진정시키는 것 등의 의미를 함축하고 있다.

    여기서는 일본의 불교학자 마츠모토(松本史朗)의 『선사상의 비판적 연구』의 방대한 저술 중에 선(禪)과 혜(慧)의 부분을 참고로 하여 이 장의 몇 가지 문제를 논의하고자 한다. 불교사상의 역사를 통해서 보면 선

---

[36]_ 「선(禪)의 깨달음과 이성의 자각」〈선불교와 해체론 시대의 서구철학: 생활세계와 의식의 본질/깨달음과 이성의 역할〉(백련불교문화재단 성철선사상연구원 주최, 「성철선사 탄신 86주년 기념 학술회의」, 연세대, 1997. 5. 3); 「선(禪)과 이성」, 계간 『과학사상』 32호(2000 봄, 152~182)을 다듬었다.

(禪)은 혜(慧), 즉 지혜를 얻기 위한 수단으로 사용되어 왔다. 즉 선은 결코 불교의 목적이 아니고 그것을 통해서 마음을 통일함으로써 불교에 대한 바른 이해, 다시 말해서 지혜를 얻는 것이 목적이었다. 물론 그것은 지혜를 얻음으로써 깨달음을 증득할 수 있기 때문이다.

그러나 중국에서 선종(禪宗)이 성립한 이후에는 지혜보다도 선을 더욱 중요시하고, 그것이 바로 불교의 목적으로 될 만큼 선후가 바뀌게 되었다. 그리고 선의 목적은 분별적 사고의 미망을 돌파하는 데 있기 때문에, 때로는 지혜와 대립되는 개념처럼 이해되기도 하였다. 문제는 지혜가 사유냐 아니냐 하는 논쟁이 따라올 수밖에 없지만, 후에 지혜는 개념이나 언어작용을 떠난 주객 분리 이전의 무분별지를 의미한다는 주장이 보편화되었다. 이에 대해서는 계(戒)·정(定)·혜(慧) 삼학(三學) 또는 정혜쌍수(定慧雙修)와 관련된 연구가 더 필요하다.

여기서 잠시 8세기경 중국의 선사 마하연(摩訶衍)의 『돈오대승정리결(頓悟大乘正理決)』에 나타나 있는 망상을 여의는 것과 성불하는 것의 문제를 가지고 선과 혜의 문제를 논의하고자 한다. 『돈오대승정리결』에서는 다음과 같이 설하고 있다.

> 일체중생은 무량겁 이래 삼독, 번뇌무시심상, 습기망상을 떠나지 못하여 생사 유랑함으로써 해탈을 얻지 못한다[一切眾生, 緣無量劫已來, 常不離得三毒煩惱無始心想習氣妄想, 所以流浪生死, 不得解脫].

마하연에 따르면, "만일 중생이 욕심·성냄·어리석음, 번뇌무시심상(煩惱無始心想), 습기망상(習氣妄想)을 떠나면 해탈을 얻고 곧 성불한다."고 한다. 과연 망상을 떠나는 것만으로 해탈이 가능할 것인가? 망상 때문에 윤회전생을 하는데 망상을 떠나면 윤회전생을 하지 않는다면 어느 정도 설득력이 있지만, 망상을 떠나는 것이 곧 해탈이라는 것은 쉽게 이해되지 않는다.

마하연은 일체중생이 본래 불성을 갖고 있으나 태양이 구름에 가려서 보이지 않는 것처럼 망상이 불성을 덮어서 나타나지 않지만, "만일 망심(妄心)이 일어나지 않아 일체의 망상을 떠나면 본유의 진성(眞性)과 일체종지(一切種智)가 자연히 나타난다."고 하여, 망상을 떠남으로써 불성이 현현하여 해탈이 성취된다고 설하고 있다. 말하자면 인간은 불성을 갖고 있기 때문에 망상의 껍질을 벗겨냄으로써 진성인 일체종지, 즉 불성이 나타나 깨달음을 얻게 된다는 것이다. 불성은 그것을 일체종지라고 표현하듯이 그 자체가 곧 깨달음의 당체인 것이다.

우리는 불교에서 불성, 여래장, 반야, 지혜, 무분별지 등이 거의 동의어로 사용되는 경우를 잘 알고 있다. 물론 그것들이 각각 그 나름의 개념을 갖고 있지만 넓은 의미에서는 불성이나 지혜가 깨달음의 절대적 주체성을 내포하고 있으므로 마하연도 중생본래유불성자(衆生本來有佛性者)니 일체종지(一切種智)니 하여 그 둘을 동의어로 사용하고 있다. 그런데 당대 대주혜해(大珠慧海) 선사의 『돈오입도요문론(頓悟入道要門論)』에 의하면 정(定)과 혜(慧)를 다음과 같이 문답식으로 설명하고 있다.

> 문: 그러면 근본을 수행하려면 어떠한 방법으로 수행해야 하는가?
> 답: 오직 좌선하여 선정(禪定)하면 근본을 얻을 수 있다. 『선문경(禪門經)』에 이르기를, 부처님의 지혜를 얻으려면 곧 선정이 필요하다. 만일 선정이 없다면 정각(正覺)을 이루고자 하는 마음이 산란하여 그 선근(善根)을 파괴하게 된다.
> 문: 그렇다면 대체 무엇이 선(禪)이고 무엇이 정(定)인가?
> 답: 망념(妄念)이 일어나지 않는 것을 선(禪)이라 하고, 정좌(正坐)하여

본성(本性)을 보는 것을 정(定)이라 한다. 본성이란 그대의 무생심(無生心)이요 정(定)이란 경(境)[대상(對象)]에 대한 무심(無心)으로서 팔풍(八風)에도 동요하지 않는 것이다. 팔풍이란 이익(利益), 손실(損失), 배후에서 비방하는 것, 뒤에서 칭찬하는 것, 면전에서 칭찬하는 것, 면전에서 비방하는 것, 고(苦)와 낙(樂) 등의 여덟을 일컫는다. 만일 이와 같은 정(定)을 얻었다면 범부라 하더라도 그대로 불위(佛位)에 들어갈 수 있다.

본래 선(禪)이나 정(定)은 같은 산스크리트어 '댜나(dhyāna)'에서 온 말인데 여기서는 그것을 나누어 설명하고 있다. 그렇기 때문에 정혜쌍수(定慧雙修)와 같이 말할 때는 선정(禪定)과 지혜(智慧)의 끝 글자를 따서 축소해서 한 말이다. 성철(性徹) 스님은 『선문정로(禪門正路)』에서 정(定)과 혜(慧)의 관계를 다음과 같이 설하고 있다.

제불세존(諸佛世尊)은 정(定)과 혜(慧)를 등지(等持)하므로 불성(佛性)을 명견(明見)하여 요요(了了)히 장애가 없어서 암마늑과(菴摩勒果)를 봄과 같느니라. 정혜(定慧)가 균등한 대적광삼매중(大寂光三昧中)의 여래위(如來位)가 아니면 불성을 명견치 못하나니 견성이 즉 성불인 무상정각(無上正覺)이다.

여기서 암마늑과는 무구청정한 천과(天果)를 표현하는 말로 정과 혜가 평등하게 조화를 이룰 때 견성하여 무상정각에 이른다는 것을 상징적으로 표현한 것이다.

『돈오입도요문론』에서는 선정과 지혜의 평등을 다음과 같이 문답식으로 설명하고 있다.

문: 『열반경』에 이르기를, 정(定)이 많고 혜(慧)가 적으면 무명(無明)을 떠나지 못하고, 정(定)이 적고 혜(慧)가 많으면 사견(邪見)이 증대한다. 정과 혜가 평등하므로 즉 해탈(解脫)이라 부른다. 그런데 그것은 무엇을 의미하는가.

답: 일체의 선악에 대해서 모두 바른 판단을 바라는 것, 이것을 혜(慧)라 한다. 그 판단한 결과에 대해서 애증을 일으키지 않고 번뇌에 물들지 않는 것이 정(定)이다. 이것이 정과 혜가 평등하게 작용한다는 것이다.

여기서는 선악에 대해서 바른 판단을 하는 것을 혜(慧)라 하였는데, 그렇다면 혜(慧)는 과연 무분별지인 지혜를 의미하는가 또는 분별지인 세간적인 사유를 말하는가 하는 문제가 있게 된다. 이 문제는 다음에 논의할 것이다.

아무튼 『돈오입도요문론』은 선정과 지혜를 체(體)와 용(用)의 관계로 설명하기도 하였는데 역시 문답식으로 다음과 같이 설하고 있다.

문: 어떻게 하는 것이 선정과 지혜를 평등하게 배우는 것인가?

답: 선정은 곧 본체요, 지혜는 곧 용(用)이다. 선정에서 지혜가 일어나고 지혜에서 선정으로 돌아간다. 마치 물과 파도와 같이 일체로서 다시 전후가 없다. 그러므로 선정과 지혜를 평등하게 배운다고 한다.

우리는 이상과 같은 논의에서 정혜등지(定慧等持), 정혜쌍수(定慧雙修), 정혜양륜(定慧兩輪)의 철학을 이해할 수 있다.

2. 분별지와 무분별지의 패러독스

분별지(分別智)는 말 그대로 주객을 분별하여 아는 지식을 말한다. 『원집요의론(圓集要義論)』에 의하면, 무이지(無二智)의 이(二)는 능취(能取, grāhaka)와 소취(所取, grāhya)의 둘을 의미한다. 여기서 취(取, upādāna)란 집수(執受)라고도 번역되는데, 불교에서는 우리들의 존재가 나의 것으로 되어 있다는 의미로 해석한다. 결국 능취와 소취는 나라고 하는 존재에 있어서 주체적인 것과 객체적인 것을 나타내는 것이다. 이 주객분별에서 출발하는 지식이 곧 분별지이다. 능소주객(能所主客)이 서로 연(緣)하고 서로 대(待)하여 존재하는 것을 연기(緣起)라 하며, 분별지는 바로 이 연기에 반립되는 입장이다.

여기서 나에 있어서 주체적인 것과 객체적인 것 둘 중에서 주체적인 것이 먼저 있다고 생각하는 관념론, 객체적인 것이 먼저 존재한다고 생각하는 유물론, 주체적인 것과 객체적인 것이 동시에 각각 개별적으로 존재하고 그 둘이 상응함으로써 구체적인 나라고 하는 것이 성립한다고 생각하는 일종의 실재론 등 세 가지를 생각할 수 있다. 제3의 경우는 정신적인 것(jiva)과 물질적인 것(ajiva) 두 원인에 의해 이 세계가 생성되고 있다는 입장이다. 다시 말하면 승론(勝論)에서는 나의 마음과 지수화풍(地水火風)의 물질이 취합하여 일체가 성립한다는 입장이다. 결국 앞의 두 입장은 선주론(先住論)이라 하여 하나는 정신적인 주관을 앞세우는 것이고 또 하나는 물질적인 객관을 앞세우는 것으로서, 서양철학의 일반적인 관념론과 유물론에 대한 논의와 큰 차이가 없을 것이다.

아무튼 여기서 귀결되는 것은 무이지(無二智)란 능소주객(能所主客)의 두 측면에서 성립하는 전술한 세 경우를 다 부정하는 입장이다. 말하자면 능소주객이 서로 연기(緣起)에 의하여 존재하고 있는 것을 나타내고 있다. 연기에서 사물의 존재 방식을 '프라즈냐프티(Prajñapti)', 즉 임시로 세운다는 의미로 가립(假立)이라고 하는데, 그것은 능소주객의 상연상대(相緣相待) 관계를 나타내는 말이다. 따라서 이 무이지(無二智)가 곧 반야바라밀(般若波羅蜜), 즉 프라즈나(prajñā)를 의미하며 또한 다른 말로 지혜 혹은 무분별지라는 말로 표현하게 된다. 선적인 표현으로는 삼륜청정(三輪淸淨), 심행처멸(心行處滅), 언어도단(言語道斷) 등으로 묘사되기도 한다. 여기서 자연스럽게 귀결되는 것은 앞에서 제시된 능소주객을 분리하여 사유하는 것들이 곧 분별지라고 하는 것을 알게 된다.

원래 '분별지'란 말 그대로 주객을 '분별하다(vi–)'와 '지식(jñāna)'의 복합명사 '비즈냐나(vijñāna)'에서 온 말로 유식학에서는 '식(識)'이라 번역한다. 그리고 '온전함(pra)'이라는 말과 '지식(jñāna)'의 복합명사 '프라즈나(prajñā)'는 분별되지 않는 '무분별지(無分別智)'를 의미한다. 여기서 분별지와 무분별지의 차이를 알게 되는데, 그렇다면 선정과 지혜가 평등하다고 말할 때의 지혜는 두말할 것도 없이 무분별지를 의미한다.

그런데 우리는 여기서 주객을 분리해서 생각하는 분별지는 무조건 망상으로 돌려 버려 배척되어야 할 것으로 규정할 수 있는가 하는 문제에 주목하지 않을 수 없다. 일본의 야마구치(山口益)는 유식설에 의하면 경전이란 정법계등류(淨法界等流)의 교법을 말하고, 정법계등류란 진여가 우리들 속으로 흘러들어오는 것을 의미하며, 그것은 진여의 필연적인 결과라고 해석하고 있다. 말하자면 진여는 그것의 필연적 결과로서 우리들 속으로 유입되어 사상언어(思想言語)의 형태로 형성되지 않을 수 없는 필연성을 갖고 있다는 것이다(山口益, 1971).

여기서 사상언어의 형태를 취하는 것은, 능지소지(能知所知) 능언소언(能言所言)인 능소(能所)의 두 가지 형태 중에서 분별작용하는 것, 즉 세간(世間)의 형태를 취한다는 것이다. 다시 말하면 정법계등류란 진여(眞如)의 세간화라는 것이다. 이것은 한마디로 진여가 우리들 속으로 유입하게 되면 필연적으로 이분법적인 주객으로 분리되어 세속적인 이분법적 사고 내지 언어의 형태로 나타나지 않을 수 없다는 주장이다. 따라서 앞에서 논의한 분별지란 능소주객(能所主客)이 상연상대(相緣相待)에 의해 일어나고 있는 존재, 즉 연기에 의해 나타나고 있는 것이기 때문에 주객을 각각 실체적 존재로 보는 견해를 공무화(空無化)하는 것이다.

분별지는 다른 말로 상(相)이다. 이 상이 어떻게 이해되어야 하는가 하는 문제를 8세기 후반 중국의 선승 마하연(摩訶衍)과 인도의 중관파(中觀派) 학승인 까말라실라(Kamalaśīla)의 논쟁을 통하여 검토해 보자. 특히 이 논쟁에 관한 것은 일본의 불교학자 마츠모토(松本史朗)의 『선사상의 비판적 연구』(대장출판사, 1994)를 많이 참고할 것이다.

앞에서 제기했던 마하연의 망상 여읨[離妄想]의 근거는 『금강경』의 "일체 모든 상(相)을 다 여읜 것을 부처라 이름한다[離一切諸相則名諸佛]. 무릇 있는 바 모든 상(相)은 다 허망하다. 만약 모든 상(相)이 상(相)이 아닌 줄을 보면 곧 여래를 보게 된다[凡所有相 皆是虛妄, 若見諸相非相 則見如來]."이다. 여기에 나오는 상(相)은 망상(妄想)을 의미한다. 구마라집의 번역은 '상(相)'으로 되어 있으나, 마하연의 번역은 '무릇 있는 바 모든 상(想)은 다 허망하다[凡所有想 皆是虛妄]'의 경우에서 보는 바와 같이 '상(想)'으로 되어 있다.

그런데 여기서 상(相)의 원어인 '삼즈나(samjñā)'는 색수상행식(色受想行識)의 오온 가운데 하나인데, 상(想)이 일체의 망상(妄想)을 의미하는가 하는 것은 의문이다. 『구사론(俱舍論)』체계에서는 상(想)은 십대지법(十大地法), 즉 수(受), 사(思), 촉(觸), 욕(欲), 혜(慧), 염(念), 작의(作意), 승해(勝解), 삼매(三昧), 상(想) 가운데 하나로 설명되어 있다. 즉 상(想, samjñā)은

'삼즈나나(samjnāna, 함께)'라는 뜻이 있어 '함께 알다'라는 의미로 해석이 가능하다. 예를 들면 '제법무상상(諸法無常想)', 즉 모든 것이 갖는 무상성(無常性)과 함께 모든 것은 무상하다는 것을 아는 인식이라는 것이다(松本史朗, 1994: 8~9).

마츠모토는 그렇다면 상(想, samjñā)은 소위 판단이나 사고라는 현대어로 해석이 가능하고 따라서 판단에는 바른 판단과 잘못된 판단이 있는 것처럼 상(相/想)에도 '제법무상상(諸法無常想)'의 경우와 같이 바른 상(想)과 『금강경』이 부정하는 아상(我想), 인상(人想), 중생상(衆生想), 수자상(壽者想)이라는 잘못된 상(想), 즉 망상(妄想)이 있다고 하는 것이 올바른 이해가 아니겠느냐고 반문하고 있다. 그리하여 그는 까말라실라의 주장을 인용하여 바른 판단과 무분별지를 다음과 같이 설명하고 있다.

까말라실라는 최고의 지혜인 무분별지에 도달하기 위한 수단으로서 절대적으로 필요불가결한 '바른 분별지'를 '바른 개별관찰(bhūta-pratyavekṣā)'이라는 말로 표현하고 있다(위의 책, 25). 정사유(正思惟, yoniśo-manasikāra)는 바른 사유를 의미한다. 따라서 여기서 개별관찰(pratyavekśā), 분별(vikalpa), 사유(manasikāra)는 모두 사고와 판단을 의미한다. 사고와 판단에는 바른 사고와 판단이 있을 수 있고, 바르지 않은 사고와 판단이 있을 수 있다. 따라서 까말라실라는 잘못된 사고와 판단에서는 바른 무분별지가 나올 수 없고, 바른 사고와 판단에서만 바른 무분별지가 얻어질 수 있다고 말한다.

그런데 794년 티베트에서 불교 역사상 미증유의 사상적 논쟁이 있었다. 즉 까말라실라와 마하연 사이에 벌어진 '삼예사의 종론(宗論)'에서 까말라실라는 마하연과 대결하여 바른 분별지를 무분별지에 도달하기 위한 필요조건으로 내세워 자기 주장을 폈다. 그것은 이른바 『수습차제(修習次第)』 후편에 나오는데 다음과 같이 문답식으로 설하고 있다.

반론: 일체법(一切法)에 대한 무념(無念, asmṛti), 무사유(無思惟, amanasikāra)에 의해 마음은 무분별성(無分別性, nirvikalparā)에 들어간다.

답론: 그것은 불합리하다(松本史朗, 1994: 21).

여기서 반론자는 마하연으로 알려져 있다. 까말라실라는 마하연이 여러 곳에서 사용하고 있는 불사(不思)·불관(不觀)은 산스크리트어 '아마나시카라(amanasikāra)'로 불사유(不思惟)에 해당하며, 바로 이 불사유에 의해서 무분별성에 들어간다는 데에 비판의 초점을 맞추고 있다.

까말라실라의 비판은 한마디로 "최고의 지혜인 무분별지에 도달하기 위해서는 분별지가 수단으로써 필요하다."는 것이다. 까말라실라는 이렇게 말하고 있다.

> 그러므로 바른 개별관찰(bhūta pratyavekṣā)이 이루어져야 한다. 예컨대 바른 개별관찰은 분별(分別, vikalpa)을 자성(自性)으로 하고 있어도 정사유(正思惟, yoniśo manasikāra)를 자성으로 하고 있으므로 그로부터 바른 무분별지(無分別智, nirvikalpajñāna)가 나온다고 생각하여 무분별지를 추구하는 사람은 개별관찰을 학습해야 한다(위의 책, 23).

까말라실라는 바른 개별관찰을 버리게 되면 반야(般若)까지도 버리게 된다고 말하고, 따라서 바른 개별관찰 없이는 바른 무분별지를 얻을 수 없으며 번뇌라고 하는 장애도 단멸할 수 없다고 주장한다. 여기서 개별관찰, 분별(vikalpa), 사유(manasikāra) 등은 전술한 바와 같이 바른 사고, 바른 판단을 의미한다. 바르지 못한 사고 판단에서는 바른 무분별지가 나올 수 없으며, 바른 사고 판단에서 그것이 나올 수 있다는 것이다. 까말라실라는 바른 개별관찰(bhūta-pratyavekṣā)을 중요한 각지(覺支, bodhyaṅga)로써 보리(菩提, 깨달음)를 얻기 위한 요인이므로, 그것 없이는 보리 즉 무분별지에 도달할 수 없다는 것이다. 마츠모토는 여기서 무분별지가 잘못 전달된 문제를 역사적으로 분석하고 있다(앞의 책, 25).

문제는 마하연의 분별상(分別想)을 버리면 붓다[佛]가 된다는 주장에 대해서 까말라실라는 바른 사고나 판단 없이 또는 정오(正誤)를 구분할 수 있는 일체의 사고를 떠난다면, 모든 사고와 의식이 정지된 기절 상태가 오히려 무분별지에 가깝다는 얘기가 되지 않느냐는 것이다. 그는 이렇게 말하고 있다.

> 만일 염(念)과 사유(思惟)가 없는 무(無, abhāva)만이 무념(無念), 무사유(無思惟)라고 의도된다면, 그 양자(念과 思惟)의 무(無)가 어떠한 수단에 의해서 생기는가가 고찰되어야 할 것이다. 그러나 무(無)는 그것에 의해서 그것[無]으로부터 무분별성(無分別性)이 생기는 것 같은 그러한 원인(Kāraṇa)이라고 하는 것은 있을 수 없다. 그렇지 않으면 실신한 사람에게도 염(念)과 사유의 무(無)로부터 무분별성에 들어갈 수 있다는 잘못된 귀결에 이르게 된다(위의 책, 32).

예컨대 무념(無念), 무사유(無思惟)가 있다 하더라도 바른 개별관찰이 없다면 제법(諸法)의 무자성성(無自性性)을 어떻게 이해할 것인가 하는 것이다. 또한 제법(諸法)은 자성(自性)으로서 공(空)이라고 할 때, 그 제법을 개별관찰하는 것이 없다면, 그것의 공성(空性, śūnyatā)의 통찰(prativedha)은 일어나지 않을 것이며, 또한 공성의 통찰이 없다면 장애를 끊는 것도 있을 수 없다는 주장이다(위의 책, 33).

결론은 정사유(正思惟) 즉 바른 사유 없이는, 정각(正覺) 즉 바른 깨달음에 도달할 수 없다는 것이다. 만일 마하연이 상(想)을 떠나야 한다고 할 때, 그것을 바르지 못한 사유를 떠나야 한다는 말로 받아들인다면 이해가 갈 수 있을 것인가? 그러나 마하연의 『돈오대승정리결』에는 바른 분별지, 바른 사유, 바르지 못한 분별지, 바르지 못한 사유 등의 구분은 전혀 발견되지 않는다.

『대승장엄경론(大乘莊嚴經論)』에는 자계(自界, svadhātu)에서 무명(無明, avidya)과 번뇌(煩惱, Kleśa)를 동반하는 활동과 분별(vikalpa)을 갖고 있는 두 가지 종류의 현현(顯現)이 생긴다는 명제가 있다. 유식설(唯識說)에서는 유심(唯心)은 두 종류의 현현이요, 소취(所取)와 능취(能取)의 현현이라는 말이 있다. 여기에는 유심(唯心)과 유식(唯識)이 인간 존재의 근본구조의 원점이라는 것을 말하고 있고, 분별이라고 하는 것은 허망분별(虛妄分別)이라 하여 인간 존재의 착오적인 주관 작용을 지시하고 있다. 진제(眞諦, Paramārtha, 499~569)의 『섭대승론(攝大乘論)』 번역에서는 사분별(似分別) 현현이니 분별영상(分別影像)이니 하여, 진실은 그렇지 않은데 마치 대상인 것처럼 또는 주관의 작용인 것처럼 환영(幻影)을 갖게 되는 분별의 착각을 표현하고 있다.

그런데 원문을 보면 심(心)은 두 종류의 현현을 갖고 있어 탐(貪, raga)의 현현이라고도 하고 마찬가지로 신(信, śraddhā)의 현현이라고도 한다. 그것이 오염된 법이라고 하든 또는 선법(善法)이라고 하든, 그것 이외에는 존재하지 않는다고 하였다. 주체적 세계의 근원적인 심(心)으로부터 무명과 번뇌를 동반하는 분별이 일어난 인식대상과 인식주체의 양면으로 나뉘어 탐(貪) 혹은 신(信) 등으로 나타난다는 것이다. 여기서 탐(貪)으로도 신(信)으로도 나타난다는 것은 실체가 아닌 그림자의 세계 바로 거기에 깨달음으로도 미망으로도 통하는 유식의 세계가 존재한다는 것을 함축하고 있다.

이기영(李箕永) 박사는 오온을 설명하는 가운데서 특히 인간만이 지니고 있는 상(想)을 다음과 같이 설명하고 있다.

> 상(想)은 추리요, 억측이요, 사상이요, 이상일 수가 있다. 그것은 유식설(唯識說)에 변계소집(遍計所執) 또는 망분별(妄分別)이라고 번역되듯이 '인간심성(parikalpita)', 그릇된 상상의 모습(lakṣana)이다. 지금까지 인간이 빚은 숱한 상상과 억측과 사상과 심지어는 이상에 얼마나 많은 오류가 있었던가를 생각해 보면, 상(想, samjñā)의 부정확성, 부진실성(不眞實性)에 아연실색을 금할 수 없지만, 그래도 그것은 인간에게 있어서 훨씬 현저한 발전이 이뤄지는 까닭에 그 우월성이 인정되지 않을 수 없는 것이다(한국철학회편, 1977).

이 박사도 역시 상(想)이 망분별(妄分別)이지만 그것의 우월성을 인정하고 있다. 요컨대 분별지와 무분별지는 패러독스 그 자체이며, 분별지 없는 무분별지나 무분별지 없는 분별지는 생각할 수 없으며, 그 둘이야말로 또 하나의 상연상대(相緣相待)의 관계에서 파악해야 하는 것이다.

3. 이성의 자각과 무아의 깨달음

서양철학에 있어서 이성(理性)은 사유의 주체로서 대상 인식의 근거이면서 동시에 자기 인식의 원천임을 자각하는 자발적 이성이었다. 서양의 근대과학이 과학으로 성립한 것도 이성에 근거한 것이고, 칸트적인 인격 윤리의 기초가 된 것도 이성이었다. 서양철학사에 있어서 '이성(理

性)'은 고대 그리스의 '누우스(nous)', '로고스(logos)', 근세의 '레이쇼(ratio)', 독일어 '페어눈프트(vernunft)', 영어 '리즌(reason)' 등 시대와 나라에 따라 여러 가지로 사용되지만, 이성은 개략적으로 넓은 의미의 사유의 주체로 인식되어 왔다.

이성은 감성이나 감각에 대응하는 것으로서 선험적인 사유실체라는 점에 있어서는 큰 차이가 없을 것이다. 물론 이성을 근본적으로 분석하려고 하면 칸트의 경우와 같이 지성, 선험적 통각, 이론이성, 실천이성 등 지적 판단의 여러 분야를 논의해야 한다. 하지만 여기서는 이성을 불교의 무아(無我)와 대응해서 주로 데카르트 이후 근대적인 계몽적 이성 내지 독일관념론에서 말하는 '순수자아'로 사용할 것이다. 물론 이 말의 배경에는 칸트(I. Kant)의 '순수이성'이라는 의미도 포함되어 있다.

그리고 이 절에서는 일본의 아베(阿部正雄)의 논문을 참고하였기 때문에 그가 '순수자아'라고 사용한 개념과 큰 차이가 없을 것이다. 무르티(T. R. Murti)는 『불교의 중심철학』「중론과 칸트」에서 칸트는 순수이성과 실천이성을 구별함으로써 인간적 지성의 한계를 인정하고 실재에 관한 인식은 초월적 신에게 위임했다고 말하고 있으나, 실천이성은 순수실천이성으로서 도덕법의 입법자이며 동시에 스스로 도덕법에 따르게 하는 무대감독이다. 칸트에게서 '나는 생각한다'의 선험적 주관은 자연법칙의 구성자이면서 동시에 선험적 자유에 기반을 둔 도덕법의 입법자이다. 따라서 '나는 생각한다'와 '나는 행위한다'의 '나'는 동일한 순수이성이다.

일본의 아베(阿部正雄)는 일찍이 1963년에 『현대의 신(信)의 문제-불교적 신(信)과 이성』에서 서양철학의 순수자아인 이성과 불교적 무아에 관하여 다음과 같이 피력한 바 있다.

이와 같은 인간 존재 내에서 자각되어 온 선험적인 순수자아의 입장은 종래의 불교적 무아(無我)의 입장이 전혀 인지하지 못했던 것이 아니었던가? 순수자아는 자기중심적인 일상의 자아의 입장을 초월하고 있다. 그러나 그것은 무아의 방향으로 초월하고 있는 것은 아니다. 순수자아에는 일종의 자아의 부정이 포함되어 있으나, 그것은 자아 그 자체를 절대로 부정해 버린 탈자적인 무아로 전입한 것이 아니고, 오히려 자아 자신의 내면으로 돌아와 일상적 자아를 초월한 그 근원을 자각하는 의미에서 순수하게 자각된 자아 자신이다(阿部正雄, 1963: 27).

그렇다면 불교의 무아의 입장은 이와 같은 유럽의 이성 비판을 통한 인간 존재의 내재적인 형이상학적 순수자아의 자각을 전혀 인식하지 못하고 있는 것일까? 불교는 분명히 자아와 분별지를 부정하는 것이 사실이다. 따라서 불교의 무아의 입장은 서구의 고도로 자각된 순수자아인 이성의 차원까지도 초월하는 것이다. 서구의 이성이 여전히 형이상학적 실체성을 갖고 있기 때문에 실체를 부정하는 불교가 이성까지도 부정할 수밖에 없지만, 그보다도 더 큰 차이는 이성의 자각은 주객 분리에 의한 지적 판단일 뿐, 실존적으로 체험된 직관적 깨달음은 아니기 때문이다. 아베는 이 점에 대해서 다음과 같이 비판하고 있다.

> 오늘날 불교적 무아가 강조된다 해도 거기에는 일종의 공허한 반향을 불러일으키는 것을 면치 못하고 있다. 그 입장의 진실성에도 불구하고 오히려 그것이 역사적 현실 속에서 공전으로 끝나지 않을 수 없는 까닭은 이것이 충분히 수행되어 무아의 입장이 오늘의 역사적 위상 속에서 사상적으로 변증(辨證)되어 그 의미에 있어서 충분히 자각

화되고 실존화되어 있지 않기 때문이 아닌가? 오늘날 불교가 산 종교로서 그 종교적 정신을 회복하기 위해서는, 불교적 무아의 입장이 자립적인 순수자아의 입장까지도 내적으로 지양된 의미의 무아의 입장으로서 주체적 자각적으로 변증되어 기초되지 않으면 안 된다(앞의 책, 29).

아베는 이 같은 문제 상황의 근저에는, 어떻게 하여 불교의 무아의 입장이 자립적인 순수이성을 포섭할 것인가 하는 인간의 본질 자체와 진리 그 자체에도 관계있는 매우 근원적인 문제가 잠복해 있다고 부연하고 있다.

프롬은 실존철학이나 정신분석학을 비롯한 반주지주의 사상들도 넓은 의미의 이성의 아들들이라고 말한 바 있는데, 서구의 비판이성은 분명히 동양의 신비적 직관의 세계까지도 자각하는 이성이다. 사실 최근의 신과학의 유기체론적 홀리즘(holism)의 경향들은 다분히 동양사상과의 밀접한 교류의 가능성을 시사해 준다. 물론 이 신과학들 역시 서양의 비판이성의 아들들이라는 차원에서 이해될 수 있다. 이러한 관점을 긍정적으로 받아들인다면 서양의 이성의 자각은 불교의 직관적 세계상을 이해하는 데 크게 도움을 줄 수 있다. 이것은 앞에서 논의한 까말라실라의 바른 사유와 무분별지의 분석과 대비될 수 있다.

무르티는 『중론(中論)』과 칸트의 체계는 다 같이 철학에 대한 철학이라고 말하고, 그 철학의 작업은 철학적 비판에 대한 반성적 이해라고 하였다. 그는 이 반성은 곧 자각(自覺, self-consciousness)이며, 이 반성은 우리가 참이라고 믿었던 것이 허위임을 깨달음으로써만 가능하다고 하였다(T. R. V. Murti, 1974: 295). 그러므로 무르티는 용수와 칸트의 논리적 출발점은 선험적 가상(假象, illusion)을 자각하는 데 있다고 하였다.

본래 칸트의 이성은 내재적인 초월의 경지에서는 자연, 신, 인간 모두를 근거짓는 일종의 절대적인 보편성의 차원이었다. 하지만 그것은 신적인 차원이나 초이성적 차원이 아니고 어디까지나 자아에 내재하는 이성의 차원이다. 칸트는 나의 신앙에 자리를 내주기 위해서 지식을 제한하지 않으면 안 되었다고 말한 바 있다. 칸트의 이성비판은 현상과 사물 그 자체를 명백하게 분리하여 서로 차원을 달리하는 두 세계를 동시에 정립하려는 데 목적이 있었다. 따라서 칸트의 비판이성은 동시에 두 가지 일을 수행해야만 했다.

칸트가 '특수한 운명'이라고 부른 인간 이성의 인식 활동에 대한 패러독스는 본래 인간 이성 자신의 '변증성'에서 유래하는 것이었다. 인간은 한편에 있어서는 상대적인 경험계에 살고 있으면서, 다른 한편에 있어서는 이 피제약적인 가능적 경험의 한계를 초월하여 절대적인 초감성적 세계로 향하려는 자연적 소질을 가지고 있다. 칸트가 볼 때 인간 이성의 모든 이율배반은 바로 이러한 인간의 두 가지 측면에 연원되는 것으로서, 이른바 인간의 형이상학적 소질도 곧 여기에 숨겨져 있는 것이다. 그러므로 칸트는 "자연적 소질로서의 형이상학은 어떻게 하여 가능한가?"에서 "어떻게 하여 학(學)으로서의 형이상학은 가능한가?"라는 형식으로 그의 철학의 과제를 바꾸어야만 했다.

결국 칸트는 '자연적 소질로서의 형이상학'이 해명되기 위해서는 학으로서의 형이상학이 가능한가, 아닌가 하는 이른바 '최후의 문제'를 해명해야만 했다. 그러나 이 '최후의 문제'는 먼저 "어떻게 해서 선천적 종합판단은 가능한가?" 하는 문제를 해결함으로써 해명될 수 있다. 말하자면 "형이상학이 서느냐 쓰러지느냐 하는 것은 그 과제가 해결되느냐, 혹은 그 과제가 설명되기를 요구하는 선천적 종합판단의 가능성이 성립하지 않는다는 것이 증명되느냐에 달려 있다(I. Kant, 1781: B. 19)."는 것이다.

이상에서 볼 때 칸트의 비판이성은 자연, 신, 자유, 영혼, 인간의 문제들을 이성 자신 속에서 해명하려고 하였다는 것을 알 수 있다. 칸트는 그의 『순수이성비판』 제1판의 서문 첫머리에서 다음과 같이 술회하고 있다.

> 인간 이성은 어떤 종류의 인식에 있어서는 특수한 운명을 갖고 있다. 즉 인간 이성은 물리칠 수도 없고 그렇다고 대답할 수도 없는 영혼·신·자유 등에 고민하고 있다. 왜냐하면 그 문제들을 제쳐놓지 못하는 것은 그것들이 이성 그 자체의 본성에 의하여 자신에게 부과되어 있기 때문이며, 대답할 수 없는 것은 그것들이 인간 이성의 일체의 능력을 초월해 있기 때문이다(I. Kant, 1781: A.1).

지금까지 여러 번 지적한 바와 같이 칸트에게 절대자나 자유와 같은 이념은 본래 자의적으로 생각해 낸 것이 아니며, 이성 자신에 의해서 부과되어 있는 것이지 주어져 있는 것은 아니다. 그러나 이성이 자기에게 부과된 과제적 표상을 주어져 있는 표상 즉 인식되는 대상으로 볼 때, 이른바 선험적 변증으로서의 '가상의 논리'인 궤변이 성립한다. 유한한 대상적 인식을 초월하여 무한한 무제약자를 추구하는 이성은 유한과 무한 사이에 존재하는 심연을 뛰어넘어 신과 같은 절대자를 인식의 대상으로 착각하는 것이다. 그러나 이것은 감성적 착각과는 구별되어야 한다. 이것은 '부과되어 있다'는 것과 '주어져 있다'는 것의 뒤바뀜에서 유래하는 것으로서 본래 '이성의 본성에 유래하는 선험적 뒤바꿈'이다.

그러므로 칸트의 『순수이성비판』의 과제는, 단지 과학적 인식이 어떻게 성립하는가 하는 인식의 가능 근거를 묻고, 따라서 이성의 한계를 밝히는 데 그치는 것이 아니라 오히려 그것을 통하여 이성 자신이 자기 인식을 밝힘으로써 형이상학 일반의 가능 여부를 결정하는 데 있었다.

그러나 무르티는 『중론(中論)』과 칸트가 사변적인 형이상학적 가상(假象)을 초극하는 데 목적이 있다고 보았다. 그러나 그는 칸트가 오히려 인간의 지식의 한계를 증명하려는 방향을 취함으로써 무제약적인 것에 대한 직접적 인식을 포기하고 이를 절대자에게로 돌렸다고 비판하였다. 그러나 『중론』은 칸트와 달리 철저하게 인간의 관념들로부터 인간의 마음을 해탈케 하는 방향을 취함으로써 무제약적인 것에 대한 직접적인 인식이 가능할 수 있는 길을 열어 놓았다고 강조하고 있다(T. R. V. Murti, 1974: 298). 무르티는 칸트의 형이상학을 소극적으로 해석하고 있으나, 칸트와 불교의 차이는 분명히 무제약적인 것에 대한 내적인 이론적 자각과 내외를 동시에 초월하여 무아(無我)로 돌파하는 적극적인 실천적 깨달음이라고 할 수 있다. 여기에 이성의 자각과 선의 깨달음의 차이가 있다. 선의 목표는 진리의 깨달음에 있다.

그러나 이러한 논의들은 이론으로 머무르는 한 의미가 없다. 그것이 수행 실천으로 옮겨질 때만 깨달음은 성취될 수 있는 것이다. 그 실천이 곧 선이다. 세계적인 선사상가 스즈키 다이세쓰(鈴木大拙)는 선을 이렇게 설명한다.

> 선(禪)은 그 본질에 있어서 자기 존재의 본성을 꿰뚫어 보는 기술이며, 속박으로부터 자유로 향하는 길을 가리킨다. … 선은 우리들 각자 속에 자연적으로 구비되어 있는 모든 에너지를 해방하는 것이라고 할 수 있다. 이 에너지는 보통 속박되고 왜곡되어 있어 자유롭게 활동하는 통로를 드러내지 않는다. … 그러므로 우리들이 미치거나 불구가 되는 것으로부터 우리를 구해주는 것이 선의 목적이다. 이것

만이 본래 우리 마음속에 구비되어 있는 창조적이고도 자비로운 모든 충동을 자유롭게 활동할 수 있게 하는 것으로, 내가 말하는 자유의 의미이다(D. T. Suzuki, E. Fromm, 1960).

선(禪)에 있어서 깨달음은 비정상적인 마음의 상태를 말하는 것이 아니다. 또한 그것은 현실이 사라진 황홀 상태도 아니다. 그것은 몇몇 종교적 표현에서 볼 수 있는 바와 같이 자기애적인 마음의 상태도 아니다. 조주(趙州, 778~897) 선사가 주장하는 바와 같이, "만일 무엇인가가 있다면 그것은 온전한 마음의 정상적인 상태다." 정신분석학자 프롬(E. Fromm)은 선에서의 깨달음을 다음과 같이 표현하고 있다.

진정한 깨달음은 평안한 상태(wellbeing)에 이르는 것이다. 만일 이 개오(開悟, enlightenment)를 심리학적인 용어로 표현해 본다면, 그것은 인간 내부와 외부의 실상(實相)에 완전한 조화를 이룬 상태, 또는 인간이 그 실상을 충분하게 자각하고 파악한 상태라고도 말할 수 있을 것이다. 그가 깨달았다고 하는 것은 그의 두뇌도 아니고, 또한 그의 신체의 어느 부분도 아니며, 그것은 바로 그 사람 전인(全人)이 자각하는 것이다. 또한 그가 그것을 자각하고 있다는 것은 자기의 사고로써 파악하는, 저기에 떨어져 있는 대상으로써가 아니라, 그것 즉 꽃이나 개나 사람을 그것의 전체적 실상에 있어서 자각하는 것이다(위의 책).

프롬의 이러한 주장은 주로 스즈키 다이세쓰의 말을 재인용한 것에 지나지 않지만, 그로부터 많은 것을 배우고 있다. 불교에서 깨달음이란 제법(諸法)이 무아(無我)이고 공(空)임을 깨닫는 것인데, 상응부(相應部)의

『온상응(蘊相應)』에서는 무아를 다음과 같이 설명하고 있다.

> 색(色)은 무상(無常, anicca)하다. 무상한 것은 고(苦, dukkha)이다. 고인 것은 무아(無我, anattā)이다. 무아(無我)인 것은 나의 것(mama)이 아니다. 또한 그것은 나의 나[我, attā]는 아니다. 이와 같이 여실하게 바른 지혜를 갖고 보아야 한다.

이것은 수상행식(受想行識)에 대해서도 같은 방식으로 설하고 있다. 위의 교설에서 나(aham)와 아(我, attan)가 구분되어 있는데, 아(我, attan/atman)는 나의 심연에 있는 실체로서의 자아를 의미하는 것이다. 물론 이것은 미망에 의한 가상이다. "무아인 것은 나의 것이 아니다. 또한 그것은 나의 나[我]는 아니다."라는 교설은, 우리가 일상적으로 자기의 육신이나 마음을 자기 자신의 소유처럼 생각하는 그러한 자아는 사실은 나의 것이 아니라는 것을 의미하는 것이다. 그래서 "무아인 것은 나의 것이 아니다."라는 귀결점에 이르게 된다. 자기의 심신을 자기의 자식이나 재산처럼 자기의 소유로 생각하는 것은, 무명에 의한 인간의 본능적 욕구에 기인하는 것이라고 할 수 있으며, 장기적인 세대에 걸쳐서 지속되어 온 훈습 때문에 아무 의심 없이 당연한 자기의 소유라고 생각한다. 그러나 이것은 우리들의 죽음과 함께 버려지게 되고 그것이 아(我)의 소유가 아니라는 것, 즉 무아(無我)가 드러나게 된다.

후세에는 아(我)를 인아(人我)와 법아(法我)의 둘로 나누어 설명하였는데, 인아(人我)는 주체로서의 실체를 의미할 뿐만 아니라 주체의 능동성을 부여하여 전능자라는 의미가 첨가되었다. 이에 대해서 법아(法我)는 실체로서 불변상주하는 것으로서 아(我)의 의미를 갖는 것으로 표시되었다. 아무튼 아트만으로서 자아는 실체이면서 동시에 주체를 나타내는 것이므로, 이것은 바로 범부의 편견에 의한 아집이라는 것이다. 따라서 이러한 편견과 아집을 떠나 중도의 진리를 깨달음으로써 인무아(人無我)·법무아(法無我)의 경지에 이르게 된다는 것이 불교의 근본정신이다. 그러나 이 무아에 집착해서도 안 되기 때문에 『중론』 18장 6게의 "공성(空性)에 있어서 희론(戲論)은 지멸(止滅)한다."에 계속되는 부분에는 "제불(諸佛)은 아(我)가 존재한다고 가설(假說)하고 무아(無我)라고 가르치고, 어떠한 나도 없고 무아도 없다고 가르쳤다."라고 설하고 있는데, 바로 그렇게 깨달아야 한다는 것이다.

결국 이성의 자각은 칸트가 신앙에 자리를 내주기 위해서 지식을 제한하지 않으면 안 된다는 자각, 그리고 프롬의 정신분석과 선의 대비에서 보는 바와 같이, 선의 깨달음까지도 인정할 수 있는 그런 넓은 의미의 자각이라고 본다면, 이성의 자각은 선의 깨달음에 도움을 줄 수 있을 것이다.

4. 유식과 바른 깨달음

불교는 인간학적으로 인간의 자아의 문제를 심층적으로 추구하고 있다. 특히 유식학은 그중에서도 가장 인간의 심층적 의식의 문제를 광범위하게 다루고 있다. 유식론에서 일체 모든 존재의 근거를 근본식(根本識, mulavijñāna) 혹은 아뢰야식(阿賴耶識, alaya-vijñāna)에서 찾고 있는 것은 바로 그것을 입증한다.

일반적으로 표층의식이라 할 육식(六識)의 의식계 외에 『섭대승론(攝大乘論)』에는 신식(身識), 신자식(身者識), 수자식(受者識), 응수식(應受識), 정수식(正受識), 세식(世識), 수식(數識), 처식(處識), 언설식(言說識), 자타차별식(自他差別識), 선악양도생사식(善惡兩道生死識) 등의 차별의 세계가 모두 유식을 본체로 하여 아뢰야식에 근거를 두고 있다는 것이 명시되어 있다. 아뢰야식(阿賴耶識)은 마나식(末那識)과 함께 심층적인 무의식의 영역에 속하는 근본식(根本識)이다.

유식(唯識) 30송은 이숙(異熟, vipāka), 사량(思量, manas), 요별경(了別境, vijñapti-viṣaya)의 세 종류 식을 제시하고 있다. 여기서 이숙식(異熟識)은 아뢰야식을, 사량식(思量識)은 아뢰야식을 바탕으로 하는 의식적 무의식적 자아의식을 일으킨다. 그리고 안·이·비·설·신 5근(根)으로 색·성·향·미·촉 5경(境)을 파악하는 전5식(識) 단계에서는 주객이나 자타 등의 구별이 아직 없지만 의근(意根)이 그 감각내용들을 종합 정리하며 개념적으로 사유하고 판단하는 제6식 단계에서는 바깥의 대상들을 객관화해서 좋고 나쁨의 분별이 일어나므로 요별경식(了別境識)이라 한다. 결국 아뢰야식은 무의식의 영역에 속하는 것으로 볼 수 있고, 마나식은 무의식의 영역과 의식의 영역 중간에 속하는 것으로 볼 수 있다. 그리고 요별경식은 제6식으로서 표층적인 의식계에 속한다.

일본의 선불교학자 스즈키 다이세쓰(鈴木大拙)는 심층적 무의식계를 우주적 무의식이라고 표현하였는데, 서양의 정신분석학자인 프롬은 이 우주적 무의식을 다음과 같이 설명하고 있다.

> 우주적 무의식(cosmic unconsciousness)은 우리가 그 무의식으로부터 분리되어 있는 한에서만, 즉 우리가 실재를 의식하지 못하고 있는 한에 있어서만 무의식인 것이다. 우리가 깨달아 실재와 접하고 있는 상태에서는 우리들에게 무의식이란 있을 수 없다. '의식적'이란 술어 대신에 '우주적 의식'이라는 술어를 사용함으로써 인격 내부의 장소를 지

칭하기보다는 자각의 기능을 이루는 관계를 지시하고 있다.

선의 목표는 개오(開悟)이다. 즉 감정적 오염이나 지성화 작용을 하지 않은 실재에 대한 직접적인 파악이며, 나 자신과 우주와의 관계에 대한 근본적 깨달음이다. 프롬은 이러한 새로운 경험은 어린아이가 갖는 지성화 이전의 직접적인 파악의 회복이지만, 그것은 이 새로운 차원에서의 인간의 이성과 객관성과 개별성이 완전히 발전된 인간의 파악이다(D. T. Suzuki, E. Fromm, 1960: 134).

프롬은 암묵리에 선의 깨달음은 결코 이성의 반성적 자각과는 전혀 다른 직접적이고 직관적인 파악이라는 점을 강조하면서도, 단순한 어린이의 직접적 경험과는 구별되는 보다 높은 차원의 인간이성의 발전된 파악이라는 점을 지적하고 있다. 말하자면 이성의 자각이 곧 깨달음은 아니지만, 그 자각을 통해서 오히려 이성의 한계를 자각하여 선불교의 직접적인 직관지로 넘어갈 수 있는 초월과 전환의 계기를 마련할 수 있다는 것을 제시하는 것이다.

불교는 일체만물의 생멸변화와 인간 자신의 생멸변화를 인간의 실존적 주체에서 하나로 파악하여 일체의 생멸변화하는 근거를 자기 주체의 근원에서 자각하는 것이다. 그것은 자연과 인간 세계와 자기의 대립을 초월한 그 근저에서 제법의 근원적인 무상성(無常性)과 생멸성(生滅性)을 자각하는 것이다. 다시 말하면 불교는 존재하는 모든 것이 무상하고 생멸적이라는 자각 속에서 자연과 인간의 대립을 초월한다. 그러나 불교는 이 무상성과 생멸성의 피안에 영구불변의 실체적 실재를 초월적 존재로서 세우는 것이 아니라, 어디까지나 제법의 무상성 그 자체에 입각해서 이것을 내적으로 초월하여 생멸성에 즉자(卽自)하여 불생불멸을 깨닫는 것이다.

그러나 이에 대해서 서양의 이원론적 형이상학은 현상계의 변화에 가상성과 무상성을 인정하지만, 그것을 초월한 예지계(叡智界, noumena)의 실체 즉 영원불멸한 존재를 인정하는 것이다. 특히 이데아론에 입각한 플라톤의 형이상학은, 변화무쌍한 현상계(現象界, phaenomena)와 영구불변의 이데아의 세계를 구분하여 두 세계가 있다고 주장하였다. 이것은 이데아의 세계를 실체계로 보고 현상계를 그것의 그림자의 세계로 보는 이원론적 세계관이다.

물론 이에 반대되는 유물론 철학은 우주를 기본적인 물질로 구성된 원자론적 기계론을 주장하지만, 이것도 역시 영원불변의 원자를 인정함으로써 실체론을 전제하고 있다. 오늘날 서양의 일부 사상가들이 유기체론적 홀리즘(holism)의 패러다임을 제기하고 불교적인 연기사상에 관심을 갖게 되는 것은, 바로 전술한 형이상학적 실체론을 극복하기 위함이다.

화이트헤드의 유기체 철학에 크게 영향을 받은 오스트리아의 물리학자이며 시스템 철학자인 얀치(E. Jantsch)는 『자기 조직하는 우주(The Self-Organizing Universe)』에서 다음과 같이 말한 바 있다.

> 가장 포괄적인 과정철학이며 종교인 불교에서는 일신적인 기독교와 이슬람 신앙에서와는 달리, 이원론적으로 상상된 신은 땅에 내려오지 않는다. 석가모니는 인간이다. 하지만 그는 자기 존재를 완전하게 실현했고, 고난을 당하면서도 이런 방식으로 거룩한 경지에 도달했다. 인류는 신의 구제를 받는 것이 아니라 스스로 구제한다(E. Jantsch, 1989: 422).

그렇다고 불교가 타력신앙을 완전히 부정하는 것이 아니다. 정토종

(淨土宗)의 아미타신앙이나 염불신앙은 오히려 타력신앙에 기초하고 있다. 그러나 불교의 최고의 이상은 절대적인 자력신앙에 뿌리박고 있다. 비록 타력을 인정한다 해도, 그것은 인간 자신의 맹렬한 수행과 참선, 명상을 통하여 자기로부터 원력(願力)과 염력(念力)이 창출되어 나올 수 있는 한에 있어서 타력의 작용이 일어날 수 있는 것이다. 특히 유식학이나 선불교의 입장에서는 더욱 그러하다.

일본의 불교학자 다마키(玉城康四郞)는 「칸트의 인식론과 유식사상」이라는 논문에서 둘 사이의 유사성을 다음과 같이 서술하고 있다.

> 칸트가 독단적 형이상학을 배제하고 인식대상으로서의 사물 자체를 부정한 것과 같이, 유식(唯識)에서도 식(識)을 떠난 외경(外境)의 다른 존재를 전혀 차단하고 있다. 형이상적 존재의 부정은 칸트 인식론을 일관하는 자명한 이치이며, 유식도 역시 외경(外境)의 차단은 제일의 대전제이다. 따라서 의식에 관계 지을 수 없는 것은 모두 철학의 권외로 추방된다는 의미에서, 한쪽은 선험적 관념론이라고 하고 다른 쪽은 유식이라고 하여 양자는 동일 방향의 철학적 태도를 암시하고 있다 할 것이다(玉城康四郞, 1979: 304).

이것은 칸트는 현상(Phanomenon)만을, 유식에서는 전변(轉變, pariṇāma) 혹은 가설(假說, upacāra)의 세계만을 의식의 대상으로 보고 있다는 것을 의미한다.

『선문경(禪門經)』에는 "밖에서 상(相)을 구하려고 하면 몇 겁(劫)이 걸려도 끝내 아무것도 이루지 못한다. 안으로 자기의 마음을 관(觀)하여 들어가면 한순간에 보리(菩提)를 증득할 수 있다[禪門經云 於外相求 雖經劫數 經不能成 於內覺觀 如一念頃 即證菩提]."는 가르침이 있다.

서양의 이성의 철학이나 불교의 유식이 인간의 내적 세계(정신과 마음의 세계)에 중심을 두고 있다는 면에서는 매우 유사성을 갖고 있다. 그러나 서양의 이성이 그 인식의 방법과 목적이 분석적 주객 분리의 자각인 데 반해서, 불교의 불성이나 선은 직관적인 전일적 깨달음에 있다고 하는 면에서는 큰 차이가 있다. 하지만 프롬은 서양의 합리주의적인 정신분석학이 동양의 직관주의적인 선으로부터 어떠한 가르침을 받을 수 있는가에 대해서 이렇게 설명하고 있다.

> 선과 정신분석학은 서로 그 방법을 달리한다. 선은 직관의 초점을 예리하게 하고 통찰의 본성에 새로운 빛을 던진다는 것은 무엇인가, 창조적인 것이란 무엇인가, 주관과 객관의 분리에 기인된 경험의 필연적 결과인 감정적 오염이나 허망한 지성화 등을 극복한다는 것은 무엇인가 등에 대한 감각(sense)을 고양시켜 줄 수 있다.

지성화 작용 내지 권위와 자아의 망상에 관한 매우 근본적인 태도에서, 또 평안한 상태의 목표를 강조한다는 점에서, 선의 사상은 정신분석가의 세계를 보다 깊고 넓게 해줄 것이다. 그리고 프롬은 그와 반대로 정신분석학이 선불교의 수련자들에게 역시 도움을 줄 것이라고 하여 다음과 같이 피력하고 있다.

> 만일 선과 정신분석학의 관계에 대한 사색이 좀 더 가능하다면, 우리는 정신분석학이 선의 연구가에게도 중요한 의미를 지니게 될 가능성을 생각해 볼 수도 있다. 나는 이것을 개오(開悟)가 아닌 허위의 깨달음, 즉 정신병적이거나 히스테리적인 현상에 기인한 것이거나, 혹은 자기유도적 황홀경에서 연유된 단순히 주관적인 깨달음이 가질 수

있는 위험성을 피하는 데에 도움이 될 것이라는 생각이 든다. 그것의 분석적 해명은 선의 연구가로 하여금 미망(迷妄)을 피하는 데에 도움이 될 수 있을 것이다. 미망을 없애는 것은 개오의 근본 조건이기 때문이다(D. T. Suzuki, E. Fromm, 1960: 140).

이상과 같은 프롬의 선과 정신분석 사이의 상호 긍정적인 교류에 관한 설명은 서양의 이성적인 정신분석학이 선의 개오(開悟)에 어떤 역할을 해줄 수 있다는 좋은 예가 될 수 있음을 시사한다. 왜냐하면 도를 깨달았다고 하는 사람들 중에는 일종의 정신병적 착각에 사로잡혀 있는 사람들이 종종 있기 때문이다.

사실 불교에서 상당한 수준의 수련이 된 이후가 아니고서는 직접 참선에 들어갈 수 없다. 바른 깨달음[正覺], 바른 관찰[正見]에서 보는 바와 같이 바를 정(正) 자는 매우 중요한 의미를 갖는다. 인간의 정신병적 허구와 관련하여 프롬은 선과 정신분석 사이의 유사성의 하나로 다음과 같은 예를 들고 있다.

선불교와 정신분석학 사이에는 정신분석가의 태도와 관련된 또 하나의 유사성이 있다. 선을 지도하는 방법은 말하자면 제자인 수행자를 한쪽 구석으로 몰아가는 것이다. 공안(公案)은 수행자가 지성적(인습적)인 사고 속으로 도피하려는 것을 불가능하게 만드는 것이다. 공안은 장벽과 같아서 더 이상의 비약을 불가능하게 만드는 것이다. 정신분석가는 이와 유사한 일을 하거나 해야 한다. 그는 환자가 사고에서 경험으로 비약하는 것을 단지 방해하는 데 불과한 해석이나 설명을 아무렇게나 환자에게 주입시켜 주는 오류를 피해야만 한다. 오히려 반대로 정신분석가는 환자가 더 이상 도피할 수 없을 때까지 환자의 자기 합리화를 하나하나 탈취하여, 그리고 의지하고 있는 것을 하나하나 빼앗아, 결국 환자의 마음을 채우고 있던 허구를 깨뜨리고 실재를 경험할 수 있게 해야 한다. 즉 이제까지 의식하지 못하고 있던 무엇인가를 의식할 수 있게 해야 한다(D. T. Suzuki, E. Fromm, 1992: 84~85).

인간의 수행에서 인간 자신이 범하고 있는 독단과 과대망상 내지 환상적 착각을 깨닫게 하는 일보다 더 중요한 것은 없다. 무명이니 미망이니 하는 것은 모두 인간 자신의 탐욕과 증오와 어리석음에 연원하는 것이며, 그것을 자각하지 못하는 한 정각(正覺)은 전혀 불가능하다.

선사상가 스즈키 다이세쓰에게 크게 영향 받은 프롬은 선불교가 철저하게 왜곡된 억압상태, 풀어서 말해서 잡다한 세속적인 것들에 오염된 정신상태에서 벗어나 직관적인 통찰에 이르기 위해서는 정신분석학이 선에 도움을 줄 수 있다는 것을 암묵적으로 강하게 시사하고 있다.

유식에서 아뢰야식이 갖고 있는 한계점을 이해하는 것은 매우 중요하다. 『대승장엄경론(大乘莊嚴經論)』에는 인간의 무명과 번뇌의 작용을 다음과 같이 설명하고 있다.

> 자계(自界)로부터 무명과 번뇌를 짝지어 작용하고 분별을 갖는 두 종류의 현현이 나타난다. 그리고 거기에는 두 개의 실체가 놓여 있다(玉城康四郎, 1979: 341).

여기서 자계(自界)란 아뢰야식의 자기의 종자(種子, bīja)를 의미하고, 두 종류의 현현이란 붙잡히는 인식대상(所取, grāhya)과 붙잡는 인식주체(能取, grahaka)의 현현을 나타내는 것이다. 그리고 두 개의 실체란 역시 인식대상의 실체와 인식주체의 실체를 의미한다.

스즈키 다이세쓰는 또한 같은 곳에 "마음[心]은 두 종류의 현현을 갖고 있어 탐(貪) 등의 현현이라고 일컬어지고, 마찬가지로 신(信) 등의 현현이라고 일컬어진다. 그것이 염오법(染汚法)이든 또한 선법(善法)이든 그것 이외의 법은 존재하지 않는다(D. T. Suzuki, E. Fromm, 341)."라 하고 있다. 여기서 마음은 유심(唯心) 혹은 유식(唯識)을 말하는 것으로, 아뢰야식의 근본을 나타내는 것이다. 말하자면 인간의 주객(主客) 분별, 즉 허망분별의 착오적 주관의 작용을 표시하는 것이다.

결국 아뢰야식의 주체적인 근원적 세계로부터 무명과 번뇌를 동반하는 허망분별이 나타나는 것이다. 인도 승려인 무착(無着, Asanga, 310~390경)은 『섭대승론(攝大乘論, Mahāyāna-samparigaha-sāstra)』을 지음으로써 인도 대승불교의 유식사상을 체계화하였다. 그리고 인도 출신 승려인 진제(眞諦, Paramārtha, 499~569)와 당(唐)의 현장(玄奘, 602~664)이 『섭대승론』을 한문으로 번역하였다. 두 번역 사이에 약간의 차이가 있는데, 이를테면 진제의 경우는 "이 식이 모든 의지(依止)에서 생겨나는 여러 가지 상모(相貌)는 두 가지 인식 현상과 유사하게 나타난다. 첫째는 진(塵)처럼 나타나고, 둘째는 분별처럼 나타난다[此識於一切依止生種種相貌 似二種法顯現 一似塵顯現 二似分別顯現]."라고 하여, 실제로는 그렇지 않는데 '마치 …인 것처럼'이라는 방식으로, 즉 인식대상인 것처럼 나타난다는 방식으로 표현되어 있다. 그리고 현장의 경우는 같은 내용을 "또한 모든 의지처[所依]에서 전전할 때 갖가지 모습에 흡사하게 두 가지 영상(映像)이 전전하니, 말하자면 오직 대상의 영상과 분별의 영상이다[又於一切所依 轉時 似種種相 二影像轉 謂唯義影像 及分別影像]."라고 하여 영상과 같은 대상[義], 영상과 같은 주관[分別]이라는 말로 표현하여 의식의 착오(錯誤)를 나타내고 있다.

성철 스님은 『선문정로(禪門正路)』 「대원경지(大圓鏡智)」 편에서 허망분별의 의식현상을 다음과 같이 예증하고 있다.

> 위산(潙山)이 앙산(仰山)에게 말했다. 나는 대원경지(大圓鏡智)로 종요(宗要)를 삼아서 삼종(三種)의 생을 출리(出離)하여야 하니, 이른바 상생(想生)과 상생(相生)과 유주생(流注生)이다. 상생(想生)은 능사(能思)하는 망상이 잡란함이요, 상생(相生)은 소사(所思)의 진경(塵境)이 역연(歷然)함이요, 미세류주(微細流注)는 함께 진애(塵埃)가 되느니라. 제8 아뢰야식인 미세류주(微細流注)를 감진(減盡)하고 진여자성(眞如自性)을 통견(洞見)하면, 곧 구경무심(究景無心)인 대원경지(大圓鏡智)가 현전하나니, 이것이 대사각활(大死却活)의 본래면목이다. 이 경지는 여래의 과지(果智)로서 선교(禪敎)를 통하여 구경처(究竟處)이다(성철, 1981: 130).

여기서 상생(想生)은 인식주관을, 상생(相生)은 인식대상을, 미세류주(微細流注)는 아뢰야식을 나타내는 것이다. 그러므로 이 셋을 멸진하면, 다시 말해서 분별망상이 일어나는 아뢰야식을 떠나면 대원경지(大圓鏡智), 즉 여래지(如來智)가 현현한다는 것이다. 여기서 아뢰야식이 주객분별 의식을 일으키는 허망분별의 원인이기 때문에 그것을 떠나야 대원경지를 얻을 수 있다면, 서양의 이성의 자각도 주객분별의 자각인 이상, 견성이나 해탈을 성취하려면 그것을 떠나야 하는 것은 당연한 이치이다. 여기에 유식과 바른 깨달음의 근본 차이가 있다.

5. 연기와 불생불멸의 깨달음

　필자는 1970년대 후반 어느 초여름과 1987년 겨울 연초에 성철(性徹) 큰스님을 백련암에서 직접 알현하는 기회를 가졌다. 그때마다 큰스님께서는 부처님이 보리수 아래에서 정각을 하신 후 녹야원에서 최초로 다섯 비구를 만나 설법하신 제일성이 불생불멸의 중도사상(中道思想)이었다는 점을 강조하셨다. 한마디로 부처님께서 6년의 수행 끝에 깨달으신 것은 불생(不生)인 무상(無上)의 안일함과 평안함, 그리고 불사(不死)인 무상(無上)의 안일함과 평안함을 증득한 것이다. 대체 무엇이 불생불멸이라는 말인가?

　붓다는 부다가야(Bodh Gaya)에서 수행을 하던 중 아시바타(asivattha, 무화과수: 붓다가 정각을 이룬 후 보리수라 불림) 나무 아래에서 깨달음을 얻었다고 알려져 있다. 인도에서 수행자가 아시바타 나무 아래에서 정좌를 하고 수행과 명상을 한 역사는 상고시대부터 행해져 온 것으로서, 아타르바 베다의 고가(古歌)에서는 이곳을 신들의 처소로서 불사(不死, amrita)를 명상하는 장소로 묘사하고 있다. 여기서 불사(不死)는 하늘의 불사의 감로(甘露)를 의미하지만 또한 정신적인 궁극의 경지를 의미하기도 한다.

　붓다는 무엇을 깨달았는가? 『율장』에 따르면, 붓다가 깨달은 것은 십이연기(十二緣起)였다. 즉 무명(無明), 행(行), 식(識), 명색(名色), 육입(六入), 촉(觸), 수(受), 애(愛), 취(取), 유(有), 생(生), 노사(老死)가 그것이다. 이 십이연기는 순관(順觀)과 역관(逆觀)의 순서로 설명된다.

　순관은 "이것이 있을 때 저것이 있다. 이것이 일어남으로써 저것이 일어난다. 즉 무명(無明)에 의하여 행(行)이 있고, … 유(有)에 의하여 생

(生)과 노사(老死)가 있다."는 것이다. 그리고 역관은 "이것이 없을 때 저것이 없다. 이것이 소멸하므로 저것이 소멸한다. 즉 무명이 소멸하면 행이 소멸한다. … 유가 소멸하면 생과 노사가 소멸한다."는 것이다.

『잡아함경(雜阿含經)』은 연기설(緣起說)을 다음과 같이 설명하고 있다.

> 무엇이 있음으로써 늙고 죽음이 있고 무엇에 연(緣)하여 늙고 죽음이 있는가? 그때 나에게 바른 주의와 지혜로부터 깨달음(abhisamaya)이 일어났다. … 삶(태어남)이 있기 때문에 늙고 죽음이 있다. 삶(태어남)에 연(緣)하여 늙고 죽음이 있다.
> 그때 나는 이렇게 생각하였다. 무엇이 있음으로써 태어남이 있고 … 무엇에 연(緣)하여 행(行)이 있는가? 그때 나에게는 바른 주의와 지혜로부터 깨달음이 일어났다. 무명(無明)이 있음으로써 행(行)이 있고, 무명에 의하여 행이 있다.
> 수행자들이여 그때 나는 이렇게 생각하였다. 무엇이 없음으로써 늙고 죽음이 없고 무엇의 지멸(止滅)로부터 늙고 죽음의 지멸이 일어나는가? 그때 나에게는 바른 주의와 지혜로부터 깨달음이 일어났다. 태어남이 없음으로써 늙고 죽음이 없고 태어남의 지멸에서 늙고 죽음의 지멸이 일어난다.
> 그때 나는 이렇게 생각하였다. 무엇이 없음으로써 태어남이 없고 … 무엇의 지멸로부터 행(行)의 지멸이 일어나는가? 그때 나에게는 바른 주의와 지혜로부터 깨달음이 일어났다. 무명(無明)이 없을 때 행이 없고, 무명의 지멸로부터 행의 지멸이 일어난다. 이렇게 하여 아직 들어본 일이 없는 법(法)에 관해서 나에게 눈이 생기고 지혜가 생기고 명지(明知)가 생기고 빛이 생겼다[팔리어 율장(Vinaya-pitakam, Mahāvagga 1), 1~24].

이러한 사고방법이 정리되어 전술한 『율장』의 십이연기설이 성립한 것이다. 이것은 본래 3연기설과 5연기설에서 발전한 것인데, 압축하면 결국 생멸(生滅)이 무명(無明)에 의해 일어났고, 따라서 무명의 소멸에 의해서 불생불멸(不生不滅)의 깨달음이 일어났다는 것을 의미한다.

남전(南傳) 아비달마불교나 북전(北傳) 아비달마불교는 모두 십이연기는 과거, 현재, 미래에 걸친 생존의 과정이라고 해석하고 있다. 즉 십이연기에서 무명·행은 과거로, 식·명색·육입·촉·수·애·취·유는 현재로, 생·노사는 미래로 보고 있다. 이것을 삼세양중인과(三世兩重因果)라 하는 것이다. 그런데 이것은 이른바 삼세실유법체항유설(三世實有法體恒有說)을 낳게 된다. 따라서 법체(法體)는 상주(常住)한다는 의미로 해석되어 제행무상론(諸行無常論)과 모순된다. 이른바 실유론(實有論)과 무상론(無常論)의 모순을 낳게 된다.

이러한 모순은 연기의 법성(法性)의 상주론(常主論)과 무상론으로 연결된다. 즉 연기의 법을 상주라고 설하는 동시에 무상이라고 설하고 있다. 본래 삼세실유법체항유(三世實有法體恒有)라고 말할 때의 법체(法體)는 산스크리트어 *svabhāva*로서 '자성(自性)'이라고 번역되기도 하는데, 이것은 '스스로 되는[sva] 존재방식[bhāva]으로 있는 것'이라는 뜻을 함유하고 있다. 말하자면 존재가 스스로의 존재방식에서 존재한다는 것을 의미한다.

"어떤 존재[體]가 없으므로 무상이라는 말도 있다. 만일 그 존재가 없는 게 아니라면, 무상하다는 이치도 없어야 한다[即體無故名爲無常 若體非無無無常理]." 그러므로 중현(衆賢, Sanghabhadra, 4세기경)의 『순정리론(順正理論)』에서 무상이라는 말은 법체에 대해서 말하고 있는 것이며, 법체의 실유(實有)를 예정하고 무상이 법체의 속성이라는 것을 제시하고 있다. 따라서 제행무상(諸行無常)이라는 말도 생멸하는 속성을 가진 법체를 전제하고 한 말이다. 그러므로 법체항유(法體恒有)와 무상(無常)은 모순되지 않는다.

『아비달마구사론』에는 "법체가 항유한다고 인정하면서 그 성(性)은 상주하는 것이 아니라고 설하지만, 법체와 그 성은 더 이상 다르지 않으니, 이러한 주장은 진정 자재신(Īśvara)의 조작인가?[許法體恒有 而說性非常 性體復無別 此眞自在作]"라는 말이 있다. 여기서 법체와 성(性, bhūva)을 대치시키고, 법체는 실유론(實有論)에서 체(體)를 가리키며, 무상의 성(性)은 체(體)의 속성으로, 즉 현재화하는 존재방식으로 생각하면서 체와 성이 무차별이라는 것을 나타내고 있다. 이것은 법체와 속성이 구별되어야 할 것이 아니라 근본적으로 하나의 입장, 즉 유(有, sat)의 양면에 지나지 않다는 것이다.

우리는 이러한 논리에 입각한다면 무명 없는 깨달음은 생각할 수 없다는 것을 알게 된다. 마찬가지로 분별지 없는 무분별지는 생각할 수 없다. 문제는 보다 높은 통찰력과 우주를 꿰뚫어볼 수 있는 지혜가 필요하다고 하는 것이다. 앞에서 선이 본래 지혜를 얻기 위한 수단이었다는 말을 하였다. 알고 보면 선과 지혜는 동전의 양면과 같아서 서로 분리해서 생각할 수 없다. 그래서 정혜쌍수(定慧雙修)니 정혜양륜(定慧兩輪)이니 하는 말이 있는 것이다.

칸트에게 이성의 자각은 인간이 알 수 있는 세계의 경계선, 즉 인간의 지식이 어디까지 가능한가 하는 한계선을 자각하는 것이었다. 따라서 그 경계선 너머의 도덕형이상학의 세계는 이론의 문제가 아니라 실천의 문제라는 것을 알게 되었다. 적어도 이 점에서 '이성의 자각'은 선의 문을 열어놓았다고 말할 수 있다. 왜냐하면 선은 이론이 아니라 실천수행의 세계이기 때문이다. 그러나 이성의 자각은 결코 대원경지(大圓鏡智)의 깨달음이 아니다. 그것은 어디까지나 주관과 객관, 나와 대상을 분리하여 얻은 주관적 인식이거나 대상적 인식 이외의 다른 것이 아니다. 따라서 이성의 자각은 이성 자신의 한계를 자각한다는 점에서는 정각(正覺)의 깨달음에 이르기 위한 과정으로서 필요하지만 결국 그것은 과감하게 버려야 하는 것이다.

그러므로 성철 큰스님은 "불법(佛法)은 다문총지(多聞摠智)인 해오(解悟)에 있지 않고 오심견성(悟心見性), 즉 원증(圓證)에 있다(성철, 1981: 217)."라고 설했다. 깨달음은 언어 문자를 통한 이성적 통찰을 통해서 얻어지는 것이 아니고, 마음의 본성을 바로 봄으로써 얻어진다는 것이다. 분별지에 의한 주관적 실체와 객관적 실체가 있다는 망상을 버리고 비유비무(非有非無), 불생불멸의 연기(緣起)와 공성(空性)을 깨닫는 것만이 참된 깨달음에 이를 수 있는 정도(正道)라는 것을 가르쳐주는 것이다.

4부

과학, 불교와 철학을 만나다

1강
현대 생명과학과 불교의 생명관[37]

1. 들어가는 말

현대는 생명과학의 시대이다. 크릭(F. H. C. Crick)과 왓슨(J. D. Watson)이 1953년 DNA의 이중나선구조를 밝혀내었고, 1993년 영국 로슬린연구소에서 체세포핵 치환기술을 이용한 동물복제의 성공으로 마침내 생명복제의 시대를 열었다. 오늘날 동물복제와 인간복제를 비롯한 각종 장기이식, 안락사, 임신중절 등 생명윤리의 문제가 큰 사회문제로 등장하고 있다. 그리고 지금은 생명과학의 이해 없이는 어떠한 세계관과 인생관에 대해서도 말할 자격을 부여받지 못할 만큼 생명의 문제가 급부상하고 있다.

러브록(J. E. Lovelock)은 그의 『가이아』에서 다음과 같이 언명하고 있다.

> 나는 과학 문헌의 어딘가에서 생명의 물리적 과정을 포괄적으로 정의한 것을 발견하여 생명을 탐구하기 위한 실험을 디자인하는 데 기초로 삼을 수 있기를 기대하였다. 그러나 놀랍게도 생명 자체의 본질

---

[37]_ 「현대 생명과학과 불교의 생명관」(『전운덕 총무원장 화갑기념 불교학논총』, 구인사, 1999.)을 다듬었다.

에 대하여 쓰인 것이 너무 적은 것을 알고는 놀랐다…. 생물의 가장 외적인 부분에서 가장 내적인 부분까지, 상상할 수 있는 모든 측면에 대한 자료들이 많이 쌓여 있었지만, 거대한 분량의 백과사전을 다 뒤져보아도 문제의 요점인 생명 그 자체는 거의 무시되고 있었다.

생명이란 무엇인가를 해명하는 것이 그만큼 어렵다는 말이다. 어떤 생물학자들은 더 나아가 생명을 정의하기조차 불가능하다고 생각한다. 예를 들면, 켄드류(J. Kendrew)는 바이러스가 살아 있는가 아닌가에 대한 논쟁에서 다음과 같이 논평하였다.

이러한 논쟁은 생물과 무생물 사이에 근본적 구별이 있다고 가정할 때만 중요할 뿐이다. 생물과 무생물이 본질적으로 어떤 차이가 있거나, 또는 두 가지를 구별 짓는 경계에 대한 증거가 있다고는 생각지 않는다.

과학자들은 광대한 우주에 지구는 약 45억 년 전에 생겨났고, 생물은 약 38억 년 전에 생겨나기 시작하여 오늘의 인간 존재로까지 진화해 왔다고 말한다. 지금까지 생물학에 의해 밝혀진 바에 의하면, 미생물, 식물, 동물, 인간 등 지구상의 모든 생명은 심지어 대장균까지도 그 기초적 과정과 기능 및 구조에 있어서 전적으로 동일하다. 모든 생명 기능은 환경으로부터 얻은 에너지를 아데노신 3인산(ATP)이라는 유기화합물로 합성하고, 그것을 아데노신 2인산(ADP)으로 분해하면서 이루어진다. 그것은 마치 축전지와 같은 것이다. 또한 모든 생명체는 DNA의 유전물질을 갖고 있으며 복제기능도 전적으로 똑같다.

모든 생물은 고분자 단백질과 핵산으로 이루어져 있는 세포의 덩어리이다. 그러므로 DNA 발견자의 한 사람인 크릭은 『놀라운 가설(The Astonishing Hypothesis)』 서두에서 "당신은 신경세포의 덩어리에 불과해요."라고 해학조로 말하고 있다. 그러나 이러한 생물학적 논의들은 인간의 신비성과 존엄성 내지 인격성을 무화시킬 우려가 있다. 여기서는 현대 생명과학과 불교의 생명관을 비교 설명하면서 앞으로 불교가 이 시대에 임해야 할 방향을 짚어 보고자 한다.

2. 현대과학의 생명관

1) 공생적 생명관

오늘날 모든 생물은 DNA라는 기초적 생물 단위로 분해할 수 있다. 그리고 DNA는 개인의 특성을 알리는 정보의 저장고라 할 수 있다. 따라서 범죄수사에서는 유전자 감식법으로 사건 현장에 남겨진 인체 생성물에 존재하는 DNA를 분석하여 범인을 밝혀내기도 한다. DNA를 재조합하여 예전에 없던 다른 형질의 생물을 만들어낼 수도 있게 되었다.

그런데 마투라나(H. Maturana)와 바렐라(F. J. Varela)에 의하면, 생물 연결망의 핵심적 특성은 그것이 끊임없이 스스로를 생산하고 있다는 것이다. 그들에 따르면 '자기제작(self-making)'은 그 속에서 각 구성요소가 연결망 속의 다른 구성요소들의 생산이나 변형에 참여하는 연결망의 패턴이다. 그리고 그것은 구성요소들에 의해 제작되며, 다시 그 구성요소를 제작한다(H. Maturana, F. Varela, 1989: 49).

생명의 가장 간단한 생물시스템은 세포이다. 다른 모든 세포와 마찬가지로 식물세포는 세포질을 둘러싸고 있는 세포막으로 이루어져 있으며, 세포질은 세포 내의 영양물에 해당하는 풍부한 분자 수프이다. 그리고 우리는 세포질 속에서 부유하는 세포핵을 발견할 수 있다. 세포핵은 엄청나게 많은 숫자의 작은 생산센터로 이루어져 있으며, 여기에서 구조적으로 중요한 기본물질들이 생산된다. 세포 안에는 '세포기관'이라 불리는 여러 개의 특수화된 부분들도 들어 있는데, 세포기관들 중에서 가장 중요한 것이 저장낭(골지체), 재생센터(리조솜), 발전소(미토콘드리아), 태양공장(엽록체)이다. 전체 세포와 마찬가지로, 핵과 세포기관들도 반투과성 막으로 싸여 있어서 유입물과 배출물을 선별적으로 통과시킨다. 특히 세포막은 먹이를 끌어들이고 노폐물을 배출하는 역할을 한다.

마굴리스(L. Margulis)에 따르면, 이 세포기관들은 약 20억 년 전에 좀 더 크고 복잡한 세포 속에 들어와 살게 된 단순한 박테리아에서 진화한 것이다. 그 이후 그 박테리아들은 모든 고등생물 속에 항구적으로 거주하게 되었고, 세대에서 세대에 걸쳐 전달되면서 모든 세포와 심층 공생관계를 이루며 살아가게 되었다(카프라, 1998: 216). 이는 마굴리스의 다음 설명에서 더욱 확실하게 알 수 있다.

30억 년 전 시생대의 다채로운 박테리아들은 어디론가 사라진 것이 아니다. 그들은 다른 세포와 결합하여 오이에 들어 있는 해록색 엽록체가 되었고, 다른 것들은 해안가의 대형 다시마와 같은 갈조류의 갈조소(갈색 색소체)가 되었다. 또 다른 박테리아들은 갈파래(청태), 홍조류 해초의 홍조소(홍색 색소체)로 오늘날까지 잠복해 있다 … 식물과 동물은 너무나 복잡해서 그들의 원래 신분이 잡종 군체라는 사실을 잊기 쉽다. 그러나 이따금씩 우리는 우리의 다세포성을 상기하게 된다. 워싱턴에 살았던 헨리에타 랙스라는 한 여자의 자궁 경부에서 떼어낸 헬라세포는 1950년대에 그녀가 자궁경부암으로 죽고 난 뒤에도 전 세계 실험실에서 계속 자라고 있다. 이러한 병리의학적 사실은 우리 몸의 본질이 조직화된 진핵 세포들의 거대한 집합체임을 증명해준다. 서로 다른 여러 박테리아들은 서로 공생을 하면서 결합하여 핵을 가진 세포를 만들어낸다(마굴리스·세이건, 1999: 193~194).

사실 효소 하나만도 복잡한 효소작용의 연결망을 구성하며 모든 신진대사 과정을 촉진시키며, 에너지 전달자들은 이 과정에 연료를 공급하기 위해서 그에 상응하는 에너지 연결망을 형성한다. DNA는 효소를 만드는 생산센터에 명령을 전달하는 RNA를 생산한다. 그리고 효소는 세포핵 속으로 들어가 DNA를 수선한다. 이러한 부분 연결망 속에 들어 있는 각각의 구성요소는 다른 구성요소들을 생산하거나 변환시킨다. 따라서 연결망은 명백히 자기 제작적인 것이다.

2) 혼돈 속의 질서

보통의 세포는 매초 수백 개의 화학반응을 수행하며, 20분마다 자신을 번식시킬 수 있다. 그러나 이러한 모든 일은 극히 소규모로 진행된다. 500개 이상의 세균이 모여도 그 크기는 이 문장 끝의 마침표 크기 정도에 불과하다. 세균 세포라는 작은 실험실 즉 그처럼 상상할 수 없을 정도로 좁은 공간에서 그 무엇과도 비교할 수 없는 놀라운 기술로 2,000여 개나 되는 화학반응이 수행된다. 이 반응들은 최대 속도로 진행되면서 서로 무관하게 또는 간섭하면서, 전혀 헝클어지지 않고 성장과 생식에 요구되는 분자들을 꼭 필요한 만큼 정확히 만들어내는데, 그 효율은 거의 100퍼센트에 근접한다(F. Jacob, 1973: 272).

생물의 특성, 즉 놀랄 만한 일체성, 자신의 부분품을 조립하는 능력, 시간에 따른 분화 진행, 자가 수선과 자가 재생 기능, 다른 물질을 자신의 것으로 전환시키는 능력, 내부로부터 우러나는 자연적 행동, 그리고 끊임없는 활동성 등은 모든 생물이 기계와 다르다는 것을 보여줄 뿐만 아니라, 전체 자연 속의 특이성을 보여준다. 베르탈란피(K. L. von Bertalanffy)는 "이러한 특징 때문에 무기물계에는 생물에 비길 만한 것이 없다(1962: 108)."라고 썼다. 생물은 비길 수 없을 정도로 독자적이다. 그런데 우리는 여기서 생명현상이 엄청나게 복잡한 일종의 혼돈 속의 질서의 형태로서 이른바 산일구조(散逸構造, dissipative structure), 즉 흩어지는 구조의 성격을 갖는다는 점을 이해해야 한다. 산일구조란 벨기에 물리화학자 프리고진(I. R. Prigogine)이 제기한 이론으로서, 열평형에서 멀리 떨어진 조건(분기점) 하에서는 무질서와 열적인 혼돈으로부터 질서 있는 구조로 변환된다는 것이다.

열역학에서 열의 비평형계에 생기는 변화는 언제나 체계(system)와 그것을 둘러싼 주위 전체가 열평형 상태로 이행해 가는 방향에서 생긴다. 산일구조라는 명칭은 비평형성이 흩어지고 소멸되는 과정에서 새로운 구조가 출현하는 데서 비롯된다. 비유적으로, 우리는 하나의 세포를 소용돌이로, 즉 그것을 통해서 물질과 에너지가 연속적으로 흐르는 안정적인 구조로서 이해할 수 있다. 그러나 세포 속에서 작용하는 힘과 과정들은 소용돌이 속에서 이루어지는 것보다 훨씬 더 복잡하고 불안정하다. 소용돌이 속에서 균형을 이루는 힘들이 역학적인 데 비해 세포 속에서 나타나는 힘은 화학적인 것이다. 다시 말해서 세포 속에서 작용하는 힘들은 자기 균형적인 피드백 고리로 작용하는 세포의 자동 제작 연결망 속에 있는 촉매 루프들이다. 물의 소용돌이의 불안정성의 기원은 역학적이며 최초의 회전운동의 결과로 발생한다. 그러나 세포 속에는 다른 종류의 불안정성이 존재하며, 그 성질은 기계적이라기보다는 화학적이다(카프라, 1998: 226).

결국 생명체는 열려진 상태로서 자기가 놓인 환경에서 끊임없이 잡다한 물질, 정보, 에너지를 취하여 복잡한 구조와 기능 내지 생명을 형성 유지한다. 물리학자 슈뢰딩거는 "생물이 먹고 있는 것은 네겐트로피(Negative Entropy)이다."라고 하여 엔트로피 감소의 법칙을 제시하였다. 엔트로피 감소의 법칙이란, 생물이 단순한 물질과 에너지를 취하여 복잡한 구조를 만들고, 무형의 것을 취하여 통합된 패턴을 구성하며, 무질서에서 질서를 만들어내는 자기 조직의 구조를 일컫는 말이다. 한마디로 생명이란 자연환경 생태계의 자동제작 연결망 속에서 자기 조직하는 화학적 체계(system)라고 할 수 있다.

3. 생명과정과 정신

1) 물질, 정신, 정보

근세의 프랑스 철학자 데카르트(R. Descartes)는 "물질은 연장실체이고 정신은 사유실체로서, 정신에는 연장성이 없고 물질에는 사고성이 없으므로 물질과 정신은 별개의 것이다."라는 이원론을 내세웠다. 예를 들면 나룻배를 물질로, 사공을 정신으로 비유할 수 있다. 나룻배는 생각하는 능력이 없는 물질이고, 사공은 생각하는 능력을 갖고 있지만 그 정신 자체는 나무와 같은 물체를 갖고 있지 않다. 물론 신체를 배제하고 하는 말이다. 말하자면 신체는 나룻배에 지나지 않는다는 말이다.

아무튼 물질과 정신의 문제는 철학이나 종교에 있어서 최대의 화두에 속하는 문제이다.

오늘날 일부 생명과학자는 '생명과정' 자체가 곧 마음이요 정신이라고 본다. 현대 정보이론에서는 정보가 물질과 정신의 양면에 관계하고 있기 때문에 그 둘의 대립을 정보이론에서 해소할 수 있다는 이론이 나왔다. 또한 생명의 유전자인 DNA는 전통적인 물질 개념이나 정신적 개념으로는 규정할 수 없으며 그 둘의 통합된 어떤 제3개념, 즉 정보의 개념으로밖에 설명할 수 없을 것이라고 말하기도 한다(W. Schulz, 1972: 212).

한편 융(C. G. Jung)과 파울리(W. E. Pauli)는 『자연과 영혼의 해석』에서 데카르트의 이원론과 관련하여 물질과 정신의 상보성을 다음과 같이 설명하였다.

> 정신과 물질의 관계, 내적인 것과 외적인 것의 관계에 대한 일반적인 문제가 19세기까지 유행했던 '정신-물질의 평행론'이라는 개념에 의해 해결되었다고는 말할 수 없다. 하지만 현대과학은 물리학의 영역 내에 상보성이라는 개념을 정립함으로써 이런 관계에 대해서 보다 만족스러운 해답을 제공할 수 있을 것이다. 만일 정신과 물질이 같은 실재에 대한 상보적인 양상이라면, 상보성은 모든 것에 대해 가장 만족스러운 해결책이 될 것이다(C. G. Jung, W. E. Pauli, 1952: 209~210).

이것은 정신과 물질의 상관관계가 상보성에 의해 설명될 수 있다는 것을 의미한다. 이것은 불교학자 고빈다(L. A. Govinda)의 주장과 일치하는데, 그는 『티베트 신비주의의 토대들』에서 다음과 같이 설명하고 있다.

> 불교에서 외적인 세계와 내적인 세계는 같은 구조(fabric)의 양면일 뿐

이다. 그 구조 안에서는 모든 에너지와 모든 사건, 그리고 의식의 모든 형식과 그 대상의 맥락 내지 줄기가 분리될 수 없는 하나의 무한한 그물로, 그리고 조건 지어진 관계들로 짜여 있다(L. A. Govinda, 1974: 93).

고빈다는 사물들끼리의 상호작용뿐만 아니라 사물과 의식의 상호작용도 기술하고 있다. 이런 주장은 파울리의 주장과 일치하는 것으로 서양의 과학이 동양의 불교사상에 실제로 접근하고 있음을 보여주는 것이다. 이것은 넓게는 정신과 물질의 양면성을 쉽게 이해할 수 있는 하나의 본보기이다.

2) 인지, 반응, 정신

최근에는 인지과학의 발전으로 인공지능이 인간정신이나 뇌의 기능과 유사하게 능률적인 일을 수행할 수 있게 되었다. 우리는 여기서 한 가지 꼭 알고 지나가야 할 것이 있다. 그것은 인지(認知)라는 말에서 찾을 수 있다. 인지란 느낌, 예감, 감응, 상상, 추리, 사고 등(생물의 인지 레벨에 따라 다 다르지만) 모든 앎의 인식활동 전체를 의미한다. 과거에는 주로 인간의 인식활동을 논리적이고 합리적인 이성 내지 지성의 사유활동에 중심을 두었다. 그러나 지금은 냉장고의 센서가 온도를 감지하여 냉각 여부를 결정하는 이른바 인공지능 같은 것도 인식활동의 일부라고 본다.

미국의 유기체 철학자 화이트헤드(A. N. Whitehead)는 『과정과 실재』에서 인간의 주체적 지향은 원초적으로는 지성적이 아니라고 말하고, 그것은 느낌을 위한 유인(lure for feeling)이며, 느낌을 위한 유인은 마음의 싹이라 할 수 있고, 마음이라는 용어는 현실적 실질의 구조에 포함된 정신적 활동의 복합체를 의미한다고 말한 바 있다. 예측과 반응이야말로 생명의 중심적인 동력이다. 화이트헤드는 이것을 정신이라 정의하고, 이것이 모든 생물의 레벨에 따라서 존재한다고 생각하였다. 그러나 그는 정신은 단지 자연계의 생물 속에 있다기보다는 자연 그 자체라고 생각하였다.

따라서 생물의 주체적 지향은 현재에 적응하기 위해 미래를 예지하는 것이다. 그리하여 화이트헤드는 이 새로운 유기체 철학을 한 걸음 더 진보시켜, 단순한 물질로부터 어떻게 자의식과 생명이 생겨났는지를 설명한다. 그는 태초에 정신이 있었다고 생각하고, 정신 그 자체가 자연과 다른 것이 아니라고 여겼다. 그리고 각기 그 안에 나타나는 생물은 각각 미래를 예기하고, 그것에 알맞게 행동함으로써 조금씩 자연계의 정신 전체에 반응할 수 있는 존재로 접근하고 있다는 것이다.

정신은 진화의 과정과 밀접한 관계가 있으며, 진화를 촉진시키는 것이 곧 정신이다. 화이트헤드 학파들은 생물 하나하나를 세계를 만들고 있는 정신 전체에서의 각기 작은 표출이라고 생각한다. 즉 각각의 생물들은 큰 패턴 속의 작은 패턴이다. 각 생물은 의식의 명령에 따라 조금이라도 더 가까이 예기할 수 있는 시간으로, 아니 시간의 한계를 넘어서 우주 전체를 구성하는 전 정신에 이르기까지 도달하려고 한다는 것이다. 화이트헤드의 이러한 사상은 이른바 산티아고 학파의 주도자인 마투라나와 바렐라에게서도 발견된다.

3) 자기복제, 박테리아, 공생

생명의 근본적 특성은 아무래도 자기복제에 있다. 후세에 자손을 통해 자신의 특성을 존속시킴으로써 간접적으로 자신의 영원성을 유지하려는 것이다. 그런데 바로 이러한 생명현상을 실현하는 기본요소가 세포이며, 이 세포 내에 유전자가 있고, 유전자는 단백질을 만들어낸다. 그러므로 생명현상은 결국 세포가 외부로부터 에너지를 흡수하여 자신이 필요로 하는 물질을 만들어내어, 자기도 살고 생명체도 살며, 자기복제를 통해 후손을 남기는 것이다.

마투라나와 바렐라는 그들의 공저 『인식의 나무』에서 생물의 자기복제에 대하여 다음과 같이 말하고 있다.

> 우리의 견해에 따르면, 생물을 특징짓는 것은 말 그대로 끊임없이 자기 자신을 만들어낸다는 데 있다. 이런 뜻에서 우리는 생물을 정의하는 조직을 '자기생산 조직(autopoietische Organisation)'이라 일컫고자 한다[그리스어로 'auto'는 '스스로'를, 'poetin'은 '만들다'를 뜻한다(마투라나, 바렐라, 1995: 52)].

여기서 우리는 잠시 생명의 자기제작 내지 복제의 기원이 미생물인 박테리아에 연유한다는 점을 인식하고 지나가야 한다. 지난 30여 년 동안 박테리아와 같은 미생물에 대한 폭넓은 연구는 진화의 세 가지 주요한 경로를 밝혀냈다. 첫 번째는 신다원주의 이론의 중심에 해당하는 유전자의 임의적인 돌연변이다. 유전자 돌연변이는 DNA의 자기복제 과정에서 일어나는 우연한 오류에 의해 발생한다. DNA의 이중나선의 두 가닥이 분리되어 서로가 서로의 주형(鑄型)으로 작용하면서 새로운 보완적인 사슬을 만들어낼 때 이러한 오류가 발생한다. 이러한 우연한 오류가 매 세대마다 수억 개의 세포당 1개 정도의 비율로 일어난다고 추정되어 왔지만, 그 돌연변이 덕분에 유용한 이체(異體)를 낳는다는 사실을 알게 되었다. 그러나 이 정도의 빈도는 생물형태의 엄청난 다양성의 진화를 설명하기에 충분치 못한 것이었다.

따라서 두 번째 진화의 경로는 박테리아의 생태를 알아내는 일이었다. 박테리아는 임의적인 돌연변이보다 훨씬 더 효율적인 진화적 창조성을 갖고 있었다. 그들은 놀라울 정도로 강력하고 효율적인 전 지구적 교환 연결망 속에서 자유롭게 다른 개체에게 유전적 특성을 전달하고 있었다. 마굴리스(L. Margulis)와 세이건(D. Sagan)은 박테리아가 유전물질의 서로 다른 비트들(bits)을 다른 개체로 빠르게 정기적으로 전달한다는 사실이 밝혀졌다(1986: 16)고 하였고, 캐나다의 박테리아 학자인 소니아(S. Sonea)는 엄밀하게 이야기하면 박테리아가 종으로 분류되어서는 안 된다고 주장하기도 했다. 그 이유는 박테리아의 여러 계통들이 유전적 특성을 공유할 가능성이 있으며, 일상적인 근거로도 유전물질의 15퍼센트를 교환하기 때문이라고 했다. 그는 "박테리아는 단세포 유기체가 아니다. 박테리아는 환경에 따라 다른 키메라에 속하는 … 불완전한 세포이다."라고 말한 바 있다. 다시 말하면 모든 박테리아는 생명의 단일한 축소판 그물이라는 것이다.

박테리아는 매우 빠른 속도로 분화하기 때문에 약 20분에 한 번 정도로 분화하는데, 이론상 하나의 개체에서 하루가 채 안 되는 시간 동안 수십 억 개에 달하는 박테리아 개체가 발생할 수 있다(앞의 책, 15). 20억 년 동안 박테리아는 끊임없이 지구의 표면과 대기를 변화시켰고, 그 과정에서 발효, 광합성, 질소고정, 호흡 그리고 빠른 운동을 위한 회전장치 등을 포함하는 생물들에게 없어서는 안 될 온갖 종류의 생물공학을 발명했다.

박테리아는 불과 몇 년 만에 환경적 변화에 적응할 수 있는 데 비해 그보다 큰 생물들은 진화적 적응에 수천 년이 걸린다. 따라서 미생물은 우리들이 현대문명의 가장 선진적인 업적이라고 간주하는 유전공학이나 전 지구적 통신 네트워크와 같은 기술이 박테리아의 행성 차원의 연결망에 의해, 무려 수십 억 년 동안 지상의 생물들을 조절하는 데 사용되어 왔다는 것이다. 한마디로 유기체들은 박테리아의 조정에 의해서 공생을 통해 새로운 구성물을 형성함으로써 진화를 계속해 왔다. 우리 인간의 창자 속에 살고 있는 대장균과 같은 작은 박테리아는 보다 큰 세포 속에서 살아가는 박테리아와 그 밖의 미생물들을 포함하는 장기간의 공생이 새로운 생물형태를 만들었고, 지금도 만들어내고 있다. 마굴리스는 공생을 통해 새로운 생물이 창조된다는 '공생기원설(Symbiogenesis)'을 주장하고 발전시켰다. 이 이론은 공생을 통해 새로운 생물형태가 창조되며, 모든 고등생물들이 진화해 온 가장 주된 경로는 경쟁이 아니라 공생과 협력이라고 본다(카프라, 1998: 304~305).

공생을 통한 진화의 가장 놀라운 증거는 전술한 이른바 미토콘드리아라 불리는, 진핵세포 내의 '발전소'에서 찾아볼 수 있다. 동물과 식물의 생명 유지에서 가장 중요한 역할을 하는 미토콘드리아는 세포의 호흡을 담당하는데, 세포의 나머지 부분들과는 달리 독자적인 유전물질을 가지고 있고, 세포의 복제와는 무관하게 스스로를 복제한다. 마굴리스는 미토콘드리아가 원래는 자유롭게 떠돌아다니던 박테리아였는데, 아득한 과거에 다른 미생물 속으로 침입해 들어가 그 속에서 항구적인 자리를 차지하게 된 것으로 추측했다. 마굴리스는 "이렇게 서로 합쳐진 생물들은 산소를 호흡하는 좀 더 복잡한 생물형태로 진화하게 되었다. 따라서 이것은 돌연변이보다 더 갑작스런 진화적 메커니즘이다. 그 메커니즘이란 항구적이 된 공생적 결연동맹이다(마굴리스, 세이건, 1986: 17)."라고 설명한다.

4) 생명과정과 정신

이 새로운 관점은 생물학자들에게 진화과정 속에서의 협동이 차지하는 결정적인 중요성을 인식하지 않을 수 없게 만들었다. 19세기 사회 다윈주의자들은 시인 테니슨(A. Tennyson, 1809~1892)이 말했듯이, 자연 속에서 경쟁을 '생존을 위한 필사적인 경쟁과 투쟁으로서 자연(nature, red in tooth and claw)'으로 보았다. 그러나 이제 우리는 모든 생명형태 속에서 진화의 중심적인 측면으로서 지속적인 협동과 상호의존을 인식하게 되었다. 마굴리스와 세이건의 말을 빌리면, 생명은 전투에 의해서가 아니라 연결망의 형성을 통해 지구를 장악했다(앞의 책, 15).

수십억 년에 걸친 생명의 진화적 전개과정은 엄청난 이야기이다. 모든 살아 있는 시스템들 속에 내재되어 있는 창조성에 의해 세 가지 주요한 경로, 즉 돌연변이, 유전자 교환 그리고 공생을 통해 추동(推動)되고, 지구의 생물군들은 자연선택을 통해 끊임없이 그 다양성을 증가시키는 형태로 확장되고 강화되었다(위의 책, 1986 참조).

그런데 생물시스템에 대해 새롭게 등장하는 이론에서 생명이라는 과정은 인지, 즉 앎의 과정과 동일시된다. 이것은 마음에 대한 혁신적인 새로운 개념을 함축하고 있다. 그 개념은 궁극적으로 마음과 물질 사이의 데카르트적인 구분을 극복할 수 있는 전망을 제시하고 있기 때문에, 이 새로운 이론은 가장 혁명적이고 놀라운 이론으로 인정되고 있다(카프라, 1998: 228).

생물시스템 이론에 따르면, 마음은 물질이 아니라 생명의 과정 그 자체이다. 다시 말하면, 모든 수준의 생명에서 나타나는 생물, 동물, 인간-그 환경 사이에서 일어나는 상호작용은 인지적 또는 정신적 상호작용이다. 따라서 생명과 인지는 떼려야 뗄 수 없이 밀접하게 연결되어 있다. 마음은, 즉 정신적 과정은 생명의 모든 수준의 물질 속에 내재하고 있다는 것이다. 마투라나는 "생물시스템은 곧 인지시스템이며, 과정으로서의 살아 있음(living)은 곧 인지과정"이라고 했는가 하면, 바렐라는 "마음과 세계는 함께 발생한다."라고 말하고 있다(앞의 책, 350~354). 이것은 불교의 색심불이(色心不二)의 사상과도 일치하는 말이다.

5) 불교의 화엄사상과 생명체의 전능성

『화엄경』은 다음과 같이 설하고 있다.

> 불자여, 삼천대천세계만 한 분량의 경(經)들이 있고 그 경들 속에 삼천대천세계가 전부 완전하게 쓰여 있다. … 그 많은 경들이 아주 작은 하나의 먼지 속에 들어 있다. 그리고 이 작은 먼지 속에 그 경들이 들어 있는 것과 마찬가지로 다른 모든 작은 먼지들 속에도 그 양만큼의 경들이 들어 있다. … 이와 같이 오오 불자여, 여래의 지혜는 무량의 지혜요, 무애(無碍)의 지혜로서 구족하게 모든 중생의 몸에 다 들어 있다(대정신수대장경 제9권, 624).

오늘날 반도체 과학은 하나의 칩 속에 대백과사전의 모든 정보를 삽입할 수 있다. 그러나 『화엄경』에서 말하는 하나의 먼지 알 속에 전 우주만 한 책의 정보가 다 들어 있다는 주장은 현대의 정보이론을 초월하는 것이다. 하나의 물질입자도 그것이 단순히 물질이 아니라, 우주만 한 책 즉 대경권(大經卷)의 정보가 모두 삽입되는 정보체이면서 정신체이고, 일체 중생이 곧 여래(如來)의 성품을 갖고 있다는 것을 『화엄경』은 설하고 있다. 『화엄경』은 또 다음과 같이 설명한다.

무엇이 그 열 가지인가 하면 이른바 세계가 한 터럭(一毛) 속에 들어가고 한 터럭이 일체의 세계에 들어가며, 일체 중생의 몸이 한 몸에 들어가고 한 몸이 일체 중생의 몸에 들어가며, … 일체 부처님 법이 한 법에 들어가고 한 법이 일체 부처님 법에 들어가며, 말할 수 없는 여러 처소가 한 처소에 들어가고 한 처소가 말할 수 없는 여러 처소에 들어가며, 일체 생각이 한 생각에 들어가고 한 생각이 일체 생각에 들어가며, … 일체 음성이 한 음성에 들어가고 한 음성이 일체 음성에 들어가며, 일체 삼세(三世)가 일세(一世)에 들어가고 일세가 일체 삼세에 들어가나니, 이것이 열 가지이니라(앞의 책, 625).

공간적으로나 시간적으로나 정신적으로나 일체의 존재, 일체의 사건이 상대적으로 상호 극소화 내지 극대화 과정에서 중중무진(重重無盡) 사사무애(事事無碍)함을 나타내고 있다. 우주에 편재하는 불신과 여래의 지혜가 중생신(衆生身)인 소우주 속에 대우주로서의 법계신(法界身)의 지평이 열림으로써 중생심(衆生心) 속에 무한대의 대우주가 자각된다. 말하자면 법계신의 무한대로부터 축소가 동시에 중생심의 무한소로부터 확대와 조응함으로써 대우주 즉 소우주, 소우주 즉 대우주를 깨닫게 한다.

탄허(呑虛) 스님은 『신화엄경합론(新華嚴經合論)』에서 "심광(心光)이 불광(佛光)과 같으므로 그 마음을 개각(開覺)하여 법계를 원조(圓照)할 수 있으며, 그 빛이 동방삼십삼천대천세계(東方三十三千大千世界)에 이르고 백삼천대천세계(百三千大千世界)를 비추며, 이같이 시방십중(十方十重)을 배배(培培)로 주회(周廻)하여 시방(十方)을 원조하면, 심신일성(心身一性)이 무애편주(無礙偏周)하여 불경계(佛境界)와 같다(김탄허, 1975: 1)."고 하여 심신일성의 무애함과 심광과 불광이 같다는 것을 설하고 있다.

이러한 불교의 연기(緣起)를 표현해 주는 사상은 고빈다(L. A. Govinda)
도 잘 표현하고 있다.

> 외적 세계와 그의 내적 세계는 동일한 직물의 양면이다. 거기에서 모
> 든 힘과 모든 사물의 실들이, 그리고 모든 힘과 모든 사람의 실들이,
> 그리고 의식의 형식과 그것들의 대상의 실들이 서로 연관되어 분리할
> 수 없는 하나의 끝없는 그물로 짜이고 있다(L. A. Govinda, 1973: 93).

카프라(F. Capra)는 『화엄경』의 전술한 내용을 알기 쉽게 다음과 같이
표현하고 있다.

> 인드라 하늘에는 진주 그물이 있고, 그 그물은 잘 정돈되어 있어 만
> 일 사람이 어떤 하나의 진주를 주시한다면 그것 속에 다른 모든 것이
> 반영되어 있는 것을 볼 것이다. 이와 같이 이 세계 내의 각각의 대상
> 들은 단지 그것 자체로서가 아니라 다른 모든 대상들을 서로서로 포
> 함한다. 그러므로 사실상 각각의 대상은 서로 다른 대상이 된다. 한
> 티끌의 먼지 입자에도 무수한 많은 붓다들이 존재한다(F. Capra, 1974).

그리고 그는 이 구절을 인용하고 난 뒤 다음과 같은 감탄의 말을 표
현하고 있다.

> 구두끈이론(Bootstrap)과 유사한 이러한 이미지는 참으로 놀랄 만하
> 다. 인드라 하늘에 있는 진주 그물의 비유는 소립자 물리학이 나오기
> 2,500년 전에 인간의 마음을 탐구함으로써 창조된 최초의 구두끈이
> 론 모형이라고 부를 수 있다(앞의 글).

우리는 여기서 현대생물학의 생명관과 불교의 생명관의 유사성을 이해하면서 불교의 생명관은 과학자들이 보는 생명관보다 한층 더 심층적으로 들어가 종교적 구제의 세계가 열려 있다는 점을 통찰해야 한다.

4. 불교의 생명관

1) 생명의 세 요소

불교의 『대집경(大集經)』에는 "정혈(精血) 두 방울이 합쳐져 한 방울을 이룬다. 그 크기는 콩알과 같으며 칼랄라(kalala, 歌羅羅)라고 부른다(대정신수대장경 13권)."는 말이 있다. 이는 아버지의 정자와 어머니의 난자가 합하여 하나가 되고 그 크기는 콩알만하며 칼랄라라고 부른다는 뜻이다. 그런데 『구사론(俱舍論)』에 의하면, 칼랄라는 세 개의 구성요소, 즉 명(命)·식(識)·난(煖)으로 이루어진다. 여기서 명(命)이란 수명(壽命), 풍도(風道), 입출식(入出息)이라고도 한다. 식(識)은 의식 즉 정신적인 것을 의미하고, 난(煖)은 열과 체온을 의미한다. 여기서 이 세 요소가 하나로 된 것이 생명체이고 살아 있는 것이며, 그 셋이 흩어진 상태가 죽음이다. 말하자면 세 요소가 합체한 것이 생명이고, 이 통합체를 업숙체(業熟體, karmavipaka)라고 하는데, 그 세 요소가 흩어지면 죽은 상태가 되는 것이다.

본래 설일체유부(說一切有部) 학파에서는 유정(有情)의 생명력을 하나의 실체로 보고 그것을 명근(命根, jivitaindriya)이라고 하였다. 이 명근의 본체가 수(壽, āyus)이고, 실제로 수(壽)는 곧 명(命, jivita)이며, 그 수명이 난(煖, ūṣman)인 체온과 식(識, vijñana)인 의식을 지탱해 나가면서 생명을 유지한다고 보았다.

그러나 유식론(唯識論)에서는 이른바 제8식인 아뢰야식(阿賴耶識, alayavijñāna)을 이숙식(異熟識), 종자식(種子識), 아타나식(阿陀那識)이라고도 하며 생명의 집착력으로 설명되고 있다. 말하자면 아뢰야식은 인간의 인격성을 형성 유지하는 것이기도 하지만 생존을 유지하는 생명 자체이기도 하다. 그러므로 인간 생명이 존재하는 상태란 아뢰야식이 신체를 집수(執受)하고 있는 상태이며, 죽음이란 결국 아뢰야식이 신체를 집수하지 않게 된 상태를 의미한다(『성유식론(成唯識論)』 참조).

2) 사대(四大)와 오온(五蘊)의 가화합

불교의 우주론과 생명론은 지·수·화·풍의 사대종(四大種)으로 설명되기도 한다. 예를 들어 『구사론』에서는 이 사대종의 업용(작용)과 자성(성질)으로 생명현상을 설명한다.

> 이 4대종은 능히 어떤 업을 형성하는가? 이 순서와 같이 능히 지(持)·섭(攝)·숙(孰)·장(長)의 일을 형성한다. … 자성(自性)은 무엇인가? 그 순서와 같이 견(堅)·습(濕)·환(煥)·동(動)을 가지고 성(性)이라 한다 (櫻部建, 1969: 328).

위에서 지·수·화·풍의 사대의 순서대로 그 작용은 소지·섭취·성숙·증장을 나타내는 것이고, 한편 사대의 성질로는 딱딱하고·습하고·뜨겁고·움직임을 나타내는 것이다(대정신수대장경 제29권, 『구사론』 권1). 이것은 현실적인 가시적 물질 차원의 존재를 표현하는 것이다. 이것을 사대가화합(四大假和合)이라 하며, 여기에다 색·수·상·행·식의 오온가화합(五蘊假和合)을 첨가하여 인간 존재를 설명한다. 그러나 이것들에 대하여 사대 그 자체의 근원인 불가시적 공대를 상정하지 않으면 안 된다. 앞의 사대를 원자나 소립자라 한다면 뒤의 공대는 에너지의 장과 같은 것이다.

인간의 생리현상이 사대에 의하여 형성되어 있다는 것은 『대방광원각수다라요의경(大方廣圓覺修多羅了義經)』과 『수행도지경(修行道地經)』에 잘 나타나 있다.

> 나의 몸은 사대(四大)가 화합한 것이다. 이른바 머리칼, 손톱, 이빨, 피부, 근육, 골수, 뇌, 더러운 것들은 흙으로 돌아가고, 침, 눈물, 피, 진액, 땀, 정기, 대소변 등은 모두 물로 돌아가고, 온기는 불로 돌아가고, 움직임과 운동은 바람으로 돌아가, 사대가 흩어지면 이 몸은 없어진다. 곧 이 몸은 필경 실체가 없으며 가화합한 상(相)으로서 환화(幻花)와 같은 것임을 알아야 한다(대정신수대장경 제17권, 914).

> 비유적으로 말하면 지대(地大)는 외적으로는 산석와력(山石瓦礫)이 되고 내적으로는 발모조치(髮毛爪齒)가 되는 것이고, 수대(水大)는 외적으로는 하해(河海)가 되고 내적으로는 혈액 체액이 되며, 화대(火大)는 외적으로는 화산이 되고 내적으로는 발열 소화작용이 되고, 풍대(風大)는 외적으로는 공기의 유동을 일으키고 내적으로는 근내운동(筋內運動) 즉 신진대사의 운동을 한다는 것이다(대정신수대장경 제26권, 502~503).

과학적으로 말하면 우주에너지로서의 사대(四大)는 한편으로는 자연현상으로 나타나고, 한편으로는 인간을 포함한 모든 유기체를 현현한다. 오온가화합(五蘊假和合) 역시 색(色)의 신체적 세계와 수(受)·상(想)·행(行)·식(識)의 정신적 작용을 설명하고 있다. 오온(五蘊), 십이처(十二處), 십팔계(十八界)가 모두 가화합(假和合)으로 설명되고 있다.

단지 정신작용으로 수(受)는 감수작용을, 상(想)은 상상작용을, 행(行)은 의지작용을, 식(識)은 요해(了解)작용으로 이해될 수 있으나, 식온(識蘊)은 넓은 의미에 있어서 심왕으로서의 마음의 주체를 의미한다는 점을 깊이 인식해야 한다. 전술한 바와 같이 유식론에서는 식(識)은 표면의식인 제6식으로부터 제7식인 마나식을 거쳐 제8식인 아뢰야식까지 내려가 생명의 근원류에까지 심화되는 것이다.

여기서 마나식이나 아뢰야식은 현대의 심층심리학의 영역에 속하는 것으로, 사대로서의 우주에너지가 물질과 유기체를 형성하면서 동시에 동일한 에너지가 정신작용을 현현한다는 것에 주목해야 한다. 아뢰야식은 우주에너지의 개체적 근원의 당체이며, 여기에 잠재적으로 내장되어 있는 심신의 에너지가 환경인 자연과의 상관관계에서 생기하고 현재화하여 오온가화합의 중생의 활동을 일으킨다고 볼 수 있다.

『성유식론』에 의하면, 아뢰야식은 개체적 생명의 근원류이면서 우주생명 그 자체와 일체불이(一切不二)의 관계에 있는 것으로 설명된다(대정신수대장경 제31권).

3) 사유(四有)와 중유(中有)

불교에서 윤회전생설을 적극적으로 받아들이지는 않지만 이러한 사상은 여러 경전 속에 나타나 있다. 불교에 있어서 사후의 생에 관한 논설은 주로 『구사론』과 『대비바사론(大毘婆沙論)』에서 다루어지고 있다. 생사 윤회과정을 사유(四有), 즉 생유(生有), 본유(本有), 사유(死有), 중유(中

有)로 나눈다. 『구사론』에서는 사유(死有)에서 생유(生有)까지의 중유(中有)를, 아함부의 여러 경전에 나타나 있는 설을 정리하여 구문분별(九門分別)로써 사후의 생을 해명하고 있다. 그것을 요약적으로 살펴보면 다음과 같다(대정신수대장경 제41권, 869a29~869c25).

(1) **안경문(眼境門):** 사후의 인간의 신체는 살아 있는 인간의 육안으로는 볼 수 없다. 그만큼 미세한 육체로 간주되고 있다.

(2) **행속문(行速門):** 사후의 인간은 허공을 자유자재로 돌아다니며 누구도 붙잡을 수가 없다.

(3) **구근문(具根門):** 사후의 인간의 신체에는 눈·귀·코·혀·몸의 다섯 가지가 구비되어 있다.

(4) **무애문(無礙門):** 사후의 인간은 아무리 단단한 물질 속이라도 자유자재로 통과할 수 있다.

(5) **불가전문(不可轉門):** 사후의 인간은 생존의 업(행위)에 의하여 다음의 탄생을 이루게 될 과보가 결정된다. 그 결정을 죽은 뒤에 변경할 수는 없다.

(6) **소식문(所食門):** 사후의 인간은 향기를 맡는다. 선과 악의 업에 의하여 좋은 향과 나쁜 향으로 나누어진다.

(7) **주시문(住時門):** 죽음에서 재생에로 소생하기까지의 시간은 일정하지 않다. 각각의 업에 달려 있기 때문이다.

(8) **결생문(結生門):** 죽은 뒤에 인간이 다시 태어날 때에는 전생의 업에 알맞은 곳이 있으면 아무리 멀리 떨어져 있어도 즉시 그곳에 이르러 수태하게 된다.

(9) **행상문(行狀門):** 죽은 후에 인간은 살아 있을 때와 마찬가지로 머리를 위로 하고 다리를 아래로 하고 걷는다.

이상의 아홉 가지 항목에 걸친 중유신(中有身)에 관한 설명은 일종의 공상소설과 같은 얘기로 들릴 수 있다. 그러나 우리는 『구사론』에 기록되어 있는 이러한 진의가 어디에 있는가를 자세히 살펴보면 그것의 보다 깊은 뜻을 이해할 수 있다.

불교에서는 정자와 난자가 결합하여 임신이 되는 순간을 생유(生有)라고 하고, 죽음의 한 찰나를 사유(死有)라고 한다. 생유에서 사유에 이르기까지의 사이를 본유(本有)라 하고, 사유로부터 생유까지의 기간을 중유(中有)라고 한다. 즉 중유란 사람이 죽은 후로부터 다시 재생할 때까지의 생명을 일컫는다. 불교에서는 이것을 바로 중유신(中有身)이라고 한다.

『구사론』의 결생문(結生門)에서 중유신이 자기의 업에 알맞은 곳이 있으면 즉시 이것을 알아채고 한순간에 수태를 한다고 하였는데, 임신의 주체는 중유이며, 여성의 난자와 남성의 정자의 교합은 생명이 잉태되는 세 가지의 조건이라고 할 수 있다. 그러나 어떠한 생명상태로서 재생할 것인가 하는 결정인은 전생의 업이요, 그 업의 발현을 돕는 조건으로서 정자, 난자, 수태작용이 관계된다고 볼 수 있다. 이러한 불교의 출산에 관한 설명은 불임의 원인을 설명하기도 하는데, 그 첫째는 여성의 성기의 질환이요, 둘째는 종자의 이상을 말하는 것으로 정자와 난자가 잘못된 것을 의미하며, 셋째는 숙명적인 업으로 부모 중의 한쪽 또는 양쪽에 어린아이를 탄생할 업이 없는 경우 등을 들고 있다. 그리고 양친과 태아의 업이 서로 잘 협의될 때에 비로소 수태가 가능한 것이다.

『구사론』에서 중유신(中有身)은 윤회전생의 주체로서 다루어지고 있으며, 특히 중유신으로서 생명은 미세한 육체를 구비하고 있다고 기술하고 있다. 우리의 육안으로는 볼 수 없지만, 불교에서 말하는 천안통(天眼通)으로 보면 눈, 코, 귀, 혀, 몸의 오근(五根)이 구비되어 있는 것을 알 수 있다고 한다. 현대의 초심리학자들 중에서도 죽은 후에 생명은 육체를 구비하고 있다고 주장하는 사람이 있다. 지구상의 물질과는 전혀 다른, 말하자면 반물질과 같은 것으로서 죽은 뒤의 생명을 구성하고 있다고 말한다. 이것은 중유신과 유사한 사고방식이다.

그러나 불교의 사생관은 미세한 육체라고 하는 중유신(中有身)을 넘어 유식학파에서 말하는 8식설에 기초한 생사관으로 발전한다. 유식학파에 있어서는 중유설은 식(識)으로 변화한다. 식(識)에는 앞에서 말한 바와 같이 전5식과 제6식인 의식, 제7식인 마나식, 제8식인 아뢰야식 등이 있다.

이 중에 전5식과 제6식은 경우에 따라서 단절되기 때문에 불항행식(不恒行識)이라고도 부른다. 우리가 살아 있는 동안에도 깊이 잠들면 앞에서 말한 시각·청각·후각·미각·촉각·의식 등은 그 작용이 단절된다. 그러나 우리가 깨어나면 다시 그 여섯 가지의 표면의식이 작용한다. 기타 까무러치거나 마취를 당했을 때에도 앞의 여섯 가지의 표면의식은 정지된다. 우리가 잠자는 동안에 제6식이 단절되었을 때도 죽지 않고 살아 있는 것은 무의식적인 욕구, 즉 마나식이나 더 나아가 아뢰야식이 작용하기 때문이다. 말하자면 잠재의식인 아뢰야식을 무시이래로 먼 과거로부터 흘러오는 어떤 생명의 원천으로 보려는 입장이다.

4) 무아와 공

붓다는 이 세상을 공(空)으로 보라고 설하고, 해탈한 사람은 생명이 있다거나 생명이 없다는 등의 어떠한 명제에도 걸림이 없다고 하였다. 근원적인 진정한 생명은 일시로 가화합된 생사가 있는 생명이 아니라 그것이 공이라는 것을 깨달을 때 성취된다는 것이다.

고대 그리스의 알렉산더대왕(B.C.356~323)이 인도를 침공한 바 있다.

그곳 식민지의 왕이었던 밀린다(Milinda, B.C.2세기 후반)와 스님이었던 나가세나(Nāgasena, B.C.150경)의 문답집인 『밀린다왕문경(*Milinda Pañha*)』이 있다. 대화의 내용은 나가세나 스님이 불교의 무아와 생명을 설명하는 방식으로 되어 있는데, 스님이 생명은 밀납으로 된 초의 불꽃과 같다는 예를 들어 "이 불꽃은 한 시간 전의 불꽃과 같은 것입니까?"라고 왕에게 묻는다. 왕은 "아니오."라고 대답한다. 스님은 "그렇다면 그와는 다른 불꽃입니까?"라고 묻는다. 왕은 역시 "아니오."라고 대답한다. 같은 것도 아니고 다른 것도 아니라는 것이다. 사실 이 말은 같은 것이기도 하고 다른 것이기도 하다는 말이 함축되어 있다. 이것은 인도 산스크리트어 *neti neti*(이것도 아니고, 저것도 아니다)의 논리구조로서 배중률과 모순율을 동시에 조소(嘲笑)하는 것이다.

여기서 나가세나 스님이 왕에게 알리고자 하는 정보는, 당신은 지금의 당신이나 한 시간 전의 당신을 동일한 자기라고 생각하고 있지만 그것은 오류이며, 그 둘은 각각 동일 실체가 아니며 동시에 별개의 실체도 아니라는 것이다.

불교에서 무아(無我)라는 말은 산스크리트어로 안아트만(anātman)의 번역어이며, 아(我) 즉 아트만(ātman)의 반대어가 되지만 그것은 동일한 사건의 대응성을 나타내고 있다. 생명은 숨 쉬고 호흡하는 것과 뗄 수 없는 관계에 있는데, 산스크리트어의 'atman(호흡하다)'은 숨과 생명을 나타내는 말이다. 영어의 'animal(동물)', 독일어의 'atmen(호흡하다)', 프랑스어의 'âme(영혼)' 등은 모두 호흡, 생명, 영혼 등의 의미를 지닌 라틴어 '아니마(anima)'에서 유래한다. 그리고 『주역(周易)』의 음양(陰陽)도 호흡의 내쉬고 들이쉬는 양면성에서 이해된다.

그러나 인도의 베다(Veda)철학과 바가바드기타(*Bhagavad Gītā*)에는 이보다 훨씬 깊이 들어가 본래의 진정한 생명을 다음과 같이 설명하고 있다.

태초에 유(有, *sat*)도 비유(非有, *asat*, 無)도 없었다. 사(死, *mritam*)도 비사(非死, *amritam*)도 없었다. 그 어떤 하나(*tad ekam*)가 바람(공기)도 없이 스스로 숨 쉬었다(원의범, 1996: 142).

태초에 숨 쉼으로써 생명은, 있는 것도 없는 것도 아닌 생유(生有) 자체였다는 말이다. 부리하드 아라냐카 우파니샤드(*Brihad-aranyaka Upanishad*)에는 다음과 같이 설하고 있다.

> 브라만은 허공(*ākāsa*)이다. 숨은 브라만이다. … 나의 숨(*prāna*)은 끊어지지 않는다. 그는 브라만으로 가기 때문이다. 욕망에 달린 숨은 끊어지면서 이 세계 저 세계로 옮기면서 들락날락 죽었다 살았다 해도 욕망을 떠난 태초의 숨, 즉 바람도 없이 숨 쉬는 그 어떤 하나의 숨은 영원히 끊어짐이 없이 언제나 그 하나다. … 그것은 몸이 죽음을 당해도 죽지 않는다는 것이다(위의 책, 144).

또 『숫타니파타(*Sutta Nipāta*)』에서 세존은 다음과 같이 설하고 있다.

> 세존(열반한 사람)께서 대답하셨다. 헤마카여, 이 세상에서 본 것, 들은 것, 사유한 것, 식별한 것들과 또 사랑하는 물건들에서 욕심과 탐착을 떠나버림이 열반이다. 이와 같이 알고 잊지 말고 항상 보고 듣고 생각된 이 세상의 모든 것을 완전히 떠나 열반한 사람들은 영원히 고요해진 사람들이다. 그들은 이 세상에서 걸림을 넘어선 사람들이다. 열반한 사람은 죽음에도 삶에도 걸림이 없다. 이 사람은 '생명이 있다', '생명이 없다', '생명은 ~(어떤 것)이 아니다'라는 등의 어떤 사유와 명제와 주장에도 걸림이 없다.

세존께서 대답하셨다. 모그하라자여, 언제나 잊지 말고 이 세상을 공 (空, suññata)이라고 보라. 내가 있다, 없다, 살았다, 죽는다 등의 여러 가지 생각을 떠나라. 이렇게 하면 죽음을 넘은 사람이 된다. … 이렇게 이 세상을 보는 사람은 죽지 않는다(앞의 책, 148).

여기서는 이 세상의 생사가 있는 생명과 영원한 생명을 극명하게 구분하여 설명하고 있다. 영원한 생명은 어떠한 언설도 초월한 종교적 체험의 세계를 표현하는 것이다. 요컨대 생명이란 숨 쉼에 뿌리를 두고 있으며 호흡에 의해 지속 유지되는 과정적 사건이라는 것이다. 그렇기 때문에 한 시간 전의 나도 실체가 아닌 과정적 사건이요, 지금의 나도 실체가 아닌 과정적 사건이라는 것이다. 이것을 불교의 원돈삼제(圓頓三諦)의 변증법으로 설명하면 생명이 단순한 객관적 실체가 아니라는 것을 쉽게 알 수 있다.

여기서 원돈(圓頓)이란 한마디로 직관지를 나타내는 말이다. 예를 들면 천태종의 원돈삼제의 비단계적인 변증법에 의하면, 공(空)·가(假)·중(中)의 세 개념의 상즉적(相卽的) 맥락을 통하여 직관지를 증득할 수 있다. 원돈(圓頓)의 돈(頓)이란 말의 특성은 비단계적이고 동시적인 인식으로서의 직관지를 가리킨다. 따라서 이것은 추리와는 반대로 직접 체험의 세계를 의미하는 것이다. 추리는 결국 시간을 요하므로 동시적인 인식은 성취되지 않는다. 천태종에서는 공가중(空假中)의 삼제(三諦)에 의해 생명의 현상을 논리정연하게 설명하고 있다.

우리는 『법화경』 십여시(十如是) 가운데 삼여시(三如是)를 원용하여 삼제를 다음과 같이 요약할 수 있다.

첫째의 여시상(如是相)이란 나의 몸의 색형(色形)에 나타난 상(相)을 말한다. 이것을 응신여래(應身如來) 또는 가제(假諦)라고 한다. 둘째의 여시성(如是性)이란 나의 심성(心性)을 말한다. 이것을 보신여래(報身如來) 또는 공제(空諦)라고 말한다. 셋째의 여시체(如是體)란 나의 이 신체(身體)를 말한다. 이것을 법신여래(法身如來) 또는 중제(中諦)라고 말한다 (「방편품」 참조).

위에서 가제(假諦)란 나의 몸의 색형(色形)으로 나타난 상(相) 즉 모습을 말하고, 공제(空諦)란 나의 심성 즉 지혜를 말하고, 중제(中諦)란 나의 이 생명체로서의 신체를 의미한다. 여기서 가제(假諦)의 가(假)란 모든 존재의 체(體), 모습, 형상은 임시로 가화합에 의해 나타난 것이므로 순간 순간 변화하고 있는 현상의 일시적 모습을 의미한다. 두 번째 공제(空諦)의 공(空)은 '나의 심성'을 말하는 것이므로 나의 성분이나 마음 혹은 정신작용을 나타내는 것인데, 예를 들면 마음의 상태가 즐겁다고 할 때 그 즐거운 마음의 작용은 실체로서 물체와 같이 붙잡을 수 있는 것이 아니다. 그러나 그렇다고 즐거운 마음의 작용을 없다고도 할 수 없다. 또한 분명한 것은 즐거운 마음의 상태와 분노한 마음의 상태가 다른 것을 우리는 알 수 있다. 그러므로 우리의 정신적 생명현상은 있다고도 없다고도 할 수 없는 그러면서 나타나는 심성, 곧 공(空)이라 한다. 세 번째 중제(中諦)는 '나의 신체' 즉 생명의 본체로서, 내가 세 살 때나 스무 살 때나 쉰 살 때나 그대로 지속하는 지속체를 말한다.

가제(假諦) 즉 시시각각 변화하는 외형상의 모습에서 보면 어제의 나와 오늘의 나가 분명히 다르고, 공제(空諦) 즉 마음의 작용에서 보면 마음은 외형의 형태가 없으므로 있다고 할 수 없으나 웃고 분노하는 작용 면에서 보면 분명히 있다고 보아야 한다. 또한 중제(中諦) 즉 생명의 지속체에서 보면 세 살 때의 나, 스무 살 때의 나, 쉰 살 때의 내가 동일한 나임에 틀림없으므로 본체로서 내가 있다고 보아야 한다. 따라서 이 가(假)·공(空)·중(中)의 삼제를 통합적으로 그리고 체험적으로 깨달으면, 있다 없다는 말을 초월한 진정한 무아의 나를 체험하게 된다.

그러므로 우리는 여기서 비로소 '제행무상, 제법무아, 열반적정'의 삼법인(三法印)을 깨닫게 된다. 그러나 우리는 여기서 무아(無我)에 대해서 좀 더 깊이 통찰해야 한다. 무아란 한마디로 내가 없다는 말이다. 내가 없다면 살 나도 죽을 나도 생각할 수 없다. 물론 여기서 내가 없다는 것은 실체로서의 고정불변의 내가 없다는 것이다. 공사상은 전술한 바와 같이 내가 살았다 죽었다는 등의 일체의 분별지와 집착을 떠난 경지를 의미한다.

용수(龍樹, Nagarjuna)는 『중론(中論)』 18장 6게에 계속에서 다음과 같이 말하고 있다.

> 공성(空性)에 들어가면 희론(戱論)이 소멸하네. 모든 부처님께서는 때로는 '아(我)'를 말씀하시고 때로는 '무아(無我)'를 말씀하시네. 모든 법의 실상(實相)에서 보면 '아(我)'도 없고 '무아(無我)'도 없네[入空戱論滅 諸佛或說我 或說於無我 諸法實相中 無我無非我]「관법품」.

여기서 무아(無我)는 곧 공(空)을 의미하는데, 무아가 없다는 것은 무아나 공을 또 실체적인 것으로 받아들이면 결국 또 아집에 빠지는 것이므로, 공(空) 속에는 무한한 부정성을 함축하고 있다.

원시경전에 의하면 오온이 무상하다는 것을 다음과 같이 설하고 있다.

> 색(수상행식)은 무상하다. 모든 무상한 것은 고(苦, dukkha)다. 고(苦)는 무아(無我)이다. 무아인 것은 나의 것(mama)이 아니다. 나(aham)는 그

것이 아니다. 그것은 나의 아(我, me-attā)가 아니다. 이와 같이 있는 그대로 바른 지혜를 갖고 관찰해야 한다(中村元, 1970: 153).

위의 교설에서 나(aham)와 아(我, attan)가 구분되어 있는데, 아(我, attan/atman)는 나의 심연에 있는 실체로서의 자아를 의미하는 것이다. 물론 이것은 미망에 의한 가상이다. 오온이 무상하다는 것은, 우리가 경험하는 일체의 것이 오온에 의해 성립하는 것이며, 따라서 오온에 의해 일어난 일체의 존재는 변화하는 것이므로 무상하다는 것이다. 문제는 우리들의 일상적인 사고에서는 이러한 무상의 세계를 보지 못하고 자연의 세계와 나 자신을 실체화시켜 초시간적 존재로 고정화함으로써 아집과 미망에 빠지게 되는 것이다.

『잡아함경』 제10에는 "일체행무상(一切行無常), 일체법무아(一切法無我), 열반적멸(涅槃寂滅)"이라 하였고, 『대지도론』 제32에는 "일체유위법무상인(一切有爲法無常印), 일체법무아인(一切法無我印), 열반적멸인(涅槃寂滅印)"으로 되어 있으며, 『구사론』 「광기(光記)」 제1에는 "제행무상(諸行無常), 제법무아(諸法無我), 열반적정(涅槃寂靜)"으로 명기되어 있다. 앞에서 유위법(有爲法)의 유위(有爲)는 산스크리트어 'samskrta'로서 조작이라는 뜻이 있으며, 인연으로 인하여 조작되는 모든 현상들을 의미한다. 제행(諸行)의 행(行, samskārāh)도 같은 뜻을 가지고 있다. 하지만 오온의 색·수·상·행·식에 있어서의 행(行)은 인간의 모든 행동능력과 활동작용 전체를 포함하는 말이다.

우리가 평상적으로 '나'라고 생각하는 아트만으로서의 자아는 실체이면서 동시에 주체를 나타내는 것인데, 이것이 바로 범부의 미망에 의한 아집이라는 것이다. 따라서 이러한 편견과 아집을 떠나 중도의 진리를 깨달음으로써 인무아(人無我) 법무아(法無我)의 경지에 이르게 된다는 것이 불교의 근본정신이다. 다시 말해서 색·수·상·행·식의 오온이 무상하고 무아라는 것을 깨달음으로써 제행무상, 제법무아, 열반적정의 경지에 이르게 된다.

이상에서 보았을 때, 불교의 생명관은 한마디로 우리의 일상적인 생사의 상대적인 생명관을 초월한 무아의 깨달음을 통해서 불생불멸의 생명을 얻게 된다는 것이다. 우리가 비록 오늘날 생명과학에서 생명복제를 한다 해도 그것 역시 무상과 무아를 깨닫지 못하는 행위에 불과하다. 중요한 것은 근본적으로 깨달음과 의식의 문제이다.

5. 맺는말

우리는 과학의 생명관과 불교의 생명관이 일부에서는 차이를 보이고 있지만, 심층적인 측면에서는 상당히 유사성이 있다는 것을 부정할 수 없다. 과학의 생명관에서 본 바와 같이, 하나의 생명체는 단순한 개체적 존재가 아니라 서로 다른 박테리아들과 세포가 잡종으로 결합된 군체이다. 그것이 또한 자기 주위환경에서 에너지를 취하며 생존을 영위하고 있기 때문에 하나의 생명체 자체가 이미 연기(緣起)의 존재이다. 자연의 세계는 그 전체가 하나의 생태계로서 공생의 체계이며, 외면상의 개체들도 역시 공생의 체계로서 자연의 생태계와 연결되어 있다. 이런 점에서 본다면 현대과학의 공생의 체계와 불교의 연기 내지 무아사상은 상호 연결이 가능하며, 또한 과학의 생명관이 불교의 생명관에 접근해 오고 있다고도 말할 수 있을 것이다.

『가이아』의 저자 러브록은 생물들이 지구의 대기권 조성을 비롯해서 해양, 대륙, 암석 등의 무생물적 환경에 어떤 영향을 미쳤는지를 범지구적인 차원에서 검토하고, 지구의 환경이 생물에 적합한 방향으로 조절되어 왔음을 다음과 같이 주장한다.

> 생물계와 물리적 환경은 긴밀한 상호관계를 가지며 두 체계 간의 상호작용이 보완적으로 이루어져 무생물계는 항상성을 유지한다. 그리고 생물계는 무생물계에 능동적으로 작용한 결과일 뿐만 아니라, 생물계에 최대로 적합한 환경을 가지도록 하는 목적에서 이루어졌다(러브록, 1990).

생물계가 능동적으로 목적을 가지고 물리적 환경을 변화시켜 왔다는 것은 지구가 자기조절(self-regulating) 시스템이고, 따라서 이는 지구가 살아 있다는 증거라는 것이다. 마굴리스는 가이아가 살아 있다는 것을 '자기생성체(Autopoiesis)'라는 용어로 표현하였다.

생물이 지구환경을 변화시키는 원동력으로 작용한다는 러브록의 주장은 지난 40억 년의 지구 역사를 해석하는 데 있어서 생물은 생물대로, 무생물은 무생물대로 별개의 존재로 취급하는 환원주의적 사고에 종말을 고한다. 지구가 살아 있다는 가설은 지금까지 과학에서 알려진 '살아 있음'이 가지는 속성과 비교해 볼 때, 사이버네틱스 속성 이외에 다른 차이도 있음을 알 수 있다. 그러나 러브록은 생명에 대한 정의 자체를 다시 내려야 한다고 함으로써 가이아의 관점을 관철하고자 하였다.

생명에 대한 정의는 분야에 따라 다를 수 있다. 물리학자들은 생명을 엔트로피를 감소시키는 특성을 가진 것으로 해석하였으며, 생화학자들은 유전자의 지시에 의해 자유에너지를 신진대사를 위해 사용한다고 하였고, 생물학자들은 신진대사, 자극에 대한 반응, 생식, 진화의 성격을 갖는 것으로 규정하고 있다. 러브록은 생명의 정의를 다시 내린 바, "지구생리학이라는 관점에서 볼 때, 외부와 교환을 하면서 외부조건의 변화에도 불구하고 내부 조건을 일정하게 유지하는 성질을 가진 실체"라고 하였다. 지금 가이아 이론의 지지자들이나 생태학자들은 생명에 대한 정의가 전체론의 방향으로 바뀌어야 한다고 생각하고 있다.

독일의 과학철학자인 바이츠제커(C. F. von Weizsäcker)는 물리학자가 원자와 같은 미시세계로 들어가게 되면, 거시적인 현실의 세계는 암흑 속으로 사라진다고 하였다. 지금까지 전문적 과학자들은 너무나 전문적인 좁은 영역의 세계 속에 갇혀 살아왔다. 사실 이것은 일반 대중의 경우도 마찬가지이다. 이제 일부 과학자들은 이 광대한 우주를 전체적으로 내다보아야 한다는 큰 지혜의 눈을 뜨게 되었다.

불교에서는 생명이 지·수·화·풍의 4대종(四大種)에 의해 형성되며, 일체중생은 우주 전체를 함축하고 있다고 본다. 불교의 연기(緣起)사상 자체가 무생물과 생물의 경계를 넘어서 있는 개념인 만큼, 우주 자체야말로 불생불멸의 연기와 무아의 당체이다. 현대야말로 사람들로 하여금 광대한 세계관, 인생관을 가져야 할 때이다. 생명구조에 있어서 박테리아와 인간이 하나의 공생체계임을 보았듯이, 미시적 세계와 거시적 세계는 화엄사상이 제시하는 것처럼 서로 연결되어 있는 사사무애(事事無礙)의 세계이다.

현대의 첨단과학인 생명과학이 불교의 연기사상의 전령 역할을 할 수 있다는 기대에서 불교의 광대한 우주관과 생명관을 재조명해야 할 것이다. 물론 거기에는 전 인류의 구제와 중생제도라고 하는 원대한 종교적 목적을 실현해야 한다는 전제조건에서 말이다.

2강
생명과학기술과 생명윤리[38]

1. 인간 생명의 비밀은 풀릴 것인가

보통 유전체(genome)는 생명의 비밀이 들어 있는 생명체의 청사진이라 한다. 인간 생명의 비밀을 풀기 위해 '생명의 책'을 해독하는 거대한 작업이 진행되었다. 이른바 인간유전체프로젝트(Human Genome Project)이다. 인간 유전체의 정보량은 1,000쪽짜리 백과사전 200권에 비유될 정도로 방대해서 프로젝트가 제안된 지 18년 만인 2003년에 완료됐다. 인간 유전체 지도가 완성되면 알츠하이머병 등 치명적인 질병과 암, 심장병 같은 유전성 질환의 원인 규명과 치료에 획기적인 발전을 가져다줄 것으로 전망된다.

1996년 영국 로슬린 연구소에서 윌머트(I. Wilmut) 박사팀이 체세포를 이용하여 암양을 복제하는 데 성공한 이래, 우리나라를 비롯하여 여러 나라에서 소, 원숭이, 돼지 등 각종 동물을 복제하는 데 성공을 거두고 있다. 그런데 문제는 동물복제가 실제로 현실화되었다는 것은 머지않은 장래에 인간복제가 실현되지 않겠느냐 하는 것이다. 물론 현재

38_ 「인간게놈과 생명윤리」(『과학사상』 36호, 2001 봄, 2~32)를 다듬었다.

로서는 미국 국가생명윤리자문위원회 및 종교단체와 환경단체 등의 반대로 인간복제 연구가 쉽지 않겠지만, 2000년 8월 영국 정부는 질병치료를 목적으로 한 인간배아 복제를 세계에서 최초로 허용한다는 발표를 한 바 있다. 보도에 따르면, 영국 정부는 최고 의료 책임자인 도널드슨(L. J. Donaldson) 박사가 제출한 '초기 단계 배아의 줄기세포 복제 허용 권고 보고서'를 최근 영국 의회가 승인, 인간배아 복제에 관한 법률을 개정해 과학자들이 초기 단계의 배아로부터 세포를 추출해 줄기세포를 이용하여 피부와 다른 조직들을 배양할 수 있게 되었다.

여기서 초기 단계 배아(pre-embryo)란 정자와 난자가 만나 형성된 수정란이 세포분열을 시작해 원시선이 형성되기 이전인 14일 이전의 세포 덩어리를 의미하는데, 일부 생명과학자들은 이것을 생명체로 보지 않는다. 이에 반해서 종교계에서는 수정된 순간부터 생명체로 간주하는 데에서 생명윤리 논쟁이 있게 된다. 하지만 생명공학자들은 인간 유전체 지도 완성을 계기로 인간의 생로병사의 원인을 밝혀내어 생명의 연장은 물론 난치병들을 치료할 수 있는 기술을 갖게 될 것으로 기대하고 있다. 그들은 혁명적인 새 시대를 예고하고 있다.

인간유전체에 대한 해독은 생각보다 빨리 이루어졌으며, 그 결과 질병치료는 물론 인간의 성격, 지(知)·정(情)·의(意)의 의식능력, 심지어 신경세포와 정신세계와의 상호작용까지도 알아낼 것을 기대하는 이들이 있다. 각 개인의 결핍 유전자는 물론 유전병 유전자까지 밝혀낼 수 있다는 것이다.

오늘날 많은 사람이 암, 에이즈, 당뇨병, 고혈압, 치매 등 극한적인 고통을 안겨주는 질병들로부터 시달리고 있는데, 오늘의 유전체 정보 해독이 이러한 난치병들의 문제를 해결해 줄 수 있는 길을 열어주게 될 것이다. 그러나 유전체 정보를 사용할 수 있는 자유와 권리가 어디까지

가능한가 하는 것이 문제이다. 생명과학자들은 결국 단백질의 세계에까지 도전함으로써 생명의 비밀을 계속 풀어나가겠지만, 여기에는 학문방법론상, 종교적으로나 윤리적으로 여러 가지 난제들을 안고 있다. 이처럼 현대의 생명과학은 분명히 새로운 인간상, 새로운 가치관 내지 법적 장치들을 요구하고 있다.

2. 생명복제기술과 생명윤리의 문제

현대는 한마디로 고도의 첨단 과학기술의 시대이다. 일부 학자들은 현대를 지식정보화사회라고 부르지만, 그 배경에는 컴퓨터 공학기술이 함유되어 있다. 오늘날 생명공학도 컴퓨터에 힘입어 발전된 것이기 때문이다. 현대 생명공학은 동물 체세포도 개체로 될 수 있는 전능성(totipotency)이 있다는 것을 밝혀냈다. 생명공학기술을 빌리면 하나의 체세포도 수정란처럼 온전한 개체를 탄생시킬 수도 있다는 것이다.

체세포핵 치환기술을 이용한 배아복제(embryo cloning)와 배아줄기세포(embryonic stem cell) 연구가 이뤄지고 불임치료와 난치병 치료에 활용되고 있다. 배아줄기세포는 수정 후 5~6일된 배반포기 배아에서 내부 세포를 떼어내 시험관에서 배양한 세포로, 간, 심장, 근육 등 모든 조직으로 분화될 수 있는 세포이다. 국내에서도 인간 배아줄기세포 배양에 성공함으로써 줄기세포를 이용한 치료를 할 수 있게 되었다.

한편 2000년 8월 로마가톨릭 교황 요한 바오로 2세는 인간 배아세포를 복제하거나 파괴하는 모든 종류의 실험에 반대한다면서 과학자들에게 인간을 존중하라고 호소한 바 있다. 단지 그는 인체의 부분을 상업적으로 이용하지 않는다는 조건 아래 장기 이식수술과 기증은 적극 권장한다고 말했다. 그는 "인간 배아세포를 이용해 이식용 장기를 만들 수 있다 해도 생명을 복제하는 실험은 도덕적으로 용납할 수 없다."라고 말했다. 대신 그는 "과학자들은 장기를 만들 수 있는 줄기세포를 배아세포가 아닌 성체세포에서 얻으면 될 것"이라고 하였다.

복제기술에서 줄기세포의 중요성은 다음과 같이 요약될 수 있다. 생명과학자들에 따르면 사람의 몸은 여러 가지 조직으로 되어 있고, 그것들을 만드는 세포들은 40~50번 분열이 끝나면 더 이상 분열하지 않고 퇴화한다. 하지만 핵을 제거한 난자에 인간 체세포핵을 이식함으로써 정상적인 발생과정을 거치게 되고, 그로부터 줄기세포를 얻을 수 있다. 그렇게 얻어진 줄기세포들을 노화되거나 손상된 조직에 공급해 주면, 인간의 수명연장이나 노화방지에 획기적인 혁명이 일어날 수 있다. 장기가 손상되었을 때 거기에 새로운 줄기세포를 공급해 주면 손상된 장기가 복원된다. 그러나 인간 배아세포나 체세포 복제는 곧 인간복제의 출발점이 되기 때문에 윤리적으로나 종교적으로 용인되기 어려운 문제이다. 인간배아나 체세포 복제 문제는 사회적인 합의가 전제되어야만 실행될 수 있다.

생태윤리학자 요나스(H. Jonas)는 그의 『테크놀로지와 책임』에서 오늘의 기술과 관련하여 다음과 같이 말하고 있다.

> 과학기술은 전통적 윤리학의 기준으로는 다스려지지 않는 전혀 새로운 차원의 윤리적인 중요성을 갖게 되었다. 그것은 한마디로 과학기술의 발전에 의한 새로운 힘 때문이다. 이 힘은 우리들의 활동능력의 범위를 크게 확대하여 이미 이전의 윤리학의 틀에는 포함되지 않는 새로운 스케일의 활동, 대상 그리고 결과를 낳았다. 그러므로 과학기술시

대의 도덕을 진지하게 추구하려고 한다면 전통적 윤리학으로부터 결별해야 하는 것은 필연적인 결과이다(H. Jonas, 1973).

요나스는 윤리학의 전환을 요구하고 있다. 사실상 오늘날의 과학기술, 즉 정보과학이나 생명공학 같은 첨단과학은 모두 컴퓨터에 힘입어 가능한 것이며, 이 힘은 육체적 힘도 아니고 정치적 힘도 아니며 또한 경제적 힘도 아니다. 그것은 분명히 새로운 과학기술의 힘이다.

생명과학기술은 하나의 생명현상을 세분화하여 그 생명현상의 메커니즘에 조작적으로 개입함으로써 소기의 목적을 달성한다. 말하자면 생물을 분자로 구성된 기계로 보고 기계의 일부를 개조하려고 조작하는 것이다. 인간복제도 물론 여기에 해당한다. 이것은 때로는 서로 다른 생물의 세포를 재조합하여 지금까지 자연의 세계에는 존재하지 않았던 새로운 생명을 만들어 그것을 수단으로 하여 어떤 목적을 달성할 수도 있을 것이다. 이와 같은 물리·화학적 과정을 통해 생명조작을 할 수 있게 되면서 생명현상의 신비성과 존엄성 등에 가치를 두던 기존의 생명윤리에 큰 타격을 주고 있다.

생물학자들의 보고에 의하면, 생명은 일반적으로 합목적성, 자율적 형태 발생, 복제의 불변성이라는 세 가지 특성이 있다. 여기서 첫 번째의 합목적성이란 생물의 눈, 귀, 코, 입, 몸의 각 부분은 살기 위한 생명이라는 목적을 위해서 형성된 것들이라는 것을 말하는 것이다. 두 번째의 자율적 형태 발생이란 생물이 완전히 자율적인 방식으로 전체적인 형태에서 부분에 이르기까지 스스로 자신에게 내재하는 형태 발생상의 상호작용으로 존재한다는 것을 의미한다. 세 번째의 복제의 불변성이란 생물 자신의 구조에 대응하는 매우 풍부한 정보를 복제하여 불변의 것으로 전달하는 힘을 의미한다. 그것이 아무리 복잡해도 하나의 세대로부터 다음 차세대에게 그대로 보존되어 가는 유전적 체제가 정보로써 전달된다.

생명의 근본적 특성은 아무래도 자기복제에 있다고 보인다. 후세에 자손을 통해 자기의 특성을 존속시킴으로써 간접적으로 자기의 영원성을 유지하려는 것이다. 그런데 바로 이러한 생명현상을 실현하는 기본요소가 세포이며 이 세포 내에 유전자가 있고 유전자는 단백질을 만들어낸다. 그러므로 생명현상은 결국 세포가 외부로부터 에너지를 흡수하여 자신이 필요로 하는 물질을 만들어내어, 자기도 살고 생명체도 살며 자기복제를 통해 후손을 남기는 것이다.

그런데 오늘의 유전공학은 자연적인 생명의 자기복제가 아니라 인위적인 유전자 조작을 통하여 동물을 복제하는 데 성공하였고 마침내 인간복제의 단계로 들어가려 하고 있다. 현대 생명공학이 생명현상의 물리·화학적 접근방법으로 그 메커니즘을 분자 수준 내지 세포 수준에서 밝혀내고 그 비밀을 해독함으로써 물리·화학적으로 생명을 조작·복제할 수 있게 되었다. 유전자 조작은 DNA의 염기서열 구조를 바탕으로 이루어지고 있으므로 일종의 DNA 환원주의의 방법이라고 할 수 있다.

오늘날 생명복제를 시도하는 생명공학의 등장은 전무후무한 윤리적 문제를 제기하게 되었다. 유전자 조작기술은 지금까지의 전통적인 윤리관으로는 선악을 쉽게 결정할 수 없다. 그리고 그러한 윤리적인 물음 자체가 존재하지 않았기 때문에 윤리적 판단이 결여되어 있다는 것은 숨길 수 없는 사실이다. 물론 인간복제와 같은 큰 문제는 과학자들 자신도 쉽게 접근할 수 없는 어려운 문제이다.

아무튼 생명의 기술화는 동시에 인간의 기술화를 가져오게 된다. 인간도 생명 조작기술의 대상임은 말할 것도 없고 그것이 자칫 인간의 이기적 대상이 될 수도 있다.

인간복제기술은 실험 과정에서 무수한 낙태와 사산(死産)이 불가피해질 것이므로, 복제인간 실험은 생명체 파괴, 생명경시 현상을 초래할 것이다. 그리고 인간은 남녀 두 사람의 인격적인 교제와 상호간의 책임과 희생을 감수하는 사랑에 의하여 출산되는 인간의 상호의존성을 파괴하게 되고, 인간의 상호의존성이 파괴되면 인간사회는 와해될 것이다. 또한, 복제인간은 부자(父子)간의 인륜태를 파괴할 것이며 유일회성과 대체 불가능성을 파괴하고 상품으로 또는 대용품으로 전락될 수 있다(진교훈, 1999: 26).

어그로스(R. Augros)와 스탠시우(G. Stanciu)는 『새로운 생물학』에서 현대 생물학은 과학 이외의 다른 분야와도 상충하고 있다고 말하고, 스티븐슨(A. L. Stevenson)의 말을 빌려 다음과 같이 말하고 있다.

스티븐슨은 다음과 같이 기록한다. "다윈(C. R. Darwin)의 진화이론의 출현으로 … 시인의 마음이 느끼는 가장 큰 고통 중에 하나는 자연의 잔인함을 알게 되었다는 점이다. 생존을 위한 무자비한 투쟁, 불가피한 파괴를 수반하는 낭비적인 번식력 등은 자연을 묘사한 종래의 시 작품들에 나타나 있는 신의 은총에 대한 신념을 정면으로 부정한다. 만약 신이 존재한다면, 그 신은 전지전능함과 은혜로움을 동시에 허락하지 않을 것이다. 따라서 어느 한쪽은 포기되어야만 마땅하다. 그리고 만약 신이 존재하지 않는다면, 자연은 생물들의 고통에는 무관한 엄청나게 거대한 하나의 기계장치에 불과할 것이다." 자연선택 이론은 시인에게서 현명하고 온화한 자연의 모습을 뺏어갔고, 심각한 신학적·철학적·윤리적 문제들을 야기했다(어그로스, 스탠시우. 1994: 300).

전통적인 가치관과 다윈 사이의 차이를 나타내는 말이다. 1세기 전에 헉슬리는 다윈의 자연관과 윤리학의 기존 원칙이 서로 상충됨을 인식했다.

> 윤리적으로 최선인 행위, 즉 우리가 선이나 미덕이라 부르는 행위는 모든 점에서 자연의 생존경쟁에서 살아남는 데 도움이 되는 행동양식과는 정반대다. 윤리학에서는 비정한 이기심 대신 인내를, 경쟁자를 밀어내고 짓밟는 대신 동료를 존중하고 도와야 한다고 말한다. 윤리는 적자생존보다는 다수의 생존을 지향한다. 즉 존재하기 위해서 투쟁해야 한다는 이론을 부인하는 것이다(T. H. Huxley, 1896: 81~82).

우리는 여기서 헉슬리가 말하는 다윈의 자연관과 윤리학의 상충을 대립에서가 아니라 상보적 측면에서 둘의 조화를 찾아내야 할 것이다. 다윈주의자들은 사실 투쟁과 적자생존 이론에 치우쳐 있다. 그들은 자연계에서 실제로 발견되는 생물들 사이의 협동관계, 합목적성, 효율성, 환경과의 조화 등을 간과하고 있다. 이런 점들은 대체로 무시되거나 혹은 관찰할 수 없는 가상의 세계로 가정되면서 그 반대쪽의 견해에 맞추어진다. 아름다움과 위계질서는 일상적으로 간과되고 무시되고 있다.

여기서 말하고 싶은 것은 자연과 인간, 유전체와 인간 사이에는 보다 높은 합목적적 질서가 존재하며, 바로 그것은 어떤 신비의 초월적인 선, 미의 세계를 상징한다는 것이다. 바로 여기에 분자나 세포를 단위로 하는 원자론적 분자생물학과 전체론적 생물학이 나뉘게 되며, 원자론적 환원주의와 유기체론적 전일주의 간의 벽이 생긴다. 그러나 우리가 이미 고전물리학과 현대물리학, 원자론적 기계론과 양자역학의 상보성원리에서 둘의 차이를 알고 있는 바와 같이, 만약에 분자생물학이 원자론적 환원주의의 방법론을 고수한다면, 그것은 일시적으로는 성공하겠지만 역사의 후퇴이며 얼마 가지 않아 큰 난관에 부딪히게 될 것이다.

그러므로 어그로스와 스탠시우는 "새로운 생물학은 개체군과 전체 환경에 중점을 둠으로써 환원주의로부터 벗어날 수 있는 효과적인 비방(秘方)이 되며, 목적성과 정신을 인정함으로써 기계론적 설명의 압제로부터 벗어날 수 있게 한다(어그로스, 스탠시우. 1994: 305)."고 하였다. 그리고 생물계의 위계질서를 인정함으로써 모든 생물을 동등시하려는 경향에 대응할 수 있게 된다는 것이다.

3. 인간복제와 생명복제 찬반의 논거

미국의 윤리학자 브록(Dan W. Brock)이 「인간복제와 윤리적 찬반논쟁의 평가」라는 논문에서 제시한 체세포핵치환기술을 이용한 인간복제 찬성과 반대의 논거를 요약해 보면 다음과 같다.

1) 찬성하는 논거

첫째, 인간복제는 일부 사람들이 현재 겪고 있는 불임이라는 짐을 덜어줄 새로운 수단이 될 것이다. 인간복제는 난자가 없는 여성이나 정자가 없는 남성들도 자신들과 생물학적 혈연관계가 있는 자손을 낳을 수 있게 해줄 것이다.

둘째, 인간복제는 부부 중 한쪽이 심각한 유전병을 앓고 있을 때, 그 병을 자손에게 물려주지 않고 아이를 낳을 수 있게 해준다.

셋째, 상당한 시차를 두고 쌍둥이를 만드는 인간복제는 이식용 장기나 조직을 제공할 수 있다. 인간복제는 일치하는 장기나 조직을 가진 제공자를 찾아야 하는 문제를 해결하고 이식 거부 반응이 일어날 위험을 아예 없애거나 현저하게 줄여줄 것이다.

넷째, 인간복제는 특별한 의미를 가진 누군가를 복제하도록 할 수 있다. 인간복제가 가능해지면, 그것을 이런 목적으로 사용하려는 사람들이 틀림없이 나타날 것이다.

다섯째, 인간복제는 위대한 재능, 천재성, 인격 등 귀감이 될 만한 품성을 지닌 개인을 복제하는 데 사용될 수 있다.

앞의 네 가지 이유가 특정 개인에 게 이익을 주는 데 반해, 이 이유는 모차르트, 아인슈타인, 간디, 슈바이처 같은 비범한 사람들을 복제함으로써 사회 전체에 이익을 줄 수 있다.

여섯째, 인간복제 및 인간복제 연구는 인간의 발생 과정과 같은 과학 지식상의 중요한 발전을 가져올 수 있다. 인간복제나 인간복제 연구가 과학 또는 의학 지식상의 중요한 발전을 가져올 수 있다(S. J. Gould 외, 1999: 238~256).

브록(Dan W. Brock)은 위와 같은 찬성에 대해 여러 가지 비판을 하고 있으나 특히 여섯 번째 주장에 대해서는 신중해야 하는 이유가 최소한 세 가지 있다고 하였다. 우선 인간복제 같은 극적인 신기술이 이끌어 낼 새로운 과학 또는 의학 지식이 어떤 특성을 갖고, 또 얼마나 중요한가라는 물음에는 언제나 상당한 불확실성이 있다. 그리고 둘째로, 우리는 인간복제나 인간복제 연구를 통해 얻는 신지식이 그것을 반대하는 사람들이 문제로 삼고 있는 도덕적 속성들을 갖고 있지 않은 다른 수단들을 통해서도 얻을 수 있는 것인지 모르고 있다. 또 셋째, 인간복제 연구가 인간을 연구 대상으로 삼는 데 필요한 윤리적 요구 사항들을 충족시킬 수 있을 것인가 하는 문제는 복잡하고, 논란의 여지가 있으며, 거의 탐구되지 않은 상태이다. 오로지 연구 목적으로 복제인간을 창조한다는 것은 그들의 동의 없이 오직 타인의 이익을 위해 그들을 이용하는 것이 되므로, 비윤리적이라는 것이다(앞의 책, 244).

물론 그는 인간복제가 언젠가 합법적인 목적으로 그것을 이용함으로써 새로운 과학 지식을 얻을 수 있게 될 것이라는 말을 남겨놓고 있다.

2) 반대하는 논거

첫째, 인간복제는 뒤늦게 태어난 쌍둥이에게 심리적 압박감과 피해를 줄 것이다.

둘째, 인간복제 과정은 클론(clone)에게 용납될 수 없는 위험을 끼칠 것이다. 지금 인간을 복제하려고 시도한다면, 클론에게 받아들일 수 없는 위험이 가해질 것은 분명하다. 대다수의 사람들이나 법이 그 클론을 윤리적 또는 법적 보호를 받아야 할 인간으로 생각하는 시대가 오려면, 앞으로도 오랫동안 무수한 배아들이 죽거나 파괴되어야 할 것이다.

셋째, 인간복제는 개인의 가치를 떨어뜨리고 인간적인 삶의 존엄성을 훼손할 것이다. 루스 맥클린이 말한 바와 같이 이런 주장들, 즉 인간복제는 개인을 대체 가능한 존재로 생각하게 함으로써 우리가 인간의 삶에 부여해 온 가치와 존엄성을 훼손할 것이다.

넷째, 인간복제는 상업적 이익을 얻을 목적으로 사용될 수 있다. 다양한 재능, 능력, 기타 바람직한 특성을 지닌 개인들로부터 복제한 다양한 배아의 상품 목록이 시장을 통해 제공될 수 있을 것이라고 상상할 수 있다.

다섯째, 인간복제는 정부나 다른 집단에 의해 비도덕적 착취적 목적으로 사용될 수 있다. 이것은 특히 우생학적 오류를 낳을 위험성을 안고 있다.

이상의 논의에서 고찰한 대로, 인간복제에 대한 윤리적 찬반 논쟁은 찬성하는 쪽이든 반대하는 쪽이든 윤리적으로 결정적인 사례를 제시하지는 못하고 있다. 그러나 인간복제가 개인의 인격권과 인권을 침해할 것은 분명하다.

브록은 본인이 인정하고 있는 바와 같이, 인간복제의 이용과 영향에 대한 윤리적 우려는 정당하며, 그것은 더 폭넓게 시민적 및 전문적인 논쟁과 검토를 거쳐야 하고, 아울러 시민이 그것의 발전이 가져올 연구를 진지하게 감시해야 할 것이다(앞의 책, 268).

그리고 러시아의 과학자 페테로프(R. V. Petrov)는 면역학을 기초로 한 유전공학의 선용과 악용의 가능성을 다음과 같이 대비시키고 있다.

문제 1. 미생물에 새로운 유전자의 도입
선용 : 미생물 산업과 생물공학, 단백질, 호르몬, 효소, 유기가스, 광합성, 농축광석 제조 등.
악용 : 미생물 무기, 감염 효력이 강화된 미생물의 새로운 변종, 면역을 넘어서는 능력, 항생제에 대한 저항 등.

문제 2. 식물에 새로운 유전자의 도입
선용 : 세포의 단백질 함유량을 높여 바이러스나 살충제에 대한 저항력을 갖고 자연의 살충 물질을 만들어내는 형질전환 식물의 창조.
악용 : 야생생물류를 침해하는 인공식물의 생태계에 대한 확산.

문제 3. 동물에 새로운, 혹은 부가적인 유전자 도입

선용 : 형질전환 동물 창조, 유전성 질환을 갖고 있는 인간의 치료, 동물 단백질의 생산, 축산동물의 생산성과 저항력의 증가.

악용 : 이상한 공격적인 동물이나 곤충의 번식 등 예측할 수 없는 결과

(R. V. Peterov, 1999: 214).

페테로프는 이상과 같이 선악의 문제를 제시하고 미국 식품의약국(FDA) 같은 약제 또는 생물공학 관계의 생산업자로 구성된 국가특별위원회를 두어야 할 것인가라고 묻고 있다. 또한 인류는 유전공학의 활동을 규제하고 관리하기 위한 특별 국제기구가 있어야 하고 국제기관 속에 유전공학 활동에 관한 국제적인 위원회가 필요하다고 제언하고 있다(위의 책). 그리고 실제로 국내적으로나 국제적으로 생명과학에 관한 관리위원회가 구성되었고, 또한 보다 구체적이고 심도 있는 생명윤리 연구가 활발히 진행되고 있다.

인간유전체 지도 작성이나 염기배열 결정의 기술은 유전자 진단을 통하여 증상이 나타나기 이전에 진단할 수 있는 범위가 비약적으로 발전할 가능성이 있다. 사전에 예방과 치료가 가능하다면 그것은 적극적으로 권장해야 할 것이다. 그러나 치료 불가능한 유전병의 경우는 개인의 자유와 인격권의 침해가 극대화될 것이며 개인 유전정보를 보호받을 수 없게 될 것이다. 특히 태아 단계에서 유전체 해석에 의해 유전병 혹은 결핍 유전자가 치료 불가능한 것으로 밝혀질 경우, 그것은 임신중절의 문제가 야기될 것이며 태아의 생명에 심대한 타격을 줄 수도 있을 것이다. 이것은 앞으로 심층적으로 윤리학 내지 법률적 연구가 따라야 할 문제이다.

그리고 인간 유전체 해석은 출생 전 진단이나 출생 후 진단이나 간

에 결핍 유전정보가 사회에 끼칠 영향 때문에 국가공무원이나 기업의 고용인으로 채용이 금지될 것이며 각종 보험 혜택을 받을 수 없게 될 것이다. 이것은 근본적으로 천부인권의 파괴를 의미한다. 새로운 우생학이 대두하여 선천적 원인에 의해 사람들은 유전적 차별을 받게 될 수도 있고 또한 냉혹한 계급사회가 형성될 수도 있다. 인간은 유전체 정보의 기록 카드에 의해 적나라한 차별대우를 받게 될 것이며, 인간은 마침내 가공할 유전체 독재국가의 관리 아래에 놓이게 될 것이며, 각자의 돌이킬 수 없는 숙명을 비탄하며 살아가야 될지도 모른다. 과학은 양날의 칼과 같아서 선에도 악에도 쓰일 수 있기에 그를 비판할 수 있는 생명윤리가 반드시 필요하다.

영국의 노벨물리학상 수상자인 조셉슨(B. D. Josephson)은 『네이처』에 기고한 글에서 종교의 제1명제는 인간 속의 선(善)을 될 수 있는 한 확대하려는 데 있다고 하였다. 그는 종교상의 관습은 선한 영향력을 증대시키는 유전자에 부분적으로 의거하고 있는 것이 아닌가라고 말하고, 이와 같은 선한 영향력이 그것을 구성하고 있는 구성원 사이에 상당한 비율로 실현되고 있는 사회는 좀 더 조화롭고 효율적인 형태로 기능할 것이며, 이러한 유전자를 가진 인간사회는 자연도태 상에서 유리하게 될 것이라고 하였다.

4. 동양종교의 생명관

우주론을 통해서 생명의 원천을 설명하는 것은 노장철학이나 신유학인 성리학에서도 찾아볼 수 있다. 중국의 성리학자 장횡거(張橫渠)와

주석가들은 『서명(西銘)』에서 다음과 같이 말하고 있다.

> 하늘[乾]은 아버지라 이르고 땅[坤]은 어머니라 이른다. 나의 이 작은 신체는 천지의 한가운데에 혼연하게 존재하고 있다. 그러므로 천지간에 충만해 있는 기(氣)가 나의 본체이다. 천지가 목표로 하는 것, 그것이 나의 성(性)이다. 백성은 나의 동포요, 만물은 나의 벗이다. … 아들은 부모의 기를 받아 탄생하였으니 곧 아들의 몸은 부모의 몸이요, 사람이 천지의 기를 받아 탄생하였으니 이것이 사람의 성이다(『성리대전』1).

주자(朱子)는 이러한 장재(張載)의 사상을 이어받아 다음과 같이 부연 설명하고 있다.

> 인간은 하늘로부터 기를 부여받고 땅으로부터 형체를 받아 작은 신체를 형성하여 천지 안에 존재하고 있다. … 천지(天地)는 형체(形體)를 의미하고 건곤(乾坤)은 성정(性情)을 의미하며, 건(乾)은 건(建)이라는 성질을 갖고 쉼이 없이 활동하고 있다. … 그러므로 천지를 부모라 한다. … 여기서 건이 양, 곤이 음으로서 그 이기(二氣)가 천지에 충만하고 거기에서 인간의 신체가 형성된다. 건곤음양의 활동은 기를 통괄하며 거기에서 인간이나 만물이 각각의 본성을 부여받는다. … 그러므로 천지간에 존재하는 동물이나 식물이나, 유정(有情)의 것이나 무정(無情)의 것이나 그것들은 모두 부여받은 성(性)에 따라서 자기의 본분을 수행하는 것이므로 그들은 넓은 의미의 동포요 형제이다(위의 책).

노자는 『도덕경』에서 절대적 실체인 도(道)에서 하나인 기(氣)가 나오고, 그 하나인 기가 다시 둘로 나뉘어 음기(陰氣)와 양기(陽氣)가 생기고, 그 둘인 음기와 양기가 서로 조화됨으로써 세 번째 것인 충화(沖和)된 화합체가 생기고, 그로부터 만물이 나오게 된다고 한다. 음양의 두 기의 상호작용에 의해서 생명이 탄생하고, 음양의 변화에 따라 죽게 된다는 것이다.

그리고 장자는 그의 아내가 죽자 동이를 두드리고 노래를 부르며 다음과 같이 말하고 있다.

> 그가 태어나기 이전의 처음을 살펴볼 때 원래 생명이 없었다. 생명이 없었을 뿐 아니라 본래 형체도 없었다. 형체가 없었을 뿐 아니라 본래 기(氣)도 없었다. 흐릿하고 아늑한 사이에 섞여 있다가 변해서 기가 생기고 기가 변하여 형체가 생기고 생명이 갖추어졌다. 그것이 지금 또 바뀌어 죽음으로 간 것이다. 이것은 춘하추동 네 계절이 번갈아 운행하는 것과 같다(『장자』, 「지락」).

혼돈, 즉 무(無)에서 왔다가 무로 돌아간다는 말이다. 장자는 기(氣)보다 앞서 혼돈이나 무의 상태를 가정하고 있으나 결국 생명이란 우주에서 왔다가 우주로 다시 돌아간다는 입장은 대동소이하다. 우주론을 지수화풍 사대(四大)로 설명하거나 음기와 양기 혹은 오행(五行)으로 설명하거나 하는 그 패턴은 자연현상에서 우주와 생명을 설명한다는 점에서 같은 사유방식을 취하고 있다. 다만 의식의 문제에 관해서는 불교가 더욱 심원한 설명을 하고 있다는 데 차이가 있다.

현대의 대뇌생리학에 의하면, 대뇌 신피질, 대뇌 변연계, 뇌간, 척수 등에서 볼 때, 우리의 생명현상은 뇌간을 통해서 이루어지고, 씩씩하게 살아가는 본능과 정동의 마음과 행동은 대뇌 변연계에서 일어나고, 잘 살아가는 적응행동과 창조적 행위는 대뇌 신피질에서 작용하는 것으로 알려져 있다(玉城康四郎, 1996: 50). 대뇌 신피질은 수백만 년 전에 지성적 존재로 발달한 영역에 속하고, 변연계는 수천만 년 전에 포유류와 동일한 영역에 속하고, 뇌간은 수억 년 전에 파충류 영역에 속하는 것으로 알려져 있다.

불교의 경우 참선의 세 원칙이 있는데, 그 셋이란 조신(調身), 조식(調息), 조심(調心)을 말한다. 이 중에서도 조신과 조식이 중요한 수련 종목인데, 조신(調身)은 바른 자세를 조정하는 것이고, 조식(調息)은 바른 호흡을 조절하는 것으로서 이 두 가지 수련이 잘 이루어지면 조심(調心), 즉 마음은 저절로 조정이 된다고 본다. 그만큼 몸의 자세와 호흡의 조절이 중요하다는 것을 의미한다.

참선의 깊은 경지에까지 들어가면 이른바 전의식이 한 곳에 집중되게 되는데, 그 의식이 집중되는 장소가 미간과 후두부의 중간지점으로 알려져 있다. 바로 이 중간지점이 뇌간에 해당한다. 말하자면 참선을 심화시켜 가면 대뇌생리학에서 말하는 자세 유지와 호흡을 관장하고 있는 뇌간의 위치에 의식이 집중된다는 것이다(위의 책). 살아 있다고 하는 원시적인 생명의 원천의 자리에서 종교적 생명관과 과학적 생명관이 합치되고 있다는 점을 연상할 수 있다. 이것은 물론 견강부회하게 전혀 이질적인 사상을 의도적으로 일치시키려는 것이 아니다.

불교의 경우는 생명인 칼랄라 즉 수정란 이전의 단계로 초월해갈 때 해탈이 이루어진다고 보기 때문에, 단순한 객관적 사실 판단만으로 생명의 정의를 내릴 수 없다. 불교에서 보는 생명이란 단순한 신체적 인간이 아니라 표면의식과 잠재의식, 마음, 영혼, 감각 등 심신 전체의 통일적 인격체를 의미한다. 참선에서 명상의 방향이 과거로 소급해서 자기가 생겨난 칼랄라의 단계를 회상하는 것은 원초적인 단일한 통일적 인격체로서 참된 생명으로 돌아가기 위해서이다. 물론 칼랄라 자체도 이미 업연에 의해 일부 오염되어 있는 것이지만 인간이 탄생해서 성장하면 더욱 탐욕과 집착과 어리석음으로 가득 찬 세속에 물들어 의식이 분열되어 있는 무명의 상태에 있게 되기 때문에 참된 인격적 생명이나 진리를 인식할 수 없게 된다. 따라서 흔히 모든 종교에서 어린아이로 돌아가야 한다는 말은 바로 그런 뜻을 함축하고 있는 것이다.

아무튼 불교에서는 인간이 최초로 잉태된 칼랄라 상태를 기점으로 하여 연기의 차원에서 생명을 보기 때문에, 최초의 수정란뿐만 아니라 배아도 엄연한 인격적 생명이라고 보아야 한다. 그러나 『정법념처경(正法念處經)』은 의사가 사람의 병을 치료하다 살생하였을 경우에는 살생죄가 성립하지 않는다고 하였기 때문에, 병을 치료할 목적에서 체세포나 배아의 줄기세포를 복제하는 경우는 융통성을 갖고 생명윤리를 세워갈 수 있을 것이다. 왜냐하면 어떤 희생이 따르지 않는 구제는 거의 존재할 수 없기 때문이다.

5. 종교의 생명윤리

오늘의 유전체 시대에서 생명윤리만큼 중요한 일은 또 없을 것이다. 왜냐하면 생명복제의 문제는 긍정적인 면에서나 부정적인 면에서나 모두 매우 중대한 주장을 내세우고 있기 때문이다. 생명복제 과정에서는 본의 아니게 생명의 출발점이 되는 배아를 희생해야 하는 불가피한 경우가 존재하기 때문이다. 이른바 줄기세포를 복제하기 위해서는 어쩔 수 없이 배아를 희생시켜야 하는데 아직 원시선(原始線, primitive streak)이 형성되지 않은 배아까지는 충분한 생명체라 볼 수 없으므로 희생이 가능하다는 주장에 대한 찬반 논쟁이 바로 그것이다.

불교에서는 살생하지 말라는 계율이 제일가는 덕목이다. 『정법념처경』에는 불살생에 대하여 다음과 같이 설하고 있다.

> 어떻게 살생하지 않는가. 혹 길을 가다가 개미, 지렁이, 누에나비, 두꺼비나 풀벌레 그 이외의 곤충을 보더라도 그것들을 피해 멀리 우회하여 간다. 그것은 자비로운 마음으로 중생들을 보호하기 때문이다 (신수대장경, 제17권).

물론 『정법념처경』은 무심한 살상이나 의사가 병을 치료하다가 잘못되어 짓는 살상 등은 살생의 죄를 얻지 않는다고 하였다. 또 이 경의 다른 곳에서는 다음과 같이 설하고 있다.

> 이른바 선(善)이라고 하는 것은 살생을 떠나 세상의 모든 중생을 거두어 줌으로써 그들을 두려움이 없게 하는 것이다. … 모든 법은 목숨으로 근본을 삼고 사람은 다 제 목숨을 보호한다. 그러므로 살생하지 않으면 그것은 곧 목숨을 주는 것이요, 목숨을 주는 것은 모든 즐거움을 주는 것이다. 그러므로 제일가는 보시란 이른바 목숨을 주는 것이니 이와 같이 생각하는 것은 천상에 태어나는 원인이 된다(위의 책).

이것은 한마디로 "불살생이 공생의 근본원리가 된다."라는 것을 의미한다. 다른 생명을 빼앗지 않는 것이 곧 생명을 주는 것이 된다는 말은 대부분 중생들이 서로 타자를 살생하여 자기의 생명을 부지해 나가는 것과 모순된다. 따라서 상호간에 어떤 희생은 운명적이지만, 오히려 그 때문에 나의 생명을 줄 만큼, 다른 생명을 아끼고 죽이지 않는 것이 바로 생명을 주는 셈이 되는 것이다. 그러므로 이 경은 또 이렇게 설하고 있다.

불살생은 가장 큰 업이요, 또 정법의 종자로서 생사에 헤맬 때는 오직 살생하지 않는 것이 귀의할 곳이 되고 구원이 되는 것이다. 따라서 생사의 어둠속에 들어가서는 불살생을 등불로 삼아야 한다(앞의 책).

어그로스와 스탠시우는 『새로운 생물학』에서 세계 창조와 관련하여 다음과 같이 아우구스티누스(Augustinus, 354~430)와 아퀴나스(Aquinas, 1225~1274)의 말을 인용 설명하고 있다.

아우구스티누스는 성경의 창세기에 관해서 다음과 같이 주장했다. "태초에 신은 구체적인 개체로서 모든 생물을 창조한 것이 아니라 미래에 생겨날 존재, 즉 그 동기에 있어서 잠재성을 갖는 개체로서 생물을 창조했다." 그는 자신이 잠재적 원리라고 불렀던 진화적 발달 과정을 설명하면서 자연의 인과율과 창조주의 인과율 양쪽을 모두 보전하였다. 그리고 아퀴나스는 이원적 인과율의 존재 이유를 다음과 같이 설명했다. "신은 스스로 모든 자연물을 만들 수 있지만, 자연물은 또한 어떤 자연적 원인에 의해 생겨날 수도 있다. 왜냐하면 이것은 신성한 능력이 부적합해서가 아니라 오히려 신의 위대한 선(善) 때문이다. 즉 신은 사물들도 그와 닮기를 원했으므로, 사물은 단지 존재할 뿐 아니라 다른 것들의 원인이 될 수 있는 것이다. 사실상 모든 창조물들은 이 두 점에서 신성을 닮는다. … 이리하여 피조물 안에는 질서의 아름다움이 깃

들어 있음이 명백하다(R어그로스, 스탠시우, 1994: 303~304).

사실 생물학에서의 생명과 종교에서의 생명이라는 말은 구분되어야 한다. 일반적으로 기독교 신학자들은 인간복제기술(cloning)과 관련해서 인간과 인간의 관계에 대한 세 가지 문제와 인간과 신의 관계에 대한 두 가지 문제를 제기했다.

첫째, 클로닝을 통한 생식은 유전자풀(gene pool)을 제어하는 과학적 목적을 위해서 지도 관리 아래 교배한다는 것, 둘째, 클로닝이 태아에 대해서 치료 목적이 아닌 실험을 하고 있다는 것, 셋째, 클로닝을 통한 생식은 상호애정을 통한 남녀의 결합과 생식이 분리되어 친자 관계의 의의가 붕괴된다는 것, 넷째, 인간 클로닝은 오만한 죄, 혹은 신에 대한 불손한 태도라는 것, 다섯째, 클로닝은 인간이 신인(神人)이 되려고 하는 자기창조의 죄라는 것 등이다. 한마디로 "인간이 신이 되려고 해서는 안 된다."라는 것이다.

기독교 신학자들이 주장하는 인간생명에 관련된 연구나 실험에서 지켜야 할 윤리적 정지선을 요약하면 다음과 같다.

인간은 근원적인 신비나 생명의 수수께끼에 도전해서는 안 된다. 그것은 신의 영역에 속한다. 인간에게는 생명의 시작과 끝을 결정할 능력이 없다. 그것은 신성한 지배자에게 위임되어 있다. 인간은 과오를 범하기 쉽고 어떤 행위든 협소하고 편협되어 더욱이 이기적인 시점에서 평가한다. 인간은 모든 것을 이해하는 능력을 갖고 있지 않다. 특히 전지전능한 신에 귀속되는 행위의 결과를 이해할 능력을 갖고 있지 않다. 인간은 전능한 신에게만 허용되는 행위나 작용을 제어할 능력을 갖고 있지 않다(M. C. Nussbaum, C. R. Sunstein, 1999: 184~185).

특히 가톨릭교회는 인간 클로닝에 대해서 인간의 존엄성의 문제를 강력하게 제기하고 있다. 인간 존엄의 기초는 천지창조설과 신에 의한 인류의 구제에 관한 기독교의 해석에 근거하고 있다. 즉 인간복제는 한 마디로 인간의 존엄성을 모독하는 행위라는 것이다.

이 존엄성의 문제는 실제로 일반적인 윤리학의 차원에서도 역시 인간의 기본적 인권 내지 도덕적 권리의 문제로서 심도 있게 다루어져야 할 문제이다. 과학자가 어떤 인간을 복제하기 위해서는 어쩔 수 없이 그 사람을 물화(物化)하지 않을 수 없다. 사실 체세포를 채취하는 데서부터 핵을 떼어내서 핵을 제거한 난자에 이식하는 과정은 일종의 물화 행위라고 할 수 있다. 뿐만 아니라 물화는 곧 상품화로 발전할 수 있으며, 상업적인 동기에서 인간이 복제 대상이 될 소지가 충분히 있을 수 있다(카프라, 1998: 387).

불교의 핵심은 무아(無我), 즉 나라고 할 수 있는 건 없다는 데 있다. 불교는 분리되고 개별적인 자아란 환상이며 마야[maya, 환영(幻影)]의 또 다른 형태로 어떤 실재도 갖지 못하는 지적인 개념이라고 설한다. 이처럼 분리된 자아에 집착하게 되면, 다른 고정된 사고범주에 대한 고착에서 발생하는 것과 똑같은 고통과 괴로움을 겪게 된다. 모든 갈등과 싸움은 여기에서 연유한다.

카프라(F. Capra)는 오늘의 인지과학은 불교와 똑같은 입장에 도달했다고 말한다. 산티아고학파에 따르면, 우리는 대상을 탄생시키는 것과 마찬가지로 자아를 탄생시킨다. 우리의 자아 또는 에고(ego)는 어떤 독립적인 존재도 갖지 않으며, 우리의 내부적인 구조적 결합의 결과일 뿐이다. 독립적이고, 고정된 자아에 대한 믿음으로부터 발생한 '데카르트적 불안(Cartesian anxiety)'은 결국 바렐라와 그의 동료 연구자들에게 다음과 같은 결론을 내리도록 하였다.

내적 입장(inner ground)에 의거한 파악은 에고로서 자아(ego-self)의 본질이며 끊임없는 좌절의 원천이다. … 내적 입장에 따른 파악은 이미 주어진, 우리와 독립적인 세계라는 개념의 형태를 띤 외적 입장(outer ground)에 대한 우리의 집착까지 포함하는 보다 큰 파악의 패턴 속에서 하나의 국면에 불과하다. 다시 말하면, 그것이 내적이든 외적이든 간에, 어떤 입장에 근거한 파악이야말로 모두 절망과 불안을 야기하는 가장 깊은 원천인 것이다(F. Varela, 1995: 143).

이것은 주관과 객관을 분리하는 데서 오는 오류를 폭로하는 말이다. 생명복제기술은 바로 주객 분리의 표본이라고 할 수 있다. 카프라에 따르면 추상적인 사고의 힘은 우리를 둘러싼 자연환경, 즉 생명의 그물을 마치 여러 이익집단에 의해 사용되는 분리된 일부로 구성되는 무엇인 양 간주하게 만들었다. 그 때문에 그는 분리된 것들을 재결합할 것을 주창한다.

우리는 이러한 단편적인 관점을 우리의 인간사회에까지 확장시켜서 사회를 서로 다른 국가, 종족 그리고 서로 다른 종교적, 정치적 집단들로 나누기에 이르렀다. 이러한 모든 조각들, 즉 우리 자신, 환경, 사회의 조각들이 정말로 분리된 것이라는 믿음은 우리를 자연에서 소외시키고, 동료 인간들로부터 소외시키고, 따라서 우리 자신을 형편없이 왜소화시킨다. 따라서 우리의 완전한 인간성을 회복하기 위해서 우리는 전체 생명의 그물과의 연결성에 대한 우리의 경험을 회복해야 하며, 이러한 재연결이 라틴어로 '릴리지오(religio)'이다(카프라, 1998: 388).

6. 맺는말

오늘날까지 과학에서의 지배적인 태도는 지적인 의미에서의 오만이었다. 그 결과 독단주의나 과학만능주의가 탄생하였다. 새로운 생명과학에서는 지금까지의 과학과는 근본적으로 다른 태도를 길러야 한다. 고대 인류는 우주와 신에 대한 종교적 겸허함, 외경의 염, 경탄과 환희의 감정을 갖고 있었다. 이러한 감정은 종교와 과학 그 자체의 기원이기도 했다. 우리는 이러한 감정을 되찾아야 한다.

푸코(M. Foucault)는 일찍이 권력과 감시기구가 연결된 거대한 원형감옥인 파놉티콘(Panopticon), 즉 모든 것을 한눈에 볼 수 있는 사회를 고발한 바 있다. 컴퓨터를 사용한 입력 장치라면 무엇이든지 사람들 행동의 기록 장치가 될 수 있다. 디지털 거래를 하면 사이버스페이스의 어디엔가 지문을 남기는 것과 동일한 흔적을 남긴다. 클라크(R. Clarke)가 말한 바와 같이 사이버스페이스의 다수 장소로부터 정보의 단편을 수집하고 통합하여 어떤 사람이 어떠한 인생을 보내고 있는가를 완벽하게 파악할 수 있는 소프트웨어를 만드는 것도 가능하게 되었다.

따라서 이제부터 깊은 철학적 종교적 반성을 통해 보다 지혜로운 윤리 강령을 만들어 가야 할 것이다. 한마디로 나라는 자아의 아집을 탈피해야 한다. 이제 인류는 지구가 공생의 연결동맹으로서 생태적 체계라는 것을 알게 된 이래 협력과 협동의 시대로 들어가야 한다는 것을 알고 있다. 더욱이 종교적 차원에서는 무슨 종교가 옳고 그르니 하는 것이 문제가 아니라, 어떻게 하면 모든 종교, 모든 종파가 협동하여 죽어 가는 이 지구세계를 살리고 본래적인 인간다운 인간들이 살 수 있는 가치 있는 세계를 만들 것인가를 심사숙고해야 할 때이다.

공생(*symbiosis*)은 21세기의 핵심어가 되고 있다. 오늘날 생명윤리학과 환경윤리학은 일반적으로 다음과 같은 세 가지 문제를 중요한 과제로 삼고 있다.

1) 자연 속에 사는 모든 생물의 생존권의 문제이다. 즉 동물권(動物權)은 인권과 함께 생태학적 차원에서 다루어야 한다. 이것은 인간중심주의 내지 인간우월주의를 부정하고 모든 생명이 소중하다는 것을 인정하는 것이다.
2) 현세대에 사는 우리는 다음 세대 내지 미래세대의 생존에도 책임이 있다. 현세대의 환경파괴는 미래세대의 생존권 부정을 의미하며 가해자요, 파괴자가 되는 것이다. 지구의 생태계는 닫힌 체계이며 유한한 세계이다. 따라서 현세대와 미래세대 간의 배분 논리가 고려되어야 한다.
3) 지구환경의 위기를 극복하려면, 인간만을 위한 경제개발 패러다임에서 지구환경 전체를 고려하는 생태보전 패러다임으로 전환되어야 한다. 지구환경을 보전하려면 인간과 자연이 공존하는 생태적 사고가 필요하다.

3강
과학기술문명과 환경윤리[39]

1. 과학문명의 진보사관

대부분 서양 근세 사상가들은 인간 이성이 영구적으로 무제한 증대할 것이라는 확신을 가지고 있었다. 니버(R. Niebuhr)는 『신앙과 역사(Faith and History)』에서, 이는 다음 두 가지 신념에 기초하고 있다고 보았다. 즉 첫째는 이성의 힘이 무한히 발달한다는 것에 대한 신념이고, 둘째는 이성을 정당하게 교육한다면 그것이 모든 인간의 능력과 덕의 발달을 보증할 수 있을 것이라는 신념이 그것이다.

그런데 이러한 신념은 이른바 근대의 세속화의 시대를 여는 초석이 되었으며 진보는 선이라는 진보사관을 낳게 되었다. 그러나 이러한 진보사관의 신념은 결국 진보하지 않는 것은 모두 악이라는 사고를 낳게 되었다. 이러한 사고는 다음과 같은 문제들을 제기하게 되었다.

첫째, 인간이 사는 사회에 불의와 불합리한 사태가 일어나는 것은 배운 사람과 배우지 못한 사람 혹은 인간의 여러 능력의 불균형에서

---

[39]_ 「과학문명과 환경윤리」(『과학사상』 19호, 1996년 겨울, 2~15)를 바탕으로 「새로운 패러다임으로서 확장된 과학」(『과학사상』 27호, 1998년 겨울, 1~28)의 내용 일부를 추가하여 보완한 것이다.

유래한다. 둘째, 인간사회에 악과 불의가 존재하는 것은 인간의 자연과학적·기술적 능력과 인문학적·도덕적 능력의 불균형에서 연유한다. 따라서 과학기술능력과 도덕능력, 자연과학과 인문사회과학이 균형 있는 발전을 이루게 되면, 모든 불의와 불합리가 사라지고 조화로운 이상사회가 실현된다. 이와 같은 문화지체이론에 대해 니버는 "그것은 인간이 자연임을 알고, 그것을 극복하는 것이 인간의 본성임을 알고, 그것을 극복하는 데 필요한 예지와 기술을 발달시킨다."고 해석하고 있다.

그런데 서구의 이성주의 진보사관은, 인지의 발달과 사회의 진보가 선이고 그 반대는 악이라는 이분법적 사고를 매우 타당한 주장으로 받아들이고, 지금도 모든 사람이 그것을 영원한 진리처럼 믿고 있다. 그러나 이것은 최근 형식논리의 범주를 벗어나지 못한 지극히 단순논리에 의거한 판단이었다고 비판되고 있다.

오늘날 선진국에 비해 못살고 가난한 후진국의 낙후현상은 결국 과학기술이 발달하지 못하고 사회가 진보하지 못한 데에서 연유한다는 것이 당연한 것으로 받아들여지고 있다. 그러나 과연 그럴 것인가? 역사적으로 강대국이 약소국가를 정복하고 강자가 약자를 지배하는 체제는 한마디로 힘의 논리에 의거한 것이다.

오늘날 과학기술에 따른 원자력과 첨단 무기의 군사력이 국가의 안보와 강약을 결정하는 것은 역시 힘의 논리 외에 다른 것에 의거한 것이 아니다. 베이컨(F. Bacon)의 "아는 것이 힘이다."라는 메시지는 힘의 철학의 근거를 제공했다. 미국의 경제학자 갤브레이스(J. Galbraith)는 『새로운 산업국가』라는 책에서 기업의 성장은 일관성의 원리에 의해서 강력하게 지지되고 있으며, 경제성장만큼 강하게 공언된 사회적 목표는 없었고, 사회가 성공했느냐 안 했느냐의 판단기준으로서 국민총생산(GDP)의 증가만큼 전적으로 받아들여진 것은 일찍이 없었다고 했다. GDP는 한마디로 국력의 수준을 의미한다. 이것 역시 힘의 논리라는 것은 자명한 일이다. 군사력, 경제력이 과학기술과 함수적 관계에 있음은 두말할 것도 없으며, 따라서 과학기술의 발달 여하에 따라 경제력이나 군사력도 결정된다는 점에서, 과학기술이 힘의 논리의 기초가 된다는 것을 알 수 있다. 과연 힘의 논리는 정당한 것인가? 이것은 오늘날 지구의 환경문제와 관련하여 과학기술에 의한 과학문명이 진보를 선으로 보는 현대사회의 도구로 이용될 때, 그것이 어떠한 결과를 낳고 또한 어떠한 의미를 함축하고 있느냐 하는 문제에 대해 깊이 성찰해야 하는 시점에 이르렀다는 것을 함의한다. 인류는 이제 지구세계가 보존하고 있는 자원의 한계성과 대자연의 생태계 파괴에 대한 위기상황을 깊이 자각하여 과학문명의 무한한 진보사관에 큰 문제가 있음을 각성해야 한다.

2. 지구호 우주선의 딜레마

우리 인류는 지금 과학문명과 환경문제에 관해 진실로 심사숙고해야 할 때가 왔다는 것을 실감하고 있다. 우리나라의 경우, 쓰레기 문제 하나만 보더라도 참으로 심각한 문제라 하지 않을 수 없다. 오늘날 선진국이나 중진국의 국민이 보았을 때, 세계가 이만큼 잘살게 된 것이 과학문명의 덕택이라는 것을 부정할 사람은 아무도 없을 것이다. 수많은 과학원리의 발견으로 인류가 암흑과 미신으로부터 깨어나게 되었고, 과학기술에 의한 농기계, 건축, 교통, 의약, 정보통신 등 수많은 문명의 성과물들에 의해 오늘날과 같이 풍요롭고 편리한 생활을 영위할 수 있게 되었다. 과학만능주의와 과학맹신주의니 하는 말이 나오게 된 것도 여기에서 비롯된다.

　우리는 이 순간에도 과학과 과학기술에 의지해 살고 있으며, 앞으로 보다 발전된 첨단 과학기술의 발달 여하에 따라서 우리의 생존의 질이 좌우되리라는 것은 자명한 이치다. 사실 지금은 과학기술의 발전 외에 다른 길은 생각조차 할 수 없는 것이다.

　지구세계의 역사를 돌이켜보면, 과학자들은 지구라는 행성이 생겨난 것이 약 46억 년이 되었고, 생물의 역사가 약 38억 년, 그리고 인류가 생긴 것이 약 400만 년 된 것으로 추산하고 있다. 지구 생태계와 인류가 오늘날과 같이 발전되어 성장하기까지는 수십억 년에서 수백만 년이라는 긴 세월이 필요했음을 의미한다. 그런데 최근의 경우, 수십 년이라는 아주 짧은 기간 내에 과학문명과 경제발전에 따른 인간의 과다한 욕구의 체계 때문에, 이제 지구는 어느 한계점에 이르고 있음을 절감하게 한다.

　슐츠(E. Schulz)는 기술사회를 향한 인간의 노력을 뱅글뱅글 돌아가는 거대한 다람쥐통에 비유했다. 다람쥐가 안에서 전진하려고 하면 할수록 다람쥐통은 반대 방향으로 뱅글뱅글 회전을 반복할 뿐 앞으로 전진하지 않는다. 다람쥐가 빠른 속도로 전진하려고 하면 할수록, 회전속도가 빨라져 뒤집힐 위험도는 거듭제곱으로 증대된다. 문제는 회전속도가 거듭제곱으로 증대한다는 것은 결국 다람쥐통이 파괴되고 말 것이라는 위기를 예고한다는 것이다.

　여기서 거듭제곱 증대라는 말은 배증의 게임을 말하는데, 생태학자인 밀러(G. L. Miller)는 만일 두께가 약 0.1밀리미터인 종이를 두 겹씩 접는 일을 서른다섯 번 되풀이하면 그 두께가 로스앤젤레스에서 뉴욕까지의 거리에 필적하는 두께로 늘어난다고 비유하고 있다. 만일 계속해서 그러한 일을 50번 되풀이하면 그 두께는 지구에서 태양까지의 거리와 같아진다는 것이다. 이것은 물론 비유에 지나지 않지만, 과학기술의 발전 속도가 빨라지면 빨라질수록 인류의 파멸 위기는 그만큼 빨리 온다는 것이다.

우리는 원하는 것이면 무엇이든지 자연과 우주를 개발함으로써 얻어질 수 있다고 오랫동안 믿어 왔다. 그런데 지금 예상 밖의 일이 나타나고 있다. 결국 인간이 만사형통한 것이라고 믿어 왔던 인류의 과학기술은 한계가 있으며, 무한한 자원의 보고로 믿어 왔던 지구도 우리가 속해 있는 우주 속의 작은 티끌에 지나지 않음을 알게 된 것이다.

우리는 이제 자연과의 조화를 위해 어느 정도 우리들의 미래의 안정을 희생해야 한다. 이것은 인류가 처음으로 직면하는 어려운 선택이다. 그렇지만 자연을 변조할 수 있는 기술로 자연을 파괴하고 있는 지금, 그것은 매우 어려운 문제 중의 하나다. 우리가 무엇을 얼마만큼 희생할 수 있는가라는 물음은 대단히 어려운 과제다. 과학기술의 힘을 이미 갖게 된 지금에 와서 인간이 자연을 개발하는 일을 그만둘 수는 없다. 하지만 지금이야말로 우리의 행동은 더 신중하지 않으면 안 된다.

우리는 실로 미래에 대한 부분적인 지배력을 포기하는 어려운 희생을 감수해야 할 결단의 시기에 와 있다. 도대체 얼마만큼의 부를 가져야만 우리는 만족할 것인가 하는 문제에 대해 깊이 자문자답해야 할 것이다. 우리는 다른 생물의 생존을 배려하는 자비의 마음을 가지고 우리의 욕망을 자발적으로 억제해 나가지 않으면 안 된다. 우리가 오늘날 만약 진정한 삶의 유산을 남기려고 생각한다면, 아직 인간의 손이 미치지 않은 자연을 그대로 놓아두어야 한다. 문명비평가 리프킨(J. Rifkin)이 말한 바와 같이, 미래의 사람들은 우리가 무엇을 했느냐에 대해서 우리를 평가하지 않고, 우리가 무엇을 하지 않았느냐에 대해서 평가를 내릴 것이다.

결국 그것은 "가능한 한 지금은 사용하지 말고 미래로 돌려보내자, 지금은 없는 대로 메워 나가자."라는 마음으로 다른 중생들과의 균형을 유지하며 살아가야 한다는 것을 의미한다. 요컨대 어느 한쪽이 다른 쪽을 지배하는 '힘의 논리'가 아니라 양쪽이 공생하는 '조화의 논리'가 요구되는 시대라는 것이다. 지금이야말로 우리는 미래에 대해서 이러한 결단을 내리지 않으면 안 된다. 미래의 참다운 유산은 이것밖에 없다. 그리고 공생의 체계인 생태계 보전이야말로 불사에 대한 유일한 증명이라고 믿고 자연을 가능성 그대로 남겨두는 것이 요구되고 있다. 이렇게 하면 미래세대는 공생이라는 최고의 유산을 우리로부터 계승받아서 그것을 잘 간직하고 자연과 조화 속에서 참된 삶을 누릴 수 있을 것이다.

그렇다고 해서 우리들의 현재 생활을 전부 버리자는 것은 아니다. 현재 우리가 할 수 있는 최선의 길은 생존을 위해 필요한 최소한의 자원만을 사용하겠다는 결심을 확고하게 표명하는 일이다. 물론 이것은 지금 당장은 과대망상의 기우처럼 들릴지도 모른다. 그러나 이제는 더 이상 인류가 예전처럼 성장 위주의 외길을 계속 달릴 수는 없다는 것을, 그리고 그것이 기우에서 나온 과대 경고장이 아니라는 것을 깨달아야 한다. 우리는 지금까지 과학기술을 앞세워 경제적 부만을 추구하면서, 목적적 결과만을 중시하고 거기에 수반하는 결과에는 주목하지 않았다.

그러나 최근의 환경오염의 문제와 관련해서 우리는 인간의 모든 발전적 행위의 목적적 결과는 반드시 그와 더불어 공해라는 수반적 결과를 낳게 된다는 것을 자각하게 되었다. 따라서 우리는 어떤 일과 더불어 생기는 수반적 결과에 대해 사전에 확실한 정보를 얻지 않고서는 미리 환경파괴를 예방할 수 없다. 비록 행위 주체의 개인이 수반적 결과에 대한 책임을 통감하더라도, 그가 소속된 조직체 자체가 거기에 대해 무관심하거나 무책임하게 방관적 태도를 취한다면, 개인의 힘으로는 목적적 결과만을 중요시하는 조직체와 대결할 수 없는 것이다. 사실 세계의 모든 나라들이 경제발전이라는 목적적 결과만을 중요시하고 환경파괴와 같은 수반적 결과는 경원시하는 현 시점에서 보았을 때, 환경문제는 비관적이다. 더욱 비관적인 것은 환경과학자들이나 생태학자 혹은 윤리학자들의 목소리가 위축되고 있다는 사실이다. 환경은 계속 악화되고 있고 인간성은 전락하여 극악한 범죄가 확대되고 있으나, 이것에 대해서 근본적으로 자각하고 있는 위정자나 국민은 극소수에 지나지 않기 때문이다.

1965년 미국의 유엔대사 스티븐슨(A. Stevenson)이 유엔에서 지구적 환경문제를 제기하면서 인간과 환경의 관계를 '지구호 우주선(宇宙船, spaceship)'이라는 개념을 도입한 바 있다. 이후 건축가이자 철학자인 풀러(R. B. Fuller)는 '우주선 윤리(spaceship ethics)'를 주창하였다. 그는 환경문제를 해결하려면 인류와 자연이 동등한 가치를 지니며 상호의존적인 친밀한 관계에 주목해야 한다고 본다.

지구는 태양으로부터 평균거리 1억 5천만 킬로미터에 위치하여 초속 465미터로 자전하면서 초속 30킬로미터로 1년 동안 태양을 한 번 공전한다. 지구는 지름이 겨우 1만 2,700킬로미터 남짓한 작은 우주선에 불과하다. 이 우주선은 광속으로 약 8분 거리의 태양으로부터 에너지를 공급받고 있다. 우리 인류는 이 작은 우주선의 승객이 된 이래 약 200만 년 동안, 이 우주선은 너무도 정교하게 만들어져서 우리가 하나의 작은 폐쇄된 우주선에 타고 있다는 것을 감지하지 못했다. 오늘날 지구세계의 위기와 관련하여 그 원인 중의 하나로서 우리는 인간의 무감각한 둔감성을 지적한다. 외면상으로는 이 우주선 지구호가 독자적인 유지 시스템을 갖고 있는 것처럼 보이지만, 그것이 탑재하고 있는 에너지와 재생가능한 자원은 일정한 한정된 양밖에 되지 않는다. 그럼에도 불구하고 인간은 지구호 우주선에 무제한의 에너지와 자원이 존재하는 것처럼 착각해 왔다. 지구호에는 지금까지 그 사용 설명서가 붙어 있지 않았다.

우리는 우주선의 모델에 의해서 지구의 본질에 대해 이제 새로운 인식과 자각을 하게 되었다. 우주선에는 제한된 인원밖에 탈 수 없으며 제한된 물자와 제한된 음식물밖에 탑재할 수 없다. 우리들의 우주선 지구호는 유한한 자원과 닫힌 체계라는 것을 인식하는 것이 중요하다. 그러므로 우주선 윤리학자의 한 사람인 콜드웰(J. C. Caldwell)은 우리들의 새로운 윤리와 정치는 인구, 공업화, 경제적 팽창의 제한과 억제를 새로운 원리로 삼아야 한다고 주장한다. 그는 "인간과 그 필수품의 연결이 강하면 강한 만큼 통제, 배급, 규제 조정의 필요가 증대한다."고 말한다. 그러므로 정치 지도자나 국민 개개인이 생산이나 경제성장, 지구자원 활용의 제한이라는 새로운 윤리적 책임을 통감케 한다면 유한한 지구 우주선의 위기를 극복하는 길이 될 수 있지 않겠느냐는 것이다.

이제 지구호 우주선은 햄릿의 독백과 같이 존재하느냐 존재하지 않느냐 하는 딜레마에 빠져들고 있다. 과학문명의 발전이 어느 방향으로 갈 것인가, 우리가 얼마나 자제하고 조절할 것인가 하는 것은 인류의 결단 여하에 달려 있을 뿐이다.

3. 공유지의 비극과 합리성의 문제

1833년 영국 경제학자 로이드(W. F Lloyd)는 인구의 조절과 관련해서 자신의 이익만을 추구하는 개인은 보이지 않는 손에 의하여 공공의 이익을 촉진한다는 스미스(A. Smith)의 주장을 반박한 일이 있다. 그리고 하딘(G. Hardin)은 개인의 이익만을 추구하게 될 때 벌어질 '공유지의 비극(Tragedy of Commons)'에 대해서 다음과 같이 설명한다.

먼저 여러 사람이 소를 방목하기 위한 공동목장을 상상한다. 그때 목장 주인들은 저마다 될 수 있는 한 많은 소를 공유지에 방목하기를 원할 것이다. 부족전쟁, 밀렵, 질병 등으로 인간과 짐승의 수가 토지수용력보다 훨씬 적은 수세기 동안은 방목은 계속될 수 있을 것이다. 그러나 최후 결산의 날, 즉 오랫동안 기다렸고 희망했던 사회적 안정이라는 목표가 현실화되는 그날이 왔을 때 공유지의 논리가 냉혹하게 비극을 낳게 된다는 것이다. 합리적 인간인 목장 주인들은 각자 자신의 이익을 극대화하려고 할 것이다. 명시적인 혹은 암묵리에 의식적으로 또는 무의식적으로 그는 다음과 같이 자문한다. 나의 소떼에 소 한 마리를 더 보태면 나는 어떠한 효용이 생기는가. 이 효용은 플러스(+) 마이너스(-) 각각 하나씩의 성분으로 된다.
1) 플러스(+) 성분이란 한 마리의 소의 증가라는 요소이다. 목장 주인은 증가한 한 마리 소의 매각에 의한 이익 전체를 손에 넣을 것이므로 플러스의 효용은 꼭 +1이다.
2) 마이너스(-) 성분이란 그 소 한 마리를 위해서 부가된 과도의 방목이라는 요소이다. 그러나 과도한 방목의 효용은 모든 목장 주인에 의해 부담되므로 소를 증가시키는 데 결단을 내리고자 하는 어떤 특정 목장 주인에 대한 마이너스의 효용은 -1의 수분의 1에 지나지 않는다. 이러한 효용의 성분을 가산하여 합리적인 목장 주인이 취해야 할 유일한 행동은 무리에 소 한 마리를 더 증가하는 것이라고 결론 내리게 된다. 그리하여 또 한 마리 또 한 마리, … 를 더 증가하려고 하게 된다.

바로 여기에 비극이 있다. 각각의 사람들은 한정된 세계(공유지)에 무한정하게 자기의 소 무리를 증가시키려는 시스템에 갇히게 된다. 공유지에 대한 자유를 신봉하는 공동체 구성원들이 각자 자신의 최선의 이익만을 추구할 경우에는 결국 전체가 파멸에 이르게 된다. 공유지에서의 자유는 모든 사람의 파멸을 가져온다(K. S. Shrader-Frechette 1991: 244~245).

이런 정도의 생각은 수천 년 전 사람들도 알고 있었을 것이다. 그러나 불교에서 탐(貪)·진(瞋)·치(癡) 삼독 중에 첫째로 꼽는 탐욕에 사로잡힌 인간은 그 자신이 속해 있는 사회 전체가 손해를 입더라도 자기의 이익을 추구하는 존재이다.

사회학자 베버(M. Weber)는 국지적 시장권에서 아래로부터의 자본주의의 발달 속에는 종래까지의 정치적 자본주의와는 달리 합리적 행동양식이 적합한 것이 된다고 했다. 이와 같은 조건 속에서 프로테스탄트의 금욕적, 합리적인 생활 태도는 근대적 자본주의를 강력하게 성장시켜 세계를 지배하는 것을 돕는다는 것이다. 따라서 그 과정에서 프로테스탄트에게는 가치 합리적이었던 생활 태도가 어느 사이에 전도되어 합리적인 생활 그 자체가 자기 목적이 된다.

기독교의 금욕정신에서 탄생한 실제적인 형식적 합리성이 그 근대자본주의와의 적합성으로 해서 세계를 지배하기 시작했다는 말이다. 그것은 모든 영역에 침투했다. 경제 영역에서는 정확한 능률적 화폐 계산과 자본 계산으로서, 정치 영역에서는 감정 없는 관료제의 지배로서 말이다. 베버는 형식적 합리화와 전문화, 관료제화는 자본주의에서든 사회주의에서든 전 사회를 지배하는 '시대의 숙명'이라고 생각했다.

그러므로 베버는 『프로테스탄티즘의 윤리와 자본주의의 정신』 말미에서 형식적 합리주의 사회가 결국 '정신 없는 전문인'과 '심정 없는 향락인'을 탄생시켜 '정신상실(Geistlosigkeit)'을 낳게 하고 형식적 합리성이 현대의 세계를 지배하게 되는 현상에 대해서 강하게 대처하려 했다. 그렇다면 '정신상실'로부터 어떻게 인간성을 되찾을 수 있는가? 현대와 같이 전문화되고 관료적인 사회에서는 인간이 무비판적인 일상성 속에 매몰되기 때문에, 정신 상실을 극복하려면 '일상성'을 부정하고 일상성으로부터 탈출해야 한다.

베버는 『위기에 있어서 인간과 학문』에서 일상의 무의미화(無意味化)를 부정하고 '의미 각성'을 강하게 제시하고 있다. 현대에 있어서 '시대의 숙명'이 형식합리화와 전문화에 기인한다는 베버의 분석은 오늘의 과학자들에게 특히 적용될 수 있는 말이라고 생각된다. 왜냐하면 전문적인 연구에 매몰되어 그 '일상성' 때문에 전인적 인간의 정신을 상실할 수도 있기 때문이다.

사실 인간의 욕망을 무제한으로 확대하고, 그것을 성취하기 위해서 무한한 성장 원칙을 고수하려는 자본주의 문명이 결과적으로 자연환경의 파괴와 본래적 인간성을 매몰시킴으로써, 오늘의 위기를 가져오고 있다는 사실은 누구도 부정하지 못할 것이다. 물론 이것은 자본주의와 과학문명이 인류사회에 물질적 번영을 가져다 준 위대한 업적을 간과하고 하는 말이 아니다. 그러나 이 문제는 더 이상 외면할 수 없게 되었다.

물질문명이 비약적으로 번영한 만큼 오히려 정신문화면에서는 그 반대 현상이 일어나고 있다는 데 문제가 잠복해 있다. 사람들이 자연의 은혜와 진정한 자유를 망각하고 있다. 야스퍼스는 일찍이 근대 서구의 역사가 '거짓된 계몽'의 길로 나아가게 되면서 근대 유럽의 정신은 점차 조화의 자연관에서 기계적 자연관으로 편중되는 경향을 보이기 시작했으며 거기에서 근대의 서구적 정신은 서서히 불성실한 것에 빠지게 되었다고 했다(K. Jaspers, 1951: 240~241). 여기서 '거짓된 계몽'이란 모든 지식과 의욕과 행위를 단순히 지성에 기초한 기계적 자연관에서 생각하는 사고의 불성실을 의미한다.

야스퍼스는 특히 "데카르트(R. Descartes)는 과학이 갖는 한계성을 보지 못하고 그 순수성을 망각하여 수학적 자연과학에 의해서 보편과학을 구상하려 하였으나, 그것은 독단적인 것으로서 일종의 기계관 신화에 지나지 않았다(K. Jaspers, 1966: 97)."고 비판한 바 있다. 말하자면 서구의 근본정신은 조화의 자연관인 유기적 자연관과 기계적 자연관 사이에서 조화를 지향했으나, 수학적 자연과학은 결국 기계적 자연관으로 편중되어 기술적 지성의 절대화 풍조에 휘말려 자연을 정복하는 쪽으로 기울게 되었다는 것이다. 따라서 이것은 이른바 '자연의 아들', 즉 '내적 자연인 인간성'이 외적 자연인 지구를 파괴하게 되었다는 것을 의미한다.

오늘날 과학의 한계성은 너무도 여러 곳에서 나타나고 있다. 과학문명의 결과로써 일어나고 있는 자연환경의 파괴나 인간성의 몰락은 차치하고라도 자연과학 자체 내에서 일어나고 있는 한계성 말이다. 미국의 과학평론가인 호건(J. Horgan)은 『과학의 종말』 서론에서 과학 자체의 한계성을 다음과 같이 표현하고 있다.

> 과학 그 자체도 그것이 진보함에 따라서 자신의 힘에 제약을 가하게 될 것이다. 아인슈타인의 특수상대성이론은 어떤 물질, 심지어는 정보조차도 빛의 속도 이상으로 달릴 수 없다는 한계를 설정한다. 양자역학은 미시영역에 대한 우리들의 지식이 항상 불확실할 수밖에 없다고 말한다. 카오스이론은 양자적 불확실성을 동원하지 않더라도 많은 현상이 예견 불가능하다는 것을 확인해 주고 있다. 괴델의 불완전

성 정리는 실재에 대한 완전하고 모순되지 않은 수학적 기술의 가능성을 부인하고 있다. 그리고 진화생물학은 우리가 자연의 심오한 비밀을 파헤친다는 고상한 목표를 가진 존재가 아니라 단지 번식을 위하여 자연선택을 통해서 진화한 동물임을 끊임없이 일깨워주고 있다 (호건, 1996: 13).

결국 과학 그 자체가 인류에게 항상 부분적인 진리에 만족할 수밖에 없도록 운명 지우고 있다는 것이다. 호건은 이 책에서 진보의 종말, 철학의 종말, 물리학의 종말, 우주론의 종말, 진화생물학의 종말, 사회과학의 종말, 신경과학의 종말 등 열 개의 종말론을 제시하고 있다. 그는 오늘날의 급격한 진보가 과학의 종말을 예고하는 것으로 진단하고 있다. 물론 이런 위기론은 새로운 미래지향적인 21세기를 경고하는 말들이다. 선악의 양면성을 갖는 과학이 발전한다는 것은 만일 그것이 나쁘게 사용될 경우, 이를테면 핵전쟁은 인류의 파멸을 면치 못하게 된다. 따라서 보다 중요한 문제는 인간의 도덕적 가치의식의 몰락이다.

사실 현대사회는 과학에 힘입어 풍요로워지고 안락해졌으나 사람들은 겸허한 도덕적인 삶을 내던지고 더 큰 쾌락을 추구하는 쪽으로 관심을 돌리게 되었다. 심지어는 현실세계를 마약이나 뇌신경 조작을 통해서 얻을 수 있는 환상으로 착각하게 되었다. 스텐트는 얼마 지나지 않아서 진보가 "그 경로의 막다른 벽에 부딪혀 정지할 것이며 … 1000년에 걸친 예술과 과학의 추구가 끝끝내 우리의 삶을 즉흥적인 해프닝으로 변모시키는 결과밖에 남기지 못할 것이다(G. Stent, 1969)."라고 말하고 있다. 지금까지 1000년의 역사는 철저하게 반성되고 기존의 모든 사유 방법은 새로운 세계관으로 전환되어야 한다는 것이다.

4. 도와 자비의 공생윤리

무엇보다 중요한 것은 인류가 동양의 도(道)와 자비(慈悲)의 철학의 경우에서와 같이 자연의 생태계와 인간을 다 같이 유기적 생명의 공생체계로 보는 세계관, 인생관으로 의식 혁명을 하는 일이다. 그럴 때 문명계와 생태계가 조화를 이룰 수 있다.

노자는 『도덕경』에서 약한 것이 강한 것을 이기고 유약한 것이 억센 것을 이긴다고 했고, 도를 체득한 성인(聖人)은 항상 인민들을 무지(無知)하고 무욕(無慾)하게 하여 지자(智者)들이 감히 수작을 부릴 수 없게 한다고 했다. 또한 노자는 혼돈하면서도 이루어지는 무엇인가가 천지보다도 먼저 있었다고 말하고, 그것은 두루 어디에나 번져 나가며 절대로 멈추는 일이 없어 천하 만물의 모체라 할 수 있으나 그 이름을 알지 못하므로 억지로 자호를 붙여 도(道)라 부른다고 했다. 그리고 노자는 학문을 배우면 지식이나 욕구가 나날이 늘어나고, 도를 닦으면 지식과 욕구가 나날이 줄어든다고 말하고, 지식과 욕구가 줄어 무위(無爲)의 경지에 이르면 이루지 못하는 것이 없다고 했다.

노자에게 있어서 도(道)는 우주 만물의 창조자일 뿐만 아니라 천지의 운행이나 만물의 생성화육의 법칙이었다. 그러므로 큰 도는 어디에나 넘쳐 있고, 좌우를 지배하며, 만물이 도를 통해 나오지만 자신이 자랑하지 않고, 모든 공적이 이루어지지만 도는 소유하지 않고, 만물을 양육하고 보호하지만 도는 만물을 부리지 않는다고 했다.

앞에서 본 바와 같이 도(道)는 본래가 혼돈한 실재이므로 선악이나 강약의 분별이 있을 수 없다. 선악과 강약의 이분법적 대립은 인간의 주관에 의해서 나눠진 관념에 지나지 않으며, 본래의 도에는 그러한 상대적 대립이나 분별은 있을 수 없는 것이다. 단지 인간들이 도를 알지 못하여 나와 남을 가르고, 생과 사를 분별하고, 선과 악을 나눈다. 따라서 사람들은 나와 삶과 선만을 선택하고 남과 죽음과 악을 미워한다. 하지만 나와 남, 생과 사, 선과 악, 강한 것과 약한 것은 하나이며, 위치를 바꿔놓고 보면 내가 남이고 남이 나인 것이다. 그러므로 도(道)는 편애하지 않으며 오직 만물을 이롭게 하고, 성인의 도는 오직 남을 위하여 베풀기만 하고 다투지 않는다고 말했다.

노자의 혼돈으로서 도(道)는 서양의 이분법적 사고의 양면을 동시에 함축하는 직관지로서 어느 하나를 선택하고 다른 하나를 버려야 하는 양자택일적 사고와는 전혀 다른 것이다. 자연과 우주 자체를 생명으로 보기 때문에 거기에 속한 인간이 우주적 생명인 자연에 동참하는 곳에 도의 본령이 있는 것이다. 이러한 사상은 인도철학이나 불교에서 더욱 잘 설명되고 있다.

인도철학자 라다크리슈난(S. Radhakrishnan)에 의하면, '브라만(Brahman)'이라는 말은 성장을 의미하며 우주, 생명, 운동, 진행을 암시하고 있다. 『우파니샤드』에서 '브라만'은 이처럼 고정된 형이 없고, 영생하며, 움직이는 것을 의미한다. 따라서 그것은 모든 형태들을 초월하면서도 우주적 운동과 연관되어 있다.

『리그베다』에서는 우주의 역동적 본성을 표현하기 위해서 '리타(Rita)'라는 술어를 사용한다. 이 술어는 '움직인다'는 의미의 '리(ri)'라는 어원에서 온 것인데, 리그베다에서 그 본래의 의미는 '모든 사물의 과정 혹은 자연의 질서'를 뜻한다. 이러한 사상은 우주가 작용하는 방식, 즉 자연의 질서로서 '길'이라고 할 수 있는 노자의 도(道)의 개념과 유사하다. 베다의 예언자와 중국의 성현들은 세계를 변화와 흐름의 견지에서 전체적으로 보고, 우주적 질서의 개념에 본질적으로 동적인 생명의 의미를 부여했다. '리타'와 '도'의 두 개념은 본래의 우주적 단계에서 인간적 단계로 내려와, 리타는 모든 신과 인간이 따라야 하는 법칙으로서, 그리고 도는 삶의 올바른 방도로서 해석되기도 한다.

『화엄경』에는 '비로자나불(*Vairocāna*)'이라는 일종의 법신불(法身佛)이 등장하는데, 비로자나불은 전 우주의 본질을 의미하며, 이 세계의 모든 현상은 바로 비로자나불의 화신(化身)에 불과하다. 따라서 비로자나 법신불은 모든 현상이 상호작용하면서 시시각각으로 유동, 변화하는 연기의 주체가 되는 것이다. 그러나 비로자나불은 결코 어떤 고정불변의 실체를 의미하는 것이 아니고 일체의 존재가 생겨나고, 모든 현상이 변화하는 한가운데서 역동적으로 작용하는 원동력을 의미하는 것이다. 따라서 세계는 비로자나불이 수많은 사물들과 현상으로 변모하고 유동하는 생생한 생명의 드라마라 할 수 있다. 이처럼 불교는 자연과 우주 전체를 유기적 생명으로 보기 때문에, 모든 중생을 벗으로 생각하는 데에서 자비의 윤리가 나오게 된다.

자비(慈悲)는 불교의 중심 개념으로 산스크리트어 '마이트리(*maitri*, 慈)'와 '카루나(*karuna*, 悲)'라는 두 가지 말을 합친 것이다. 자(慈, *maitri*)는 벗의 이익과 안락을 도모하려는 의욕이고, 비(悲, *karuna*)란 벗의 괴로움과 이롭지 않은 것을 제거하려는 의욕이라고 해석된다. 말하자면 자비란 말은 벗에게 이익과 안락을 주는 동시에 불이익과 괴로움을 제거해 주려는 도덕의지와 종교적 사랑을 나타내는 복합명사이다.

이러한 자비사상은 대승불교에 그대로 계승되었다. 그 예로 용수(龍樹)는 "자(慈)란 중생을 사랑해야 한다는 말로서 언제나 안녕과 안락을 구하여 그것으로써 중생을 이익되게 하는 것이고, 비(悲)란 중생을 연민해야 한다는 말로서 중생들의 여러 가지 심신의 괴로움을 함께 느끼는 것으로, 대자(大慈)란 모든 중생에게 즐거움을 주는 것이요, 대비(大悲)

란 괴로움을 떠나게 하는 인연을 중생에게 주는 것이다."라고 했다. 이것은 자연과 생태계의 모든 생명체가 우리 인간과 동등한 중생들로서 인권(人權)뿐만 아니라 동물이나 식물의 생명권(生命權)이 동등하게 존중되고 대우받아야 한다는 것을 의미한다. 인간과 자연 생태계의 뭇 생명들은 우주적 생명의 연속적인 유기적 부분 생명들로서, 대립에서가 아니라 상호협동 속에서 조화를 이루는 것이다. 이 자비사상이야말로 오늘날 환경윤리학에서의 공생윤리 바로 그것이다. 도와 자비의 철학을 환경윤리에 원용한다면 지구세계를 살리는 데 크게 도움이 될 것이다.

쇼펜하우어(A. Schopenhauer)는 일찍이 "배고픈 어린아이들이 어머니에게 달려가듯이 모든 존재자들은 거룩한 희생을 기다리고 있다."는 『우파니샤드』의 한 구절을 인용하면서 인간의 희생이 위대함을 제시한 바 있다. 예수의 희생은 인류의 구제를 위한 것이었지만, 인도 수행자들의 희생은 살고자 하는 뭇 생명들의 구제를 위한 희생이었다. 지금 생태계의 뭇 생명들은 우리 인간의 거룩한 희생을 기다리고 있다. 우리는 이제 더 이상 자연을 힘으로 점령하고 제압하고 약탈하는 일을 그만두어야 하며, 사랑하고 협력하고 희생하는 자비의 정신, 도(道)의 지혜를 발휘해야 한다. 따라서 과학기술이 그러한 방향으로 발전할 때, 자연과 인간이 조화를 이루게 될 것이다.

참고문헌

국내 저서

김성철 역주, 『중론』(개정판), 오타쿠, 2021.
김용정, 『칸트철학연구-자연과 자유의 통일』, 유림사, 1978.
_____, 『과학과 불교』, 동국대학교 역경원, 1979.
_____, 『第三의 哲學』, 사사연, 1986.
_____, 『과학과 불교』, 석림출판사, 1996.
_____, 『과학과 철학』, 범양사출판부, 1996.
_____, 『칸트철학』, 서광사, 1996.
김탄허, 『新華嚴經合論』 第一冊序, 화엄학연구소, 1975.
서옹선사법어집간행위원회, 『西翁禪師法語集(2)』, 민족사, 1998.
성철, 『禪門正路』, 해인총림, 1981.
원효, 『大乘起信論疏』; 은정희 역주, 『원효의 대승기신론소·별기』, 일지사, 1991.
한국철학회편, 『韓國哲學研究』1. 동명사, 1977.
『간화선』, 조계종 교육원, 2005.
『불교사전』, 김승동, 민족사, 2011.
『불교사전』, 운허용하, 동국역경원, 1984.

번역서

굴드(S. J. Gould) 외, 『클론 & 클론』, 이한음 옮김, 그린비, 1999.

러브록(J. E. Lovelock), *Gaia, A new look at life on Earth*, 『가이아』, 홍욱희 옮김, 범양사출판부, 1990.

리프킨(J. Rifkin), *Algeny*, 『엔트로피 II』, 김용정 옮김, 원음사, 1984.

_____ , *Entropy*, 『엔트로피 I』, 김용정 옮김, 원음사, 1983.

마굴리스(L. Margulis), 세이건(D. Sagan), *What Is Life?*, 『생명이란 무엇인가?』, 황현숙 옮김, 지호, 1999.

마투라나(H. Maturana), 바렐라(F. Valela), 『인식의 나무』, 최호영 옮김, 자작아카데미, 1995.

볼딩(K. E. Boulding), 『토털시스템으로서 세계』, 이정식 옮김, 범양사출판부, 1990.

아가시(J. Agassi), 『현대문명의 위기와 기술철학』, 이군현 옮김, 민음사, 1990.

어그로스(R. Augros), 스텐시우(G. Stanciu), *The New Biology*, 『새로운 생물학』, 오인혜, 김희백 옮김, 범양사출판부, 1994.

얀치(E. Jantsch), 『자기조직하는 우주』, 홍동선 옮김, 범양사출판부, 1989.

오스보른(H. Osborne), 『미학과 예술론』, 서배식 옮김, 대왕사, 1984.

카프라(F. Capra), *The Web of Life*, 『생명의 그물』, 김용정·김동광 옮김, 범양사출판부, 1998.

폴라니(M. Polanyi), 프로시(H. Prosch), 『지적 자유와 의미』, 범양사출판부, 1992.

프리고진(I. R. Prigogine)·스텐저스(I. Stengers), 『혼돈으로부터의 질서』, 이철수, 민음사, 1994.

호건(J. Horgan), *The End of Science*, 『과학의 종말』, 김동광 옮김, 까치글방, 1997.

국내 논문

김용정, 「불교철학」, 融山宋天恩博士 華甲記念論叢『宗敎哲學硏究』, 원광대학교출판국, 1996.

_____, 「과학과 윤리」, 『과학사상』 12호, (주)범양사, 1995 봄.

_____, 「과학문명과 환경윤리」, 『과학사상』 19호, (주)범양사, 1996 겨울.

_____, 「새로운 패러다임으로서의 확장된 과학」, 『과학사상』 27호, (주)범양사, 1998 겨울.

_____, 「禪과 이성」, 『과학사상』 32호, (주)범양사, 2000 봄.

_____, 「인간게놈과 생명윤리」, 『과학사상』 36호, (주)범양사, 2001 봄.

_____, 「서양철학과 불교」, 〈동대신문〉, 1973. 5. 8일 자.

_____, 「과학철학과 불교」, 월간『불광』 28호, 1977년 2월.

_____, 「과학과 종교와의 관계」, 『과학과 기술』 20권 6호, 한국과학기술단체총연합회, 1987년 1월.

_____, 「과학과 불교의 만남」, 월간『불광』 155호, 1987년 9월.

_____, 「현대 과학시대에서의 禪의 의미」, 〈한국불교와 조사선〉, 고불총림 무차선회 조직위원회 주최 [한국 선(禪) 국제학술대회], 백양사, 1998. 8. 19~22.

_____, 「선(禪)의 깨달음과 이성의 자각」, 〈선불교와 해체론시대의 서구철학: 생활세계와 의식의 본질/깨달음과 이성의 역할〉, 백련불교문화재단 성철선사상연구원 주최 [성철선사 탄신 86주년기념 학술회의], 연세대, 1997. 5. 3.

_____, 「현대 생명과학과 불교의 생명관」, 『전운덕 총무원장 화갑기념 불교학논총』, 구인사, 1999.

_____, 「(『반야심경』 강의) '궁극의 이상세계로 나아가는 길' 1~12, 월간『불광』 255~266호, 1996년 1월~12월.

김잉석, [高句麗 僧朗과 三論學], 白性郁 博士 頌壽記念『佛敎學論文集』, 東國大

1959.

_____, 「僧朗을 相承한 中國 三論의 眞理性」, 『佛敎學報』 제1집, 東國大佛敎文化
연구원, 1963.

원의범, 「인도철학에서 본 생명」, 『과학사상』 17호, (주)범양사, 1996.

진교훈, 「생명복제에 대한 윤리적·사회적 고찰」, 생명복제기술합의회의, 유네
스코 한국위원회, 1999. 9. 10.

허연, 「우주관 아우르는 철학과 과학」, 『출판저널』 195, 대한출판문화협회,
1996년 7월.

한문 저서

고려대장경(高麗大藏經), 『화엄경』(華嚴經)』 卷34, 卷49, 東國大學校, 1958.

길장(吉藏), 『중론소(中論疏)』

노자, 『도덕경(道德經)』

담란(曇鸞), 『정토론주(淨土論註)』

대주혜해(大珠慧海), 『돈오입도요문론(頓悟入道要門論)』

도원(道元), 『정법안장(正法眼藏)』

마하연(摩訶衍), 『돈오대승정리결(頓悟大乘正理決)』

용수(龍樹), 『중론(中論)』.

원효(元曉), 『십문화쟁론(十門和諍論)』.

지눌(普照知訥), 『권수정혜결사문(勸修定慧結社文)』

진제(眞諦) 역, 『섭대승론(攝大乘論)』

현각(玄覺), 『선종영가집(禪宗永嘉集)』

현장(玄奘) 역, 『섭대승론(攝大乘論)』

『관무량수경(觀無量壽經)』

『구사론(俱舍論)』

『금강삼매경론(金剛三昧經論)』

『남전대장경(南傳大藏經)』

『논어(論語)』

『대정신수대장경(大正新修大藏經)』 제9권, 제17권, 제26권, 제29권, 제41권

『법화경(法華經)』

『성리대전(性理大全)』,

『성유식론(成唯識論)』

『수능엄경(首楞嚴經)』

『온상응(蘊相應, *Khandha Samyutta*)』

『원집요의론(圓集要義論)』

『장자』

『정법념처경(正法念處經)』

『주역(周易)』

『중론(中論)』

『중용(中庸)』

『지월록(指月錄)』

『화엄경(華嚴經)』

『화엄경탐현기(華嚴經探玄記)』

『회쟁론(廻諍論)』

일본어 저서

加藤尙武, 松山壽一 編, 『現代世界と倫理』, 洋書房, 1996.

末木剛博, 『東洋の合理思想』, 講談社, 1970.

服部英二 감수, 『科學と文化の對話』, (R. V. Petrov, "生物學における進步"), 麗澤大學出版會, 1999.

山口益, 『空の世界』, 理想社, 1971.

松本史朗, 『福思想の批判的硏究』, 大藏出版, 1994.

阿部正雄 外, 『佛敎における信の問題』, 『現代における信の問題』, 日本佛敎學會 編, 平樂寺書店, 1963.

櫻部建, 『俱舍論の硏究』, 法藏館, 1969.

玉城康四郞, 『佛敎の比較思想論的硏究』, 東京大學出版會, 1979.

_____, 『生命とはなにか』, 法藏館, 1993 ; 『大正藏』第二六番.

佐藤幸治, 『禪のすすめ』, 講談社, 1964.

中村元論, 『自我と無我』, 平樂寺書店, 1970.

『ミレンタ王の問い』, 平凡社, 東洋文庫. 1963.

서양 저서

A. Einstein, L. Infeld, *The Evolution of Physics*, 1983.

A. Govinda, *Foundations of Tibetan Mysticism*, New York, Samuel Weiser, 1974.

A. Koestler, *Janus*, 1983.

A. N. Whitehead, *Process and Reality*, 1929.

_____, *Science and the Modern World*, Cambridge, 1925.

A. S. Eddington, *The Nature of the Physical World*, 1929.

A. Schopenhauer, *Die Welt als Wille und Vorstellung* II, 1844.

Aristoteles, 『형이상학(*Metaphysica*)』.

B. D. Josephson & M. Conrad, *Uniting Eastern Philosophy and Modern Science*, Gujarat Vidyapith, Ahmedabad, India, 1992.

B. D. Josephson, *The Paranormal and Platonic World*, 1996.

C. F. v. Weizsäcker, *Die Einheit der Natur*, 1971.

C. G. Jung, W. Pauli, *The Interpretation of Nature and the Psyche*, Bolingen series LI, Pantheon Books, 1952.

C. Rovelli, E. Segre, S. Carnell, *Helgoland: Making Sense of the Quantum Revolution*, Riverhead Books, New York, 2020.

C. Wills, *The Wisdom of the Genes—new pathways in evolution*, 1989 ; 김숙희 권오옥 옮김, 『유전자의 지혜』, 범양사출판부, 1992.

D. Z. Abert, *Quantum Mechanics and Experience*, Harvard University, 1992.

D. H. Meadows, D. L. Meadows, J. Randers, 『성장의 한계(*The Limits to Growth*)』, 1972.

D. T. Suzuki, E. Fromm, R. De Martino, *Zen Buddhism and Psychoanalysis*, New York: Horper Colohon Books, 1960; 김용정 옮김, 『선과 정신분석』, 원음사, 1992.

E. Fromm, *The Heart of Man: Its Genius for Good and Evil*, 1968.

E. G. A. Husserl, 『순수 현상학과 현상학적 철학의 이념들(*Ideen zu einer reinen Phänomenologie und phänomenologischen Philosophie*)』, 1913.

E. G. A. Husserl, 『엄밀한 학으로서 철학(*Philosophie als strenge Wissenschaft*)』, 1911.

F. Bacon, 『신기관(*Novum Organum*)』, 1620.

F. Capra, "Bootstrap and Buddhism", *American Journal of Physics*, vol. 42/18, January 1974.

_____, *The Tao of Physics*, 1977; 이성범·김용정 옮김, 『현대물리학과 동양사상』, 범양사출판부, 1979.

F. Crick, 『놀라운 가설(*The Astonishing Hypothesis*)』, 1994.

F. Jacob, *The Logic of Life: A History of Heredity*, Trans. Betty E. Spillman, New York : Pantheon Books, 1973; 이정우 옮김, 『생명의 논리: 유전의 역사』, 민음사, 1994.

F. Varela, "Resonant Cell Assemblies", *Biological Research*, 1995.

G. Gunther, *Das Bewusstsein der Maschinen*, 1957.

G. Hardin, "Living on a Lifeboat," *Bioscience* 24, October, 1974.

G. P. Sartre, 『존재와 무(*L'Être et le néant*)』, 1944.

G. S. Stent, *The Coming of the Golden Age*, History Press, N.Y., 1969.

G. S. Stent, *The Paradoxes of Progress*, 1978.

G. W. Leibniz, 『단자론(*La Monadologie*)』, 1714.

H. Hesse, 『싯다르타(*Siddhartha*)』, 1922.

H. Jonas, "Technology and Responsibility, Reflections on the New Tasks of Ethics", in *Social Research*, vol. 40, 1973.

H. Jonas, *The Imperative of Responsibility*, 1984; 이진우 옮김, 『책임의 원칙』, 서광사, 1994.

H. Maturana, F. Varela, *Autopiesis and Cognition*, D. Reidel, Dordrecht, Holand, 1989.

H. Oldenberg(ed.), 『팔리어 율장(*Vinaya-pitakam*)』, Mahāvagga1, Williams & Norgate, 1879.

H. Reichenbach, *The Rise of Scientific Philosophy*, University of California Press, 1973.

I. Kant, 『순수이성비판(*Kritik der reinen Vernunft*)』 BXXX, 1781.

J. Dewey, *Human Nature and Conduct*, 1922.

J. Galbraith, 『새로운 산업국가(*The New Industrial State*)』, 1967.

J. Kepler, 『우주구조의 신비(*Mysterium Cosmographicum*)』, 1596.

J. M. Edington, *Ecology and Environment Planing*, London:Halsted Press, 1977.

J. R. Oppenheimer, "과학과 인간지성(Science and Common Understanding)", *Theoria: An International Journal for Theory, History and Foundations of Science* Vol. 2, No. 7/8, 1954.

J. Von Neumann, *Mathematical Foundation of Quantum Mechanics*, Princeton University Press, 1955.

K. Jaspers, *Descartes und die Philosophie*, Walter De Gruyter & Co., Berlin, 1966.

K. Jaspers, *Rechenschaft und Ausblick*, R. Piper & Co. Verlag: München, 1951.

_____, 『위대한 철학자들(*Die Großen Philosophen*)』, 1957.

K. R. Popper, J. Eccles, *The Self and Is Brain*, Springer-Verlag, 1977.

K. S. Shrader-Frechette, *Environmental Ethics*, The Boxwood Press, 1981, 1991.

L. A. Govinda, *Foundations of Tibetan Mysticism*, New York, Samuel Weiser, 1974.

L. K. Caldwell, *The Coming Polity of Spaceship Earth*, 1974.

L. Margulis, "Symbiosis and evolution," *Scientific American*, 225, 1971.

L. Margulis, D. Sagan, *What Is Life?*, Nevraumont Book, 1995; 황현숙 옮김, 『생명이란 무엇인가?』, 지호, 1999.

_____, *Microcosmos*, Summit, New York, 1986.

L. von Bertalanffy, *General System Theory*, George Braziller, 1968.

_____, *Theories of Development: An Introduction to Theoretical Biology*, Trans. J. H. Woodger, New York : Harper, 1962.

M. C. Nussbaum, C. R. Sunstein, *Clones and Clones: Facts and Fantasies About Human Cloning*, 『クロン, 暴力』, 産業圖書, 1999.

M. M. Warldrop, *Complexity*, Simon & Schuster, New York, 1992.

M. Schlosshauer, J. Kofler, A. Zeilinger, "A snapshot of foundational attitudes toward quantum mechanics", *Studies in History and Philosophy of Science* Part B: *Studies in History and Philosophy of Modern Physics* Volume 44, Issue 3, August 2013.

N. Wiener, *The Human Use of Human Being: Cybernetics and Society*, AVON BPPKS, 1967.

P. C. Davies, J. R. Brown, *The Ghost in the Atom*, Cambridge Univ., Press, 1986; 김수용 옮김, 『원자 속의 유령』, 범양사출판부, 1994.

P. de Silva, 『불교환경윤리학(*Environmental Philosophy and Ethics in Buddhism*)』, 1998

P. Deussen, *Sechznig Upanisrad's des Veda*, Leibzig, 1905.

Platon, 『국가론(*Politeia*)』

_____, 『티마이오스(*Thimaios*)』

_____, 『파이돈(*Phaidon*)』

R. B. Fuller, *Operating Manual for Spaceship Earth*, Pocket Book, 1969

R. Descartes, 『방법서설(*Discours de la méthode*)』, 1637.

R. J. Bernstein, *Beyond Objectivism and Relativism*, 1983; 정창호 옮김, 『객관주의와 상대주의를 넘어서』, 보광제, 1996.

R. Niebuhr, 『신앙과 역사(*Faith and History*)』, 1949.

S. A. Kierkegaard, 『불안의 개념(*The Concept of Anxiety*)』, 1844.

S. Levi(ed.), 『유식삼십송(*Trimsikā-vijñāpti-kārikā*)』, Paris, 1925.

T. H. Huxley, "The Struggle for Existence in Human Society," In *Evolution* and Ethics and Other Essays, New York: Appleton, 1896.

T. R. V. Murti, *The Central Philosophy of Buddhism*, George Allen and Unwin, 1974.

W. Heisenberg, 『부분과 전체(*Der Teil und das Ganze*)』, R. Piper & Co. Verlag, München, 1969.

W. Schulz, *Philosophie in der Veränderten Welt*, Neske, 1972.

참고 홈페이지

〈한국불교와 조사선〉(고불총림 무차선회 조직위원회 주최 , 한국 선(禪) 국제학술대회, 백양사, 1998. 8. 19~22). http://kr.buddhism.org/zen/koan

〈선불교와 해체론 시대의 서구철학〉(백련불교문화재단 성철사상연구원 주최, 성철선사 탄신 86주년 기념 학술회의, 연세대, 1997. 5. 3). http://www.songchol.com/bbs/board.php?bo_table=106020&page=2

찾아보기

용어 색인

가제(假諦) 54~55, 133, 337
감성(感性) 119~120, 264, 286
개별관찰 281~283
겁(劫) 8, 105, 139, 229, 237, 298
게송(偈頌) 40
견성성불(見性成佛) 94, 96, 124
결생문(結生門) 331~332
겸중도(兼中到) 265, 268~270
겸중지(兼中至) 265, 268~269
경량부파(經量部派) 68
고(苦) 154~155, 179, 187~188, 215, 259, 276, 338
고제(苦諦) 52, 178~179
고집멸도(苦集滅道) 53, 163, 172, 178, 187
공(空, sunya) 28~29, 32, 40, 54, 61, 68~70, 132, 134~135, 145, 154~164, 167, 169, 172~173, 184, 195, 200, 214~217, 266, 283, 292, 333, 336~338
공가중(空假中) 265, 268~270
공간 44, 48~52, 58, 74~76, 97, 112, 127, 159~159, 169~173, 228, 232, 236
공대(空大) 52, 329
공불이색(空不異色) 156, 158
공상(共相) 103, 111, 115
공생(symbiosis) 28, 312~314, 322, 340, 361, 366~367, 373, 381
공성(空性) 167, 183, 283, 294, 308, 338
공역부공(空亦復空) 69, 169
공유지의 비극(Tragedy of Commons) 375~376
공제(空諦) 54~55, 133, 337
공즉시색(空卽是色) 156, 173
과학만능주의 336, 370
관세음보살(관음보살/관자재보살) 40,

43~44, 102, 118, 122, 152~154, 156, 160, 162, 196
광자(光子) 77~78, 111, 127~128, 231~232, 251~252
교외별전(敎外別傳) 124
구경열반(究竟涅槃) 183~185
구근문(具根門) 331
구도(求道) 94, 139, 151
구두끈이론(Bootstrap) 326
구문분별(九門分別) 331
구부득고(求不得苦) 153
극락정토(極樂淨土) 40, 44
근본식(根本識) 294~295
기술지(技術知, know how) 250
기체(基體) 55, 133, 135
기호 63, 67, 109, 211, 216, 224
나유타(那由他) 228~230
네크로필리아(necrophilia) 245
노에마(noema) 213
노에시스(noesis) 213
능소주객(能所主客) 278~280
능언소언(能言所言) 279
능지소지(能知所知) 279
능취(能取, grāhaka) 278, 284
다냐(禪那, Dhyana) 257, 273

다이도르핀(Didorphin) 84
대상(對象) 28, 51, 68~69, 73, 111, 116, 120, 125~127, 173~174, 181, 186, 213, 237, 284~285, 290, 301~303, 326
대세지보살(大勢至菩薩) 43, 102
대원(大願) 101, 105
대원경지(大圓鏡智) 303, 307
대일여래(大日如來) 77
데카르트적 불안(Cartesian anxiety) 364
도(道) 81, 123, 126, 187, 214, 225, 259, 358, 381~382
도일체고액(度一切苦厄) 151, 154, 196
도제(道諦) 53, 163, 178
돈오(頓悟) 257, 259
돈오돈수(頓悟頓修) 71
돈오점수(頓悟漸修) 71
돈점논쟁(頓漸論爭) 71
동기성(同期性) 50
동시동의성(同時同意性) 211
동시성(同時性) 48
동양사상 27, 56, 73, 94, 96, 100~101, 116~117,
두카(duhka) 155, 179

DNA(디엑시리보핵산) 80, 165, 246, 310, 314, 317, 320, 348
레테(Lethe) 102
루빠(rupa) 156
마나식(末那識, mano-vijñāna) 134~135, 285, 330, 333
마하(摩訶, Mahā) 148~149
만다라(mandala) 210
만심(慢心) 92
만트라(mantra) 164, 166, 195~196, 198
망분별(妄分別) 285
맹목적 의지 295, 207
멸제(滅諦) 53, 179, 187, 259
명근(命根, jivitaindriya) 327
목적지(目的知, know what) 250
무(無) 29, 50, 68~69, 76, 80, 88, 93, 97, 157, 159~160, 169, 207, 217, 263, 283, 358
무량수불 아미타불 참조
무명(無明) 45, 70, 98, 104, 157, 172, 174~178, 184, 192, 202, 210, 214, 218, 277, 284, 293, 301, 306, 360
무분별지(無分別智) 28, 57, 72, 167, 197, 200, 274~285, 288, 307
무사유(無思惟) 282~283

무상정등각(無上正等覺) 192
무상론(無常論) 305
무상성(無常性) 280, 296~297
무아(無我) 70, 86~87, 91~96, 132, 136, 157, 190~192, 206, 211, 214, 217, 286~288, 291~294, 334, 338~340
무애문(無礙門) 331
무위(無爲) 267, 269, 381
무의식(無意識) 30, 51, 113, 207~211, 271, 295
무이지(無二智) 214, 278~279
무주판단(無主判斷) 51, 59
문수보살(文殊菩薩) 43, 102
물격화(物格化) 95~96
물질 28~29, 32, 42, 52~55, 63~64, 69, 76, 81, 95, 107, 110, 120, 125~127, 153~160, 169~171, 204, 219~221, 224~225, 230~233, 236, 239, 251~257, 278, 297, 315~324, 330~333
므네모시네(Mnemosyne) 102
미륵사상(미륵불교) 39~40
바라밀다(波羅蜜多, Pāramitā) 71, 149, 151~155, 160, 184, 189, 194~201

박테리아 313~314, 319~322, 340

반야(般若, prajñā) 71, 111, 149, 167, 266, 275, 282

반야부(般若部) 144~145, 196

『반야심경』(반야바라밀다심경) 21, 40, 57, 103, 116, 144~155, 163~168, 173, 178, 184, 194~202, 224, 236

반주지주의(反主知主義) 204, 288

방등부(方等部) 144

백팔번뇌(百八煩惱) 117

번뇌(煩惱, Kleśa) 107, 117, 179, 201, 215, 260, 284, 301~302

법(法, dharma) 116, 162, 196, 305

법계연기(法界緣起) 106

법성게(法性偈) 80

법신(法身) 106, 196~198, 201, 210

법신불(法身佛) 33, 383

법체(法體) 306~307

법화부(法華部) 144

베다(Veda) 53, 163~164, 304, 334, 382

베단타(Vedānta) 220, 225

변증법(辨證法) 62, 169, 260, 336

보리(菩提) 103, 107, 111, 115, 200, 268, 283, 298

보살(보리살타/보디샷트바) 40, 43, 71, 86, 98, 102, 107, 151~153, 183~184

보시(布施) 45, 71, 361

보신(報身) 54, 337

보현보살(普賢菩薩) 43, 82, 102

본유(本有) 134, 275, 330

부처님(불타/붓다) 25, 30, 40~48, 57, 71, 78~84, 98, 103~108, 118, 122, 138~141, 160~169, 174~175, 181, 187, 189, 193~199, 201, 204, 211~218, 228, 258, 272, 280, 283, 304, 325, 334, 338

분별(分別, vikalpa) 121, 161, 260, 278~279, 282, 284, 295, 301~303, 382

분별상(分別想) 283

분별지(分別智) 28, 57, 153, 157, 167, 181, 197, 200, 214, 277~287, 307~308, 328

불가전문(不可轉門) 331

불공상(不共相) 103, 115

불광(佛光) 77, 80~85, 225, 325

불립문자(不立文字) 124, 136, 166, 197, 215, 224, 259

불생불멸(不生不滅) 32, 160~161, 171, 233, 296, 304, 306, 308, 340, 342

불성(佛性) 92, 98, 105, 209~210, 222, 276
불안(不安) 50~51, 90, 96, 160, 186, 227, 248~249, 364~365
불이일체(不二一體) 272
불일불이(不一不異/不一不二) 62, 158, 162, 235
불타(佛陀) 부처님 참조
불확정성원리 22, 26, 76, 222, 252
붓다(Buddha) 부처님 참조
브라만(Brāhmaṇa, 계급) 145, 163
브라만(Brahman, 최고신) 132, 167, 191, 197, 335, 382
비로자나불(毘盧舍那佛) 33, 106, 383
비생멸비무생멸(非生滅非無生滅) 261
비유비무(非有非無) 28, 57, 66~69, 169, 187, 308
비즈냐나(vijñāna) 167, 181, 279
사대(四大) 32, 52, 159, 328~330, 358
사량(思量, manas) 295
사법계(事法界) 106~107
사사무애법계(事事無礙法界) 106~107
사성제(四聖諦) 53, 163, 178, 187, 225
사유(四有) 134, 330
사유(死有) 134, 330~332

사이버네틱스(cybernetics) 63, 250, 341
사이버스페이스 245, 366
산일구조(dissipative structure) 315
산티아고학파 364
삼륜청정(三輪淸淨) 214
삼매(三昧, Samadhi) 214, 225, 273, 280
삼법인(三法印) 57, 60, 87, 93
삼예사(桑耶寺) 281
삼제(三諦) 54, 133, 259, 336, 338
삼천대천(三千大千) 80, 225, 229~230, 324~325
삼치논리(三値論理) 253
상(想, samjñā) 153, 164, 217, 280~281, 284~285, 330
상구보리(上求菩提) 94, 166
상대성이론 22, 26~27, 39, 60, 64, 75~76, 157~158, 170, 190, 221, 234, 242, 251, 379
상보성 76, 114, 169, 234, 253, 317
상보성원리(상보성이론) 26, 30, 221, 252, 253
상연상대(相緣相待) 280, 285
상주론(常住論) 306
상즉상입(相卽相入) 61
상호작용 26, 28, 33, 53, 73, 77, 82,

85, 97, 105, 108~118, 132, 167, 199, 227, 231, 318, 323, 344, 347, 358, 383

색(色) 116, 153, 156~160, 172, 184, 217, 293, 330

색불이공(色不異空) 156, 158

색심불이(色心不二) 209, 324

색즉시공(色卽是空) 156~157, 160, 173

생로병사(生老病死) 149, 153, 155, 164, 344

생명윤리 310, 343~347, 355~356, 360, 367

생유(生有) 134, 330~334

선(禪) 21, 30, 70, 124, 209, 240, 251, 257, 264~265, 271~276, 291~292

선(善)의 이데아 98

선종(禪宗) 124, 166, 274

설일체유부(說一切有部) 327

성자실상(聲字實相) 217

세간(世間) 69, 81, 92, 215, 280

세속제(世俗諦) 속제 참조

세제(世諦) 속제 참조

소립자(素粒子) 27, 32, 42, 63, 75, 78, 107~110, 113, 120, 224, 231, 239, 255~256, 326, 329

소식문(所食門) 331

소외(疏外) 245~247, 250~251

소취(所取, grāhya) 278, 284

속제(俗諦)/세속제/세제 54, 69, 259~262

수련(修練) 250, 264, 300, 359

순관(順觀) 175, 304

슈뢰딩거 고양이 254

스라다(śraddhā) 46

시간 19, 44, 48~52, 59, 66, 74~75, 104, 109~110, 113~114, 120, 127, 132, 135, 184, 189~192, 214, 223~224, 228, 238, 255, 262, 271, 319, 325, 334, 336

시타(citta, 마음) 184

실유론(實有論) 307

실존(實存) 90, 131, 160, 186, 216~217, 248~249, 287~288, 296

실존주의(실존철학) 22, 29, 33, 76, 87, 94, 155, 160, 204, 214~216, 288

실체(實體) 28, 60, 62, 67~70, 87, 93, 124~136, 154, 157, 160, 167, 170~173, 180~181, 187~192, 215, 225, 231, 252, 262, 284~287, 293, 296~297, 301~302, 308, 316, 327,

329, 334~339, 342, 358, 383
심층의식 104, 186
심행처멸(心行處滅) 214, 279
십육관법(十六觀法) 82, 113, 210
십이연기(十二緣起) 174, 178, 225, 306
십이처(十二處) 117, 173~174, 330
십팔계(十八界) 115, 174, 330
아뢰야식(阿賴耶識, alaya-vijñāna) 134~135, 294~295, 301~303, 328, 330, 333
아리안족 79, 145~146, 163
아미타불(무량수불) 39~46, 104, 113, 122, 214
아미타사상 41, 43
아승지(阿僧祇) 228~230
아시바타(asivattha) 304
아트만(Atman) 197, 293, 334, 339
아함부(阿含部) 144, 331
안경문(眼境門) 331
안드로메다은하 228
알레테이아(alētheia) 101
암호문자 216~217
양성자(陽性子) 28, 63, 108, 111, 125, 127, 129, 232
양자(量子, quantum) 111, 114~115, 170,
191, 251, 254, 256~257
양자역학(양자론/양자물리학) 27~31, 39, 48, 60, 63, 66~67, 73~76, 114~115, 120, 129, 170, 191, 231, 242, 251~258, 264, 350, 379
언어도단(言語道斷) 166, 214~215, 279
업(業, karma) 58, 132, 134~135, 175, 196, 262, 328, 331~332, 362
에고(ego) 354~365
에너지 32, 53~54, 64~66, 77~78, 80~81, 84~85, 97, 99, 125, 128~129, 157~159, 168, 191, 198~199, 231, 233, 239, 252, 291, 311, 314~320, 329~330, 240~341, 348, 374~375
에로스(Eros) 208
엔도르핀(Endorphin) 84
엔트로피 26, 168, 316, 341
여래(如來) 54, 77, 138~139, 214, 237, 262, 280, 303, 324~325, 337
여래장(如來藏) 134~135, 211, 275
여시아문(如是我聞) 47
여여(如如) 93, 214
역관(逆觀) 175, 304~305
역장(力場) 97, 112, 232
연기(緣起) 26, 30, 33, 69, 106~107,

116, 132, 157~158, 169, 173, 178, 214, 231, 236, 278~280, 304~308, 326, 340, 342, 360, 383

연기설(연기법) 106, 115, 177, 181, 192

열반(涅槃, nirvana) 144, 179, 183~185, 189, 207, 225, 258~260, 335

열반적정(涅槃寂靜) 57, 60~61, 189, 338~340

영혼(靈魂) 97~99, 113, 135, 176, 222, 290, 334, 359

예지계(noumena) 297

오온(五蘊) 151~154, 160, 172, 181, 217, 280, 285, 330, 338~340

오온가화합(五蘊假和合) 328, 330

오위(五位) 265~266, 269~270

오음성고(五陰盛苦) 153

요가(Yoga) 210, 264

요별경(了別境, vijñaptiviṣaya) 295

우주선(宇宙線, cosmic ray) 80, 127, 231

우주선(宇宙船, spaceship) 370, 374~375

우파니샤드(Upanishad) 163, 185, 273, 335, 382

원돈삼제(圓頓三諦) 336

원시불교 179, 225

원융상즉(圓融相卽) 107

원자(原子) 28, 31, 42, 63, 65, 75, 78, 109~112, 115, 120, 125~128, 136, 166, 180~181, 191, 198, 223~224, 231~232, 237~238, 252~253, 297, 328, 350

원증회고(怨憎會苦) 103

유(有) 61, 69~70, 73~76, 97, 157~160, 169, 176~178, 187, 236

유물론(唯物論) 75, 88, 225, 278, 297

유부파(有部派) 68, 73

유식(唯識) 68, 73, 134~135, 279, 284, 294~295, 298~299, 301~303, 328, 330, 333

유전병 344, 351, 355

유전체(genome) 343~344, 350, 355~356, 360

육경(六境) 116~117, 173~174, 181

육근(六根) 116~117, 173~174, 177, 181

육바라밀 71

육식(六識) 116, 134, 173~174, 294

윤회(輪廻) 102, 134, 185, 192, 274, 330, 332

융통무애(融通無碍) 79~80, 84, 260,

263, 272
응신(應身) 54, 337
의식(意識) 117, 134, 173, 212
의언진여(依言眞如) 260
의지부정(意志否定) 206~207
이법계(理法界) 106~107
이분법(二分法) 30, 57, 65~67, 73,
　　110~111, 197, 200, 258, 264, 280,
　　368~369, 381~382
이사무애법계(理事無礙法界) 106~107
이성(理性) 27, 96, 121, 176, 205,
　　216, 285~292, 294, 296, 299, 303,
　　307~308, 368
이숙(異熟, vipāka) 295, 328
이언진여(離言眞如) 260
이제합명(二諦合明) 261~262
이중부정(二重否定) 62
이치논리(二値論理) 253
인간유전체(Human Genome) 343~344,
　　355
인과(인과율) 27, 48~52, 179, 211, 213,
　　216, 218, 251, 253, 362
인드라(Indra) 79, 105~107, 115, 140,
　　237, 326
인식(認識) 27~28, 40, 42, 75~77, 89,

117~120, 129, 134, 159, 173~175,
　　181, 210, 222~223, 254~255, 263,
　　270, 284~291, 298~303, 308, 318,
　　320, 323, 336
인연(因緣) 21, 36~38, 58, 68~69,
　　132~133, 138, 176, 232, 339, 384
인지(認知) 318
일상관(日想觀) 82, 210~211
일심이문(一心二門) 263
일체개고(一切皆苦) 87, 93, 147
일체유심조(一切唯心造) 68, 117, 121
일체종지(一切種智) 275
자기제작(self-making) 312, 320
자비(慈悲) 40, 46, 71, 107, 140, 210,
　　214, 217, 266, 372, 381, 383~384
자성(自性) 61, 133, 211, 257, 282~283,
　　306, 328
자아(自我) 60, 86~97, 207~209, 214,
　　286~289, 293~295, 299, 339,
　　364~366
잠재태(潛在態) 97
장(場, field) 28, 32, 51, 58~59, 63,
　　74~75, 97, 99, 112, 130, 158,
　　169~170, 232, 256
전자(電子) 28, 42, 63, 66, 77~78, 85,

99, 109~113, 127~129, 169~170, 199, 209, 223, 231~232, 238, 251~256
전체론적 생물학 350
정각(正覺) 57, 144, 169, 178, 187
정견(正見) 53, 108
정념(正念) 53, 108
정명(正命) 53, 108
정반합(正反合) 62
정사유(正思惟) 53, 108, 281, 283
정신분석 23, 26, 30, 131, 207, 209~210, 244, 288, 292~295, 299~301
정신상실(Geistlosigkeit) 378
정어(正語) 53, 108
정언명법(정언명령) 45, 63
정업(正業) 53, 108
정정(正定) 53, 108
정정진(正精進) 53, 108
정중래(正中來) 265, 267~268
정중편(正中偏) 265, 267
정토사상(淨土思想) 39~43
정혜쌍수(定慧雙修) 274, 276~277, 307
정혜양륜(定慧兩輪) 277, 307
제법무아(諸法無我) 57, 60~61, 70, 87, 198, 338, 340

제법실상(諸法實相) 46, 55, 70, 80, 93
제석천(帝釋天) 79, 105
제아만(除我慢) 86, 92~93, 96
제유불성(諸有佛性) 54
제행무상(諸行無常) 57~61, 69, 87, 93, 198, 238, 306, 338~340
조식(調息) 359
조신(調身) 359
조심(調心) 359
존재(存在) 42, 49~51, 54~55, 60~67, 78~81, 88, 91~92, 104~109, 115~116, 132~133, 159, 162, 166~167, 173, 215~217, 224, 231, 236, 248~249, 278, 280, 284, 296, 306~307, 339~341, 357
종자(種子, bīja) 301, 328, 332
주문(呪文) 164, 166, 194~195, 198~202
주시문(住時門) 331
주체(主體) 28, 33, 51, 62~63, 125, 134, 204, 278, 284~286, 293, 296, 301~302, 330, 332, 339, 373, 383
중간자(中間子) 28, 78, 125~127, 232
중관(中觀) 56, 68~69, 73 259, 280
중도(中道) 23, 26~29, 56~57, 66~67, 70, 139, 163, 169, 179, 188, 200,

235~236, 251, 254, 259~264, 294, 304, 339

중론(中論) 54, 56, 60~62, 68, 236, 288, 291, 294, 338

중성미자(中性微子) 113, 129, 231, 255

중성자(中性子) 28, 42, 63, 108, 111, 127, 129, 232

중용(中庸) 56

중유(中有) 134, 330~333

중제(中諦) 54~55, 133, 135, 337

중중무진(重重無盡) 106, 325

증득(證得) 37~38, 111~112, 274, 298, 304, 336

지성(知性) 27, 120, 242, 264, 286, 296, 318, 378

지수화풍(地水火風) 52, 159, 236, 328, 358

지행합일(知行合一) 102

지혜(知慧) 22, 26, 29~30, 43, 81~82, 94, 98, 103, 107, 111, 115~116, 123, 139~141, 152~155, 160, 165, 167, 185, 195, 201~202, 205, 260, 262, 266, 269, 273~282, 305, 307, 324~325, 337, 342, 366

직지인심(直指人心) 124, 132, 197

진리(眞理) 23, 26, 30, 35, 37, 49, 57, 69, 80, 92~93, 101~103, 106~107, 111~112, 118, 124, 133, 138~141, 160, 162, 166, 178~179, 189, 196~198, 202, 205, 210~211, 214, 217, 225, 235, 257, 288, 291, 294, 339, 360, 369, 380

진속(眞俗) 260~263

진언(眞言) 40~41, 164~165, 198~201

진여(眞如) 134, 178, 210, 214, 217, 260, 279~280

진제(眞諦) 54, 69, 259~262

질량(質量, mass) 32, 53, 64, 80, 112~113, 128~129, 233

질료(質料, *Hyle*) 53, 213

집제(集諦) 53, 179

참나[眞我] 191, 209

참선(參禪) 72, 84, 124, 167, 257, 272, 298, 359

천태교학(天台敎學) 106

초능력 83~84, 103, 199, 202

출세간(出世間) 92, 269

카르마(*karma*) 132

카스트제도 145

칼랄라(*kalala*, 歌羅羅) 327, 359~360

코라(*chora*) 28, 58~60, 97~98
타나토스(*Thanatos*) 208
테트락티스(*Tetractys*) 48~49
파놉티콘(*Panopticon*) 366
파동 65~66, 107, 192, 251~257
파지(把持) 213
판단중지(*epoché*) 66, 90~91, 212~213
팔정도설(八正道說, Eightfold Way) 26, 108~109
팔만대장경 41, 144
팔정도(八正道) 53, 107~108, 114, 163, 179, 187, 217, 225, 238
편중정(偏中正) 265~267
표층의식 104, 117, 134, 294
프라사다(*prasāda*) 46
하화중생(下化衆生) 94, 166
항하사(恒河沙) 228
행(行, *saṃskāra*) 58, 60, 153, 160, 176, 178, 217, 304, 330, 339
행상문(行狀門) 331
행속문(行速門) 331
허망분별(虛妄分別) 284, 302~303
현대물리학 19, 26~28, 31, 60, 97, 100~101, 109~110
현대철학 21, 28, 33, 96, 204

현상(現象) 33, 58, 64~65, 88, 91, 96~98, 106~107, 120, 129, 132~133, 140, 169, 176, 213, 251~253, 265~260, 289, 298, 302, 339, 379, 383
현상세계 106~107, 160, 207, 214, 267
현상계(*phaenomena*) 27, 297
현상학(現象學) 23, 33, 88~91, 94~96, 204, 212~213
현상학적 환원 213, 215
현성(顯性) 88, 90, 94~95, 99, 268, 271
현존재(現存在) 217
현현(顯現) 88~89, 92, 94, 96, 98, 107, 140, 210, 214, 217, 225, 237, 275, 284, 301~303, 329~330
형상(形相, *Eidos*) 53~54
형상적 환원 212
호법신(護法神) 103
혼돈(混沌, chaos) 56~58, 314~315, 358, 381~382
홀리즘(holism) 288, 297, 350
화엄교학(華嚴敎學) 61, 106
화엄사상 26~27, 32, 39, 79, 230~231, 324, 342

환원주의 64, 74, 341, 348~351
흐리다야(hṛdaya, 심장) 149, 184

인명 색인

갈릴레이(G. Galilei) 220
갤브레이스(J. Galbraith) 369
겔만(M. Gell-Mann) 25, 107~109, 239
고빈다(L. A. Govinda) 220, 317~318, 326
공자(孔子) 29, 216
괴델(K. Gödel) 243, 379
구마라집(鳩摩羅什, Kumārajīva) 148~149, 152, 154, 280
까말라실라(Kamalaśīla) 72, 280~283, 288
나가세나(Nāgasena) 334
나카무라(中村元) 150, 201
노자(老子) 30, 57, 123, 180, 220, 252
뉴턴(I. Newton) 59, 115, 120, 180, 220, 252
니버(R. Niebuhr) 368~369
니체(F. W. Nietzsche) 23, 207~208, 216
다마키(玉城康四郎) 298
대주혜해(大珠慧海) 275
데리다(J. Derrida) 247
데모크리토스(Democritus) 110
데이비스(P. C. Davies) 254~257
데카르트(R. Descartes) 88, 110~111, 207, 242, 286, 316~317, 323, 364, 379
도널드슨(L. J. Donaldson) 344
도이센(P. Deussen) 207
동산양개(洞山良价) 265
드 브로이(L. V. de Broglie) 65~66, 253~254
라다크리슈난(S. Radhakrishnan) 382
라이헨바흐(H. Reichenbach) 251
러브록(J. E. Lovelock) 310, 340~342
러셀(B. Russell) 224
로벨리(C. Rovelli) 114
로이드(W. F Lloyd) 375
루크레티우스(T. Lucretius) 205
리프킨(J. Rikin) 26, 372
마굴리스(L. Margulis) 313~314, 321~323, 341
마츠모토(松本史朗) 273, 280~283
마투라나(H. Maturana) 312, 319~320, 324
마하연(摩訶衍) 72, 274~275, 280~284

머튼(T. Merton) 270
모차르트(W. A. Mozart) 34, 190~191, 352
무르티(T. R. V. Murti) 260, 286, 288, 291
무착(無着, Asanga) 302
뮐러(F. M. Müller) 45
밀러(G. L. Miller) 371
밀린다(Milinda) 334
바이츠제커(C. F. von Weizsäcker) 342
바렐라(F. J. Varela) 312, 319~320, 324, 364
박성래(朴星來) 240
베르그송(H. L. Bergson) 207
베르탈란피(K. L. von Bertalanffy) 315
베버(M. Weber) 277~378
베이컨(F. Bacon) 369
베토벤(L. van Beethoven) 34, 177
보어(N. Bohr) 26, 30~31, 66~67, 115, 221, 234, 252~254
보조지눌(普照知訥) 215
브록(D. W. Brock) 351
비트겐슈타인(L. Wittgenstein) 67
사르트르(J. P. Sartre) 76, 87~88, 92, 213, 217, 248~249

사리불(舍利佛, Śāriputra)/사리자(舍利子) 153, 156, 196
사쿠라베(櫻部建) 328
샹카라(Śankara) 225
서옹(西翁) 264, 272
성철(性徹) 276, 303~304, 308
세이건(D. Sagan) 314, 321~323
소크라테스(Socrates) 23, 205~207, 384
쇼펜하우어(A. Schopenhauer) 23, 205~207, 384
쉴러(F. von Schiller) 177
슈뢰딩거(E. Schrödinger) 254~255, 316
슐츠(W. Schulz) 371
스미스(A. Smith) 376
스즈키(鈴木大拙) 26, 30, 70, 210, 258, 265~267, 291~292, 295, 301~302
스탠시우(G. Stanciu) 349, 351, 362~363
스텐트(G. Stent) 343~344
스티븐슨(A. Stevenson) 347, 374
아리스토텔레스(Aristoteles) 54
아베(阿部正雄) 286~288
아우구스티누스(Augustinus) 362
아인슈타인(A. Einstein) 26, 31~33, 49, 66~67, 74~75, 115, 131, 157~159, 168, 190~191, 221, 232, 234, 242,

352, 379
아퀴나스(Aquinas) 362
알렉산더 대왕 333
야마구치(山口益) 279
야스퍼스(K. T. Jaspers) 29, 215~216,
　241, 378~379
얀치(E. Jantsch) 272, 297
어그로스(R. Augros) 349, 351, 362~363
에딩턴(A. S. Eddington) 238
에크하르트(J. Eckhart) 225
오펜하이머(J. R. Oppenheimer) 30,
　113, 223~224
왓슨(J. D. Watson) 165, 310
요나스(H. Jonas) 346~347
용수(龍樹, Nāgārjuna) 54, 61~62, 86,
　93, 96, 216, 236, 259~261
원의범(元義範) 335
원효(元曉) 39, 260~263
위그너(E. Wigner) 257
위너(N. Wiener) 250
윌머트(I. Wilmut) 343
융(C. G. Jung) 48, 113, 131, 209~211,
　225, 317
의상(義湘) 39, 80
이기영(李箕永) 201, 285

이이(栗谷李珥) 137
장자(莊子) 56, 58, 358
조셉슨(B. D. Josephson) 356
조주(趙州) 292
주자(朱子) 357
중현(衆賢, Sanghabhadra) 306
지의(天台智顗) 106
진제(眞諦, Paramārtha) 302
진즈(J. H. Jeans) 239
청변(淸辨, Baviveka) 259
카프라(F. Capra) 27~28, 100, 105, 313,
　316, 322, 324, 326, 364~365
칸트(I. Kant) 19, 27~28, 45, 74, 76,
　119~121, 184, 285~291, 294, 298,
　307
케플러(J. Kepler) 220
켄드류(J. Kendrew) 311
콜드웰(J. C. Caldwell) 375
쿤라트(H. Khunrath) 220
크릭(F. H. Crick) 165, 310, 312
키르케고르(S. A. Kierkegaard) 248
탄허(呑虛) 325
테니슨(A. Tennyson) 323
토인비(A. J. Toynbee) 101
파울리(W. Pauli) 48, 113, 219, 222,

317~318

페테로프(R. V. Petrov) 354~355

폰 노이만(von Neumann) 257

푸코(M. Foucault) 366

풀러(R. B. Fuller) 374

프로이드(S. Freud) 131, 186~187, 205, 208~210

프롬(E. Fromm) 26, 30, 209~210, 245, 258, 288, 292, 294~296, 299~301

프리고진(I. R. Prigogine) 315

플라톤(Platon) 29, 58~60, 63, 74~76, 96~98, 102, 113, 185~186, 216, 219~220, 297

플랑크(M. Planck) 66

피타고라스(Pythagoras) 49, 75, 185, 219~220

하딘(G. Hardin) 376

하이데거(M. Heidegger) 76, 89, 95, 212, 217, 249

하이젠베르크(W. K. Heisenberg) 26, 66~67, 109, 112~115, 223, 234, 252~253

헉슬리(T. H. Huxley) 275, 350

헤겔(G. W. F. Hegel) 62, 184, 260

헤세(H. Hesse) 218

현각(玄覺) 215

현장(玄奘) 147~148, 150, 154, 302

호건(J. Horgan) 242~243, 379~380

호이겐스(C. Huygens) 252

화이트헤드(A. N. Whitehead) 96, 173, 244~245, 297, 318~319

황정견(黃庭堅) 214

후기
은사님 영전에 바칩니다

이 책을 펴내면서 많은 기쁨을 누렸습니다. 정년퇴직을 앞둔 제자가 40여 년 전 은사님의 50대 초반의 생생한 강의를 들을 수 있는 것은 참으로 경이로운 일입니다.

1980년 동국대학교 철학과에 입학하면서 지해(智海) 김용정 선생을 처음 뵈었고, 대학원에 진학하여 지도를 받으면서 사제관계를 깊게 맺게 되었습니다. 은사님의 지도를 받은 선배님도 여럿 계시지만, 막내 제자다 보니 은사님과 더 많은 시간을 함께할 수 있었습니다. 철학과 및 교수회 조교, 한국철학회 간사, 『과학사상』 편집주간 등으로 13년간 은사님을 모시면서 많은 가르침을 받는 행운을 누렸습니다. 그리고 시간강사 시절 지금 아내까지 만나게 해주셨으니 학문뿐만 아니라 인생 전체까지 책임져 주신 것 같아서 그 은혜를 잊을 수 없습니다.

은사님은 1996년 2월에 정년퇴직을 하셨습니다. 당시 은사님은 계간 『과학사상』 편집인으로 계셨고, 저는 시간강사를 하면서 편집주간을 맡아서 옆에서 도와드리고 있었습니다. 그 당시 은사님께서 퇴직기념으로 『과학과 불교』, 『과학과 철학』, 『칸트철학』을 출간하셨는데, 그 책들을 교정보던 일이 엊그제 같습니다. 그로부터 30년이 되어 가는 지금, 은사님의 말씀과 글들을 모으고 다듬고 엮는 작업을 마무리했습니다. 이번 작업을 하면서 인터넷의 덕을 크게 보았습니다. 인터넷을 통해 오래전 신문잡지에 실렸던 글을 찾고, 원전(原典)과 원문(原文)을 확인하면서 인류 집단지성의 힘을 생생하게 실감했습니다.

이 책에는 많은 분의 정성과 노력이 들어 있습니다. 펴내는 글에서도 언급하였지만, 누구보다 독실한 불자이신 최범산 거사님의 원(願)과 노력, 안승신 사모님의 열정과 의지, 현대물리학과 관련된 분야에서 세심하게 각주를 추가해 주신 한국불교발전연구원장이신 물리학자 양형진 박사님과 광주 금호고등학교 김회경 선생님의 윤독의 고마움을 잊을 수 없습니다. 이 책에서 오류가 있다면 전적으로 그를 바로 잡지 못한 저의 책임입니다.

성철스님과 지해선생의 인연을 기억하면서 흔쾌히 출간을 허락해 주신 원택스님, 여러 조언을 아끼지 않으신 서재영 성철사상연구원장님, 책을 곱게 만드느라 애쓰신 정길숙 장경각 편집장님께 깊은 감사를 드립니다.

제가 이 세상에 와서 지해선생을 만나 가르침을 받은 것은 가장 큰 행운 중의 하나라고 생각합니다. 은사님께서 영가가 되신 지 어언 5년이 됐지만 남기신 말씀과 글들은 여전히 우리에게 생생한 가르침을 전해 주고 있습니다. 이 책을 삼가 은사님의 영전에 바칩니다.

불초 제자 윤용택

불교, 과학과 철학을 만나다

초판 1쇄 인쇄	2024년 10월 10일
초판 1쇄 발행	2024년 10월 20일
지은이	김용정
엮은이	윤용택
발행인	원택(여무의)
발행처	도서출판 장경각
등록번호	합천 제1호
등록일자	1987년 11월 30일
본사	경상남도 합천군 가야면 해인사길 118-116, 해인사 백련암
서울사무소	서울시 종로구 삼봉로 81(수송동, 두산위브파빌리온) 1232호
전화	(02)2198-5372
홈페이지	www.sungchol.org
편집·제작	선연

ⓒ 2024, 윤용택

ISBN 979-11-91868-55-5 (03220)

값 30,000원

※이 책에 실린 내용은 무단으로 복제하거나 전재할 수 없습니다.
※잘못된 책은 교환해 드립니다.